東亞《近思錄》文獻叢書

星湖先生近思錄疾書

【朝鮮】李　瀷　撰　程水龍　張美英　整理

近思錄釋義

【朝鮮】朴履坤　撰　程水龍　廖依婷　校點

續近思錄

【朝鮮】李漢膺　撰　程水龍　周　靜　校點

上海古籍出版社

國家古籍整理出版專項經費資助項目

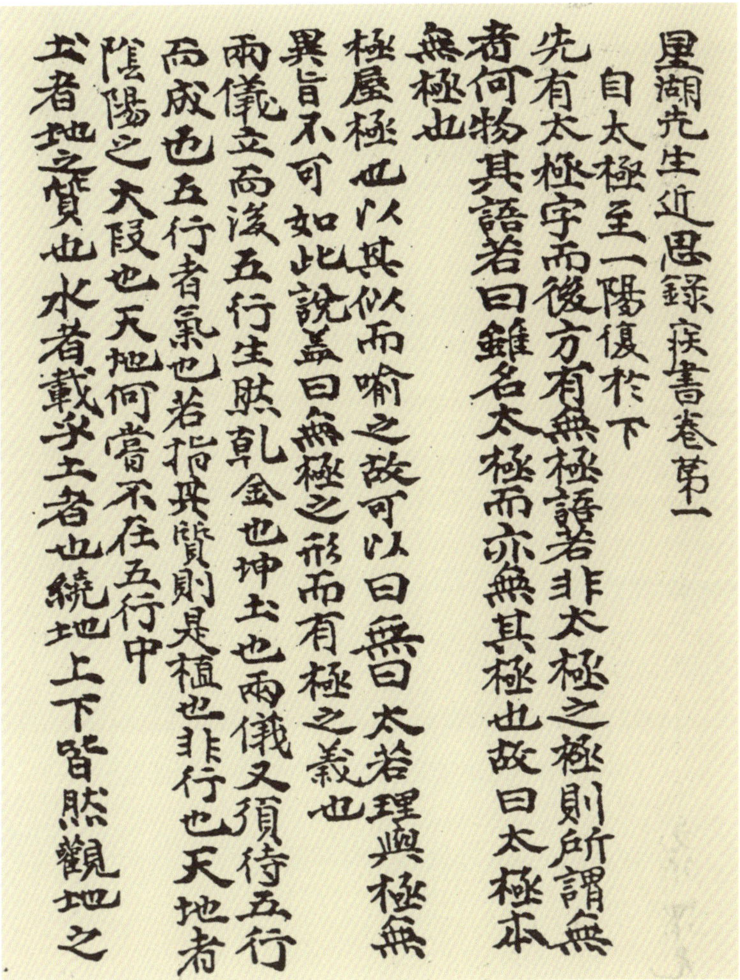

星湖先生近思錄疾書卷第一

自太極至一陽復於下

先有太極字而後方有無極語若非太極之極則所謂無者何物其語若曰雖名太極而亦無其極也故曰太極本無極也

極屋極也以其似而喻之故可以曰無曰太若理與極無異旨不可如此說蓋曰無極之形而有極之義也

兩儀立而後五行生然乾金也坤土也兩儀又須待五行而成也五行者氣也若指其質則是植也非行也天地者陰陽之大段也天地何嘗不在五行中

土者地之質也水者載乎土者也繞地上下皆然觀地之

首爾大學校奎章閣藏李朝筆寫本李瀷《星湖先生近思録疾書》

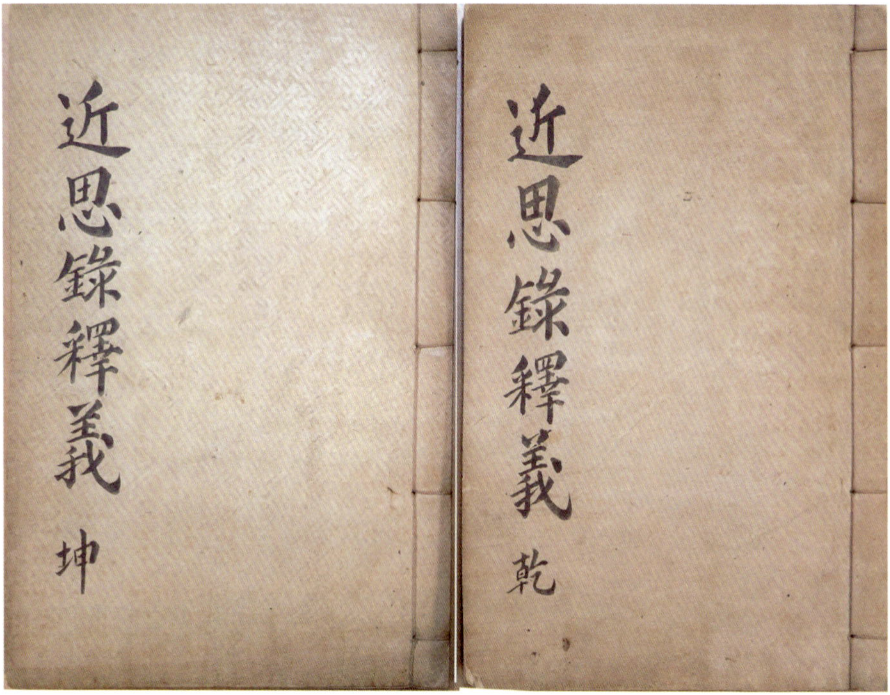

成均館大學校藏石印本朴履坤《近思録釋義》(一)

近思錄釋義卷之一

論性道

無極而太極註畢竟是先有此理退溪曰要其終而言註便會按會字猶能字意註必當先有按性理大全太極動而生陽註北溪陳氏曰所謂太極者其理已具云云而無必當先有四字太極動而生陽止

兩儀立焉皇極經世書十二會爲一元一萬八百年爲一會初間一萬八百年而天始開又一萬八百年而地始成又一萬八百年而人始生卯子扵寅上方始註一開物字蓋初年間未有物只是氣塞及天開些子後便有一塊查滓在其中漸漸凝結而成地初則溶軟後漸堅實今山形自高而下便如水漾沙之勢以此知必是先有天方有地有天地交感方始生物來◎臨川吳氏曰一元凡十二萬九千六百歲分爲十二會一會計一萬八百歲天地之運至

成均館大學校藏石印本朴履坤《近思録釋義》（二）

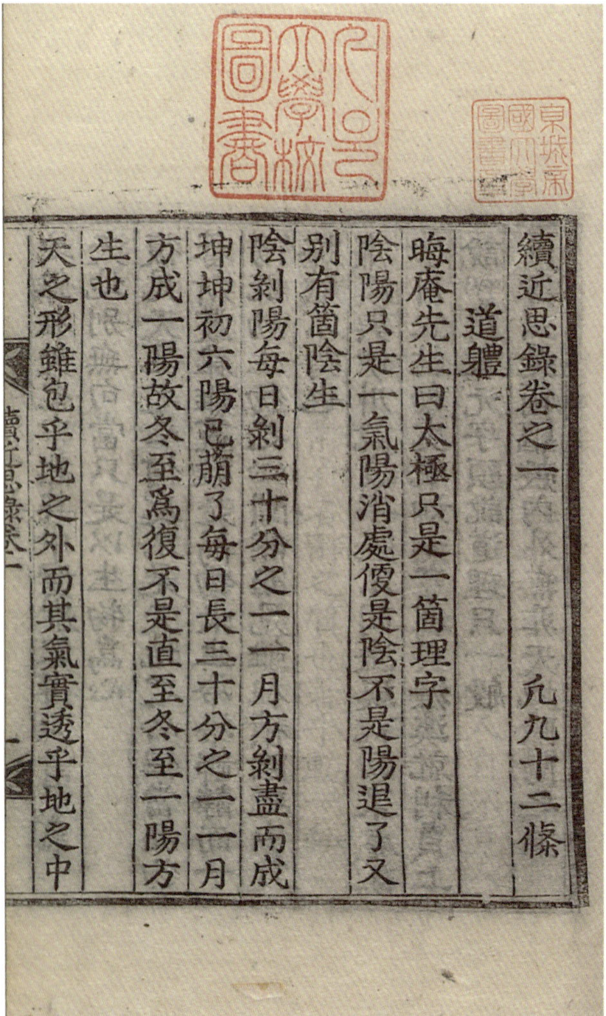
續近思録卷之一　凡九十二條

道體

晦菴先生曰太極只是一箇理字

陰陽只是一氣陽消處便是陰不是陽退了又別有箇陰生

陰剝陽每日剝三十分之一一月方剝盡而成坤坤初六陽已萌了每日長三十分之一一月方成一陽故冬至爲復不是直至冬至一陽方生也

天之形雖包乎地之外而其氣實透乎地之中

首爾大學校奎章閣藏李朝哲宗年間木板本李漢膺《續近思録》

東亞近思録文獻叢書序

朱熹（一一三〇—一二〇〇），字元晦，號晦庵。祖籍徽州婺源（今屬江西婺源），出生於福建南劍尤溪，爲二程三傳弟子。謚號「文」，世稱朱文公。朱熹爲南宋閩學之傑出代表，其哲學思想後世稱爲朱子學。他吸收了程顥、程頤、周敦頤、邵雍、張載等人的學術思想，揚棄了佛道的哲學，建立了自己的理學體系，成爲宋代理學的集大成者。故全祖望認爲朱子「致廣大，盡精微，綜羅百代」，錢穆説「前古有孔子，近古有朱子」，視爲中國近古最偉大的思想家。其著述宏富，在其一生編撰的二三十種著述中，除四書章句集注之外，與吕祖謙共同編撰的近思録是後世傳刻最多、流播最廣的一種。

南宋淳熙二年，朱熹與吕祖謙「相與讀周子、程子、張子之書，歎其廣大閎博，若無津涯，而懼夫初學者不知所入也。因共掇取其關於大體而切於日用者」，編成近思録十四卷。關於此書，朱熹自己認爲：「近思録好看。四子，六經之階梯；近思録，四子之階梯。」朝鮮半島李朝初年金宗瑞説：「是書所載，皆正心修身之要。」隨即李朝大儒李滉等倡行「洛閩近思之學」，以爲不讀近思録則難以「窮理盡性以至於命」。朝鮮朱子學者一直將此書作爲國民進入聖學的津梁。由於此書在東亞尊崇程朱之學者心中地位甚高，故朝鮮半島不斷有人或注解、或續編、或札録、或宣講此書。

同樣身處東亞漢字文化圈中的日本，也把此書視作經典，將其定性爲僅次於五經、四書的讀本，是青少年入道的階梯。日本江户時代中村愓齋説：「天下古今之書，莫貴於六經、四子，而次焉者獨有此篇。」江户會津藩學校奉行山内俊温認爲「此書之爲聖學之階梯、大道之標表」。自江户時代至二十世紀四十年代，日本在受容中國近思録及其注本的同時，通過重刻、注釋、翻譯、講讀、仿編等途徑整理産生了大量「近思録文獻」。

所以，近思録作爲理學經典是毋庸置疑的，梁啓超、錢穆都尊奉此書爲宋代理學的首選經典，以爲「後人治宋代理學，無不首讀近思録」，錢穆還將近思録視作「復興中華文化人人必讀的九部書」之一。當代學者東景南説：「在朱熹以後直到近代，程朱理學在很大程度上是借助於近思録的注釋刊刻流布得到廣泛傳播的，宋、明、清儒者們也多以近思録爲『階梯』，從近思録切入到對程朱理學的認識與接受，因而一部近思録的注釋傳刻流布史，也就是一部宋明到近代的理學接受史。」

在東亞理學發展史上，作爲承傳北宋四子思想兼而體現朱子理學構建理念的近思録，倍受尚儒者推崇，於是近思録不斷被各國注釋、續編、傳抄、刊印，形成多種整理形式的「近思録文獻」。目前存世的東亞近思録文獻版本達六百種之多。其版本形態多姿多彩，文本内容或尊崇中國程朱之學，或將中土與本邦性理之學相融合，或有意體現本邦儒者之思想，因而形成了漢文化圈中獨特、系統的近思録文獻建構與傳播景觀。

朱子學在近現代經過洗禮之後，依然是學者、政治家推崇的優秀文化思想。被提升到理學經典地位的近思録，至今仍煥發出無限生機。近二十年來以近思録整理、注釋、研究爲對象的著述在國内外出版機構陸續面世，差不多形成一股研究「近思録文獻」的熱潮。其中特別值得肯定的是嚴佐之先生主編的近思録專輯，獲得了海内外學術界的好評。但是此編僅收傳世的部分中國近思録文獻，尚不能全面反映東亞史上宏富的近思録文獻全貌，讀者也難以更多地認知近思録在東亞悠久而廣泛的影響。

考察歷史上東亞區域的「近思録文獻」，我們便會明確認知到近思録所蘊藏的理學思想在東方古典學視野中所擁有的歷史影響與不朽魅力。近思録及其後續著述不僅在本土具有强大的生命力、影響力，而且歷史上朝鮮半島、日本的相關文獻也與之存在深厚的淵源關係。從存世的相關文獻稍作探究，不難發現東亞區域的「近思録文獻」存在明顯的共通之處，其中的修身之要、爲學之方、齊家治政之術、入聖之道等有着永恒的生命，其不朽的思想價值是值得世代相傳的。

在上海古籍出版社的積極努力下，以「東亞近思録文獻」爲整理對象，申請了「國家古籍整理出版資助項目」，並獲得立項。該項目的設立，極益於东亞儒學思想，特别是程朱理學學術思想史之研究，亦利於當今社會的文化建設與人生修爲。新時期，我國正把文化建設放在全局工作的突出位置，要求堅守中華文化立場，强調不斷提高國家文化軟實力，增强中華文化影響力，發揮文化引領風尚的作用，那麼作爲中華思想文化經典之一的近思録，作爲史上東亞區域的先進文化，曾經惠及了無數讀者，蘊含着無限生機與活力，其中之精華依然值得我們繼承與發展。

在該項目立項前後，確定由蘇州大學教授程水龍負責組稿，約請了華東師範大學、上海大學、蘇州大學、温州大學等高校的專家和青年才俊對近思録文獻進行搜集、校點、整理。定名爲東亞近思録文獻叢書。

雖説東亞各國有不同數量的近思録整理文本，但仍有許多工作有待開展，而將我國的近思録各類文本與朝鮮半島、日本相關經典文本匯集一處進行校點整理，史上從未有過，故編校本叢書也是一次有意義的嘗試。考慮到盡量不與已出版的近思録文獻重複，本叢書校點整理的對象會避開華東師範大學出版社出版的近思録專輯，凡專輯已校點出版的中國學者關於近思録的著述不再收録，而是在南宋至二十世紀中期的東亞近思録文獻中選取。

最終我們在前人和當代學者整理近思録文獻的基礎上，剔除重複，精選國内尚存的近思録原文本、注本、續編本之代表，以及現存韓國、日本的具有代表性的「近思録文獻」典籍約三十部，依據古籍整理的規範校點整理。這些校點整理對象的選取，既是力求反映朱、吕編輯近思録之初心，也要展示近思録東亞傳播史上注釋、仿編、講論此書的代表作品。朱熹當初主編近思録，是爲了便利於初學者閲讀周敦頤、張載、程顥、程頤四子的宏富著述，使之近思切問，掌握入道門徑。因而近思録也成爲南宋後期、元、明、清各朝崇儒者家弦户誦之經典，尤爲塾師童蒙所親睞，故朱子再傳弟子熊剛大對近思録、續録、别録逐句進行句解，注文淺近易懂，旨在方便童蒙閲讀理解；南宋佚名所撰文場資用分門近思録，則將近思録按内容分成若干小類進行重新編輯，既滿足童蒙求學之需，又便宜科考之用；清初吕留良的「吕氏家塾讀本」近思録，在原文六百二十二條語録的基礎上稍增注文，以便本族子弟通曉該書；周公恕整理改造葉采近思録集解而成分類經進近思録集解，每卷各立細目，反映了元明之際頗具特色的近思録注本改編類次現象；清代李振裕、高裔重鐫近思録集解則反映出清初對葉采集解的改組類次特色；清末張紹价在前人注解的基礎上，吸納近思録多家注本之精華，亦兼顧晚清時事，對近思録進行了簡明流暢的注解，反映出時代大變革之際的儒者對朱子學的審視與經世致用的情懷。

朝鮮李朝學者的近思録釋義、近思録增解、近思録附注，是注釋近思録之代表，近思録釋疑、星湖先生近思録疾書、近思録集解或問又反映出朝鮮朱子學者對南宋代表性注本葉采近思録集解的推崇與質疑。續近思録、近思續録、海東七子近思録等則是朝鮮學者仿編近思録或汪佑五子近思録而成的本邦文獻，反映出在那個「望道唯憑性理書」的時代李朝社會對朱子學的尊崇。

日本江户、明治時期學術界在推崇近思録之餘，以日本學者特有的方式進行注釋、訓點，近思録備考、近思録欄外書、鼇頭近思録等便是其中的代表。日本學者還有意揭示朱子學、陽明學的異同。他們既注重在童蒙中傳播近思録近思切問之精髓，又不斷講論自己的主張，近思録訓蒙輯疏、近思録説略、近思録鈔説等乃其代表。另外，崇敬程朱之學者不斷仿照近思録體例編撰續編性質的文本，如近思録集説，融中國、朝鮮、日本諸多學者的論述於一書。

這些不同時期的近思録代表注本、續編文本，爲童蒙架設的通向聖賢階梯的「近思録文獻」，反映出史上東亞文化思想深厚的歷史淵源，也是現今我們認知東亞史上程朱理學思想的重要文獻，是程朱理學思想研究中頗爲倚重的一手文獻資料。它們不僅是研究東亞儒學的基礎文獻，社會大衆讀之亦可發揮調攝身心之功用。

對於上述入選本叢書的各書，主編都盡量提供時代較早、内容完整、校刻或抄寫精審的底本給校點整理者，並負責最終統稿。各校點整理者對其整理編校對象，自負其責，比較各種版本，辨其源流，選取校本或相關文獻，在「校點説明」中簡要概述所選底本的内容、版訊、價值等。

在編校整理中，對於有價值的序跋、傳記資料，也盡量收集附於書後。最終完成編校的每一部文獻，大體由校點説明、基本文獻、相關附録資料構成。

本叢書從策劃到申請資助，都是上海古籍出版社領導和編輯牽頭完成的，尤其是得到劉海濱先生、徐卓聰先生等的大力支持與幫助。正是因爲有了他們的辛勤付出，方使得本叢書的編撰能有條不紊地按計劃順利實施。因主編和諸位編校者不能遍觀聖賢之書，故而本叢書中難免會有不足之處，敬請賢達指正！

主編　程水龍

二〇二一年三月

目録

星湖先生近思録疾書

近思録釋義

續近思録

［朝鮮］李瀷　撰
程水龍　張美英　整理

星湖先生近思録疾書

整理説明

近思録疾書十四卷，朝鮮李朝李瀷撰。李瀷（一六八一—一七六三），字子新，號星湖，世稱星湖先生，朝鮮京畿道驪州人。出身兩班士族之家，是十八世紀前半葉朝鮮實學的主要代表。著述除近思録疾書外，猶有李子粹語、小學疾書、孟子疾書、詩經疾書、星湖禮説等。

面對自己生活的社會現實，李瀷認爲有必要加强對初學者傳心傳道的教育，因爲初學者對諸子之書難以卒讀，而朱熹主編的近思録則爲後世讀北宋四子書者提供了一個很好的路徑，故他肯定朱子主編此書的功用，即在於化難爲易，化繁複爲通曉。

儘管近思録有此功用，然朱子之後的李瀷在讀近思録時，還是感到「始受讀，齟齬棘口」，「恐後來家塾子弟，投脚下手未見意趣」（見星湖先生近思録疾書序）。於是他便對此書進行箋解，便於求學者更易進入道學之門。

此近思録疾書是對近思録的箋注，但其内容並非對近思録六百二十二條語録一一進行注釋，而是有所選擇，或對四子語録進行評析、總結，或對朱熹話語、葉采集解語進行質疑，或引用朱子語類、朝鮮學者（如李退溪、李良溪、沙溪等）的語録進行評析，或針對某條語録中疑難字詞句進行詮釋，或考證語録出處，或分析四子所引文字的原文與近思録之差異，或結合一條語録前後或幾條語録間的關聯，闡述己見，均有感而發。

疾書在編纂上，以自「某某」至「某某」的形式標示被注解的内容，接着對其進行解釋，如第一卷開篇曰「自『太極』至『一陽復於下』」，即指出解釋的對象是近思録原文第一卷自第一條「無極而太極」至第十條「一陽復於下」，然後提行頂格撰寫自己的注釋。

李瀷「疾書」類的注釋文獻，意在削弱當時朝鮮性理學一味追求經學中形而上的經學觀，其用心在於經世致用。他對近思録一書的箋解之作，爲此類注本的代表，是朝鮮時代頗具特色的近思録注本。如今我們從中也能考察李瀷的實學主張。

該書現存有李朝筆寫本，在素紙上抄寫，每半葉十一行行二十二字。對欲解釋的每條語録單列抄寫。正文前有星湖先生近思録疾書序文。現存有首爾大學奎章閣藏本，一册，鈐朱文印「心齋」。本次校點以該筆寫本爲底本，參校現存星湖先生文集（大正六年本）、朱子語類、晦庵先生文集、二程遺書，以及朝鮮栗谷全書、退溪集等。對於原寫本中的異體字、俗體字，諸如「囘」、「㴱」、「宲」、「㐫」等，在不影響文義的情況下徑改爲通用繁體字。關於校點的不足，敬請方家鑑諒之餘予以斧正。

程水龍、張美英　二〇二〇年秋於上海

星湖先生近思録疾書序

昔者天子罕言命與仁，罕言者，特罕與初學言。至傳心傳道，雖欲嘿其口，得乎？故撰易繫辭，津津乎天人性命之原〔一〕，與他日不侔。如子思之中庸，孟子之「七篇」，俱是究極原初之文，其義亦太煞發露矣。聖王不作，民俗日趨鹵莽，邪説並起，又從而惑亂之，至周、程諸子之時，殆不可以力挽。然仁人之心，豈可但已？如障倒瀾，如食疾子，迷若愈遠，誨斯愈勤。其意若曰：與其淺而陋，寧深而悦也；與其略而難曉，寧詳而或悟也。若又徒慮其躐易而未十分説破，則此道將不復明於世，是以言之於夫子之世則簡而切，言之於周、程之時則奥而繁。繁非君子之所欲也，勢也。而説者曰「德衰則言高」，故談性命諸子之陋也。嗚呼！其不思哉。然以今觀之，儒學日屈，無所事事，謂諸子之書不可卒，既不欲致思於其間，雖欲志焉，浩浩莽莽，亦遠而無得也。要其專意四子〔二〕，不得不措，非此書不可信乎！朱子纂集之功又不在四子下也。余始受讀，齟齬棘口，未入雋永，久久思量，稍稍路開，覺有天壤間一大歡喜，比如窗明日漏，始知塵埃裏坐在也。余恐後來家塾子弟投脚下手未見意趣，如向之迷，吾輒加箋解，俾有以易入云爾。

【校勘記】

［一］津津乎天人性命之原　「原」，星湖先生文集作「源」。

［二］要其專意四子　「四子」，星湖先生文集作「近思」。

星湖先生近思録疾書卷一

自「太極」至「一陽復於下」

先有「太極」字，而後方有「無極」語。若非太極之極，則所謂無者何物，其語若曰：雖名太極而亦無其極也。故曰「太極本無極」也。

極，屋極也，以其似而喻之，故可以曰無曰太。若理與極無異旨，不可如此説，蓋曰「無極之形而有極之義」也。

兩儀立而後五行生，然乾金也，坤土也，兩儀又須待五行而成也。五行者，氣也，若指其質，則是植也，非行也。天地者，陰陽之大段也，天地何嘗不在五行中。

土者，地之質也。水者，載乎土者也，繞地上下皆然。觀地之處中而不偏不陷，則可知。或謂土浮於水面而水充於天圓之半也，兹豈然哉？

陽動故推行有漸，無一息之不變，自朝至夕莫非變也，自春至冬莫非變也。陰隨故與陽無乖謬而便合也，先有彼而後此方與合，故曰「陽變陰合」。

陽生而陰殺，水、木生於天而屬陽，火、金生於地而屬陰。惟其陽也，故水能生木；惟其陰也，故火便克金。然陰統於陽，故得陽而後亦順生成之序，却有天五土間於火金之際，而火始生土，土始生金。此所謂「五氣順布，四時行焉」也。

土分旺四季而寄寓於夏季，是謂長夏。

易之道，中正仁義而已，言仁義則四德舉之矣。易所謂「元亨利貞」，即所謂仁義也。所謂「或中或正」，便是中正也。中正以位言，元亨之類以德言，故須先中正而後元亨也。在人極則仁義者，性也。性乃心内所具之物事，心必得中得正，然後仁義之用方盡其道，而極斯定矣。「太極」一篇，本出於易，故其説之吻合如此。然朱子嘗曰：「謂之禮尚，或有不中節處；謂之智尚，或有正不正。」云此説可疑，如但以其弊則不獨禮智，雖仁義亦然。仁有姑息之仁，義有任俠之義，而猶言仁義，何也？孟子曰：「非禮之禮，非義之義，大人不爲[一]。」可以驗矣。朱子又曰：「亦不知是如何，但『中正』二字較有力。」然則彼前説者未必是，立定議論特一時問答，如此不可不知。

「與鬼神合其吉凶」者，修之吉也。專乎陰道，不循乎理，則悖之凶也。上凶者如利貞之利，下凶者如利害之利。

復而至於安焉，則亦聖而已矣。經曰「及其至也」，一也。

疾痛疴癢，觸之則覺，故曰「充周」；不行而至，不疾而速，故曰「發微」。充周且如一箇樹，自根株至條枚莫非此理，是謂充周。千花萬葉遇時而各自萌芽，是謂發微。朱子曰：「發，動也；微，幽也。言其不疾而速，一念方萌而至理已具，所以微而不可見也。充，廣也；周，遍也。言其不行而至，隨其所寓，理無不到，所以周而不可窮也。」

一事物莫不有至當之理，隨時應變，不差毫末，安得以測之？故曰「不可見」也。物屬己無所往而不遍，故曰「不可窮」也[三]。

自千枝萬葉尋到一箇總會處，故曰「大本」。自一箇中街可以通于四海，故曰「達道」。本未至於大處，猶未是中也，道而不達，安得以和？

鬼神造化之迹，以此看功用。合一不測之謂神，以此看妙用。晝夜運而生物之心未息，以此看性情。

朱子以妙用屬之神，則「神」字帖在「氣」。「神」字帖在「氣」上，其説可疑。

賦者非出其特與他也，受者亦非奪取他物來在己也。賦，如田賦之賦，有此田則隨其畝之多少，自有定税，便是國君之所命。如此三代之賦，什一也，什一定而民各受命矣。性只是合當納賦之理也。

鬼神者，二氣也，理無爲而氣有迹，由迹而名之曰「鬼神」。造化者，形容得功用處，一伸一歸即其迹也。

剥、復之説，據朱子説陽之段起，自坤中至坤末，方滿得那腔子。爲復之交，又推之有漸，至復之中始充，爲一陽之全畫。自坤中至此，恰爲三十分，十五、十六分之間，爲兩卦之交，十五分以上不及半而爲坤，十六分以下過半而爲復也。堂兄良溪有一説，余因而推之。凡氣以長爲主，以屈爲實。陽一分長則便是陽畫，其未消陰不必計也，陰亦然也。陽之端始起，則下畫便是陽畫，而爲復。如坤者，其第六畫又陰之始起，故亦歸之陰畫，而爲純坤。雖剥亦然，其第五畫又陰之始起，故自下至五爲五陰畫，餘皆仿此。若如朱子説，則已亥爲陰陽始終，而子午不得居晝夜之半矣。以一歲言，則日軌極南則生陽，極北則生陰，冬至日道極南，夏至極北矣。極南而才回則陽生，極北而才回則陰生。其未極南三十日之前，又豈有陽已生之理？且必以三十分爲端，至二十九日猶未是陽動，則所謂「静極復動」，將何處尋討耶？此論大有發明，姑識之以待知者。

坤之上六，爲其嫌於無陽也，故稱龍焉。陽月之義本乎此。大傳曰：「尺蠖之屈，以求伸也。」屈則不伸也，陰陽往來，莫非天地生物之故。屈便是求伸，而其心固未已也，於復可以見矣。比如引弦者爲發矢也，引而至於漸滿，而發之之心則未嘗一刻忘也。然引之之時，猶未見得其心，至發之初而始著也。

自「仁者天下之公」至「醫書言手足痿痺」

程子曰「公而以人體之故爲仁」，合「克己復禮」及「仁者人也」二句而言也。世有以公爲心，而或傷於刻迫，須公而有惻隱之心方得。此便是以人體之也。若但言「天下之公」，此只論其理之無私，而繼之云「善之本」，則便見得萬事萬物，各當于理，而「以人體之」一句，自在其中也。

感者自此感也，應者自彼應也，所應者便是回感他，故曰「爲感」也。所感者非變爲應也，須於所感處，便生出應來，故曰「有應」。如陽感而陰應，則陰便生，陰既生，則陽便衰歇。這陰便復感陽來，陽非收回，彼衰歇者爲應也，彼衰歇者便歸盡，而這歸盡時又生出陽來。如今日感而今夜應，又今夜感而明日應，則彼夜之應復爲感於明日，而今日非明日也。

道與理何别？理謂本來見成底如此，道謂循此理可行底如此。易傳序曰：「吉凶消長之理，進退存亡之道。」

畏威寡罪，謂其心必知，如是而非，則有罪；如是而是，則無罪，故可以證性善。

朱子曰：「易，猶心也；道，猶性也；神，猶情也。」此猶天地之心、性、情也，指其管攝，主宰乎是理者曰易，無易則無以管攝，而自「上天之載」以下言理，自「孟子」以下言氣，「説神」以下兼言理氣。自「但得」以下又以道爲主，蓋忠信所以進德，進德在乎「終日乾乾」，謂當對越在天也，此下總説對天之義如此也。「大小大」，言其大不定，大小猶言許大也，與「多少多」互看。

自「生之謂性」至「楊子拔一毛」

此條當在三節看，其間有天命者，有氣質者，「生之謂性」是一節，「水流就下」是一節，「清濁」又是一節。

「生之謂性」，未生之前、既生之後，皆不容説性，故曰「便已不是性」。

語類。問：「生之謂性。」曰：「有此氣爲人，則理具於身，方可謂之性。」又問：「此蓋告子言。若果如程子説，亦無害，而渠意直是指氣爲性，與程子意不同。」曰：「程子之言，亦是認告子語脉不著[三]，果如此説，則孟子何必非之[四]，則知其發端固非矣。」又曰：「此一條伊川亦未嘗盡。」愚按：「生之謂性」一句，以告子則雖非，以程子則固是，而程子不加辨白，直用此句，其意以告子爲未必全非也。故曰「説得未甚盡」，曰「認語脉不著」也。蓋人生氣禀理亦賦焉，氣禀理賦莫非生也，故「性即氣，氣即性」者，和理與氣言之。「『人生而靜』以上不容説」者，主理言之也。告子乃主氣而言，則以目之視、耳之聽、手之執捉、足之運奔之類爲性，與朱子所謂「有此氣爲人理具於身」者異矣。告子之語初發此一句，猶未有罅隙。孟子即已知其病敗之所在，故詰之以白之謂白。白者已專在氣上論，而告子以爲然，故孟子方始痛快辨别，詳見其問答，則可見此一句之初不害理也。它日孟子又曰：「口之於味也，目之於色也，耳之於聲也，鼻之於臭也，四肢之於安逸也，性也，有命焉，君子不謂性也。」五者，即告子所謂性也，而「君子不謂性」者有命故也，合於命然後君子方始性之也，下文云「才説性時便已不是性」。以此看「生之謂性」，則可以得程子之旨矣。

朱子曰：「理有善惡。此理字不是説實理，猶云理當如此，只作合字看。」愚謂：從氣稟以後説，已不是在天底理，故有善惡，以下文求可見。

「凡人説性」者，謂人之説善一邊也。繫辭曰：「繼之者善，成之者性。」如孟子之言性善只是説「繼之者」一句也，下復有「成之性」一句，與「繼善」對勘，則聖人雖不言，其未必皆善，而其未必皆善之意已隱然在成善之中矣。「天所賦爲命，物所受爲性」，繼者動静之間也。雖成性或異，而其繼之則善而已，及至成之，隨氣而各異，故曰君子之道鮮矣。聖人未嘗言同以惑人，未嘗言異以沮人，只曰性相近也，習相遠也，其旨遠矣。按：語類。問：「繼字莫是接續承受底意否[五]？」曰：「主於人之發用處言。易所謂『繼善』在性之先，此所引『繼善』在性之後[六]。」又曰：「明道説『繼善』，固與易意不同。」愚按：程子解易文，云：「繼斯道者莫非善也，不可謂之惡[七]。」「天只是以生爲道，繼此生理者，即是善也。成之性却待萬物自成其性[八]。」程子解此句本如此，而却又替换説，使性命之至論或有疑貳，莫省可乎？若以此句在「性」之後，則其於「成性」一句將如何釋？且以發用處而謂繼，亦未見妥帖。竊疑水流而就下也，即概以言之也。雖曰繼之者善，而却不能無不善者，間之如水之就下，而又却有清濁之不同也。故人莫不有繼善之性，而必須加克治之功者，如就下之水而必加之澄清之功也。此程子之意也，如此看却與易義未見差異，更詳之。

中庸或問引此條，謂非論語本文之意。蓋謂舜之治天下，非私智穿鑿而爲之，只循天命所固有而爲教也。雖非本意，然於修道之義有所發明，故採而著之。

人面不同，由氣稟之不同，其不同者，私也。循氣則面既不同，心安得獨一哉？惟理爲一。一者，循理之謂也。

自「問時中」至「問心有善惡」

「不欺」之「欺」當並帖。自「欺」字看，若曰欺人則工夫便歇，後不欺人者未必不自欺也。「无妄」從念頭説，才有是念，便是妄也。「欺」在行上説，雖或有妄，便即克去，十分做去。至於自慊則是爲不欺，不欺之功猶未至无妄地位。

上面非無形無兆，已有塗轍之理，下面只是遵而行之，非人强引入塗轍也。如君臣父子之類，既有是當行之塗轍，則未應已應，却只是一箇而已。

呼則陽，吸則陰，才吸便呼而寒温却殊。此謂驗於鼻息也。

仁者愛之理，故周子曰「愛曰仁」，斯固當矣。退之云「博愛之謂仁」，何以謂不是「愛曰仁」者？謂其所以愛者，曰「仁曰愛」，而指體也。如退之直指博愛爲仁，所以非也。若如周子之云，則自是無害。愛何必待博而後爲仁之用耶？是其一「博」字可以見其無頭矣。

程子以穀種比知覺之心，以陽氣發此比性發此，固矣！至因是而推之，若以穀種比肝肺等血肉之心，這穀種内所包那陽氣者，比知覺運用之心，這氣中生之性比仁義之類，陽氣發揚便是心發爲意氣，非孤行，必和理而動，這便是性發爲情也。

比如五味子煎水，水比之心。水中和有五般味，比之仁義禮智信之性。水氣便會上騰，比之心發這上騰，理亦覺有五般味，比之性發爲情也。

訓覺、訓人，雖曰「非也」，亦無不是也。類聚觀之，體認出來，則覺與人之類當不匱矣。學者須知訓此二字之非，而亦必知二字之爲有其義也。覺者須於萬物在我處得之，人者須於聖人踐形處得之。

善惡、吉凶、是非之論，或多疑之，以邪正、死生、否臧之類爲證，此雖似然，然惟先善後惡之類，本如程子之意，以此立言斯已得矣。何必復求他語證其差説而後已耶？此謂無益之辯也。

如不欲求其異同也，則雖謂水溺而火焫亦不可，世間固有入水不溺、入火焫者。

朱子曰：「『心本善，發於思慮則有善有不善』，此段微有未穩處。」「『即發則可謂之情，不可謂之心』，此句亦未穩。」蓋心氣也，氣則不免有善不善，體若純善，何自而有此哉？心統性情，故孟子曰「惻隱之心，仁之端」。惻隱是情而謂之心，體用動静莫非心也，何可曰既發不可謂心也？然程子此段合下以本體爲心，故以水與流爲喻，其實流亦水而已矣，讀者爲領其意焉可也。

自「性出於天」以下十二條

孟子、程子論才各有攸當。朱子引之而猶有未發，使學者自思也。據朱子説，水比之氣，水之性是理，水之能就下底，便是才。彼能爲底者，氣固有是，而理豈獨無哉？理亦非枯然死物，故曰理動而氣動也。其理之能爲底曰理之才，氣之能爲底曰氣之才。以水言之，則程子指其能就下底，而孟子則指所以能就下底也。然理無眹而氣有爲，故論其能爲，則於氣邊分數終覺占多，所以程子爲密。

通書曰「守曰信」。太極解云「五性感動」。如程林隱所謂「誠實之心」，即信之端。雖五性言端可也，然以方則土居四隅，以時則土旺四季，未有專氣，故雖信不言端亦可也。程子此論只明孟子所以不言之故也，非謂言者皆錯也。

性者，仁義禮智四者也。四性之中，無所不完，無所不具，不待更添一「信」字而後足也。如四時中之十二月，七十二候，無不完具，不待更添一長夏之土而後足也。

心者，五藏之一，其名不從人起也。五藏之心，血肉之物也。惟心藏中氣之運用者曰神明之心，而血肉之心即其舍也。由是而推之，凡天地之道，一往一復，翕聚敷施，必有所以然之故，與人之寂感之妙恰然相類，故謂之心。易所謂「復其見天地之心」者是也。此雖與人之有心者微有不同，其有主宰運用之妙，則無以異也。大而言，則一翕一舒，其生長之心未嘗息也；小而言，則人與物之生各有所宰，方成此形，不然，何其細大精粗鑿鑿而不紊乎？其爲有心。可知「心生道」一句，屬人物未生之前，既有此心而生此物，人得此心而便成惻隱之心，這便是天地生物之心也。然天地自然而人有造作，故心能惻隱，此又與天地合處。

孔子閒居云：「天有四時，春秋冬夏，風雨霜露，無非教也。地載神氣，神氣風霆，風霆流形，庶物露生，無非教也。」張子之説出於此。蓋盈天地之間者莫非當然，更無合少得底。常以示人，人可以觀效焉，是謂教也。語意如「吾無隱乎爾」之義。此一段即一天地之鄉黨篇。

朱子曰：「『游氣陰陽』一段，説得似稍支離。只合云陰陽五行，循環錯綜，升降往來，所以生人，物之萬殊，立天地之大義也。」蓋游氣亦只是陰陽中物事，而陰陽循環何嘗非主人物之萬殊耶？此不可不知。

物主於理，故曰天；事主於人，故曰仁。

「周知」之「周」，當與「俱立」之「俱」帖看。蓋萬物之往同出一源，若私之而不及於人，則是蔽塞而不通理者也。「閉塞」與下文「通閉開塞」帖看，閉則愚，塞則物也。

按：語類。「『一故神』，近思録所載與本書不同。當時緣伯恭不肯全載，故後來不曾與它添得。」「張子言『一故神』，自注云『兩在故不測』，又曰『兩故化，推行於一』，謂此兩在，故一也[九]。『兩不立，則一不可見；一不可見，則兩之用或幾乎息矣。』」愚按：此説出大傳，云「乾坤成列，而易立乎其中矣。乾坤毀，則無以見易；易不可見，則乾坤或幾乎息矣」。易者，一也。乾坤者，兩也。夫一所以爲神也，以其一能貫乎兩也。兩在不測與一故神者，初非二語。横渠語簡，始不言兩在，只舉兩在而能一之義，至自注而後，便著焉。它日，横渠又云「氣有陰陽，推行有漸，爲化合一，不測之謂神[一〇]」，可以爲證。

「心統性情」。語類有一條。朱子但曰：「季通云『心統性情』，不若云，心者，性情之統名。」不復言其是非。愚反復思之，「心統性情」者，猶云君統臣民。君別是一物，臣民別是一物，彼統於此也。若曰「心者性情之統名」，則猶云人者君臣之統名也。君亦人，臣亦人，此人與君臣非二物也。朱子若以西山此説真以爲至當，則「心統性情」一句，其義已落在第二科。而後來朱子之取舍在此不在彼，何也？朱子又曰：「仁義是性，然又有説仁義之心，這是性亦與心通説。惻隱、羞惡是情，然又説惻隱之心、羞惡之心，這是情亦與心通説。這是性情皆主於心，故恁地通説。」據此，則此不過通説近可之意耳。朱子曰：「性情皆出於心，故心能統之。統，如統兵之統。」「仁義禮智是性，孟子曰『仁義禮智根於心』。惻隱、羞惡是情[二]。孟子曰『惻隱之心，羞惡之心[三]』，以此見得心可以統性情也。」此可以主定矣，宜細考焉。

朱子曰：「横渠此段似欠了生知之聖。」愚謂：既以通開屬人，蔽塞屬物，而又以蔽有厚薄爲人之智愚之别，亦欠條貫，不若云：「凡物莫不有是性，有通蔽之别。聖人通之至者也，中人以下蔽有厚薄者也，開之則至於聖，錮之則同於物也。」朱子又云：「不若吕與叔云『蔽有淺深，故爲昏明；蔽有開塞，故爲人物』。」此語亦未分曉，明非蔽之淺者也，人非蔽之開者，立言之難如此。

【校勘記】

[一] 大人不爲 「不」，孟子作「弗」。

[二] 故曰不可窮也 「不」原作「大」，據葉采近思録集解元刊本改。

[三] 亦是認告子語脉不著 「著」，朱子語類作「差」。

[四] 則孟子何必非之 「非」，朱子語類作「排」。

［五］繼字莫是接續承受底意否　「接」原作「按」，據朱子語類改。

［六］易所謂繼善在性之先此所引繼善在性之後　此處兩「繼善」，朱子語類均作「繼之者善也」，下句同。

［七］不可謂之惡　「之」，二程遺書無。

［八］成之性却待萬物自成其性　「成之性」，二程遺書作「成之者性也成」。

［九］謂此兩在故一也　「一」下，朱子語類有「存」字。

［一〇］不測之謂神　「之」，朱子語類、張子抄釋均無；「謂」，諸本皆作「爲」。

［一一］惻隱羞惡是情　「惡」下，朱子語類有「辭遜是非本」五字。

［一二］羞惡之心　此句下，朱子語類有「辭遜之心是非之心」八字。

星湖先生近思録疾書卷二[一]

自「聖希天」至「人之蘊畜」

伊尹爲殷湯師，其德隆矣。孟子曰：「伊尹，聖之任者也。」蓋亦至於大而化之之地也。然濂溪所論哉更大，如伊尹、夷、惠之倫，不肯以聖許之。孔子，聖之時者，看「任」、「清」、「和」三字，有不能時處，而病敗自見。這是便不能希天，天何嘗不時？

聖人希天而與天合，希聖便是希天。然人與天終是二物，希之便有次第，比如畫師畫物得似，學畫者便去學它運筆規模如何方得。若直去看物便求寫出，亦不能。

一夫不得其所，若撻于市，是任底偏重，而與希天者不同。天覆燾生育而已。聖人學此者也，何嘗有若撻底氣像？

伊尹終有愧虛意思，聖人心廣體胖，何愧之有？

伊尹之志大，顏淵之學宗，不宗則志爲無本，故學者須是學顏子。

仁在天爲元，貞而復元，故天終歲不違元也。在人則有終歲不違仁者。有一時不違仁者，有一月不違仁者，有一日不違仁者。聖人終歲不違，則是希天也。顔淵一時不違，則是希聖也。其餘不能不違，而或一日一至，或一月一至，則是希賢也。顔淵之於聖人，只未及一間。諸子之於顔淵，却是懸絶，是謂大賢。

七情者，形氣之心，書所謂「人心」也，「形氣」字帖「人」字。情，即心也。詳著四七編。

七情要亦是五性之動，然離諸形氣因爲之熾蕩，約者謂收拾整頓，使不違於在中之性，性之主則心，故先正心然後可以養性。正心之功無它，約其情而無邪僻而已，下云縱情乃不能正心之謂也。

「知所養」，謂知得養性，當賴於正心，是謂明心，乃格致之功也。「自明而誠」，則又並帖「誠正說」。仁義是本具底性，而梏則亡之，故無惻隱羞惡之端者，便是仁義之離乎心也。言仁義則四德舉之矣，然必也忠信爲主。易曰「忠信所以進德」者，德便是仁義也。

首言學以至於聖人之道，言其學必將至聖人也。中言信篤、行果、守固，與夫造次、顚沛、出處、語默必於是，則學之事也。繼之云久而不失，「動容周旋中禮，而邪僻之心無自生」，則至於聖人之事。蓋顔淵之所希者如此也。終言以其好學之心，假之以年，不日而化，則言學雖如此，亦未由至於聖也。首言志，中言事，終言命。

朱子曰：「『定性』字，説得也詫異，此『性』字是箇『心』字意。」又曰：「定性書是正心誠意以後事。」又曰：「定處只看『知止而後有定』。此一句便了得[二]。」又曰：「當應而應便是定。」

愚按：古人多以心與性通説，如仁義是性，而却云仁心、義心，蓋性無造作底物事，而其動静皆主於心，故恁地通説。然無性則心爲虚套，言性而心亦擧之矣。且性是天理也，只言心定，則或有守氣不撓如黝、舍矣，必曰定性，然後其心之大公順應處，可以盡白而無遺憾矣。定者謂心不妄動，不妄動謂守之之事，若誠正以前未容守定功夫，故曰誠正以後事也。彼黝、舍未由誠正而先守得定者也。

莊子曰：「至人之用心也若鏡，不將不迎，應物而不藏，故勝物而不傷[三]。」將者，我去而送之也；迎者，我去而迎之也。不將迎，皆應而不藏之事。

「無將迎」，謂不將不迎，是將與迎皆不當有者也。「無内外」，謂無内外之別，合内外之道也，此則所當然也。兩「無」字義不同，静則在内而定，動則從外而定，從外即應物也，非牽己也。

心者，在内而應於外者，故内本而外末也；若牽以逐外，則内不復爲本，而外亦本矣，故曰「二本」。

無情，故兩忘。

情者，心之動，所謂喜怒之類是也。天地之心，若非恁地應物，其絪藴往復，其理必如此。若有主宰，故古人以人心取來較勘，命之曰「心」，其實與人應物者不同故，故下「普」、「順」、

「心」、「情」字不同。

自私者先有偏曲底意思挾在其中也，有爲者心之用也。應迹，朱子謂「應事物之迹，若心則未嘗動也」。是即當怒而怒，當喜而喜，所謂不繫心而繫物也。若先有私意，則喜怒或不當於事，是及不繫物而繫心，是謂「不能以有爲爲應迹」也。朱子曰：「所謂『自私而用智』，如世人一等嗜欲，是不能『以有爲爲應迹』，如異端絶滅外物，是不能『以有爲爲應迹』。若『廓然而大公，物來而順應』，便都不如此。上不淪於空寂，下不溺於物欲[四]。」蓋自私者本兼兩般説，注家專以樂於無爲當之本，乃歸之於不累外物，而不擧溺於外物一段，則失之偏矣。然自私者，只是爲私意所累，所以錯也。用智則始雖不由私意，而亦弄其智巧穿鑿以應之，終亦不出於私智，而與自私者同歸下文。孟子之言是也，其自私用智則是「不能廓然而大公」者也，其不能以有爲爲應迹，與夫不能以明覺爲自然，則是「不能物來而順應」者也。「人之情各有所蔽，故不能適道」，以其有自私、用智二者，故曰「各有所蔽」。其下兩箇「不能」者，即所謂「不能適道」也。以此觀之，尤極分明。

「反」字屬「惡外物」，「鑑」字屬「心」字。惡而至於無物，故曰「反鑑」。

横渠雖惡外物，猶求照以定性，畢竟照在何地。若然者，雖於靜時能定，才到動時却被物誘去矣。

勉齊分爲七段，前面是第一段，自「天地之常」至「順應」是第二段，自「貞吉」至「除也」是第三段，自「人之情」至「索照也」是第四段，自「易曰」至「爲累哉」是第五段，自「聖人」至「爲如何哉」是第六段，後面是第七段。

明道云：「修其言辭正爲立己之誠意，乃是體當自『敬而直内，義而方外』之實事。」伊川易傳則曰：「擇言篤志，所以居業。」兩說有乍不同。故朱子曰：「明道說得來洞洞流轉，若伊川以篤志解立其誠，則緩了。」此說亦不可易矣。今葉注引朱子語云「擇言謂修辭，篤志謂立誠。立誠即上文忠信」。此條遍求不得，而與見於語類者分明不合，則舍之無疑。此因易大傳中有，朱子釋伊川意者，不察下有結辭，遂拈出爲說也，似甚魯莽。朱子之意蓋謂雖忠信進德而所以立，此忠信又在乎修省言辭，不然，忠信不立，而德亦息矣，業其可居乎？

朱子曰：「内積忠信，『積』字說得似好[五]。」此引而不發也。蓋乾乾夕惕、健而無息之義可見積累意思。且雖有忠信，而德本至尊，非一事可進也。積之之久，方可言進。其積也，又必須自盡其力，方爲實行。如有一毫循外之心，則便不是進德，故曰「内積」。朱子亦以「好好色」、「惡惡臭」爲喻，即是吾實有底，非循外者也。

「知至至之，致知也」，「知之事也。「知終終之，力行也」，聖之事也。「知至」及「至之」，即兩項事而並歸之。致知之事何也？朱子嘗舉程氏遺書云：「知至至之，主知也；知終終之，主終也。」「幾者先知之謂也，若已到彼，則不謂之幾也[六]。」細詳程、朱之意，蓋凡身至此曰「至」，使之至曰「至之」。「至之」者，致也，如大學「致知」之「致」。「知」者知其所當至之地，「至之」者使之至其地也，與身到其地有别，故曰「主於知」也。「幾者，動之微也」，智明而後可幾；幾非徒幾也，審於幾而擇之也；擇烏乎在？義而已。存者，不過存此所擇也，存之則仁之功，曰故終條理者聖之事也。故「存義」之「義」須於可幾處看得，「聖事」之「聖」須於存義處看得。

何以見得直方？此物上也直，下也直，左右也直，前後也直，便成方。直者只一箇端直是也。内者心也，當未有物時，其心只見得一箇端直，敬所以不失此者也。以此遇物，豈不度以直之？若上直而下不直，亦不方；下直而上不直，亦不方；左右前後皆然。比如巧工只以一箇繩去度物相似也，若不敬其心，便容邪曲，如何去度物使之方哉？敬義既立，内無不直，外無不方，無往而不爲德矣，所以不孤。大，如充實而有光輝之謂大，不疑則化之也。直以理言，方以物言。

無邪心而不合正理，與動以人欲者，在己則雖有眚與罪之别，在天理則均是爲悖義也，故遇眚而恕之者，即一己之私也，非天理之公也。心爲公理之主，而察之不明，擇之不精，處之不正，則人誰曰正也？是即邪而已矣。聖人戒之天命，不祐其義嚴矣，是以行而不學，君子不尚。若下章大畜象傳所論，可以備此之餘意。

考迹觀用，所謂「觀其所由」也；察言求志，所謂「察其所安」。所由在事，所安在心，必至得其心而後可以畜德。

自「咸之象」至「且省外事」

咸大象曰：「山上有澤咸，君子以虛受人。」傳云：「澤性潤下，土性受潤[七]，澤在山上，其漸潤通徹，是二物之氣相感通也。」愚按：此説固至矣，而又有一焉。澤者，水之渟滀者也。山者，地之高峻者也。渟滀於高峻之上，非虛不能，故君子以之。

「以量而容之」，容之有限；「擇合而受之」，受之有別。此只是量小也。若私欲繫累者於此，不必言也。量小者，必有私意於中，其於與己異者，多不能容受，亦不免爲私繫之歸矣。聖人如天，天不無容受，故聖人無不容受。如有罪而刑之、不屑而卻之之類，莫非容受中事耳。感乃心也，若言感其心，是乃以心感心也。

「寒暑雨暘」，無私之謂也。

有未善則改之，非謂欲免於艱阻。持我之未善處，因艱阻而有覺，既覺則但改，不有與於艱阻也夫。然故無歉於心，亦必加勉。若凡人，則以爲善之無益而便廢矣。於此可以見君子之用心也夫。

孔子之事，當乾之初九。中庸之十一章，論語之首章，皆自況也。如顏氏則以「復之初九」喻之，聖賢之别又如此。

修省，則察其言辭之出於中心否也。察之而無一言之不出於心，則中誠斯立矣，修飾則反是。

言箴云：「發禁躁忘，内斯静專〔八〕。」以此看修辭立誠，尤覺親切。朱子曰：「修辭只是如非禮勿言」，「誠便即是忠信修省，言辭便是要立得這忠信」，「業便是逐日底事業，恰似日課一般」。據此修辭而立誠，便是立這忠信，則忠信即誠之條目。所謂「修業」，又帖在「忠信」上，這逐日底事業，不過當忠而忠，當信而信，這是便修業。舍忠信更無可以修業處，如是積累，德便進矣。

求道有術，只當爲者爲之而已，更不容其火急催攢也。若迫切不由理，便是私意，故爲不誠。

誠者，無妄也。

孟子出世要行道，顏子專心學孔子，此顏子所以尤近於聖人。學者以此看二子亦得。

朱子曰：「外事所可省事即省之〔九〕，所不可省者亦强省不得。」又曰：「此説只可施之與叔諸人，若與龜山言，便不著地頭耳。」愚按：以「不中」、「不遠」等語考之，外事不過指文章之類，如威儀制度，何可專省也？此雖有本末先後之分，要之内外不可偏廢者也。今但曰一切皆省，或似有害，此朱子所以云爾也。惟曾子所論「動容貌、正顔色、出辭氣」，固是兼文章言，所可省者，惟籩豆器數之末而已。方是爲至，然後之學者或多循外，爲人務飾邊幅，本之則蔑矣。明道之訓於斯爲切。

自「學者識得」至「父子君臣」

六經莫非求道文，學道之大體曰仁。求仁，莫近於求經義也。要識仁體，知之事也。實有諸己，行之事也。義理栽培，兼知行而言也。若要知行之並進，則莫如義理栽培，要明這義理，亦莫如求經義。

此條大義亦與上條同，對人弊病而藥之也。蓋求經義，只是爲栽培仁體，不然，所求者何義？後之學者或多專意言句之末，而其於實功則未是有下手處。此程子所以云爾，主義在末一句。

伊川問鮮于侁君，謂其所樂者何也？曰：「樂道而已。」伊川曰：「使顔子以道爲樂而樂之，則非顔子矣。」又曰：「顔子所樂者，仁而已。」或問：「與仁道何辨？」朱子曰：「非是樂仁，惟仁故能樂耳。」又曰：「今人説樂道説得來淺了，要之説樂道，亦無害。」愚謂：君子心廣體胖，仰不愧，俯不怍，其樂可知，不樂則不可成德矣。惟其日用常行之間，處善循理之不安樂，人遂目之，曰「斯樂者道也」，則亦何所不可哉？此道與心一也。若曰「以道爲樂而樂之」，則便不可，此有心於樂之者，而道與心二也，有心則何獨樂道者爲非，這樂、仁均之不得爲全是矣。

讀者須兼程子兩説及朱子前後所論，方盡耳。

「做脚」，猶言著脚。

「困心衡慮」故熟。

魯非可得之道，魯者多確愈於有才而不實者也。假使魯而已，則亦無足觀。

禮樂之體在減盈之間，故其爲文在進反之間。減而不進則離，盈而不反則流。

此理天命也，違悖其命是獲罪也。人在天地之間，安往非此天地，是無所逃也。

自「論性不論氣」至「内重可以勝外之輕」

君子之道，修己以安人，故雖惡於行道，亦且專心爲己，不見是而無悶。此點、開之對所以見得大意。

「根本」是本源心術，「培壅」是義理涵養；「趨向」謂爲學門路，如大學格致誠正，是立得正耳。二者亦須互資而成，根本厚然後趨向可正，趨向正然後根本益厚。

「天德」者，即天命之性便是也，上達于此，盡性知命矣。要達天德，先須敬義夾持。懈意之生，非獨力疲而止，又或智之過，以爲不足爲而便休，故又添自暴。

不覺老衰有二：忘生而殉欲則老衰，暴厲而傷氣則老衰。夫學者將以養心，養心亦所以養氣，養氣而至於浩然充體。當老而老，當衰而衰，乃天命之當然也。不然，即不及命而先衰老也。君子雖不欲熊經鳥伸，急於爲壽，而亦保養精神、安義俟命也。多見人之不得其壽者也，故以不學爲戒。

志爲師，氣爲徒，故志之所至，氣未有不到也。勇者，果斷之謂也。果斷在志，苟有志焉，鮮有不能成者也。人之不進者，每諉之於禀賦之昏弱，殊不知昏可以明，弱可以强，只可責之勇也，故以不勇爲戒。

按：程子遺書。「内重」之上有「内之得有淺深，外之來有輕重」十二字。蓋内重然後方是外輕。内重者，得深故也；勝外之輕者，見誘之小故也。

自「董仲舒謂正其義」至「伊川曰古之學者」

「正議」、「明道」，及「膽大」、「心小」，見小學疾書。[一〇]

朱子曰「自得」者，乃自然而得，非「獨自」之「自」也。自然而得，則心氣沛然，自見昭曠，何待於言哉！「安排布置」，即言之强爲者未足爲得也。

「皆天」者，謂有當然之天理也。真則天，妄則非天也，非合真妄而謂之天也。語類又引「惡亦不可謂非性」之語爲喻[一一]，可備一說。

「鞭辟近理著己」，只是「切問近思」之注脚，只釋「切」、「近」字，而未及於「問」、「思」。謂「問」亦如是，「思」亦如是也。朱子曰：「鞭辟近裏，此是洛中語[一二]。」「辟，如驅辟一般。」「一説作『鞭』，約大底是要鞭督向裏去。」蓋要著己須近裏，要近裏須鞭辟也。自外向裏曰「近」，「近思」之「近」只是向裏之義也。立者，止也。在輿者，行也。「參前倚衡」，如顏子瞻之在前意思。

「知著力處」者，謂己性有躁惡，須知著力於寬緩也。「知得力處」者，謂既著力漸覺寬緩，則其於日用事上御下，賴此皆順。必須知此乃著力之效，然後前功益固，後事方勉，以爲積累，基本如謝氏去得「矜」字之類是也。

「役智力」，謂役其智力也。爲己莫如育德，爲人莫如振民，君子之所事也。若園圃之勞，君子不急，此與夫子「焉用稼」之意同。

「居之」，如「奇貨可居」之「居」。「無以居之」，謂不能堪受其任重也。

自「修養」至「問必有事」

修養之引年，能引於禀命之外。國祚之祈命，初無定分。常人之至聖賢，得至於本然之分。言所由，則三者雖不同，而其用功夫到這裏則均。

「公只是仁之理」，疑「公」、「仁」二字换，不然，若曰仁之爲理公云爾也。今指「公只是仁之理」也[一三]，則恐誤。「仁」是理名，「公」只是形容其理。

子曰「克己復禮爲仁」，克己之極功曰公。故朱子曰「惟公然後能仁」。然公者只是無私之稱，無私而不以人體之，則茫茫蕩蕩都不凑泊，惟於人身上所具之理，表裏通徹，不爲一毫私意間隔，則方是始仁也。朱子曰：「撑起這公作骨子，則無私心而仁矣。」

語類，曰：「仁如水，愛如水之潤，恕如水之流。」葉氏演以爲釋，曰：「恕者惟於此[一四]，愛者及於彼。仁比泉之源[一五]，恕則泉之流出，愛則泉之潤澤。」此説恐未明，潤者如水性本潤，而其流者乃行其潤及於彼也，故恕爲施而愛爲用。用者對體之名，如曰「仁是體而愛是用」，恕則流行，此用者也。朱子曰：「恕之所施，施其愛爾，不恕，則雖有愛而不能及人也。」可以見矣。

「要力行」，雖是淺近語，初間亦須勉强，如將强之而著力，必將馴至於不待著意之境矣。但人始以一點意氣强意等行，不便下手，故程子譏之。

「豈有不得道理」，當以「不得」爲句。「不得」字與上「得之」字相帖。

「文章之學」，買櫝而還珠者也；「訓詁之學」，貴盡而賤真者也，皆從儒學中出來，而反害於儒。若志於儒者之學，因盡而求真，不害其爲訓詁；貴珠而飾櫝，不害其文章。

「方成癖」，謂方且汩没不自覺也。「始類俳」〔一六〕，謂俳優以人之笑己爲悦，彼文章以人之艷己爲務，雖有差等不同，其務悦則均，故曰幾於俳優也。「輸」乃「輸贏」之「輸」，如云不勝也。彼成癖類俳者，如是用力勞費，而終無實得。惟顔氏無一事故能得心齊，而至于大賢地位。以彼較此，知其有輸也。

自「問敬義何别」至「知性善」

無實而爲名者，利其名也。與利富貴者雖有清濁之别，其利之則均也，宜君子之深戒。然若專以此立定公案，以御於世，則亦見甚妨。退溪李先生之言曰：「古人云：若避好名之嫌，無爲善之路。今人之於人，顯斥其善，公排爲其向學，曰惡近名也，戒召患也。至於爲善而自怠、向學而中廢者，其自諉亦然。舉俗靡靡，日趨頽壞，孰謂治病之劑，而反爲迷人之毒乎！」愚按：此説其悶俗救弊之意，尤覺深切不可闕也，又況教者所以教不肖也。不肖之教，亦或以名譽而崇之也，故曰「三代以下，惟恐人之不好名也」。雖自謂善類，初間其心，未必皆十分實也。

但爲之不休，以漸成習，則亦安知不終化而入也乎？愚故曰：學者自期，則當以伊川説爲斷，而其在誘掖後生也，則不宜專務於辨覈虚實。其十分實者，固大賢以上地位，無以議爲下。此或九分八分實者，已不免有一分二分之不實矣，其果概以不實而斥之乎？任教道之責者，所宜商量。

「爲物」，論語集注作「爲人」。

「其論」，謂思叔所論。

顔子曰：「舜何人也！予何人也！」及其用功，則曰「有爲者亦若是」。惟其有「舜何」、「予何」之志，故有有爲之功。如此者，雖先立標準，未見妨礙。但急於上達，多忽下學，不知下學乃所以上達，而惟高遠是期，是可惡耳。比如養禾，若始不期於成實，亦豈有培耘之功？雖志於成實，更須日日加功，可謂善養禾矣。惟其急於成實，則必有揠苗之害。明道所謂「先立標準」者，只指不能循循者而言，後人或錯看，反以立志遠大爲忌，故備論之。

孟子三見齊王而不言事，門人疑之，孟子曰：「先攻其邪心。」尹彦明「半年方得大學、西銘看」，其義相類。蓋當時教化廢久，人都闕却下學工夫，故或問朱子曰：「幼失小學之序，請受大學[一七]。」朱子曰：「也須先看小學書，雖日月蹉過，工夫之不可闕。」如此，尹之拘見，其氣習未必純一也，志慮未必静專也。若驟語上達事，恐不得爲受教之地，而或將有躐等凌節之弊，故下文答上蔡道「恰好著工夫」，便是教他著下學底工夫也。其半年之前當如何？想是教它且緩思索時，使聽其説話而專習主静工夫，爲觀感興起之地，然後方授二書耳。語類引或説「想當時大學未成倫緒，難看」[一八]。朱子曰「然」。此條甚誤。若然，其勢有不得已也，朱子何以採之於近思録乎？

私心者，私欲也。若飢寒痛癢等，心雖發於吾形氣之私，而未有當然之則，便是天理之公也。

「是則是」者，上「是」謂是語也，下「是」即非之反，謂其語本是也。但「發得太早在」爲未妥耳。「鍛鍊得人説了」者，謂能鍛治人之病敗而説也。「恰好著工夫」者，既戒其發早，又勉其未至，蓋教它更著工夫也。朱子曰：「人之所患者，不能見得大體。謝氏合下便見得大體處，只是欠却下學工夫[一九]。『恰好著工夫』，便是教它著下學工夫也。」上蔡又言：「若不得他一句救拔，便入禪家去。」伊川直是會鍛鍊得人説了，故譏其發得太早，又勉其恰好工夫。

「只管」，猶言「只要」也。「著他言語」者，謂切近其人之語也。「言語」，即教誨之言語也。「救得一邊，倒了一邊」，謂救得玩物喪志之病，則有何思何慮之弊。設若先戒其發得太早，則必持有喪志之弊，此所以似扶醉漢也。「只怕」，乃只恐如此之意，如曰「只合」也。小學云「讀書只怕尋思」，是謂只合其尋思也。若「救一邊，倒一邊」者，終無救正之期，故寧欲得救著一邊者。

如執著於此，而不溺於彼，則救其病而可正矣。此與「必也狂狷」之意相似，蓋閔其不能得乎中行也。不然，君子豈復艷於執著一邊之人哉？不過因上蔡之病而發者，故曰「著他言語」也。

「精義」，擇善也，知之事也。精之而至於入神，則知之盡而非人之所可測，故謂之「入神」。「窮神知化」，行之事也，須躬到神底地位，故曰「窮神」。

李敬子問：「『求利吾外』[二〇]，『求』字似有病，便有先獲底。『精義入神』，自然是能利吾外，何待於求？」朱子曰：「然。似當云『所以利吾外』也。」此條可疑。如曰「所以利吾」，則固是無妨，而如曰「自然能利」，則不可。精義屬知，利用屬行，雖精義而若不更加利用之功，如何安能身分？如曰既精義者，自然能利用，則人須下得精義工夫後，自至於「利用安身」，却是都無事也。

「善反」，如下文所謂「反天理」也。

性，明德也，其所得乎天，則命善反者復其初也。

德不勝氣，則性亦氣，命亦氣也，是則性命皆於氣也。性可以於氣，命亦可以於氣乎？曰：「雖非本然之命，而非命亦無此性在，故謂『性命於氣』。」

「性命於德」，此「德」字兼下文「天德」、「天理」而言。朱子曰：「性以其定者言，命以其流行者言[二一]。」蓋命猶令也，令恁地行去人也。如人有純孝之性，則只謂之性，至如遵而行來行去，即只謂命。

善反則氣質亦變矣，此云死生脩夭之不可變者，特以明他皆無不可變之理。

自「莫非天也」至「又作矻愚」[一二]

此承上章，補其餘意。上言德氣相勝，而未及乎所以相勝。德者天理也，理與氣相須，其氣清而性著者，則固無可勝之，可名其實德，非勝氣也，理與氣各循其本然也。然其謂「勝」者，氣自有陽明陰濁之別，即二者之互勝。而理亦以之，陽明勝則德性用，故謂之「德勝」；陰濁勝則物欲行，故謂之「氣勝」。

氣有陰陽，未嘗有厥，陽清陰濁，亦無所往而不然也。陽明勝，則固善，而亦非使陰濁全泯，特其二者之循乎本然，而陰濁爲陽明之所統，無敢作用，故不爲害耳。

領者，制之使漸消也；全者，扶之使長也。

盡性則私意去，盡人道之極也。仁者以天下爲一家，以中國爲一人，是謂不梏於見聞。若有一物不屬於己，則便是不仁，烏得爲盡吾性。

程、張解盡心在知性之前，朱子却謂知性故能盡性，宜各以其意看。

「意」、「必」、「固」，私也。「我」者，私之本也，故畢竟至於我。

絶四之功，貫乎始終，故曰「竭兩端之教也」。有思者，猶言有爲也。思而不休，則待其至矣。如有一箇物始也。思其爲美好，俄而必待其爲己有也。不化，謂滯而不舍也。有方，則不復可以轉動矣。詳著心經。[二三]

反天理則無往而不上達，循人欲則亦無往而不下達。今有甲兵於此，君子見之，知可以禦寇；小人見之，謂可以人。此上下達之機也，此與喻義、喻利之意相發。

「形而上爲道，形而下爲器。」知者究極乎道也，禮者體形乎器也。上則崇，崇則天也；下則卑，卑則地也，故曰「崇效天，卑法地」也。知禮成性者，謂「知」、「禮」二者與「性」俱成也。道義出焉，謂由是而行，莫非天理之當然，道體而義用也。知禮，知天地位[二四]；道義出，如易行也。以禮性之謂禮。或有以外而不以往，故云爾。

易本意云「困而自驗其力」。蓋困而通，則可辨其是；困而不通，則可辨其非也。横渠之意未必以此爲德之明辨，惟「困爲敏」與「德慧」相帖，故朱子曰「横渠言德辨」。「辨」猶存細。

西銘，退溪講義已詳之。

戲者出於心也，「思」與「謀」都屬心字，而謀深於思也。過者失於思也，不出於心者也。非思謀所爲，則只當曰「非心」、「非誠」，而誠重於心也。因語類圖，予略加詳正，存心經。[二五]謂非己心，則有罪而無掩之意至，歸咎己戲，則以爲無妨也。此不知戒其出汝者也。謂己當然，則不得已父之而已，至自誣爲己誠，則乃故爲此者也。此不知歸咎其不出汝者也。

自「將修己」至「多聞不足」

論語「不重不威」章，兩「則」字正相帖，橫渠亦有理。不及故人，必有他病源。張子引而不發，只曰「此非難悟」，欲使學者存意不忘，得至於脱然咎，與釋氏庭前柏樹之喻相近。故語類朱子云：「正要常存意，使不忘，他釋氏只是如此。」然釋氏只緊守得一箇物事，張子則謂「游心浸熟」，煞有窮理工夫在，所以不同也。然大寐得醒之類，與頓超相似，或使後學有錯看迷入之弊，更須察識。

可欲者善也，急於可欲，明善之謂也。明善而後可以立心，不然則思慮或別處走，愈多愈害，故曰「惡思多之致疑」也。

既立心，則所思在善，愈多愈益，故曰「莫非術内」。

「所亡」，謂行之未及者。「不善」，謂行之過者。「此」，謂多少之益。天地雖有生物之心，非裁輔之則不立；生民雖有當然之道，非品節之則不立。

「延蔓之物解纏繞」。或曰草木爲延蔓之物所纏繞，或曰延蔓之物爲他物所纏繞，皆非也。上言「習熟纏繞」者，謂已去纏繞於習熟。下言「延蔓之物解纏繞」者，謂延蔓之物必纏繞於他物，所以不能上行；若去纏繞，即能上行也。蓋其性遇物則必纏繞，無物可纏繞方爲直上也。常人之情，易以纏繞於俗習，如延蔓之纏繞於他物也。試種藤蔓在前，驗之可明。

自「爲學大益」至終

朱子曰：「狹隘，則事有窒礙不行。如仁則流於姑息，義則入於殘暴，皆見此不見彼。」推此則心大，非特學者立志之大，即指工夫所詣處耳。

「人事」，謂人之常事。「莫非道」者，以立心言也。雖或不中，心未嘗背於道也，下面只是俗事，亦然。

「道之大端」，如云「吾道一貫」。比如一株樹，若見此不見彼，則未見得全體，至於合表裏大小而並觀之，然後才見得一箇大根本在。

「急知後世」，言以見知於後世急爲也。蓋諸儒所著傳後之書多如此者，明者一見可以得其情狀也。故惟嘿而自養己德之不暇，何可以妄意立說乎？「他爲」，指苟作文字。

有爲己之心，則作不暇於常行，奚及於變！

求益，始學之事也。於吾言無所不悦，工夫已到，涣然不疑也。非夫子之言，則雖顏子之賢，亦豈至於無所不悦之境？二者皆求助於人，而但有淺深也。「凡蔽蓋不見底」者[二六]，固見不求益，而至於道義之所得所至，亦不肯自言。而「不得見底」者，豈顔子無所不悦之意哉？耳目役外，而攬取外事者，非攬取而補己也，其實已便墮溺於外物也。不肯自治，而好言人長短者，豈反躬者所爲乎？

志小，故不要其遠到而先自沮；氣輕，故不覺其未知而輕自許。

【校勘記】

〔一〕星湖先生近思録疾書卷二　按：此卷目原作「近思録第二卷」，校點時爲了體例統一而改，以下各卷類同，不再出校。

〔二〕此一句便了得　按：此句，朱子語類載：「問：聖人定處未詳。曰：知止而後有定，只看此一句便了得。」

〔三〕應物而不藏故勝物而不傷　「應物」之「物」，莊子卷一無此字。「勝物」二字上，莊子有「能」字。

〔四〕下不溺於物欲　「溺」，朱子語類作「累」。

〔五〕積字説得似好　「似」，朱子語類無。

〔六〕幾者先知之謂也若已到彼則不謂之幾也　此句，朱子語類作「若已到彼則不謂之幾也幾者先知之謂也」。

［七］土性受潤　「土」原作「士」，據伊川易傳改。

［八］發禁躁忘内斯静專　「忘」，二程文集作「妄」。

［九］外事所可省事即省之　「省事」之「事」，朱子語類作「者」。

［一〇］筆者按：小學疾書：

正誼而或有道不明者，不謀利，而或有詐功者，人於事上切切然求其是，而於道之大體未必明也。於己則雖有不求利，而於功之成敗，或不免有所繫吝。

正是正於己，明是明於人，義指禀受之性，道指推行於世，利在於我功著於時，正義不謀利，如富貴如雲、舍生取義之類是也。明道不計功，如行一不義殺一不辜利天下不爲是也。

文子曰：「心欲小而志欲大，智欲圓而行欲方，能欲多而事欲小。」其見於淮南子者亦然。孫思邈引此兩句而改「志」爲「膽」，膽與志其優劣未可知，而其義則迥别。按，語類「志不大則卑陋，心不小則狂妄」，此又以「志」爲言，與「膽」字不相帖，則恐是直解文子及淮南語者也。按，孫本傳，其答駱賓王曰：心爲之君，君尚恭，故欲小。詩曰「如臨深淵，如履薄冰」，小之謂也。膽爲之將，以果決爲務，故欲大。詩曰「赳赳武夫，公侯干城」，大之謂也。仁者，静地之象，故欲方。傳曰「不爲利回，不爲義疚」，方之謂也。智者動天之象，故欲圓。

易曰「見幾而作，不俟終日」，圓之謂也。此則以仁智對説，而無所謂行者，然則程子所言乃合數書而參擇者也。然於文子、淮南子、孫思邈所搜者各一字，則當以前出者爲主，而其於思邈又多所删節，且添兩「而」字，反不若文子之只搜一「志」字，則於此作文子説較勝也。又按，「行欲方」之「行」，固勝於「仁」字，則改從爲是，而「膽」字未必愈於「志」也，故語類云爾。其下「能欲多而事欲小」一句，語意自好，又恐不可闕，更詳之。

〔一一〕語類又引惡亦不可謂非性之語爲喻　「惡亦不可謂非性」，朱子語類作「惡非性也」。

〔一二〕此是洛中語　「洛」原作「路」，據朱子語類改。

〔一三〕今指公只是仁之理也　「只」原作「曰」，據本條前文、及葉采近思録集解元刊本改。

〔一四〕恕者惟於此　「惟」，葉采近思録集解元刊本作「推」。

〔一五〕仁比泉之源　「比」，葉采近思録集解元刊本作「譬」。

〔一六〕始類俳　「始」原作「殆」，據葉采近思録集解元刊本改。

〔一七〕幼失小學之序請受大學　「幼」、「請」，朱子語類分别作「既」、「願」。

〔一八〕語類引或説想當時大學未成倫緒難看　「想」下，朱子語類有「得」，「未」上有「亦」字。

〔一九〕只是欠却下學工夫　「欠却下學工夫」，朱子語類作「下學之工夫欠却」。

〔二〇〕求利吾外　「求」原作「救」，據朱子語類改。

［二一］性以其定者言命以其流行者言　「性」、「命」二字之下，朱子語類皆有「是」字。

［二二］自莫非天也至又作砭愚　「至」字原無，據本書前文體例增。

［二三］筆者按：心經疾書：

意有公底有私底，此特因私底而言也。意是初頭錯路，既無意焉，又安有必與固我？此章非汎論夫子平生工夫所造，蓋見凡人意而不防至於必，必而不防又至於固我，因以夫子爲準，曰子都絶此四病云爾。

［二四］知天地位　「知」，葉采近思録集解元刊本作「如」。

［二五］筆者按：心經疾書：

吴氏論三品人猶有未備。朱子曰：「固有意有誠而心不正者，亦有意未誠而心不正者。」如鑄私錢，假官會是也。其味於善惡之分者，即無責矣。或既知其非而猶肯恣爲，此朱子所謂「無狀小人」，而與「自欺」不同，須添此段而方爲完備。

［二六］凡蔽蓋不見底者　「凡」下，葉采近思録集解元刊本有「事」字。

星湖先生近思録疾書卷三

自首章至「思曰睿」

竭目力，勞心智，而時使或中，則其中處，疑若與通乎道者一般，而君子不貴，何也？蓋「道」如行道之道，交錯四向，各有條理，必先於其心了得，彼條向那裏，此條向這裏，則出門便可識别不錯。若先於其心不能了得，到出門方始求别，則其不錯亦幸耳。使其有中，不過億而已矣，豈通乎道之謂歟？

孔門信師，如門人右尚之類可見，此學者之可法。若孟子之門，未見有似此氣像。

如上文完養思慮，涵泳義理，則豈有因學致心疾者？

「學」者，謂讀書窮理也。若於道理大腦處見得，鬼怪異説不必一一理會而自明矣。

「除非」者，俗語也。蓋「非」者「是」之反，謂之除非則是而已，如云「不非」，也當時俗語。將發言而欲人之信聽也，則先道其不非，今東俗亦有如此類者。

知未至而勉强行之，已難，而致知尤難，故程子之意蓋曰：致知故難，而不可不先著工夫，知若有至，則循理而行。此非難之事，其以爲難者，不過燭理未明而勉强而已故也。

窮理、格物，見大學疾書。[一]

自「問人有志」至「學不能推究」

「察」如上下察之察，如下「曉」字，模樣纔明即曉。此即程子解釋「觀物察己」四字也。如見人之當孝弟，不須於己上更有商量而後得也，故曰「不必如此說」。然則，聖人所謂「思齊」、「内省」等説，非邪曰「非此之謂也」。見人之賢，則便曉己亦當有此賢行，但或不能行，此故思齊。見人之不善，便曉己亦當去此不善，但或不能去，此故内省。觀物以知言，思齊内省以行言。

見物反己，問者之意，若曰見人有善必察吾有此，見人有惡必察吾無此，則固是而無害。然此篤行之事，而非窮格之目。「窮格」者，窮到是非至處是也。既明彼之當如此，則其我之當如此，不待更究而已曉然矣。此所謂「合内外之道」也。此章問答，蓋窮格之事，而問者之意，乃以反求諸身爲言，故程子非之也。且既曰明彼曉此，則其明此曉彼亦可以倒推，然其求之性情，而後必察乎一草一木，何也？蓋人與草木形氣既殊，苗脉不同，性情之寂感，物生之榮落，何可以一綽推測耶？與上人事之當然者不同，宜分别看。

朱子答陳齊仲書云：「今爲學而不窮天理，明人倫[二]，講聖言，通世故，乃兀然存心於一草木一器用之間[三]。如此而望有所得，如炊沙而欲其成飯也，此謂不識輕重緩急之別者也。」又曰：「一物未格，則一物道理有闕，一草木一昆蟲，蟲亦有理也。」[四]蓋大而父子、君臣，小而禽獸、草木，莫非格致中事也。

「相次」，謂由中而外，自近而遠，秩然有序，與下「近思」注朱子説相參。

思亦有端，思而有得，是其端也。如求珠於暗中，見其一點光彩，即其境也。不然，亦汎汎然自懈耳。近思者，必從其有得處推類漸通，寂易得力，以至萬事萬物。物理幽深玄妙，莫非近思也。不然者，雖常行目前之事，猶爲遠思。

「上智」與「下愚」無疑。

智已明，則物怪不待辨斥而明，異端不待攻擊而息。不治吾智，則二者皆爲心害。

自「博學於文」至「子在川上」

欲知萬里以外之人事，須先曉習其方言，然後方得。欲知千載以前之人意，亦先究通其文義，然後方得。不然，雖看作十分義理，猶不是古人之意也。

「學者要自得」上，有「伯温見先生，先生曰：從來覺有所得否」十五字。蓋爲伯温來學而發也，故有乍來歸求之語。

朱子曰：「易有箇陰陽，詩有箇邪正，書有箇治亂，皆是一直路逕。」「伊川教人看易」[五]，「以王輔嗣、胡翼之、王介甫三人易解看，此便是讀書之門庭」。愚按：「路逕」，如所謂大旨是也。「門庭」，如讀易，程子主教訓，朱子主占筮，此便是門庭也。

二程全書「近如地」下，有「其遠也，若不可得；以及其近也，亦不可得以行」數句[六]。此與上文疑若不有合者，故朱子削之。若曰不能盡行則可，彼如砥之道，恐未有不可行之理也。

看經須學其爲人處事也。如子濯孺子、孟子既舉而爲稱，則後人其遭孺子事者，必將如孺子行之。若不曾理會其事，君之道如何，則及夫事至面前，豈不顛錯乎？須識孟子所取只在不背師，而於事君則有所未盡，方可。又如「完廩浚井」，程子嘗以爲「萬章」之誤，而孟子有不暇辨，君子之於人言，抑亦先覺者爲賢，故程子云爾。若不問有無而都信，則是井有人焉，其從之者也，奚可哉？程子此論但爲滯泥不通者設，舍其本意，徒拘拘於文句之末，是爲無益，故舉之爲訓。後人執此爲諉，遂成汎汎不思者口實，其害不止於滯泥之不通，學者宜詳之。

「詩之美」，謂凡詩之善者也，於此著大而化之之意不得，葉注未審。

凡說經固有節節推去之道，如是可以盡，然只守九三「乾乾」一句，謂漸漸推去，自然是盡，不可與下章張繹問答同意。

自「或問」至「可也」，文中子文也。自「此語」至「不已」，陳瑩仲語也。自「若謂」至「是盡」[七]，又唯言瑩中意如此。

自「今人不會讀」至「學者當以論語」

「生」，語辭，如怎生、瘦生、俗生，皆是語辭也。甚，猶最也。「甚生」者，恐是當時俗語「最好」之稱。以「涵養」爲句，或曰「甚生」，猶言何等也。

「儘多」，恐是有餘之義。

心不平，則滯累而不濯；氣不易，則躁急而難究；疑不闕，則有錯看誤入之悔矣。

自「讀論語、孟子」至「伊川先生易傳序」

「只剩」者，徒費而無益之稱。「讀著便自意足」者，不能玩味者之害，惟其如此，故不知有此箇道理。而才讀著便自意足，此剩而已矣。意便不足者，如程子初作中庸解，以爲不滿意是也。此不但「便自意足」者爲剩，其「意便不足」者又剩也。

語、孟莫非要切，一語不該、一事有闕，若只將緊要處看，而不能遍考，比如觀山只得其一草一木，豈浹洽周遍之謂乎？若釋氏者只見得一物，便入空寂，吾道不如是。

汪洋浩大，即「吾與點也」之氣像。汪洋則流動不息，浩大則充塞天地。所謂上下與天地同流是也。

優遊玩味，則究之深；吟哦上下，則讀之熟。

「轉却一兩字，點掇地念過」者，如不忮不求，不須曰忮害也、求貪也，乃轉却云不害不貪，似此點掇念過，使人有省悟。只看訓詁，終不若似此緊切，故古之人必貴親炙者，以此也。

「詩爲」之「爲」，猶言當如是也。如「不顯」之「不」，只作如字解，則却是不行，須遷就他説，作反辭方通。

「雖是雜記」云者，當時此書未及表出，混在戴記中，故云也。「不分精粗」者，不復分别而咸在其中也。

朱子以易爲卜筮之書，别著本義。蓋以周禮、三易皆掌於大卜故也。以愚觀之，亦有可疑處。易有聖之道四，而卜筮居其一分，遺其三而舉其一，專作卜筮之書，可乎？卜筮既居其一，則爲太卜之所掌，實無可疑，何也？周禮「六詩」亦皆掌於大卜樂師，詩固合爲樂律文字，然其忠厚惻怛之辭，亦不可誣也。今若一廢感發懲創之義，而專爲聲樂之用，不亦固乎？故詩本主於辭，而聲樂在其中。易亦主於辭，而卜筮在其中。孔子已該舉而詳言之矣。伊川之傳本乎大傳，結之曰：「推辭考卦，可以知變，象與占在其中盡之矣。」

吉凶消長，以象數言；進退存亡，以人事言。

上言「備於辭」者，如今爻辭中所言是也；下言「辭無所不備」者，謂觀通行典，則其精微委曲可以推類而盡之，便是無所不備也。子曰：「卒以學易，可以無大過。」此觀通行典之意也。

自「答張閎中書」至「游定夫問」

易之義，非其中爻不備，故大傳以二與四、三與五爲言，不及於其初、其上，故於此言二、四而不言初、上也。

以中爲美，如乾九二、艮六五、未濟九五是也。

添一德不覺多，德是元亨之類，諸卦彖象，或言「元亨」，或言「利貞」，或舉三，或舉一，參錯不齊，而各有攸當。今讀者添一減一不覺，則是不識易也。

按字彙：「机，音己，與『几』通，俗作『兀』。」蓋兀、机之類皆音兀，几、机之類皆音己。兀子者，几子也，俗雖通作「兀」，音必作「几案」之「几」始得。

問難之道，必須自思量，思而未通則有疑，然後問以發之，方是有益。若不曾如此，而只揀深句隱語驟然而詰之，則豈有得之之理？蓋定夫初見時，其學未及乎此，而遽問之如此，故伊川不答其問，而先攻其病。此不但無益於問學也，其於心地上已有妄意循外之病。程子不答，乃

「不憤不啓」之意。學者最宜體究。或曰：此非疑而欲得之問，乃揀其難解處試長者之知否，故程子不答。

自「伊川以易傳」至「元祐中客」

「天道成，地道平」，如參贊化育、財成輔相之類。

隨時有作，順乎風氣之宜，即後天而奉天時者，故曰「不先天而開人」。

「建寅」，據堯舜之書，非起於夏矣，然其事至夏始備，故謂夏時也。緯書有云：「伏羲建寅，神農建丑，黄帝建子。至禹建寅，宗伏羲；商建丑，宗神農；周建子，宗黄帝。」理或有之。

三代更尚，詳論語第二篇第二十三章。

褒善貶惡，而經世之大法在其中矣，非法在於褒貶之外也。

朱子論「德非禹、湯，尚可以法三代」之語，云「如是，則無本者亦可以措之治乎！語有欠也」。然德非禹、湯者，謂下聖人一等是也，未必指無本者也，活看恐無妨。

「義以上更難説」，須事到面前而格致之至者，方可以看得，不可億以某事當之，故曰「難説」。

觀古人成敗，蓋幸會較多。若以成敗定其是非，則害義轉甚，故程子發之。

聖賢所存治亂之機，如太公治齊，尊賢上功，而後有簒弑之臣；周公治魯，親親尊尊，而後世寖衰是也。

自「横渠先生」至終

「此心如是之大」，「此心」即上面「此心」字，即指天官之力量，「如是之大」帖「規模之大」[八]。若不得其心而只欲窮究湊合，則必不得其心矣。

釋氏其志，雖若至大，惟取寂滅，則與天官規模異矣，故不嘗爲大矣。積錙銖則爲錢，此對勘言之也。

據左氏傳，春秋即魯之舊史也，故曰「春秋之書善於志記也」。又曰「非聖人孰能修之」，又曰「周禮盡在魯矣」。其微顯志晦之類，規模悉備，今云「在古無有」，未詳。

【校勘記】

[一] 筆者按：大學疾書：格物之格，訓至，故釋功夫，則曰窮至事物之理。物格之格，訓到，故釋功效，則曰物理之極處無不到。同一「格」字之訓也，而有功夫、功效之別，故稱量改下，其語意如致知，知至之義，窮

至之至，如致知之致，無不到之到，如知至之至。

〔二〕明人倫　「倫」原爲「論」，據朱熹晦庵集改。

〔三〕乃兀然存心於一草木一器用之間　「間」下，朱熹晦庵集有「此是何學問」五字。

〔四〕一物未格則一物道理有闕一草木一昆蟲蟲亦有理也　此朱子語，朱子語類載：「上而無極太極，下而至於一草一木一昆蟲之微，亦各有理。一書不讀，則闕了一書道理；一事不窮，則闕了一事道理；一物不格，則闕了一物道理，須著逐一件與他理會過。」

〔五〕伊川教人看易　「看」原爲「有」，據朱子語類改。

〔六〕亦不可得以行數句　「不」，二程遺書卷二十五無。

〔七〕自若謂至是盡　「自若」原爲「若自」，據葉采近思録集解元刊本改。

〔八〕「如是之大」，原作「如是大之」，據近思録改。

星湖先生近思録疾書卷四

自初至「吕與叔嘗言」

「明」於無累處看得，「通」於不礙處看得。「公」者，停當而無所撓也。「溥」者，流行而無所不遍也。

「至日閉關」，推類言之，凡人皆可以掩身齊戒矣。以一日之功言，則存養於静中，皆此意也。

頤，口之象也，言語從口出，飲食從口入，故以二者爲言。

約放心，下學也。尋向上去，下達也。

禮樂等及理義，皆有事時存養；敬以直内，是無事時存養。孰之之功，只在乎久。

自「邢和叔言」至「伯淳昔在」

此録只載四先生言，其餘門人説話則無有矣。「邢恕」一條緣何以得載於遺書中？朱子又緣何而採之此録？況恕，程門之叛卒，其爲言不過修飾外面而無所實得，畢竟行事之根椇極矣，所謂「能言如鸚鵡」也。然恕之爲此言也，其是心未必不樂乎道也。惟義不能勝利欲之私而乖反至於如此。每見此言，益覺持心之不可少忽也。遺書「臨事」上有「以」字。

「全體此心」，謂存得本心爲之體幹，不爲私欲所汩也[二]。「隨分限應之」，謂事物之來，有不可以吾學之未盡而不應者也，隨吾力量所到而應之，不可强其所不知不能也。

於急迫處求，其緣何而有此，則知其爲私意也。

敬則私意不行，天理易明，然而或不見得實理如此。又或見得而危動難安，只是敬心不熟也。恭者敬之，見乎外者，若持敬於自然底道理，則其見外者自無私爲之恭。惟其不然者，即急迫拘束以爲敬，不覺做事之過乎分限，是恭而無禮也。

「獨善其身」，恐與孟子文不同。「獨」字包「要人道如何」一句，謂不但善其言貌，取人揚譽只理合如此。

「亦須且恁去」。語類云：「亦須且恁地把捉操持，不可便放下了。」此段恐有誤也。「亦須」之「須」，只是語辭。上篇云：「今須以崎嶇求之，先其心有狹了。」此「須」字亦無甚有義與。此一段「亦須且恁地去」者，謂彼持之太甚者，若一向如此行去，則必有德孤之患。易言「德不孤」，謂敬義立則内外兼備，德盛而不偏孤，不孤是訓爻辭中大字也。論語言「德不孤，必有鄰」，謂有德者必有其類從之，所以不孤也。此云「德不孤」者，分明是易中義，而乃兼「必有鄰」爲説，則程子之解論語與易未始有不同也，宜各以其義看。

「敬而無失」，出於論語。敬，是通貫動静者也。若曰「喜怒哀樂未發謂之中，便是敬而無失」，則可。今却云「敬而無失，便是喜怒哀樂未發謂之中」，則語意包涵，恐或有錯看。未發之中，是静時敬而無失；發皆中節，是動時敬而無失。此則只舉静時之敬也。然動時之敬，亦只本於静時工夫[二]。若静不能無失，動如何持守得定，故於此只把静時論。

心體虛明，未來而不迎，既去而不留，不留乃所以不忘也。忘者，心之病。聖人何嘗忘？人只見沖漠無朕，寂然而不動，以爲忘也。只此時不留也，非忘也。忘則不能復記，聖人有是哉！人多爲事物留著不去，故却又用力忘之，其用力亦勞矣，豈非所謂「坐馳」耶？

按：坐忘論：「行道而不見其行，非坐之義乎？有見而不行其見[三]，非忘之義乎？何謂『不行』？曰心不動故[四]。何謂『不見』？曰形都泯故。或問何由得心不動？天隱子嘿而不答。又問何由得形都泯？天隱子瞑而不視。」然則坐與忘是兩件事。程子斥其忘而兼坐爲言，未知何意也？意者，坐忘之説本出於莊子，未必是兩件事。子微乃本此而增其説，故程子只概舉而不之詳耶。

自「人心作主不定」至「孔子言仁」

「翻車」、「著床」，詳心經疾書。[五]

「自約數年」，謂勤自約束數年，而方得其力。「上著床」，謂夜卧僻静、思慮方集時也。心者，用於一，則它不能入，故須寓心於一箇形象。形象，猶言一件物事也。其制縛這心，强寓於一件物事，以爲不思量之方，此數年自約之功也，是豈自然之道乎？若中則是無形無象者，只管念箇中，則其爲繫縛同而中，亦何形象之有哉？故程子曰：「中又何形，如何念得？却不如與一串數珠之愈也。」[六]

義利交戰，是氣之亂志也，若待其志不爲氣所亂，則豈有此疾乎？「不害」，猶言不患，本書一作「不病」，謂聖賢不病於心疾也。末乃以聖賢爲證者，所以勉人之用力於持志而無疑耳。

寫字甚敬，當何以爲法？晦庵銘云：「握管濡毫，伸紙行墨，一在其中。點點畫畫，放意則荒，取姸則惑。必有事焉，神明厥德。」

不記，不留也。常記，不忘也。留則忘。

處事之精，有賴於記事者，賢人以下之事也。聖人則不然，完則不欠，固則能久。

人之記性如器量容受，聖人不記事，如容受在這裏，不以爲意，妥帖不起，寂然若無。然既已容受，待用無闕，故所以常記。若只如太虚之過雲，明鑑之閲物而已，則雖聖人亦且忘之也。今人記事如有物横亘在裏，心爲此物所障，使前者梏忘，後者難容，故至於忘事，於下章橋梁事可驗。故朱子曰：「明道肚裏有一條梁，不知今人有幾條梁掛在肚裏！」[七]

敬則用心專一，故能知新。持守完固，故能温故，致知之要術也。行必以知爲先，故致知爲入道之路脉。然敬通貫知行，所謂「入道莫如敬」者，不但爲致知之在敬，既致知後行，亦以敬爲要。與「涵養須用敬」一節互看。

「視心如寇賊」，謂事至則心不能不動，不復可制，如寇賊之跋扈。此不是事之不當有者，妄乘累心，其實主心不定，妄動而累於事也。「合少得者」，猶言除得也。凡天下固多有無益而合除者，然彼既自有非我所可禁，而在我各有當然之應，畢竟有亦無害也。

存一分是一分人，存十分是十分人。

「止」，大學章句「安所止也」。安所止，則應各當然而爲役物也。「攬他事」，如上文「心累事」也，攬取而不能舍，則爲役於物也。

人之動不動在人，惟誠之至者可以能動，事之厭倦在己，如此者只是無誠。蓋人之於行事，或有願欲而不勝其怠疑，若非無誠者也，然其人亦必有深好而不知倦者，於食色之類可驗。

自「聖人修己」至「敬以直內」

以敬篤恭，修身之事也。「上下一於恭敬」，新民之效也。「四靈」，皆至及物之化也。「事天饗帝」，格神之誠也。

敬，便無隙罅。

隨物而應，各得其當，則活；爲一物所繫縛，轉動不得，則死。朱子曰：「易是自然造化，程子將來就人身上説。敬則這道理流行，不敬便間斷了。前輩引經文多是借來説己意。」愚按：第二篇横渠引易「知崇禮卑」，云「知禮成性而道義出，如天地位而易行」也，亦如此輩之義。

敬守於己，百邪在外。守約，故雖多亦勝。

先自敬則内必真，是豈意於直之而自然至此也。若先有意於道内，而强把敬來做，則既爲這事所繫縛，故敬亦無益，猶言越著心越不定矣。如欲内之自直，且置此事，先須持敬，「敬以」、「以敬」兩句之得失，只決於有意無意之間。「敬以直内」，則敬爲主；「以敬直内」，則直爲主。

自「涵養吾一」至「舜孶孶爲善」

「吾一」者，吾心也。對物言而曰：吾養吾一，則物之萬可以御矣。詩曰：「毋貳爾心。」

之一物。

朱子曰：「一者，其心湛然，只在這裏。」又曰：「敬則心便一。」只是形容其心非别有其可養

聖人之心，純亦不已，故見川流而歎其如此，目擊道存也，苟非實有能如此乎？故在川上而發歎者，惟聖人也；見其歎而知其如此者，亦程子也。自漢以來，無有及者。

閑邪則誠便存，非從外入也，故孟子曰「性善」。善者由内出者也，所以然者，只爲閑邪則誠便存故也。只爲下雖先「閑邪」字當蒙上文相帖看也，所爲閑邪將更著何工夫，惟是敬爲閑邪之功，下文所謂「主一」，則不消言閑邪是也。「動容貌」與集注不同，更詳之。

程子曰：「所謂敬者，主一之謂；所謂一者，無適之謂也[八]，且欲涵泳主一之義，不一則二三矣。」然則無適者，只一之注脚而無適則便一矣；既一矣，而又添「主一」字，這便是主一無適也。若然言主一，則無適在其中，故朱子曰：「無適即是主一，主一即是敬，展轉相解[九]，非無適之外别有主一，主一之外又别有敬也。」論語集注則合而言，曰「主一無適之謂敬」，其義何也？朱子自釋曰：「其身在是，則其心在是，而無一息之離。其事在是，則其心在是，而無一念之雜。」上一截以身之内外言，下一截以一事言，不離不雜，此皆是主一也。朱子之意，但言主一，則於「一」字之義或慮有未詳。合其注脚而爲言，猶言主於一而無所適也。且置「主」字，只看「無適之謂一」一句，「一」與「無適」豈有兩下工夫耶？朱子敬齋箴又以東西貳參爲言，後人

遂分「主一無適」爲二，恐非本意。按：語類。問：「主一。」曰：「一件事了，更加一件，便是二；一件事了，更加兩件，便是三。『勿貳而二，勿參而三』[一〇]，是不要二三；『不東而西，不南而北』，是不要走作。」此固以主一包之矣。又問：「貳三、東西如何分別？」曰：「都是形容箇敬，敬須主一，初來有一箇事，又添一箇，便是來貳他成兩箇；元有一箇，又添兩箇，便是來參他成三箇。不東而西，不南而北，只一心做東去，又要做西去，做南去，又要做北去，皆是不主一。」此又以主一包之矣。問：「何謂主一？」曰：「無適之謂一。」曰：「無適之謂一，一只是不走作。」又曰：「主一無適只是莫走作，如讀書時只讀書，著衣時只著衣，理會一事時只理會一事，了此一件又作一事[一一]，此主一無適之義。」此皆無分於兩項工夫也。然箴中「靡他其適」、「惟精惟一」等句，似有兩項意思，是甚可疑。嘗試思之，靡他其適，固無適矣，當事而存，非主一乎？「惟精惟一」，亦固主一矣。既精一則無適，其能外是乎？朱子既以不貳不參等屬之「主一」，則「主一無適」一句中，不東不南等盡之矣。又以二三別於走作，則其東南等之外，又有一二等之病矣。不走作，亦主一無適；勿二三，亦主一無適也。走作，如一件未了又做一件。二三，如二件三件並來貳參，不東西、不貳參，皆主一無適之目也。其曰之東之西之北之彼，何也？四「之」字帖「適」字，「不之」者，無適而已矣。中以事言，内以身言。中則無一念之雜，内則無一息之離。

未感物事，方寸湛然，便是寓之之所。「出入無時，莫知其鄉」者，從象人言，若聖人，豈有莫知其鄉之理？？蓋衆既如是，故不得不如是云爾。操之之功，衆人之事也。未操之前，如何尋得？未感則汨亂〔一二〕，既感而走作，莫知其鄉也。既操而定，則沖漠無朕，而天君居所是謂神守其都也。

思慮只是日用常行之當思慮而不可遺者，故程子云爾。若可屏而屏者，君子豈不欲棄絶之乎？當時之人，或有患其紛亂，悉與所當有者而屏之，故乃以鑑不能不照爲喻。心之有主寧謐，若虚物來奪之，横累爲實，未有無主而物不入者也。

固有「嚴威儼恪」而不至於敬者矣，亦未有不嚴威儼恪而能至於敬者也。

敬無間斷，則邪無自而入，便是孳孳爲善。雖嘿然無言，而其孳孳之意通貫動静。易所謂「終日乾乾」是也。以孟子之言觀聖人，知其如此也。

自「問人之燕居」至「伊川先生曰致知在所養」〔一三〕

雖不可猝然拘迫，亦須自强，强而不已，不待拘迫而儼然矣。

六月，怠惰之時。閑居，得肆之地也。窺之者，欲驗其誠篤而有以教之也。

主敬，思其敬也；主莊，思其莊也；主嚴，思其嚴也，言以是爲主也。若朝廷而忽思軍旅之嚴，軍旅而忽思宗廟之敬，則是發不以時也。宗廟雖當思敬，或亂想不中節，是紛然無度也。

静中觀喜怒哀樂未發時氣像，則可求中，於喜怒哀樂未發之前，則不可，何也？觀者知覺不昧，物在於心目而已。觀之則中在其中，而不及於思也，求者我却去多少費思要求其如此，便是已發之思，所以異也。然其曰「既有知覺却是動」，則有可言者。朱子云：「此恐伊川説得太過，若云知箇甚底，覺箇甚底，如知得寒、覺得暖，便是知覺一箇物事。今未曾知覺甚事，但有知覺在，何妨其爲静？不成静坐便只是瞌睡！」然則，向所謂觀未發時氣像者，即静中有物之知覺，而不害其爲未發也。詳見心經。〔一四〕

萬物皆備，謂我於萬物莫不有可處之理。其心所重，謂先於其心有所便重。其於喜怒，只見其可喜可怒者重，而所發不能得中。如曰：「罪在四凶，舜何與焉？」是謂「物各付物」而免更互出來也。

「寐」者，形氣之閉也。「思慮」者，心之動也。「夢」者，形氣雖閉而心不能不動也，亦有當思而思者。比如人閉户作事而慎獨不愧也。夢而顛倒者，如不復管而閑居得肆也，然生而瞽者無夢，凡天下萬象不曾識得故也。是以夢中所見莫非幻妄，如平常時無此顛錯，雖幻想亦必不然。此又寐中之慎獨也。

「人心」者，指凡人之心也，非但生於形氣之爲也。以心使心，朱子以人心聽命於道心者爲然。然凡心之走作，未必皆生於形氣也，凡作主不定者，皆當使之由正，如此然後其説方備。

保生，多爲懼死。惟程子之保，只爲「以忘生殉欲爲深耻」故也。苟命之短也，亦將乘化而不耻。若曰受氣之薄故如此云爾，則不可。此非易以言者，故嘿然而後答。

凡五辟、四不正之類，究其源，則皆生於人心之私欲。若去此而天理流行，豈有把捉不正之理？

欲勝，則是非混。欲寡者，雖不中不遠，以此養之，天理明。

自「心定者」至終

重者發之遲，既發而又須舒緩。輕疾者反是。

維摩經云：「一大增損百一病生，四大增損四百四病俱作。」「四大」者，地、水、風、火是也。圓覺經云：「此身四大和合，毛髮爪齒，皮肉筋骨，腦髓垢色，皆歸於地。唾涕濃血[一五]，涎沫津液，痰淚精氣[一六]，大小便利，皆歸於水。煖氣歸火。動轉歸風。四大各離，今者妄身，常在何處？」據此雖未能深喻其指，亦可以識其大概矣。蓋疾病之來，人所難免，非我所得自由。惟此心放逸之病，則非如四大之增損可以操存自我故也。互見心經。「四百四病」，見維摩經。

學其言而心未必喻也，心雖喻而身未必行也。體之於身，則心可喻而言可符矣。行之之方，且從静坐始。

「内外賓主之辨」，朱子本有兩説，其一則仁猶屋，心猶我，心之内外之於仁，猶我之出入於屋也，此爲定論，論語倪氏之説可考。葉注只録一説，而斷之以前後異同，恐有闕遺。一歲而天道終，聖人造次必於是，顛沛必於是，則聖人終歲而無違矣，至於一時三月之久，則庶幾矣。然不違云，則又與無違有間也。

朱子曰：「過此幾非在我者，這箇關雖過，纔過自住不得便自不由己，所謂欲罷不能，如水漲船行，更無著力處。」[一七]然顔子自云：「欲罷不能，既竭吾才」，「雖欲從之，未由也已」。雖遇此欲罷不能之境，猶云欲從末由，則不可遽言其水漲船行也。横渠之意恐亦顔子之意也。

「常心」者有恒心，猶未説到理義之本也，充物於器曰實，實而無空缺曰完。「實心」者，天理之所固有底也，習俗去，則實心充完矣。

「要得剛」者，非要太剛，以太柔爲戒，則剛柔相濟矣。「生無喜怒」者，見善不喜，見惡不怒，涉乎太柔。喜怒雖可戒，這樣亦無自立之理，剛則有以向善背惡而守得定。

張而不弛，君子不能，故有善謔之喻，然一向好著，則至於持其氣，志亦不流。此横渠勇處多之一驗。

「以心使心」者，「心」有主宰之謂也。正心，而以己心爲嚴師，其義相類。心未必正，故有以正之，其欲正之者亦心也。此主宰已立也，故以爲嚴師。如今人都由心，則豈有可師之道？凡人多動，當而動動者幾稀，大抵都是非干己事而亦動也，此亦主静之説。

「於道實體」，謂實體於道。如是之久，是謂「熟之」。

【校勘記】

［一］不爲私欲所汩也　「汩」原作「泪」，據朱子語類卷九十五改。

［二］亦只本於静時工未　「未」，疑作「夫」。

［三］有見而不行其見　「有」上原有「乎」，據天隱子明萬曆夷門廣牘本删。

［四］曰心不動　「心」上「曰」字原無，據天隱子明萬曆夷門廣牘本增。

［五］筆者按：心經疾書：翻車，按字彙水碓：曰：轓車，今俗依水涯壅上流，設水車轉輪與碓身交激使自舂，即遺制也。陳與義詩「荒村終日水車鳴」，是或云激水器，非也。著，如「著鐏」之「著」。周禮六鐏之一，有著鐏，無足而著地也。然則著床無足之床也，夜卧之床異於坐床無足而著地，故曰「著床」也。按綱目：「彭寵蒼頭子密等因寵卧寐共縛著床，謂共就卧所而縛之於著床也。」此可以謂證，上著床，謂夜就寢床也。其意蓋曰朝晝之時，應

事接物不能不思，自其上於著床之後，則禁制吾心不得有所思量也。然心既不能作主，則雖欲無端不思量得乎？必須托在吾箇形象而方能如此，如以中爲念、以敬直内之類是也。是豈自然之謂乎？坐與忘自是兩件事，其意蓋日行道而不見其行，則坐也。有見而不行其見，則忘。程子則謂非行而坐也。乃坐而亦馳也。言馳則其心之非忘不待辨而明矣。

［六］中又何形如何念得却不如與一串數珠之愈也　程子此言，二程遺書載：「中又何形，如何念得？佗只是於名言之中，揀得一箇好字，與其爲中所亂，却不如與一串數珠。及與佗數珠，佗又不受，殊不知中之無益於治心，不如數珠之愈也。」

［七］不知今人有幾條梁掛在肚裏　「掛」，朱子語類卷九十六作「柱」。

［八］無適之謂也　「也」，二程遺書卷十五作「一」。

［九］展轉相解　「展轉」上，晦庵集有「只是」二字。

［一〇］勿參而三　「參」原作「三」，據朱子語類改。

［一一］了此一件又作一事　「件」字原爲空白，據朱子語類增。「事」，朱子語類作「件」。

［一二］未感則汩亂　「汩」，疑作「汨」。

［一三］自問人之燕居至伊川先生曰致知在所養　「知」原作「至」，據葉采近思録集解元刊本改。

［一四］筆者按：心經疾書：

求中之求，若作思量看，則固是已發，若只是提撥惺地，依舊是未發也。心之常惺只懶吾之力存，便是求中也。「求」字只輕輕說，不涉思度，則固自無病，但吕氏之意不能如此，故程子非之。

凡有物在前，便知其爲何物，於此說喜怒哀樂不得此，只是知覺不昧，未及乎喜怒之情，至於善者喜之，不善者怒之，方始是情也，亦有淺深之不固。若心有靈覺而猶未及乎思量，此實本體之不昧，不可道已發。若思量而知其爲何物，則雖未及於喜怒，而不可道未發，此可以發子思言外之意。

朱子曰：「至静之時，但有能知覺而未有所知覺也，故以爲静中有物則可，而便以纔思即是已發爲比，則未可以此言之。」凡有知覺，莫非已發，然朱子又曰：「静中有物者，只是知覺便是，伊川却云纔說知覺便是動，此恐說得太過。今不曾著於事，但有知覺在，何妨其爲静不成，静坐便只是瞌睡。」以此言之，心雖未動，知覺自在，二說不同，將何適從？以理言之，後說尤長，而延平行狀之類又可以爲證也。且和者，喜怒哀樂之中節也。思則雖屬已發，只是知覺如此而已，未有所謂中節與否，則安可便謂之和乎？和之反則不和是也。惟有不和，故有和之名，如知寒覺暖處，更有不和者存，而以此爲稱耶。是未可知耳。又按：朱子以爲知寒覺暖爲已發，此固亦然。凡寒暖逼已，我便有寒之暖之之心，故曰發如物之在前，開目便會，白者知其爲白，黑者知其爲黑，是物來相照而心固未嘗動也，何可謂已發？程子曰：「耳須聞，目須見，見聞云者非視不見、聽不聞之謂也。」若使有色入目、有聲入耳，心則漠然不會，可乎？抑知其爲如何？當應而應，不當應而不應，可乎？聖人雖常寧，然當應必應，未應之前非漠然不會者矣。然則方知未應，已有知覺可見。如又曰：「物之來接，心亦已動，則外物自在，而耳目不閉矣。」若然，心豈有不動時節耶？其於千條萬品知其不當應而不應者，不可謂已發未發之前已有知覺，明矣。

〔一五〕唾涕濃血　「濃」，圓覺經作「膿」。

〔一六〕痰淚精氣　「淚」字原爲空白，據圓覺經增。

〔一七〕過此幾非在我者這箇關雖過纔過自住不得便自不由己所謂欲罷不能如水漲船行更無著力處　朱子此語，四書大全論語集注大全卷六載，問：「過此幾非在我者。」曰：「這只説循循勉勉，便自住不得，便自不由己，只是這箇關難過，纔過得自要住不得，所謂欲罷不能，如水漲船行，更無著力處。」

星湖先生近思録疾書卷五

自首至「人而無克伐」

「其善是」爲句，謂以是爲善也。

繫辭云：「吉凶者，失得之象也。悔吝者，憂虞之象也。」其失得既辨，則吉凶定矣。當其過之未著，悔則之吉，吝則之凶，故有憂虞之象。下文又言吉凶者，言乎其失得也；悔吝者，言乎其小疵也。若曰既吉而吝，既凶而悔，則何謂之小疵？故曰「憂悔吝者存乎介」，「介」是分界之義，謂察幾而審行也。當其介不吝而悔，則可以无咎而已，故曰「震无咎者存乎悔」。此義吾得之良溪。

孟子自言此，周子自言彼，而謂當無不當寡，則是有非之意，恐無是理。竊詳其文勢，周子之釋孟子，與今集注不同，以爲孟子之意人心之流於欲者，劈初頭寡之，而後人錯看「寡」字之義，故又發明孟子未盡之意如此也。然孟子所指本不如周子之解，大概言之，由孟子之寡可以至周子之無，故朱子云爾。

孟子曰：「耳目之官，不思而蔽於物，物交物則引之而去矣[一]。」蔽，謂遮蔽。交，謂外物。交於此物，引之而去也，然則蔽交當各爲一義。

大學或問曰：「能知所止，則方寸之間，事事物物皆有定理矣。」「定」字須帖「理」字看，方爲親切也。至「知止有定」，秉彝立矣。樂記曰：「人生而靜，天之性也；感於物而動，性之慾也。物至知，知然後好惡形焉。好惡無節於内，知誘於外，不能反躬，天理滅矣。夫物之感人無窮，而人之好惡無節，則是物至而人化物也。」「知誘物化」，蓋出於此。因吾之好惡無節，其知覺漸誘於外物，不能反之於吾身，則是吾身化於物，天理豈不滅息乎？

肆，則不謹而已至。悖，則悖於理矣。忤，則不恭而已至。違，則違於理矣。己與物，則猶各自己物，而已至出入，則往來相反。「四勿」圖見心經，互考。

「伐邑，厲吉」，見必也，狂狷之意若不得中和之德，寧剛厲。

敬不能直内，雖勉强而分外，何足以及於中道？光大者，所謂「充實而有光輝」之謂大也。

義不可以決之，則雖行於外者，不失其中正之義，而可以无咎，然中道不然也。

論語「克伐怨欲」別爲一章，而無「原憲問」字，故於此明之。

只言知其爲難，而不知爲仁，蓋姑不言其所以，將待其憤悱而啓發，此乃開示之深也。朱子曰[二]：「此孔子著意告原憲，它承當不得，不能再發問也。」

自「明道先生」至「飢食渴飲」

夫志，氣之帥也。志之所至，氣順工行者，爲本然也。若氣壹而動志，志不能帥而反爲所役，是謂客氣之勝也。心爲客氣所役，則謂之客慮。氣順義理之心，則謂之本然之氣。

祛吝莫如涵養，涵養莫如心有主。

克己則物各付物，何怒之有？明理則可生而生，可死而死，何懼之有？

小人之侵凌，非有意於成君子，而君子以成，如石之粗礪，非有意於攻玉，而玉亦以磨。他者言，不與此相干也。蓋與小人處，愼防而自守，事事自合道理。

「目畏尖物」一條，爲明理治懼。實事雖或可以刺人者，吾無計可避，則亦不懼。

「責上責下，而中自恕」，是謂不能絜矩者也，豈可任吾職分之所當爲也？

何以謂「九德最好」？此皆剛柔相濟者也。凡一念之動，一事之作，必用此推類。剛處濟之以柔，柔濟之以剛，此覺者處克己養性之大端。

不食則飢，不飲則渴，不裘則寒，不葛則暖，不爾則將無以爲生也。雖費物以供之，莫非分内，然猶可以免死也，則亦不敢貪爲己有，是乃天所賦之職也。天曷嘗使我克一己之欲。

自「獵自謂」至「謝子與伊川」

好獵只是粗心，亦須以理勝之。覺其不足，好此粗心，漸去也。此心之隱有兩説，一是前日好獵之心存留不去[三]，如種下種子，一朝遇之，萌動如故也。一是粗心未盡，凡遇如此處，不禁其發作若是者，雖前日所未有之事，遇著輒動，這都是粗心。

自私之理，人心也。掐著痛，爬著癢，不食則飢，不衣則寒，此無與於他人，而在己則切急，故不可以不私者也。道者，天理之公也。聖人雖不能無自私之心，而與道爲一，所謂人心聽命於道心也。衆人不能然，故爲私所流，日與道背馳，一之則人心亦道心也。著一「難」字，可見其自私亦合有之理。

「罪己責躬」，所以爲懲，然長留心胸，濟得何事？大抵人己一致，其罪責於人，既施則斯已矣，雖罪責於己，何以異哉？如此者，只是私心未去也。心之體，善事尚不可留，況悔乎？

須究尋其悔心緣何而不去，必有所以，可知其私也。延平曰：「若常留在胸中，却是積下一團私意也。」於此就本源處推究，涵養之令漸明，即此等固滯私意當漸化矣。

克己之功視爲先，至於聽，不比視之在眼前最急切也。視聽既誘，而言或可以忍矣；發言雖輕，而動或可以審矣。此四者之序也。

愛人不親，反其仁；治人不治，反其智；禮人不答，反其敬：此責其感也處多，而應也處少也。愛人，感也；不親，應也。反仁，則責感而不責應也。如但曰「厚於責己，薄於責人」，則於「感應」字不著。葉注之意，蓋曰於感應處如此云爾。

去箇「矜」字，克己之要也。克己，則爲仁矣。非切問近思，未能行得如此。所以謂「仁在其中」也。

自「思叔詬詈」至終

動心則仁義著，忍性則喜怒節。或原於性命之正，或出於形氣之私，動與忍互致其功。

常人之情，凡於不善，察己不精而責人則明，故既見其不善，反而求之，則其所嘗屑爲者常多。「蓋」者，疑辭，非謂事事皆有也，言不在己者寡也。

「氣之本」，則湛一而已矣。「湛」者，無所累也。始豈有口腹鼻舌之欲哉？形質既生，便有此性，如孟子所謂聲色臭味之類是也，皆此氣質所有，故曰「氣之欲」也。本之則無有，故曰「攻取」。攻取，如攻地而取之，即因形質而有是性也，言始雖無有而攻取爲用也。其「湛一」者，爲口腹鼻舌之所欲，攻取有此飲食臭味之性。飲食鼻味，性也，而有命焉，君子有不性者焉。德者，命之道也，知此則屬厭而止，有以全其湛一之本也。大，則指心。本，則指湛一。湛一，就形質中指不囿於形質者也。

正蒙，「口鼻」之「口」作「舌」。

有此形，則莫非氣質之性也。善，固性之本也。惡，亦不可謂非性也。然有命焉，故氣質之性有不性焉也。惡無不除，則善斯純矣。善純，則本斯復矣，復而安習，是爲成性，謂變而成此善性也，與成性存存不同。第二篇云「知禮成性」。

固有察而未除者矣，未有未察而能除者矣。纖惡必除，則善必精，察惡未盡，則善何由成性？「習不察，行不著」，出孟子，横渠所引與今集注不同。蓋曰雖行習於善而不自著察也。以此看孟子與由而不知者對勘，謂善惡皆不自覺，其義亦得。

徒善近仁而未必於義，徒是近義而未必於仁，徒是謂事是而心未必無私。

「不尤人」[四]，本孔子語，而繼之云「知我者惟天乎？」[五]此是知命安分而不見有責己底氣像也。此章横渠即借而爲責己節度。

蓋有舉世非之而特立獨行者，不在此科。

凡古人之欲得朋友之類，要使心常在於此道也。然人未必知之深也，惟聖人能知之深，而以朋友之來爲樂也。

輕與惰，皆不中而正相反也。輕不矯則放逸，惰不警則解弛，學須在於矯警之間。

好善惡惡，人之常性。好其不當好，豈理也哉？汎而論之，孰不曰堯、舜可好而跖、蹻可惡也？苟有反是者，原其心迹，則必有利欲爲之拘蔽也。恭謹，則人多譏其太柔太弱也，然可柔而柔，初非過於柔弱，特世人看作過也。君子何必嫌其言而變所守哉？心柔者，柔之得中也，與下「善柔」不同，謂之善則過也。

「太柔太弱」，他人之言，其實非太也。

剛，則不肯捨己從人。

「視下」，謂不離紳帶之中也。

「一事事消了病」，謂每事消去此病也。

【校勘記】

［一］物交物則引之而去矣　「去」，孟子作「已」。

［二］朱子曰　「朱子」恐爲「程子」之誤，據二程遺書卷十八載：「孔子著意告原憲處，欲他有所啓發，他承當不得，不能再發問也。」

［三］一是前日好獵之心存留不去　「是前」，原本倒乙，據下文句式改。

［四］不尤人　「尤」原作「无」，據葉采近思録集解元刊本改。

［五］而繼之云知我者惟天乎　「惟」，論語作「其」。

星湖先生近思録疾書卷六

自首至「人無父母」

「學」者，將以修其職也。

人之百行，孰非所當爲之事，不獨孝爲然也。論之於聖賢地位，皆不足以深許。論之於中人以上，忠臣孝子豈不可以亟奬之耶？孟子之言，蓋以地位之高也。

幹父母之蠱者，惟恐其或剛。處「家人之道」者，以剛爲善，各有其義。然幹蠱者有時乎？自修其説則得諫之類是也。處家人者亦有時乎？寬容，如父子相夷之類是也。

自「問行狀」至終

程子曰：「窮理、盡性、至命，一事也。才窮理便盡性，盡性便至命，如木可以爲柱[一]，理也。曲直者，性也[二]。其所以曲直者，命也。理、性、命，一也。」張子曰：「此義信有次序[三]，須是窮理便能盡得己之性，則推類又盡人之性。既盡得人之性，須盡得萬物之性。一齊得如此[四]，然後至於天道，其間煞有事也，豈有當下便理會了。」或問：「程、張之説孰是？」朱子曰：「各是一説。程子皆以見言，不如張子有作用，窮理是知，盡性是行，覺程子是説得快了。如爲子知所以爲孝，爲臣知所以爲忠，此窮理也；爲子能孝，爲臣能忠，此盡性也。能窮其理而充其性之所有，方謂之『盡』。『以至於命』是拖脚，説得於天者。蓋性，是我之所有者[五]；命，是天之所以與我者也[六]。知此者，窮理者也；能此者，盡性者也。」按：此行狀所論恐非以見言[八]，却於行上説，或者彼乃伯子之言，又或前後之異説也。

「盡性至命」，聖人之極功，故曰「窮天下之理，盡人物之性，而合於天道」，似非就一箇孝悌上説。然孝弟是性中物事，盡此物事充擴將去，而合於天道，與由而不知者異矣，便是盡性知命也。

行狀必舉孝悌者，是即以内近言之，欲其易曉。

「盡性知命」原於窮理，不窮理則由之而不知也，不知則其所行雖偶然合理，非與於性命也，況何能擴充而盡夫性分之所有耶？

聖人緣情立文，制爲五服，衆子期也，昆弟之子亦期也。蓋上及高祖，下及玄孫，旁及三從兄弟，其本自期而始至於三月，上殺、下殺、旁殺，親親之道盡矣，何也？上有父母，下有子女，旁有昆弟，此皆期也。而父母加尊三年，從此而推之祖父母及父之昆弟，及己之從昆弟，及昆弟之子，及諸孫，此皆九月也。而祖父母及父之昆弟加尊爲期，昆弟之子相報而亦期也。又從此而推之，其五月、三月皆此例也。然則父既視昆弟如四體，子可以事父之昆弟如父也。彼既事我如父，則我可以視之猶子，故亦引而至於期，聖人立教之意也。

王蠋曰：「忠臣不事二君，烈女不更二夫。」其義一也。臣之事君，恩絶於此，則未嘗不之於彼，如聖賢游宦可見也。蠋之所謂特恩猶未絶，而已節先政也，至於女之事夫，恩若已絶，則亦可以嫁矣。故記云：「婦當喪而出，則除之。」若無更嫁之義，則雖出不除當矣，此何以云爾？然記云：「一與之齊，終身不改。」故夫死不嫁，何也？是夫死而恩則未絶也。夫男女昏因，信誓終老，不幸而夫死，與被黜恩絶者不同，當以死守之，豈以寒餓爲怕哉？即此所謂「孤孀」者是也。

二程粹言云：「疾而委身於庸醫，比不慈不孝，況事親乎？」然則病卧於床乃己身之病也。曲禮云：「不勝喪乃比於不慈不孝。」朱子釋之云：「下不足以傳後，故比於不慈；上不足以奉先，故比於不孝。」詳在小學疾書。[九]

嫁甥女一段，正與孤孀不可再嫁者相反。朱子雖有「大綱恁地，人亦有不能者」之解[一〇]，然以「勿陷人於惡」者推之，欲酒之過小，再嫁之過大，縱不能禁，恐不宜躬自陷之也。意者，此伊川則未必爲之也。早孀再嫁，世之通行，而太中之恩義可見，故只取其大義耶。

「從叔幼姑」，伊川文集作「幼孤」，即夫之從兄弟之子也。

「常食絮羹」之「常」本作「嘗」。

有過不掩，行踣呵責，叱止絮羹，争忿不右，育子之法盡之矣。

按：文集。太中及侯夫人家傳各爲一篇，太中則爲五千餘言，而夫人不過數千餘言，但於此採居家内行義，故所以多載夫人事。或以爲太中可記之迹不及於夫人者，誤矣。夫人既深以文章筆札傳人者爲非，而家傳中收載詩，一律似非順承遺意。竊思之，有而若無，是爲難能，故採而録之者，所以見夫人之初非有能者也。

「不計家之有無」者，亦指力可以爲之者也。若營辦過分，或反致害於養道，不可不省。

【校勘記】

〔一〕如木可以爲柱　「如」，二程外書作「因指柱曰此」。

〔二〕曲直者性也　「曲」上，二程外書有「其」字。

〔三〕此義信有次序　「信」，二程遺書作「儘」。

〔四〕須盡得萬物之性一齊得如此　「盡得」，二程遺書作「是並」；「得如此」上，二程遺書有「盡」字。

［五］蓋性是我之所有者　「蓋」，朱子語類作「盡」；「有」，朱子語類作「至」。

［六］命是天之所以與我者也　「命」上，朱子語類有「至」；「是」下，朱子語類有「説」字；「與」，朱子語類作「予」。

［七］如舜盡事親之道　「如」，朱子語類作「昔嘗與人論舜事」。

［八］此行狀所論恐非以見言　「狀」原作「所」，據葉采近思録集解元刊本改。

［九］筆者按：小學疾書：

不慈不孝，注謂子與親之疾，非是。按，二程粹言：「疾而委身於庸醫，比之不慈不孝，況事親乎？蓋指己之疾也。」沙溪曰：「曲禮：不勝喪乃比於不慈不孝。」朱子釋之曰：「下不足以傳後，故比於不慈；上不足以奉先，故比於不孝。蓋吾之身，即父母之遺體疾病死生所繫，而委之於庸醫之手，用藥或差致誤其身，則此之不慈不孝，事親者尤不可不知醫也。」愚謂：此不必如此釋。孟子曰「孝子慈孫」，然則子孫之於父祖亦可以稱慈也。程子蓋以愛身比之愛親而警其尤不可輕視也。慈以心言，孝以事言，程子之言不過舉曲禮之文以證事親之不可不知醫也。

［一〇］人亦有不能者之解　「能」下，朱子語類卷九十六有「盡」字。

星湖先生近思録疾書卷七

自首至「明夷初九」

量大則有君長之道，識遠則可以常久，行方則得正道，貴以後可以行道。然直道而行，無往而不黜，則患得患失者，何暇於行道？

行道之心勝，則可行而行，可止而止，無往而不安其素矣。與其道否而身亨，不若身否而道亨，又況道否者身未必亨也。雖或幸而得之，莫非罔之生也。

好仁惡不仁，當如色臭，然惟君子而未仁，故有兼與之患，畢竟善將退而惡將進矣，聖人所以爲戒也。

力可以取之而不取，故曰「舍車」。

自「晋之初六」至「人之止」

雖不可久留容有爲之之兆，不必以亟去爲心兆而不行，然後進退可以綽然也，此又「罔孚，裕无咎」之一端。

順理而安行，故合以正道；知幾而固守，故自無終睽之理。必須察睽合有幾、守正而不撓。「致命」，朱子看作「見危授命」之義，然困與危亦不同。當困窮之時，君子只得安之而已，豈必以授命爲心？伊川説所以爲長。

渙與未濟於「初」言極，明夷與艮於「二」言極，坎爲水故也。易中多以互體言，於二卦可見。

自「中孚之初九」至「謝湜自蜀」

「求之有道，得之有命，是求無益於得」，此三句孟子語。「知命之」以下，釋孟子之意，如此以證「中人以下乃以命處義」者[二]。「若賢者」以下，又證「命在其中」。

舜之所以爲舜，善而已矣。跖之所以爲跖，惡而已矣。以舜、跖身上論，則相去不特九牛毛。以其始言，則之善、之惡，其幾甚微，心心事事莫不皆然，駸駸之久，爲舜、爲跖，故日用之間孰非舜、跖路頭耶？

自「先生在講筵」至終

葉注朱子説，即答鄧衛老書，删節甚略，當該考。

一月之中，雖一日爲舉業[二]，而餘皆爲學。其一日之業足以奪二十九日之志，利之在彼也，程子蓋不得已而言，此即衰世之意也。朱子答時子雲書云：「向編近思録欲入數端説科舉壞人心術處，而伯恭不肯，今日乃知此箇病根從彼時便已栽種培養得心田裏了，令人痛恨也。」今不知所欲採者何説，而以此推之，可以想見，須體認看。朱子答南軒書云：「近思『舉業』三段、横渠説一段並録呈，並何彼中官屬正之[三]，更得數字説破[四]，增添之意尤可[五]。」然則此數段或是伯恭没後所增。

【校勘記】

[一] 如此以證中人以下乃以命處義者　「乃」原作「之」，據葉采近思録集解元刊本改。

[二] 雖一日爲舉業　「一」，葉采近思録集解元刊本作「十」。

[三] 並何彼中官屬正之　「並何」，晦庵集作「幸付」；「官」，晦庵集作「舊官」。

[四] 更得數字説破　「更」上，晦庵集有「或」。

[五] 增添之意尤可　「可」，晦庵集作「佳」。

星湖先生近思録疾書卷八

自首至「利西南」

治人之道，治而不從，則有刑。刑者，輔治之具，此施於國而不可行於家也。父子、夫婦，恩常掩義，所以家難而天下易也。

假仁義之事，而無仁義之實，故「偏」。

誠心與假之莫不在己，所存如此，必有此應。王伯之幾，不不過如此[一]。

記經解云：「易曰：『君子慎始，差若毫釐，謬以千里。』」孔疏云，此「繫辭文也」。疑唐時易中尚有此文。又按：説苑：「子曰：『本不正者未必倚，始不盛者終必衰。春秋之義有正春者[二]，無亂秋，有正君，無亂國[三]。』易曰：『建其本而萬國理[四]，失之毫釐，差以千里。』故君子貴建本而重其始[五]。」漢書東方朔傳：「正其本，萬事理。」此與經解之文少異，今並採録之，以資取考。

民志不定，其要在士求於國。

「所亨有限」，易傳作「所亨」。

豶，牡豕去勢。勢，外腎也。然畜豕未嘗見有牙，難制賁，恐與「虎賁」之「賁」相照，豕突之謂也。方言：「海、岱之間，繫豕杙謂之牙。」更詳之。

自「夫有物」至「教人者」

事未有不進而亦不退者，則其理未有一定也。當既濟之終不進，故便止既止，則無常止之理而衰亂繼之矣，其道已窮故也。堯舜之治，可謂盛之極也，然而不衰者，惟通其變於未窮也。戴埴鼠璞云：「按通典云：『魯國有泗水縣，泮水出焉，然後知泮乃魯水名。僖公建宮于上，因水以名宮，如楚之渚宮、晋之虎祈，泮水、泮宮、泮林，一也。又求之莊子之言，歷代樂名，黄帝有咸池，堯有大章，禹有夏，湯有濩，文王有辟雍，以辟雍爲天子學亦非也。』莊子去古未遠，當得其真。」楊慎曰：「按左傳：『晋侯濟自泮。』泮果水名，足證矣。」胡致堂云：「泮水詩云『魯侯戾止』，且曰于邁固，疑非在國都之中，且終篇意旨主于服淮夷，故獻馘獻囚、出師征伐，皆于泮宮，焉知泮宮之爲校也[六]。特取其中『匪怒伊教』一句爲一篇之證，則末矣。王制起于漢文時，其失已久[七]。」此説朱子已採之，附見於綱目，已自可信，今並採附著焉。然凡人事師如事父，有事必吉禮也。王制云：「天子將出征，命於祖[八]，受成於學，出征執有罪，及釋奠于學，以訊馘告。」其道宜然，後至於獻馘，則過矣，此又所當思也。

「興作」，創始也。創始不謹，則其弊也必有不當作而作者也。至於先王之政，則當復而已，故不書。

「先有司鄉官」爲句。「先有司」與今論語解不同，各以其意看。「人各親其親」，詳在論語子路篇。

「從本」、「從事」，皆以承其弊者爲言。

按：全書「皆不可」下無「止」字，「使」字當屬上句讀。「皆不可使」下又有「玄宗纔使，肅宗便篡；肅宗纔使，永王璘便反」十七字，可考。

自「明道先生」至終

關雎、麟趾，治家之始末。周官法度，平天下之大經。此可以證「唐有天下」一章。

離是而非，謂離仁而非仁也。一念之不仁已害於政，奚待作於事乎？

孟子説，見荀子。趙岐云：「孟子有外書四篇。」然則外書者，東京時猶存也，此類或是外書之言耳。

【校勘記】

［一］不不過如此　此二「不」字，其中之一或爲衍文。

［二］春秋之義有正春者　「者」字原無，據説苑四部叢刊本增。按：下句「正君」後，説苑亦如此。

［三］無亂國　「亂」，説苑四部叢刊本作「危」。

［四］建其本而萬國理　「國」，説苑四部叢刊本作「物」。

［五］故君子貴建本而重其始　「故」上，説苑有「是」；「其始」，説苑作「立始」。

［六］焉知泮宫之爲校也　「校」，致堂讀史管見作「學校」。

［七］其失已久　「其」上，致堂讀史管見有「諸儒刺經而作然則」八字。

［八］命於祖　「命」，毛詩注疏作「受命」。

星湖先生近思録疾書卷九[一]

自首至「韓信」

窮則變，則通，聖王之道也。寬猛緩急，各有其宜。著在方策，生民之理有窮，則遵而改革，本末咸備，如弊而訛，則折衷於元典也。

「趣便」之「趣」，與「趨」同。

相先，猶相讓也。記儒行云「爵位相先」[二]。

天下之本在君，君之本在廟，故君有事於廟而天下歸仰也。

觀豺獺能祭，知其本於人心，制爲祭祀之禮，所以成其德也。

送成自中春至春暮，以其終言，故只言春暮。以春暮行，則至夏始達疆圉也。明年代者至者，謂亦以春暮行者始至也。兩番俱留，防十一月而歸，則又當以春初歸，故曰「再期而還」也。

按：明道文集「中春」下有「至春暮」三字[三]。詩注亦然。有此三字，文義方暢，此或有闕。

自「伊川先生曰管轄」至「介甫」

「管攝天下人心」一段，遺書即並記二先生語，而「一年有一年功夫」者，乃其注也。「要得拘守得」爲一句也。「須是」者，謂如此然後方是。

事文類聚宗族卷載謝昌國「善勸録」一條[四]，與伊川人家宗會之説首尾略同，當考。謝恐是程子後人。

「花樹韋家宗會法」，金沙溪引岑參韋員外花樹歌爲證，近是。其詩曰：「君家兄弟不可當，列卿御史尚書郎。朝回花底怕會客，花撲玉缸春酒香。」然此云「會」，則恐不獨客宗族之會也。

王制云：「司徒修六禮以節民性。」又云：「六禮：冠、昏、喪、祭、鄉、相見。」鄭注云：「鄉，鄉飲酒、鄉射」也。夫鄉飲、鄉射俱爲鄉禮，不可廢一，故只言鄉而包之。鄭注之意亦如此，故劉元承手編只以王制之文爲解，至小學注但云「鄉飲」，恐欠參考。

「始祖」、「初祖」，詳著家禮。

地之美惡，固有之矣。地美則神靈安，亦其理也。然其子孫禍福之説，愚未有曉也。先儒雖以本根枝葉爲喻，本根枝葉自是相連之物，榮悴與同，固無可疑。若或枝葉離本，别生根柢，則豈復有與本生者爲榮悴必同之理乎？堪輿家説不可枚數，「銅山西傾，靈鍾東鳴，木春於山，栗芽於室」，如是而已矣。余然後知其説之不可信也。夫木如體魄，栗如子孫，栗成而離，條藏在室中。春至應候，山亦木繁，室亦栗芽，其氣同故也。非栗應於木而然也，何以知其然也？假使在山之木，斤伐羊牧，傷毁之極，連枝和根盡歸枯朽，則其在室之栗將應於彼而不復芽乎？及木之老死，摧爲薪槱，爇爲灰燼，而其種益繁，此果何理？其鐘山、靈鐘亦天地間有此異候[五]，而山與鐘俱應者也，何足怪哉？然程、朱既分明言之，不可斷之爲無。是理也，必有他説可以明之，恨不得親炙而切問也。

朱子答陳同甫書云：「亡子卜葬已得地，但陰陽家説須明年夏乃可定，今且殯在墳庵。」然則朱子已決日之吉凶，而不用程子。

小學云：「伊川先生家治喪不用浮屠。」此直舉表德，當從小學爲是。如第十篇「明道與吳師禮談介甫」，本作「伯淳」，今改爲「明道」，亦可證。

左傳哀公四年：「晉執戎蠻子以畀楚，司馬致邑，立宗焉，以誘其遺民，盡俘而歸。」大雅公劉云：「君之宗之。」集注云：「古者建國立宗，其事相須，楚執戎蠻子而致邑，立宗而誘其遺民，即其事也。」立宗利害之實，可驗於經傳者亦如此。

漢書梅福傳：「福以爲宜建三統，封孔子之世以爲殷後，上書曰：『諸侯奪宗，聖庶奪嫡。傳曰「賢者子孫宜有土」，而況聖人，又殷後哉？』成帝綏和元年，立二王後，推迹古文，以左氏、穀梁、世本、禮記相明，遂下詔封孔子世爲殷紹嘉公。」其説蓋本於此。

朱子曰：「律是八分書，是欠些教化處。」蓋以理言之，教化大而法律小；以勢言之，法律多而教化少。教化、法律，皆是中人以下説，故無法律以一之，則雖有教化，其施亦偏而不久。比如一株木，中心細而枝幹鉅。中心雖爲枝幹之本，若論分數，則枝幹反占八分之多。介甫非以法律爲重於教化也，彼律書皆從教化中演出者，而於治只占其八分數，故程子以爲知言也。

自「横渠先生」至終

「過此」，謂凡輕於死罪者。「散之」，謂上失其道，使民離散也。言惟死罪外當念其離散之久，寬以務從輕貸也。言念之則不必盡除也，其輕重從宜自在其中。

崔寔政論云：「文帝雖除肉刑，當劓者笞三百，當斬左趾者笞五百，當斬右趾者棄市。右趾既殞其命，笞撻者往往至死，雖有輕刑之名，其實殺也。當此之時，民皆思復肉刑。」觀此，則張子之意自明。

井法，雖悦者衆，不悦者少，而其不悦必有權力可以沮止者也。此所以終不行也。井地説，詳著于孟子疾書。

朱子答張敬夫書曰：「須就邊郡官田略以古法，畫爲丘井、溝洫之制通行之，使彼此無疆埸之争，軍民無雜耕之擾，此則非惟利於一時，又可漸爲復古之緒。」此言可補張子之餘意。

【校勘記】

［一］星湖先生近思録疾書卷九　此卷目原無，依據體例增補。

［二］記儒行云爵位相先　「爵位相先」，鄭玄、孔穎達禮記疏卷五十七：「儒有聞善以相告也，見善以相示也，爵位相先也，患難相死也，久相待也，遠相致也，其任舉有如此者。」

［三］中春下有至春暮三字　「有至」原作「至有」，據二程文集改。

［四］事文類聚宗族卷載謝昌國善勸録一條　「文」原作「父」，據宋祝穆事文類聚改。按：事文類聚後集卷一人倫部下有「宗族」載云：「謝昌國：凡人家法，須令每有族人遠來，則爲一會，以會族雖無事，亦當一月爲之。古人有花樹韋家宗會法，可取也。然族人每有吉凶嫁娶之類，亦須更相爲禮，使骨肉之意常相近。骨肉日疏者，只爲不相見，情不相接也。」

［五］其鐘山靈鐘亦天地間有此異候　按：「鐘山」之「鐘」，與前文「銅山」當一致，故此「鐘」疑作「銅」。

星湖先生近思録疾書卷十

自首至「隨之九五」

家語六本篇云：「志夫鍾之音，怒而擊之則武，憂而擊之則悲。其志變者，聲亦隨之。故志誠感之通於金石，而況於人乎？」伊川説蓋本此。

「法所拘者」，謂雖或少有拘牽於法文，而亦隨便酌行，不以法所拘爲嫌也。然未嘗大戾，故不至大駭。雖隨便酌行而意欲不至於大駭，故不能有以得伸其志，而小補則有之。爲其法所拘者多故也。若一斷於法其小小，所拘絶去不爲，則俗吏而已，豈復有小補哉？或其大駭者，不可爲也。若必欲行己之志，不顧違拂於法文，駭驚於衆心，則事未成而先取敗，且於己分上已不妥帖，在我惟有盡誠而已。

「天西運，水東流」之説，本於龜山而異於師説也。程子只云「天陽上行，水性就下，其行相違也」，其旨至矣。今以一片中土觀之，疑若水之皆東，何不以億萬邦域看乎？龜山終不免耳目之所拘，而葉氏又去彼就此，何也？

楊愼曰：「余讀程子言，雖愛其辭嚴義正，而病其考究之不精，魯之僭天子禮樂，魯之未造，非成王、伯禽之爲也。春秋書禘于莊公，見禘之僭始於閔公也；書四卜郊，見郊之僭始於僖公也。凡春秋書郊者九，始僖終哀，使隱、桓、莊、閔之世有郊，奚爲不書？且史者載事之書也，此豈細事，而左、國、公、穀未嘗言之。隱公問羽數於衆仲，仲曰：『天子用八，諸侯用六，大夫用四，士用二。』公從之。于是初獻六羽。若八佾之賜果出成王，則衆仲胡不擧以對？據此則隱之世未有郊可知。莊公觀齊社，曹劌諫曰：『天子事上帝，諸侯會之受命，諸侯祭先公，卿大夫佐之受事焉。』據此，則莊公之世未有郊可知。皋鼬之盟，萇弘欲先蔡，祝鮀述魯、衛初封之寵命賜物，其説魯之寵錫大輅、大旂，夏后氏之璜，封父之繁弱，土田陪敦、祝、宗、卜、史，官司、彝器，纖悉畢擧。使有天子禮樂之賜鮀也，正宜藉口以張大于此時，而反無一言及之，何也？昭公曰〔一〕：『吾何僭矣哉？』子家駒曰：『設兩觀乘大輅，朱干玉戚以舞大夏，八佾以舞大武，此皆天子之禮也。』此果成王之賜，則子家果面斥以僭耶〔二〕？周公閱來聘魯，饗有昌歜、形鹽而辭不敢受。甯武子聘魯，魯饗之有彤弓、湛露，而曰『其敢干大禮』。以此觀之，上自天子之宰，下至鄰國之卿，皆疑怪遜謝，而魯人無一語及于成王之賜以自解，以此知其誣矣。呂氏春秋云：『魯惠公使宰讓請郊廟之禮于天子，天子使史角往報。蓋未允也。』此豈非明證大案耶？然明堂位、祭統、魯頌傳有其言，噫，三言者皆虚也，三占從二、四不拗六，貴從衆也。經傳之明證大案，其衆如此，曲儒之單聞孤説，其寡如彼，從其衆而已矣。」愚按：楊氏此説極有發明，故摭附於此，而其所見三書亦不可不辨。明堂位既張大魯之禮樂，而末乃曰：「君臣未嘗弑也，禮樂刑法政俗未嘗相變也，天下以爲有道之國也。」此分明魯之陋儒虚誇誕説，不計其有無也，春秋時魯三弑君：隱公十一年，羽父請殺桓公，隱公不許，羽父使賊弑隱公。莊公三十二年，慶父使圉人弑子般[三]。閔公二年，慶父又使卜齮弑公于武闈。何云君臣未嘗相弑？其爲不足信明矣。祭統云：「周公既没，成王、康王追念周公，賜之以重祭云云。」成王既賜，則康王不應重賜。若康王始賜，則成王時未曾賜也，其又可疑？言魯頌閟宫云：「乃命魯公，俾侯于東。錫之山川，土田附庸。周公之孫，莊公之子。龍旂承祀，六轡耳耳。春秋匪懈，享祀不忒。皇皇后帝，皇祖后稷。享以騂犧，是饗是宜。」此只云「錫之山川」，而其祀后稷則以僖公當之，若重祭之賜出於成王，則何不枚數於山川、土田之列乎？僖公雖用僭重祭而既爲時行之祭，則魯之頌僖公者，無怪乎舉以爲言。而聖人之删詩也，亦恐不敢去其廟樂也。詩人雖如此稱美而猶顯，其自僖公始，不敢誣辭虚誇如明堂位之説，此詩人之意也歟！

自「坎之六四」至「旅之初六」

夫人理之常，君子固合躬行，不必言同乎世也。君子之所以同於世者，雖非先王之典禮而可以行之無害者也。若居今之世，事事而違咈，不但敗事，貽災也，於自己分上已有多少不安處，故張子曰：「事之無害於義者，從俗可也，害於義則不可從。」[四]蓋不害於義則義而已矣，何必言從俗？此亦雖非古義則而猶可以周旋者[五]。張子此言[六]，其亦有見於此乎？

見者，不見之反也，言容接而不遽絶之也。

「不損益之」，以道言也，吾之所守者本自是道也，則只須言不損也。其不損者將有以規補乎上也，則只須言益，只是一箇道而已。

「厚事」非在下者，獨自任辦也，以其爲在上者所任，故所以當大事也。既當大事，且必能濟大事而致「元吉」，乃可明上之知人著己之勝任也。

人之「處旅困」，始雖志潔，鮮不渝變，駸駸然，瑣瑣矣，斯其所以爲戒也。

自「在旅」至「因論口將言」

「無意味」，無實也。「光」者，實之發見也。

過恭、過哀、過儉，皆非禮也。聖人之恭、哀與儉，豈曰過也乎？過則失中，初無大小之別也。愚以爲此即以其心言之，行常歉于恭，喪常歉于哀，用常歉于儉，故曰「小過」。小過，乃所以無不及之患也[七]。

漸之九三爲小人設，小過之九三爲己設，正己則同。

「要他頭也須開口」，如荊軻之諭於期〔八〕，其事至難言也。而當開口則便須開口，何囁嚅之有？聖人則「聽其言也厲」，與囁嚅者異矣。

自「須是就事上」至「居今之世」

「蠱」，事也；「振民」，民社之事；「育德」，學之進也。「振民育德」，即就事上學也。然必先有格致之功，然後方能振之、育之，而此不可專靠讀書之力，故曰「何必讀書，然後爲學」。此一句帖解「上學」之語。振民育德不必專靠於讀書，須就事上學，方爲體認之實驗。而其間亦須以知爲先，隨究隨行，方可深造，所謂「餘力學文」是也。如振民固宜先究學，優而始仕，然其事又非讀書所可了辦。其於古今之變，緩急之勢，實合博詢詳驗，對同勘合，方能臨事有功也。謂之「何必」，則非專以讀書爲非也。若謂惟讀書可以盡之，則不然也。

「先生見一學者」一段，謝顯道録作伊川語。「安定之門人」一段，游定夫録作侍講語。小學亦然，更詳之。

「不非其大夫」，分定故。

自「今之監司」至「先生因言」

上云「曷嘗似賢急迫」，此云「更責誰做」，合以究之，方是完更無罅漏。孔子曰：「事君盡禮，人以爲諂也。」程子曰：「盡禮則已豈有加也。」禮者，中而已矣，自是加減不得。

「天資有量」，謂生得資質有量多少也，非因學道見識而有者也。天資雖高，安能與天地同其乎大？

「磨勘」，如今準仕當遷其子弟，雖係在磨勘，亦不爲聽理，蓋避嫌也。

「不避嫌得」爲句，言古時用直道而行，故可得不避嫌也。

問可爲「給事中」者，猶可以公直而言之。若以出口入耳爲心，則便是綢繆私曲也，奚可哉？温公於是誤矣。

「客將」，恐如「郡將」、「舉將」之「將」，即典客者。

此段文義艱澀，有難曉處，竊詳之。先生言於今日供職，其「第一件做他底不得者」，非他也。其吏人押申轉運司狀，有倒申之弊，故先生不曾隨例署押。只此一事是「第一做他底不得者」。次言例申不可之義，末又言正朝廷以正百官，正百官以正萬民，此聖人正名處。須看此處，若見得名不正時，便至禮樂不具，則自然住不得也。「見得道」爲句，「道」即語也。

自「學者不可」至終

凡事只思其當前已著之由，而不慮於事之遠，則其所不慮，畢竟爲切近之憂，故曰「當在事外」。「外」者，始雖若遠，而畢竟到頭，則爲切近、難免之憂。

格，如「有耻且格」之「格」。

「其前」，使人之前也。「爲之」，爲下也。已嘗爲下，故及爲上而使下能盡情僞。

坎之象：「習坎：有孚，維心亨，行有尚。」象傳云：「水流而不盈，行險而不失其信，惟心亨，以剛中也。行有尚，往有功也。」夫習坎，重險也，而坎爲水，故有水流行險之象，此所以有水臨萬仞之喻。其下也，千面萬折，險莫險矣，然一意要下，畢竟即下不見有滯礙，是爲乎心亨。家語云：「水有似乎德，流行赴百仞之溪而不懼，此似勇。」「要下即下」之説本此。

【校勘記】

［一］昭公曰　「昭」原作「照」，據升庵集改。

［二］則子家果面斥以僭耶　「果」，升庵集作「敢」。

〔三〕慶父使圉人弑子般　「父」原作「夫」，據左傳及下文改。

〔四〕張子曰事之無害於義者從俗可也害於義則不可從　「張子」，疑作「程子」。據四書章句集注卷五載：「程子曰：君子處世，事之無害於義者，從俗可也，害於義則不可從矣。」

〔五〕此亦雖非古義則而猶可以周旋者　「則」，恐衍字。

〔六〕張子此言　據前文，此「張子」疑作「程子」。

〔七〕無不及　原作「無及」，據文意補。

〔八〕論於期　原作「於論期」，據文意改。

星湖先生近思録疾書卷十一

自首至「舞射」

「中也者」，謂時中也。中庸之「中」，實兼中和之義，故曰「和」也。

「大學」之「大」，小學揔論作「小」，然以文義求之，「大學」爲是。從大學而言，故曰小學之教爲豫也。

「事上」，兼公卿父兄而言。以己處之，夫子自謙也。

「經學念書」，恐皆國家課試之名。「經學」是究索經旨，「念書」是念誦章句。按：文獻通考：「周太祖廣順三年，户部侍郎趙上交奏：『童子書元念二十四道，今欲添念書通前五十道，念及三十道者，放及第。』從之。」詳著小學疾書。[一]

「治道齋」者，欲明爲治之道者居之，小學作「治事」。劉彝，即其門人也。

立言無意思，則無準的可尋，故無德者不能去就，而易以惑亂。若知德者，則厭怠而棄之而已。

「上便可到」，遺書作「便上」，即並記二先生語者。

自「自幼子」至「孟子曰」

「説書」，蓋當時學究講誦之類，有此名也。但能誦説過無涵心積慮之實，故曰「説書」。此必非古之道也，如仲舒事雖曰講論，猶不如今之一日説盡也。

雖不治農而有學之養，故士農不易業。

按：遺書云「只聲音以養其耳」，無「目」字。論語泰伯篇載程子此説，而云「聲音所以養其耳，彩色所以養其目」，蓋下一句則朱子所誦也。此云「聲音以養其耳目」，聲音非養目者也，「目」字當衍〔二〕。

「克己復禮爲仁」，故曰仁之至也。「己不勉明」以下，本書别爲一節，更詳之。

禮，必勉力體行而明。

「進而不顧其安」，則是「使人不由其誠，而教人不盡其材」也。其又進之，又告之，即不顧其安，徒使人生此節目，帖「使人不由其誠也」，不盡材，帖「教人不盡其材也」。

【校勘記】

［一］筆者按：小學疾書：

蓋經學念書，皆國家課試之名，經學是究索經旨，念書謂念誦章句。憂其輕俊而教入經學，則篤行在中矣。不得令作文字而只使念書，則凡一切詞翰篇什皆在斥去矣。

［二］目字當衍　「衍」原作「行」，恐因形近而誤。

星湖先生近思録疾書卷十二

自首至「艮之九三」

護疾忌醫，皆知其愚，聞過不喜，何也？疾或无妄，而過必由己也。疾必爲災，而過或可掩也。然恣行不義，無所不至者，固無可論，惟過者莫非妄也。智有所不明，行有所不逮，以至自欺自誑，原其心，莫非過也。聞而暴之，使人砭正，何耻之有？此而耻之者，即不耻過惡之在己者也。過惡在己，人必知之，又可掩乎？

仲由之「喜」，幸之也。濂溪之「噫」，哀之也。皆可深念。

不可以頻失之故戒其復也[一]。

劉質夫，非易傳也，即見于外書第四卷。李參録中亦欲與之，謂人亦非與我同利也。

自「大率以説」至「人於外物」

祭法云：「鯀障洪水而殛死，禹能修鯀之功。」此其爲能捍大患而列在祀典，世世不廢，其功亦有不可少者。不然，堯之君臣豈容遲待九年之久，而任生民之昏墊乎？程子之説蓋亦有見，别有治水辨，兹不贅。

「驕」者，自滿而凌物之謂。自滿則己不進，凌物則不與人。君子學不厭，教不倦，豈有學問而驕人？

人不可以逆臆不信，必也先覺者爲賢，則料事之明也。然以此自多，專意爲之，則有害爲明者自多之意。

奢泰則身不修矣，不待外物好。只其要好底心，已先自不正。

自「人於天理」至終

凡事理當然隨感自應者，曰「天機」，所謂原於性命之正也。此與人心、道心説相似。心有所喜，中間雖漠然忘失，觸境便發。如種下種子，遇時輒萌。然此與上文「天機」之「機」不同，「天機」以理言也，「機心」以氣言也。海客忘機，是機心也。

君子當稱量義理輕重，事之大小不須較也。

小人行己不善，小丈夫局量狹小，如此者豈本小者哉？可以使之大，故曰「不合小了」，罪在其人也。「本」以性言。

朱子曰：「如貨財恁地惜吝，合使不使，只怕自家無，别人有，則無可强得人，所以惜吝在此。獨是自家便做大，便欺得他。」此所謂「於財上亦不足」也。又曰：「如説道理，合當説出來，自有一種人，恁地吝惜，不肯説與人，只怕都識了，却没詫異，所以吝惜。獨有自家會，别人都不會，自家便驕得他，便欺得他。」此所謂「於事上亦不足也」。觀事事都不足時，亦有歉歉之色，所以爲氣歉之驗。

「自視以爲無缺」，即下文「不踰衣食」、「燕遊」是也。

「逐人面上説一般話」，謂本無定見，但隨人顔色與之雷同也。及其責之，則曰「無可别説」，故姑與之一般話矣。「無可説便不得不説」者，謂既無可説則不説宜矣，汝便不可不説乎！

「大者不先立」，所謂不能先立其大者也。「心中初無作」，謂其胸中初無定見也。

【校勘記】

[一]不可以頻失之故戒其復也　「失」原作「矣」，據葉采近思録集解卷十二「不可以頻失而戒其復也」改。

星湖先生近思録疾書卷十三

自首至終

楊、墨疑於仁、義，詳著於孟子疾書。孟子注：「義屬楊，仁屬墨。」此則反之，恐有誤。[一]收全書入關語語録一條，又與孟子集注合，當考。

朱子曰：「釋氏所謂敬以直内，只是空豁豁地，更無一物，却不會義以方外。聖人所謂『敬以直内』，則湛然虚明，萬理具足，方能『義以方外』。」然則其所直内亦只是特取其近似者而言，故曰「要之其本亦不是」。

枯槁則偏，恣肆則誕，隘者不能周通也。

「率性」字與朱子所謂「道非因人方有」者似有不同，更詳之。歐公言「老氏貪生，釋氏畏死」，朱子以爲然。蓋老氏要全此血肉之軀，故謂之貪生。釋氏却皈四大於幻妄，而別求不生不滅者，所謂「畏死」也。推畏死之極，故並與畏怖生，有生則必死故也，其利己之私尤大於貪生也。

程子曰：「盡心然後知性。」詳著孟子疾書。[二]

朱子曰：「遺書云『釋氏有盡心知性，無存心養性』，恐記者有誤。釋氏只是恍惚之間見得些心性影子，却不曾仔細見得真實心性，所以都不見裏面許多道理。」若然，心安得盡性、安得知乎？愚恐此段亦如上所謂敬以直内，只取其近似處耳，非謂實如吾儒所學也。但上段復有一説可證其本旨，而此則無有，故遂爲後人之疑。

「一邊佞」，只是渠自諂佞而已也。然於己則危，故戒慎而遠之。若釋氏學非如戒慎可防，乃因人見識所到，駸駸引入，故防之之道只存乎窮理盡性，有以自信焉耳。

「只爲從那裏來」，謂萬物之理均賦於天，非我獨得，爲其同自天來也。「大小大」，猶言許大也，「大小」與「許」皆未定之辭。有大中之大，有大中之小等，是大一邊事也。「奈何那身不得」者，謂只其一身奈何不得，言無奈何也。有生則有死，是無奈其身，何故要去根塵也？「没此理，要有此理」，謂其盡去根塵，要如枯木死灰，則本無此理而反求其有此理也，畢竟何可得也？「除是」，猶言終是，彼雖曰不生不滅，終是不免於死也。「惟嫌重」，謂若以重爲嫌，則宜放下，而不知放下石頭，但嫌其重也。蓋釋氏不知放這身，都在萬物中一例看，却去他身上起意思，而又奈何那身不得，則如負版而載物、抱石而投河，掇棄不得也。

按：爾雅傳「負版」，郭注云「未詳」。柳子厚有蝜蝂傳，云：「負版者，善負小蟲也。行遇物，輒持取，卬其首負之。背愈重，雖困劇不止也。其背甚澀，物積因不散[三]，卒躓仆不能起。人或憐之，爲去其負。苟能行，又持取如故，又好上高[四]，極其力不已，至墜地死。」蓋郭璞之所未詳，而今亦未見有此，姑以柳説爲訂。

「其説未能窮」，謂難可使之窮也。「固已化而爲佛」，謂駸駸然入於其中也。「其設教如是，則其心果何如」者，即於迹上考之也。其設教是毁人倫、去四大，則推是迹而究是心，果如何也？「難爲取其心不取其迹」，謂其迹既不可取，則難可舍迹而只取其心，故繼之曰「有是心則有是迹」，而因斥王説之無理也。「且於迹上斷定不與聖人合」，謂執迹而觀，既與聖人不合，則可以斷定矣。若其言有與聖人合者，則聖人之説固備矣，不必取他。若其言有不與聖人合者，則其不可取明矣。

程子曰：「文仲子如魏徵，問：『聖人有憂乎？』曰：『天下皆憂，吾獨得不憂？』問『疑』。曰：『天下皆疑，吾獨得不疑？』徵退，謂董常曰：『樂天知命，吾何憂！窮理盡性，吾何疑？』此言極好。下半折却云『徵所問者迹也，吾告汝者心也，心、迹之判久矣』，便亂道。」

朱子曰：「人言仙人不死，不是不死，但只是漸漸銷融了不覺耳。蓋他能鍊其形氣，使查滓都銷融了[五]，惟有那些清虚之氣，故能升騰變化。」又感興篇云：「飄飄學仙侶，遺世在雲間。」若然，果有飛昇之類，異於程子矣。

鑪火置之風中，爲風所扇，其氣便易銷散，此不盡其則者也。若置之密室，延至當滅之限，方始銷散。比之於人却是死於其命分者。彼風中易散，則不過戕賊害生之類，是則固然，此爲喻恐涉不精也。以愚臆之，彼保形鍊氣之徒恐如一鑪火，雖有銷散之期而却去苞蓄不泄，益之以薪炭，使得延過其期者也。姑識所疑。

造化所賦之物，各有長短之數，其機如此。若用力保鍊延過其數者，是自我作機違於造化之所爲。故曰「竊造化機」，有似乎賊[六]。

悦生哀死，人皆有之，聖人豈異於常情哉？若使不背於理，而有可以延生者，則何憚而不爲？但天叙之秩，民生之不可闕者，從事於三千之中，自與修鍊延虚者背馳，故楊子曰「忠臣孝子偟乎不偟」也。與其無義而生，孰若蹈義而死。此君子所以不屑爲也。

正蒙：浮屠不知本天道爲用，反以人見之小，因緣天地，明有不盡，則誣世界坤乾爲幻化。又去釋氏不知天命而以心法起滅[七]，天地以小緣大，以末緣本，其不能窮而謂之幻，此謂「以六根之微因緣天地」也。六根者，眼耳鼻舌身意，以此觀天地，則彼大而此微小也。以六根之微緣天地，及明不能盡，則誣爲幻妄，此謂蔽其用於一身之小也。「其用」字帖「天地範圍之用」，「一身」字帖「六根之微」也。

「究其所從」，謂莫不有此實理，故有此物事，是即所從來也。正蒙云：「氣聚則有形，氣不聚則無形。方其聚也，安得不謂之客也？方其散也，安得遽謂之無？」又云：「聚散於太虛，猶冰凝釋於水，知太虛即氣則無無〔八〕。諸子淺妄有有無之分。」合數説而觀之，有無之説可見，但語類「問太虛即氣」，朱子曰：「太虛，他亦指理，但説得不分曉。」更可詳量。

横渠云：「形聚爲物，形潰反原。」又云：「氣之聚散於太虛，冰凝釋於水。」朱子曰：「横渠闢輪迴之説，然其説聚散屈伸處，其弊却是大輪迴。蓋釋氏是箇箇各輪迴，横渠是自一發和了，依舊一大輪迴。」又曰：「冰水之説近釋氏。」然則横渠所以闢者，終有所罅漏，不足以服其人，既有大輪迴，亦豈無各□輪迴耶？此朱子所謂横渠當初説出道理多誤也。更詳之。

自佛法入中國，至横渠之世不滿千歲，況漢明帝之時始有此教〔九〕，而豈至於翕然並從耶？今云「千五百年」〔一〇〕，則錯。

按：正蒙「人生爲妄見」之「見」字，當衍。「向非獨立」之「向」，作「自」。

【校勘記】

〔一〕筆者按：孟子疾書：

孟子之世，楊、墨塞路，孟子辭而闢之，遂有好辨之説。蓋異説争起，孔道以湮，則凡可以害教者皆可辯。故夷之，墨家者流也。許行，農家者流也。宋牼，縱横家者流也。齊東之説，小説家者流也。愼子，兵家者流也。於此數子，莫不詳言而痛斥之，然七篇中未見有與楊氏徒辯者，何哉？許行省事力作，與之相近，猶不是爲我氣像，農而已矣。劉漢去古未遠，典籍咸出，如楊氏者，儘見於列子等書，而不著於九流之倫，其故何也？或者楊之害不至於墨，而其道又不足以悠久歟。孟子曰：「逃墨歸楊，逃楊歸儒。」設或有逃於儒者，又將何歸？其勢必歸於墨矣。大抵墨氏過而楊氏不及，儒則中而權者也，微於過者必復於始陋，其不及者即就於中。墨者不逃則已，逃則楊而已；楊者不逃則已，逃則儒而已，二氏非有優劣而然也。何以知其然也？民之初生，未有禮法，與草木榛榛，與鹿豕狉狉，人各安其俗，樂其業，至老死不相往來，謀止其身，利不及人。人見其如此，必欲黜仁義尚清靜，輓以爲太古之無事，此爲我之説所以起也。既而子不必孝，弟不必弟，欺詐以爲争食，暴横以相賊，故有聖人者爲之禮樂刑政，誕敷仁義，於是乎儒教之至盛也！既而教焉，而民或不迪；禁焉，而民或輕犯。以聖人之餘矩，猶有所憾。人見其如此，必欲寧親無疏，寧愛無惡，舍己而徇物，一天下而同視，此兼愛之説所以起也。既而本末無别，上下無章，儉而不可以爲政，人於是覺其如此，又必欲貴内賤外，守己屏物，其勢又不得不歸楊矣。墨之弊，仁之過，故激而後反乎楊。楊之弊，不及於道，故革而後進乎儒。比之有人於此，不喜醫方，意謂岐黄以前人亦壽耇，何必陳根腐草爲哉？遂欲一齊撥棄不用，既而疾恙還至，不得已而誠之，此始不及而至於中也。又有人始欲對症投劑，隨分治療，既而殀壽不齊，健弱相懸，則惟患藥力之未至，遂乃大開方術，寒熱交攻，亟欲藥餌扶護以爲命，砭焫不難於身，凡封恒隨於淺，既而多不得力，而往往虧傷，遂乃毁罐破碾，姍笑和、扁，雖有美方良劑咸在所棄，此始過而反乎不及也。其不及者，楊是也；過者，墨是也。均是不中，而其反正之機，不及者差近，此二氏逃歸之驗也。然則墨之難，道愈遠不可一度而歸，故孟子之於夷之，知其陷溺之深，始欲見其誠，卒示至情之不可。已發，但有宛轉解惑，其命之也亦勤矣。至如楊，其説固易，□不拔毛數句，足以勘斷其術智矣，雖有許多辨語，而孟子之常所致意未必在此，故記載者闕焉。自是以來，賴孟子距之之力，其説維寢，周漢以降，蓋無聞焉，二氏之淺深於此可見。其曰墨疑仁、楊疑義者，何謂也？春生而物發，秋斂而氣揫。日昇於朝，群動起；日入於夕，衆籟寂。仁義者，春秋也，朝夕也。故仁者施之廣，義者守之精，仁過則務外而不情，義過則太簡而常拘，故楊、墨可以疑之也。疑之者，似之也，似之而非真也，是以謂天下均可愛而親之，愛爲無別；謂天下莫己尊而均之，尊爲無別。此所以爲無父無君也。孟子曰：「今之與楊、墨辯，如追放豚，既入其苙又從而招之。」苙者，儒之苙也。放者，從苙放也。入者，從楊入也。」然則逃儒歸墨，亦可以推知矣。

［二］筆者按：孟子疾書：

盡心，集注定作知至説，然語類：「問盡心知得盡，未説及行否？某初聞亦把做只是知得盡，如大學知至一般，未説及行。後來仔細看，如大學誠意字模樣。」又曰：「某前以盡心爲如知至，今思之，恐當作誠意説。」又曰：「盡心者，即大學誠意之事也。」此實後來定論，而大全中一不收入，故讀者猶膠守知至説，則錯矣。伊川云「盡心然後知性」，朱子非之，然小注朱子曰：「盡心者無所不具，無所不通之謂，學至於此則知性之謂。德無所不該，而天之所以爲天者，不外是矣。」此似與伊川説相類，何也？不特此也，大全觀心説則曰：「盡其心而可以知性知天矣。」盡心説則曰：「盡其心則是知其性，能知其性則知天。人能窮究其理，有以全其本心廓然之體，而吾之所以爲性與天之所以爲天者，皆不外乎此，而一以貫之矣。」據此雖不明言盡心之先於知性，而所以知性之極功，亦必資盡心而得到矣，故語類又曰：「盡心二字，伊川最説得完全。」然則伊川既了此義而却又大段醜差於先後之序，何耶？學者只記得朱子一二言句爲走脚底話，曰此是彼非，而殊不知是非之所以然，則斯亦不足以爲學也。蓋知性盡心，如下文知命盡道，固當先知而後盡。朱子之解所以爲至也，何也？盡心，朱子謂如盡心力而爲之之盡也，心之所存更無一毫不盡，好善便如好好色，惡惡便如惡惡臭徹底如此，没些子虚僞不實也。心體之明，或有未至則不能實用其力，故必先知性而後盡心，然或已明而不謹於誠意，所明又非已有，故朱子曰：「知之而行未及之，則知尚淺，既親歷其域，則知之益明。」若然則彼真知性者，亦未必由盡心而得也。朱子曰：「盡心也，未説極至，此亦後定之説也。」

知至則固咁曰：不容未至，凡事須十分周是無闕漏則是盡，故雖未必上品地位，莫不有己分功夫也。程子曰：「積習既多，脱然有貫通處。」朱子謂便是真實做功夫來，不説盡格天下物後方始通，只云積習然後有貫通處也。未至於貫通，須著積習盡心之功，須於積習上見之也。此伊川之意也。學者固當折衷於朱子，如伊川説者，亦不可不究其本旨，故於此條論之，亦尊賢之一端。

［三］物積因不散　「因」，韓醇詁訓柳先生文集作「固」。

［四］又好上高　「好」字原無，據韓醇詁訓柳先生文集增。

［五］使查滓都銷融了　「查滓」，朱子語類作「渣滓」。

［六］有似乎賦　「賦」，疑作「賊」，恐形近而誤。

［七］又去釋氏不知天命而以心法起滅　「去」，疑作「云」，恐形近而誤。

［八］知太虛即氣則無無　「知」字原爲空白，據正蒙補。

［九］況漢明帝之時始有此教　「帝」字原無，據漢書增。

［一〇］今云千五百年　「百」原作「尺」，據葉采近思録集解元刊本改。

星湖先生近思録疾書卷十四

「被」，因也。

「正義」、「明道」，詳著小學疾書。[一]

明道哀詞「博文强識」之「文」，本作「聞」。此句出於典禮。

【校勘記】

[一] 筆者按：小學疾書：

正誼而或有道不明者，不謀利而或有詐功者，人於事上切切然求其是，而於道之大體未必明也。於己則雖有不求利，而於功之成敗，或不免有所繫吝。

正是正於己，明是明於人，義指禀受之性，道指推行於世，利在於我功著於時，正義不謀利，如「富貴如雲」、「舍生取義」之類是也。明道不計功，如「行一不義殺一不辜利天下不爲」是也。

文子曰：「心欲小而志欲大，智欲圓而行欲方，能欲多而事欲小。」其見於淮南子者亦然。孫思邈引此兩句而改「志」爲「膽」，膽與志其優劣未可知，而其義則迥別。按，語類「志不大則卑陋，心不小則狂妄」，此又以「志」爲言，與「膽」字不相帖，則恐是直解文子及淮南語者也。按孫本傳，其答駱賓王曰：心爲之君，君尚恭，故欲小。詩曰「如臨深淵，如履薄冰」，小之謂也。膽爲之將，以果決爲務，故欲大。詩曰「赳赳武夫，公侯干城」，大之謂也。仁者，静地之象，故欲方。傳曰「不爲利回，不爲義疚」，方之謂也。智者動天之象，故欲圓。易曰「見幾而作，不俟終日」，圓之謂也。此則以仁智對説，而無所謂行者，然則程子所言乃合數書而參擇者也。然於文子、淮南子、孫思邈所搜者各一字，則當以前出者爲主，而其於思邈又多所删節，且添兩「而」字，反不若文子之只搜一「志」字，則於此作文子説較勝也。又按，「行欲方」之「行」，固勝於「仁」字，則改從爲是，而「膽」字未必愈於「志」也，故語類云爾。其下「能欲多而事欲小」一句，語意自好，又恐不可闕，更詳之。

近思録釋義

［朝鮮］朴履坤 撰
程水龍 廖依婷 校點

校點説明

朴履坤(一七三〇—一七八三),字芝村,朝鮮靈川人。曾師從申太常、李大山。著有芝村先生文集。

李朝社會後期朝鮮朱子學影響已很廣泛,人們尊崇朱子學,對近思録及葉采近思録集解的價值與影響給予積極肯定,但對來自中國注家的近思録注文已開始質疑。其中朴履坤發覺「葉氏之解尚有不能詳明者」,於是「用力于是書,更搜宋儒之論,參訂東賢之語,隨得隨劄」(見盧相稷近思録釋義序),最終撰成近思録釋義十四卷。

該書在葉采近思録集解的基礎上,對近思録六百二十二條語録中的「十之七八」作了注釋,多引用二程、朱熹、黄勉齋、真西山、饒雙峰、陳潛室、栗谷、退溪、沙溪等先賢的語録以助釋義,且往往在所引「宋儒之論」、「東賢之語」之後闡發自己的見解,不時對葉采的集解提出異議,「所引所按,井井有據,足以資益於讀者」。由於朴履坤對近思録某些詞句的詮釋仍不夠精密,頭緒尚須釐定,所以在其去世一百多年後,盧相稷(一八五五—一九三一)梳理朴履坤近思録釋義,進行部次條别,加以完善。此書於日據時期的昭和八年(一九三三)在韓國出版,爲石板本。

近思録釋義十四卷篇名分别是：論性道，論爲學，論致知，論存養，論力行，論齊家，論出處，論治道，論治法，論政事，論教人，論戒謹，辨異端，論聖賢相傳之統。其釋義並非像中國宋、元、明、清注者那樣逐條注解，而是以解釋葉采注文爲主，即用「注某某某」，標示被解釋的葉氏注文，流露出質疑、辯駁的態度。這在朝鮮性理之學的發展史上頗具意義，反映了朝鮮李朝中後期崇尚朱子學者對待中國注解家的態度，其中也反映出朝鮮朱子學漸趨成熟。

現存此石板本，每半葉十行，行十八字，注文小字雙行同。四周雙欄，有界行，框高二十三點七釐米，寬十九點五釐米。白口，單（二葉花紋）魚尾。版心魚尾下題書名卷次、頁碼。卷一卷端首行頂格題「近思録釋義卷之一」，次行低二字格題卷名「論性道」，第三行頂格印正文。每條單列，頂格印製。卷末有尾題「近思録釋義卷之某」。

本次校點整理以韓國成均館大學藏「慕賢亭」發行的石印本爲底本，以朴氏注文涉及的中國、朝鮮學者的著述爲參校本，諸如宋黎靖德編朱子語類（中華書局校點本）、晦庵先生朱文公文集（朱子全書本）、栗谷全書、退溪先生文集等。對於底本中的異體字、俗字，諸如「辤」、「怾」、「麄」、「尩」、「湙」等字，徑改爲規範的繁體字，不再出校。原本中引自周易的

「無咎」之「無」均徑改作「无」，亦不出校。因學養有限，本次校點整理尚存不足，敬請海內外學者賜教。

程水龍、廖依婷　二〇二〇年秋於姑蘇

近思録釋義序

四子書出，而六經之旨大明。周、程、張四先生出，而四子之緒復傳，天下之士皆知道學之不泯。然朱子懼學者之未易窺其要領也，與呂成公取四先生之書，而抄節切己者，名之曰近思録，於是而四子有階梯矣。建陽葉氏以爲是編也出於朱子，故朱子之正論未載，恐令後生有遺憾，採爲集解，而並收呂成公及張南軒、黄勉齋、蔡節齋、李果齋之説而獻于朝，廣諸海内，殆爲劉瀣所編濂洛論語及大全之右。然葉氏之解尚有所不能詳明者，此芝村朴公履坤釋義之所由成也。公靈川人，早從青泉申太常學文章，既而請益于大山李先生之門。歎曰「道非高遠」，遂用力于是書，更搜宋儒之論，參訂東賢之語，隨得隨劄，藏之篋衍，爲蟲蠹所困，識者頗惜之。後孫圭煥基鳳族裔一燦在璿璣，烈燉謀所以公之，遺在禧基洛，屬相稷編摩。蓋本録六百二十二條，而所釋者僅十之七八，然所引所按，井井有據，足以資益於讀者。但惜其半途捐館，未及益致精密，又未及釐定頭緒也，乃一一懸揭於本條之下，再易稿而送之。噫！葉注之爲世誦習久矣，猶未免今日雌黄，況公所劄記者，未卒其業，相稷所謂梳洗者，不過整其部次而已，安得爲完書哉？具眼之人或有以更加思量，庶不負公劄記之至意云爾。己巳穀雨節，光州盧相稷謹序。

近思録釋義目録

近思録群書姓氏[一]

周子太極通書　周子，名惇實，字茂叔，避厚陵藩邸名，改惇頤。世爲道州營道人，營道縣出郭三十里，有村落曰濂溪，周氏家焉。先生晩年卜居廬阜，築室臨流，寓濂溪之名。

明道先生文集　先生姓程氏，名顥，字伯淳，太師文潞公題其墓曰「明道先生」。

伊川先生文集　先生名頤，字正叔，明道先生之弟也。家居河南伊水之上。

周易程氏傳

程氏經説

程氏遺書

程氏外書

橫渠先生正蒙　先生姓張氏，名載，字子厚，世大梁人。父迪，知涪州事，卒于官，遂僑寓鳳翔郿縣橫渠鎮南大振谷口，晩年居于橫渠。

橫渠先生文集

橫渠先生易説
橫渠先生禮樂説
橫渠先生論語説
橫渠先生孟子説
橫渠先生語録

【校勘記】

［一］近思録群書姓氏　「群書姓氏」四字原無，據葉采近思録集解清刻本增。

近思録集解目録[一]

紫陽先生朱文公
南軒先生張宣公
東萊先生吕成公
勉齋先生黄文肅公　名榦，字直卿。
節齋先生蔡氏　名淵，字伯静。
果齋先生李氏　名方子，字公晦。

【校勘記】

[一] 近思録集解目録　「近思録」三字原無，據葉采近思録集解元刻本增。

四先生書中拖引諸説十四賢

謝顯道 按：謝顯道，名良佐。習居業已知名，往扶溝見明道先生受學。先生謂謝子雖少魯直，是誠篤理會，事有不透，其顙有泚，其憤悱如此。○武夷胡氏曰：「二程得孟子不傳之學，以倡天下，而升堂覩奥，號稱『高弟在南方』，則廣平游定夫、上蔡謝顯道、龜山楊中立三人是也。」○朱子曰：「上蔡所著論語説及門人所記遺語，皆行於世。如以生意論仁，以實理論誠，以惺惺論敬，以求是論窮理，其命意皆精當，而直指窮理居敬爲入德之門，則又最得明道教人之綱領。」

張思叔 按：淵源録：河南壽安人，家甚微，年長未知讀書，爲人傭作。一日見縣官出入，傳呼道路，思叔頗羡慕，或告之曰：「此讀書所致耳！」思叔始發憤，從人受學，後頗能文。至僧舍見道楷禪師，悦其道，有「祝髮從之」之意。時周恭叔官洛中，思叔亦從之，恭叔謂之曰：「子他日程先生歸，可從之學，無爲空祝髮也。」及伊川歸自涪陵，思叔始見先生。時從學者衆，伊川獨許思叔，以族女妻之。思叔因讀孟子「志士不忘在溝壑，勇士不忘喪其元」，始有自得處，後更窮理造微，少能及之者。思叔三十歲方見伊川，後伊川一年卒。○朱子曰：「思叔最後進，然深惜其早世，使天與之年，殆不可量也。」

尹彦明　按：淵源録：其先洛陽人，靖康初，召到京師，懇辭還山，詔授和靖處士，以榮其歸。虜陷洛陽，舉家遭禍，先生死復甦，竄于長安山中，轉徙四五年。而長安陷，劉豫僭位，使人來招之，先生夜逃去，徒步渡渭，久之，止于涪陵。紹興五年，以崇政殿説書召[二]，力辭。居一年，後赴召。紹興初入朝，滿朝注想，如待神明。然在經筵，少開悟啓發之功。時高宗好看山谷詩，尹云：「此人詩有何好處？陛下看此做甚麽？」只説得此一語也。

游酢　按：淵源録：建州建陽人。元豐六年，登進士第，侍臣薦爲太學録，除博士，後知舒州、濠州，罷歸，寓歷陽。宣化五年卒，年七十有一。公與兄醇俱以文行知名。明道在扶溝倡學，公往從之，盡棄其學學焉。○朱子曰：「定夫清德重望，皎如日星。雖奴隸之賤，皆知之其遺風餘韻足以師世範俗。事業不得大施，獨有中庸論孟説垂於世。」

楊中立 按：淵源録：中立先世唐末避地，寓南劍州將樂縣，因家焉。熙寧九年，中進士第，調汀州司户，不赴。後除龍圖直學士，主祠。紹興五年卒，年八十三。明道在潁昌，公往從學，明道甚喜，及歸，送之出門，謂坐客曰：「吾道南矣！」天資仁厚，寬大能容物，不見其涯涘，不爲崖異絶俗之行以求世俗名譽。性至孝，幼喪母，哀毁如成人，事繼母尤謹。杜門種學，渟滀涵浸，人莫敢測者幾十年。○朱子曰：「龜山解文字、著述無綱要，晚歲一出，爲士子詬駡。此行固是有病，但後人何曾夢到他地位。惟胡文定以柳下惠『援而止之而止』比之，極好！」○謝上蔡曰：「明道最愛中立，伊川最愛定夫。觀二人氣像，亦相似。」

吕晋伯 名大忠，大臨之兄。上蔡爲講論語，晋伯整襟肅容聽之，云：「聖人言行在焉！」○程子云：「晋伯老而好學，理會直是到底。」

胡先生 按：先生泰州人，累舉不第，以范文正薦官至太常博士，學徒千數。初爲直講，專掌一學之政，遂推誠教育，朝廷名臣往往從之。○伊川曰：「凡從安定先生學者，其淳厚和易之氣望之可知也。」

范祖禹　成都人，進士第，事神宗、哲宗，官至内翰。河南郡太君夢一偉丈夫被金甲而至寢室，曰：「吾故漢將軍鄧禹也。」既寤，猶見之。是日，公生，遂以爲名，初字夢得。温公以傳稱鄧仲華篤行淳備，改字淳夫。温公修歷代事迹，辟公同編修，公在書局分職唐史，撮其機要，論次成書，名曰唐鑑。元祐元年，上奏，進其書。伊川曰：「淳夫色温而氣和，尤可以開陳是非，道人主之意。」○東坡嘗曰：「淳夫講説爲今之第一。」

李籲　按：緱氏人。元祐中，爲秘書省校書郎，嘗記二先生語一篇號師説，伊川見而稱之「其祭文有傳學之語」，朱子亦云「所記宏肆」。呂與叔哭之曰：「子之胸中閎肆開發，求之孔門如賜也達。」○朱子曰：「劉質夫、李端伯、呂與叔諸公所造尤深，所得尤粹。」

張天祺　淵源録：諱戩。少而莊重，有老成之氣，不與群童狎戲。長而好學，不喜爲雕蟲之辭以從科舉。父兄敲迫[二]，諭以爲貧，乃强起就鄉貢。既冠，登進士，歷治六七邑，誠心愛人，而有術以濟之。

蘇季明 退溪曰：「武功人。始學於横渠，而事二程卒業。元祐末，吕大臨薦之爲太常博士，後坐元符上書，入黨籍，編管饒州。吕大忠稱其『德性純茂，强學篤志』。行年四十，不求仕進。」

胡文定公 言行録：名安國，字康侯，建之崇安人，紹興中進士。高宗時，以張浚薦除中書舍人，兼侍講。先獻時政論二十一篇，尋以疾求去，專講春秋。累官至給事中。謝良佐嘗稱其「質如大冬嚴雪，百草萎死而松柏獨秀」。謚文定。○張南軒曰：「公雖不及河南之門，然與游、楊、謝遊而講於其説，有自得之奥在於春秋。」○朱子曰：「胡春秋未論義理，且看其文字，亦便見此老胸中間架、規模不草草也。」

周恭叔 按：淵源録：名行己，永嘉人。自太學早年登科，未三十見伊川，持身嚴苦，塊坐一室，未嘗闚牖。幼議母黨之女，登科後其女雙瞽，遂娶焉，愛過常人。○伊川曰：「頤未三十時，亦做不得此事，然其進鋭者，其退速。」○胡文定公曰：「恭叔才高識明，初年甚好，後來只緣累太重，若把得定，儘長進在。」

劉安禮　按：二程全書附録：河間劉立之述明道言行曰：立之家與先生有累世之舊，先人高爽，有奇操，與先生好，尤密。先人早世，立之方數歲，先生兄弟取以歸，教養視子姪。

【校勘記】

［一］以崇政殿説書召　「以」，伊洛淵源録卷十一作「除」，當從。

［二］父兄敲迫　「敲迫」，伊洛淵源録卷六作「敦迫」，當從。

近思録釋義卷之一

論性道

無極而太極。**注**「**畢竟是先有此理**」 退溪曰：「要其終而言。」**注**「**便會**」 按：「會」字，猶「能」字意。**注**「**必當先有**」 按：性理大全「太極動而生陽」注：北溪陳氏曰：所謂「太極者，其理已具」云云，而無「必當先有」四字。「**太極動而生陽**」止「**兩儀立焉**」皇極經世書：十二會爲一元，一萬八百年爲一會。初間一萬八百年而天始開，又一萬八百年而地始成，又一萬八百年而人始生。邵子於「寅」上方始注一「開物」字。蓋初間未有物，只是氣塞，及天開些子，後便有一塊查滓在其中，漸漸凝結而成。地初則溶軟，後漸堅實，今山形自高而下，便如水漾沙之勢，以此知必是先有天，方有地。有天地交感，方始生物來。○臨川吴氏曰：「一元凡十二萬九千六百歲，分爲十二會，一會計一萬八百歲。天地之運，至戌會之中爲閉物，兩間人物俱無矣，如是又五千四百年，戌會終。自亥會始五千四百年，當亥會之中，而地之重濁凝結者，悉皆融散，與輕清之天混合爲一，故曰『混沌清濁之混逐漸轉甚』。又五千四百年，而亥會終，昏暗極矣，是天地之一終也。貞下起，元又肇一，初爲子會之始，仍是混沌，是謂『太始』。言一元之始也，是謂『太一』。言清濁之氣混合爲一，而未分也，自此逐漸開明。又五千四百年，當子會之中，輕清之氣騰上，有日，有月，有星，有辰，日月星辰四者成象，而共爲天。又五千四百年，當子會之終，故曰『天開於子』。濁氣雖摶在中間，然未凝結堅實，故未有地。又五千四百年，當丑會之中，重濁之氣凝結者始堅實而成土石，濕潤之氣爲水，流而不凝，燥烈之氣爲火，顯而不隱，水火土石四者成形，而共爲地，故曰『地闢於丑』。又五千四百年，而丑會終。又自寅會之始五千四百年，當寅會之中，兩間人物始生，故曰『人生於寅』。」○兩儀是天地。玉齋胡氏曰：「儀，匹也，如俗謂一雙、一對爾。」○按：自所謂「至命之道」也，此朱子引繫辭、通書、中庸、知言之語，釋「太極之有動静，是天命流行」之意也。**注**「**一陰一陽之謂道**」繫辭。問：「陰陽，氣也，所以陰陽道也。道也者，陰陽之理也。」朱子曰：「此説得之，若只言『陰陽之謂道』，則陰陽是道，今曰『一陰一陽』，往來循環不已者，乃道也。」**注**「**誠者，聖人之本**」通書。問：「誠者，聖人之本也。」朱子曰：「此言本領之本，聖人之所以聖者，誠而已。」**注**「**物之終始**」中庸。朱子曰：「天下之物，皆實理之所爲，故必得是理，然後有是物。所得之理既盡，則是物亦盡而無有矣。凡有一物，則其成也，必有所始；其壞也，必有所終。而其所以始者，實理之至，而向於有也；其所以終者，實理之盡，而向於無也。若無是理，則亦無是物矣，此誠所以爲物之終始。」○問：「誠者，物之終始。」曰：「誠是實理，有此理則有此物，徹頭徹尾，皆是此理。所謂未有，無此理而有此物也。」**注「命之道」** 胡子知言。朱子曰：「『誠者，命之道；中者，性之道；仁者，心之道。』此數句説得密。」「伯恭云『知言勝正蒙』，似此等處，誠然。」「天之所以命乎人者，實理而已，故言『誠者命之道』。」問：「『道』字不如『德』字。」曰：「所以程子云『中者性之德爲近之』。但言其自然，則謂之道；言其實體，則謂之德。『德』字較緊，『道』字較實〔一〕。」○按：朱子以「動而生陽」、「靜而生陰」爲一定而不移，葉氏則以此爲流行；朱子以動靜互爲其根爲流行，葉氏以此爲一定而不易，語意頗不同。然葉氏亦以爲「流行中定分」未嘗亂對，待中妙用，實相流通。**注「推之於前」止「其終之離也」** 沙溪曰：理與氣，推之於陰陽未生之前，引之於陰陽已生之後也。**注「用起天地先，體立天地後」** 沙溪曰：「用與體皆指陰陽而言。陰陽之用起於天地未形之先，陰陽之體乃立於天地已成之後。天地亦陰陽中之物也。體，形體之體。氣爲用，質爲體。」○按：朱子以「動而生陽」、「靜而生陰」爲一定而不移，葉氏則以此爲流行；朱子以動靜互爲其根爲流行，葉氏以此爲一定而不易，語意頗不同。然葉氏亦以爲「流行中定分」未嘗亂對，對中妙用，實相流通。〔二〕 **五行，一陰陽** 韻會曰：五行運於天地間，未嘗停息，故名「五行」。**注**「**精粗本末無彼此**」 沙溪曰：「熊氏注云：『太極爲精，陰陽爲粗，太極爲本，陰陽爲末。』此注恐誤。栗谷嘗曰：『精粗本末，以氣言也。一理通於無精無粗、無本末彼此之間也。』後來讀朱子書，有曰『不論氣之精粗，而莫不有是理』云。」○栗谷之説實出於此，熊説不可從也。**各一其性** 按：朱子嘗曰：「無極之妙，亦未嘗不各具於一物之中，則此『性』字以理言也。大概以文勢觀之，則自五行而推本之至於無極，又反言其無極之妙，無不各具於一物之中。」朱子論此非一，而恐此爲定論也。**無極之真** **注**「**性爲之主**」止「**經緯錯綜**」 按：程子曰：「絪緼，陰陽之感。」本義：「絪緼，交密之狀。醇，謂厚而凝也。」臨川吳氏曰：「天地之二氣交，故物之以形化者，其精凝聚而能生。」「**惟人也**」止「**萬事出**」 朱子曰：「靈處只是心，不是性。性只是理，知覺是心之靈，得其秀而最靈，乃氣質以後之事。」○問：孟子言「乃若其情，則可以爲善」，而周子以「善惡於動處並」，言不同，如何？曰：「情未必皆善，然本則可以爲善，而不可以爲惡，惟反其正，故爲惡。孟子言其正，周子兼其正與反者而言也。」**注**「**天地之心**」 按：人者，天地之心。出二程全書，語類亦引之曰「人爲天地之心」。**注**「**陽善陰惡**」 朱子曰：「以陰陽善惡言之，則陰陽之正皆善也，其沴皆惡也；以象類言之，則陽善而陰惡。」**立人極**　沙溪曰：「極者，表準之謂，人心之太極也。」「**與天地**」止「**合吉凶**」　栗谷曰：「『四』其字指天地、日月、四時、鬼神而言也。鬼神，合其吉凶者。聖人知事之吉凶，如鬼神之明也。」**注**「**向之所謂**」止「**於此乎定矣**」　按：此承上文本注「自非聖人全體太極有以定，則欲動情勝，利害相攻」而言也。葉氏於上文注删去此語，故「向之」云者便無來歷。**注**「**成位乎中**」　繫辭本義曰：「成位，謂成人之位。其中，謂天地之中。至此則體道之極功[三]，聖人之能事，可以與天地參者矣。**注**「**李果齋**」　名方子，字公晦，邵武先澤人，朱門高弟，嘉定中進士第三，爲國子學録。天資近道，爲學見大本。著傳心精語、紫陽年譜。**注**「**五性感動**」止「**立極之要領**」　按：五性感動，面貌不同，而當其静也，渾然一體而已。若如果齋之説，則五性各自動自静，静時亦有間架，而不得爲渾然一體也。且能定其説云者，亦失朱子利害相攻者定矣之意也。**注**「**或問：周子不言禮智**」止「**尤重中正**」　按：朱子以中正爲禮智，而中爲用，正爲體矣。葉氏以易之中正引而同之，又以仁義爲體，中正爲用，此説亦有病矣。**知死生之説。注**「**太極之體**」、「**太極之用**」　按：朱子曰「於其中各有體用」云，則葉氏之以陰陽、剛柔、仁義爲太極之體，以死生爲太極之用者，恐未穩。**大哉，易也。注**「『**蔡節齋**』**云云**」　易有太極，神無方，而易無體。繫辭注：「易之變化，無有形體也。」按：易者，陰陽之變；太極者，其理也。節齋引「易有太極」之語以釋之，曰：「變易無體，而有至極之理也。」至謂無極者，亦言「其無體之易」云云。其説之差，恐不細也。

誠，無爲。注 問：「如何言『獨得』？」朱子曰：「此言聖人合下清明完且[四]，無所虧欠。此是聖人所獨得者[五]，此對了『復』字説。復字，已失而反其初，便與聖人獨得處不同。『安』字對了『執』字説。執是執持，安是自然。」性此理而安焉者，聖人也；復此理而執焉者，賢人也。**注「思誠」** 孟子注：欲此理之在我者皆實而無僞。**注「研幾」** 本義：「研，猶審也。」**注「性焉復焉」止『誠幾神』之義」** 按：「性焉復焉，以誠而言也」，此與朱子「性也復也，發微也，主性而言」之説似矣，但「主」字之意則若分而言之，是乃主此云云耳。況此章本注釋之曰「不待勉强，而誠無不立，幾無不明，德無不備，思誠研幾以成其德，有以守之」云云，則「性」、「安」、「復」、「執」，通誠幾德而言之也，然則葉氏之分屬似未洽當。至於次章「誠」、「神」、「幾」，乃聖人之事也，故朱子曰：「幾善惡者，言衆人也。動而未形，有無之間者，言聖人毫釐發動處，此理無不見。」然則通書此章「幾」字，與「動而未形，有無之間者幾也」之「幾」不同，而「且充周不可窮之謂神」與「感而遂通之神」，其意亦異。葉氏之説，恐失於牽合也。

「**喜怒哀樂**」止「**天下之達道**」　問：「伊川言：『「喜怒哀樂未發謂之中」，中者，「寂然不動」是也。』南軒言：『伊川此處有小差，所謂喜怒哀樂未發之中[六]，言衆人之常性；「寂然不動」者，聖人之道心。』又南軒辨吕與叔論中書説，亦如此論[七]。今載近思録如何？」朱子曰：「前輩多如此説，不但欽夫，自五峰發此論，某自是曉不得。今湖南學者往往牢守此論，某看來，『寂然不動』，衆人皆有是心，至『感而遂通』，惟聖人能之，衆人却不然。蓋衆人雖具此心，未發時已自汩亂了，至感發處，如何會得如聖人中節！」

「**乾天也**」止「**以性情謂之乾**」　朱子曰：乾坤是性情，天地是皮殼。○問：「天，專言之則道也，天且不違是也。此語何謂？」曰：「程子此語，某亦未敢以爲然。『天且不違』，此只是上天。」曰：「『知性則知天』，此『天』便是『專言之則道』者否？」曰：「是。如天之蒼蒼，便是説形體；惟皇上帝降衷于下民，是説帝便似以物給付與人，便有主宰之意。鬼神只是往來屈伸，功用只是論發見者。所謂神也者，妙萬物而爲言。妙處即是神，功用是有迹底，妙用是無迹底。」○功用如寒來暑往，日往月來，春生夏長，皆是鬼神。論來只是陰陽屈伸之氣，謂之陰陽亦可也，然必謂之鬼神者，以良能功用而言。漢上朱氏曰：「妙萬物而爲言者，物物自妙也。」南軒張氏曰：「神無在而無不在，無爲而無不爲，强名之曰『神』者，即其妙萬物而爲言也。」○按：「天且不違」，易文言語。以大人與天地合德，先天而天不違，故言天且不違也。今於天專言則道也，引用此句則是天與道爲二也，故朱子云：「某亦未敢以爲然。」然大概語意好，故又稱其好意思。**注「道者，天理當然之路」**　按：此雖祖先賢之語，而凡下語各有攸當，故中庸「率性之謂道」，朱子釋之曰：「日用事物之間，莫不各有當行之路，是則所謂道也。」然則路以人物日用當行言也，今於天以當行之路釋之，恐不精切。**注「妙用言其理」**　按：用，言功用之妙處，易所謂「妙萬物」是也。今曰「妙用言其理」，若以妙用爲太極者，然可疑。

「四德之元」止「專言則包四者」　朱子曰：「須先識得元與仁是箇甚物事，更就自家身上看甚麽是仁〔八〕，甚麽是義、理、智。既識得這箇，便見得這一箇能包得那數箇。」○問：「仁既偏言則一事〔九〕，如何又可包四者？」曰：「偏言之仁，便是包四者底；包四者底，便是偏言之仁。」○問：「仁何以包四者？」曰：「人只是箇這一箇心，就裏面分爲四。且以惻隱論之：本只是惻隱，遇當辭遜則爲辭遜，不安處便爲羞惡，分別處便爲是非。若無一箇動底醒底在裏面，便也不知羞惡、辭遜、是非。譬如天地只是一箇春氣，發生之初爲春氣，發生長得過便爲夏，收斂便爲秋，消縮便爲冬。明年又從春起，渾然只是一箇發生之氣。仁之包四德，猶冢宰之統六宮。」〇勉齋黄氏曰：「仁包四者，『包』字須看得出。嘗記朱先生云：『未發則有仁、義、禮、智之性，而仁則包四德；已發則有惻隱、羞惡、恭敬、是非之情，而惻隱則貫四端。』『貫』字如一箇物串在四箇物裏面過，『包』字如四箇物都合在一箇物裏面。」注「乾卦彖傳」按：彖，文王所繫卦辭以斷一卦之吉凶。彖，斷也。注「信者，仁之真實也」按：「真」字似未穩，下「確」字未知如何。

鬼神者，造化之迹　乾卦文言傳。朱子曰：「風雨霜露，日月晝夜，此鬼神之迹也。」〇北溪陳氏曰：「造化之迹，以陰陽流行著見於天地間者言之〔一〇〕。」〇潛室陳氏曰：「造化之迹，猶言造化之可見者，非粗迹之迹。爲寒，爲暑，爲晝，爲夜，爲榮，爲枯，有迹可見，此處便是鬼神。于今一禽、一獸、一花、一木，種英孕秀，有雕斲繪畫所不能就者，倏忽見于人間，是孰爲之耶？即造化之迹，鬼神也。」〇西山真氏曰：「今人以幽暗不可見者爲鬼神，殊不知山峙川流，日照雨潤，雷動風散，乃分明有迹之鬼神。」〇朱子曰：「造化之迹，二氣之良知、良能，是説往來屈伸乃理之自然，非有安排措置。二氣則陰陽，良能是其靈處。」雙峰饒氏曰：「造化之迹，指其屈伸者而言；二氣良能，指其能屈能伸者而言。程子只説他屈伸之迹，不説他靈處，張子説得精。」

「剥之爲卦」止「聖人不言」　孔子曰：「卦者，掛也，懸卦物象以示人也。」○繫辭：爻也者，效也，效天下之動者也。本義：「效，放也。」○朱子曰：「凡陰陽之生，一爻當一月，須是滿三十日，方滿得那腔子，做得一畫成。今坤卦非是無陽，陽始生甚微，未滿那腔子，做一畫未成。非是坤卦純陰，便無陽也。然此亦不是甚深奥事，但伊川當時解不曾分明道與人，故令人做一件大事看。」○自觀至剥，三十日剥方盡。自剥至坤，三十日方成坤。三十日陽漸長，至冬至，方是一陽，第二陽方從此生。陰剥，每日剥三十分之一，一月方剥得盡；陽長，每日長三十分之一〔一二〕，一月方長得成一陽。陰剥時，一日十二刻，亦每刻中漸漸剥，全一日方剩得三十分之一。陽長之漸，亦如此。○問：「十月何以爲陽月？」曰：「剥盡爲坤，復則一陽生也。復之一陽，不是頓然便生，乃是自坤卦中積來。且一月三十日，以復之一陽分作三十分，從小雪後便一日生一分。上面趲得一分，下面便生一分，到十一月半，一陽始成也。以此便見得天地無休息處。且以一月分作三十分，細以時分之，是三百六十分。」○雙峰饒氏曰：「十月雖當純坤之月，而其序介乎剥、復二卦之間，以言乎前半月，則有剥而未盡之陽小雪以前；以言乎後半月，則有復而方生之陽小雪以後。剝之陽方盡於上，而復之陽已生於下矣，是烏得爲無陽乎？知十月之非爲陽，則四月之非無陰，亦可知矣。此陰陽消息之理，至精至微，自程傳始發之，然所言者其理，而未有以驗其氣數之必然也。朱子推明之曰：『是當以一爻分三十分，陰陽日進退一分。』剝之陽剝於九月之霜降，而盡於十月之小雪。復之陽則生於小雪，而成於十一月之冬至。夬之陰没於三月之穀雨，而盡於四月之小滿。姤之陰則生於小滿，而成於五月之夏至。於是理與數合，然後知陰陽絶續之際，果無一息之間斷。程子之言，爲益信矣。」**注「一氣無頓消」止「不容有間斷」** 按：程子「以卦配月」之説，乃以剝卦配九月、復卦配十一月之類也。葉氏引此語，以言其積累而成月、成爻之意，此各自爲一義也。朱子曰：「到冬至方生得，就一畫在地下。」葉氏所謂「應於地上」者，恐誤也。

「一陽復於下」止「孰能識之」 問：「動之端乃心之發處[一二]，何故云『天地之心』？」朱子曰：「須就卦上看。上坤下震，坤是靜，震是動。十月純坤，當貞之時，萬物收斂，寂無蹤迹，到此一陽復生便是動。然不直下『動』字却云『動之端』，端又從此起。雖動而物未生，未到大端動處。凡發生萬物，都從這裏起，豈不是天地之心。」○程子説：「『天地以生物爲心』，最好，此乃是無心之心也。」天地若果無心，則須牛生出馬，桃樹上發李花，他却自定心便是主宰處。所以謂「天地以生物爲心」也。○復非天地心，復則見天地心。蓋天地以生物爲心，此卦之下，一陽爻即天地所以生物之心也。至於復之得名，則以此陽之復生而已，猶言臨、泰、大壯、夬也。但於其復而見此一陽之萌於下，是因其復而見天地之心耳。一陽來復，其始生甚微，固若静矣。然其實動之機，其勢日長，而萬物莫不資始焉。此天命流行之初，造化發育之始，天地生生不已之心於是而可見矣。若其静而未發，則此心之體雖無所不在，然却有未發見處。此程子所以以動之端爲天地之心，亦舉用以該其體爾。○程子曰：「聖人無復，故未嘗見其心。」天地之氣，所以有陽之復者，以其有陰也；衆人之心，所以有善之復者，以其有惡也。若聖人之心，則天理渾然，初無間斷，人孰得以闚其心之起滅耶？若静而復動則有之，但不可以善惡爲言耳。」**先儒言：「静見天地之心」**　沙溪曰：「先儒乃王弼也。」按：程子曰：「自古儒者皆言『静見天地之心』，惟某言『動而見天地之心』。」據此，所謂「先儒」，非獨一王弼也。

仁者，天下之公，善之本　西山真氏曰：「伊川語録中説『仁者以天地萬物爲一體』，説得太寬，無捉模處。易傳只云：『四德之元，猶五常之仁；偏言則一事，專言則包四者。』又云：『仁者，天下之公，善之本也。』只此兩處説仁，極平正確實。學者且當玩此，此是程子手筆也。」

「**有感必有應**」止「**默而觀之可也**」 朱子曰：「造化與人事感應[一三]。且如雨暘，雨不成只管雨，便感得暘來；暘不成只管暘，暘已是應處，又感得雨來。寒暑晝夜，無非此理。如人夜睡，不成只管睡至曉，須著起來；一日運動，向晦亦須當息。凡一死一生、一出一入、一往一來、一語一默，皆是感應。」○問：「如日往則感得那月來，月往則感得那日來，感應之理是如此。」曰：「此以感應之理言之，非有情者。」云：「『有動皆爲感』，以有情者言。」「父慈，則感得那子盡孝[一四]；子孝，則感得那父愈慈，其理亦只一般。」問：「伊川解屈伸往來一段，以屈伸爲感應。屈伸之與感應若不相似，何也？」曰：「屈則感伸，伸則感屈。今以鼻息觀之，出則必入，出感入也；入則必出，入感出也。故曰：『感則有應，應復爲感，所感復有應。』屈伸非感應而何？『感應』二字有二義：以感對應而言，則彼感而此應；專於感而言，則感又兼應意。」○按：「感通之理」，彖傳語，朱子合而成一説，後多類此。

「**天下之理**」止「**孰能識之**」　朱子曰：「恒非一定之謂，故晝則必夜，夜而復晝；寒則必暑，暑而復寒。若一定則不能常也。其在人，冬日則飲湯，夏日則飲水。『可以仕則仕，可以止則止』。又如孟子辭齊王之金，而受薛宋之餽，皆隨時變易，故可以爲常也。」〇問：「竊謂有不一定而隨時變易者，有一定而不可變易者。」曰：「他政是論物理之終始，變易所以爲恒而不窮處。然所謂不易者，亦須有變通，乃能不窮。如君尊臣卑，分固不易，然上下不交也，不得父子，固是親親。然所謂命士以上，父子異宫，則又有變焉。惟其如此，所以爲恒也。」注「**隨時變易**」止「**亘萬古而常然**」　按：程子之意，則謂「往來屈伸，終而復始」，故天下之理恒而不窮矣。葉氏以往來屈伸之亘萬古而常然爲恒，語意微不同。

「**人性本善**」止「**下愚之不移**」　問：「伊川謂『語其才則有下愚之不移』，與孟子之意不同。」朱子曰：「孟子只見得性善，便把才都做善，不知氣稟各不同。程子説得較密。」〇問：「孟子言『才處非才之罪也』，又曰『不能盡其才者也』，又曰『非天之降才爾，殊也』，又曰『以爲未嘗有才焉』。如孟子之意，未嘗以才爲不善，而伊川却説『才有善、有不善』，其言曰『氣清則才善，氣濁則才惡』，又曰『氣清則才清，氣濁才濁』。意者，以氣質爲才也。以氣質爲才，則固有善、不善之分也。孟子却止以才爲善者，何也？」曰：「孟子與伊川論才，皆是孟子所謂『才只是指本性』而言。性之發用，無有不善處，如人之有才，事事做得出來。一性之中，萬善完具，發將出來，便是才也。又云『惻隱羞惡是心也，能惻隱羞惡者才也』。如伊川論才，却是指氣質而言也。此伊川所以云有善、有不善也。才猶才質，人之能也。才是能主張運動做事底，這事有做得，有不會做得，這處可見其才。」**注「合理與氣而成氣質」** 栗谷曰：「『合理與氣』此言未穩，言氣則理在其中。」沙溪曰：「大學首章小注：北溪陳氏曰：『人生得天地之理，又得天地之氣，理與氣合，所以虛靈。』如陳氏說，則人物未生時，理氣相離，至始生時，得天地之理，又得天地之氣，與之相合而生。如陰陽男女相合而生人，物可乎？且人得理氣而虛靈，物不得理氣而蔽塞乎？人物通塞之分，不在於理氣，而在於得氣之正且通，偏且塞，種種下語無非有病。按：無極之真，二五之精，妙合而凝，則理氣合之説未爲不可。而但葉氏謂『合理與氣而成氣質』，有若理氣上别有主張者合而成之，此語有病。北溪所云，既得天地之理，又得天地之氣者，果似有先後之次，而且謂理與氣合，所以虛靈，亦皆未穩。」〇按：栗谷、沙溪之説，恐不似葉氏之論也。

在物爲理，處物爲義　朱子曰：「凡物皆有理，蓋理不外乎事物之間。『處物爲義』，義，宜也。是非可否處之得宜，所謂義也。如這卓子是物[一五]，於理可以安頓物事，我把他如此用，便是義。」按：或問：「伊川云『在物爲理，處物爲義』，又曰『在義爲理』，何如？」潛室陳氏曰：「理對義言，則理爲體，而義爲用；對道言，則道爲體，而理爲用，然則『在義爲理』亦伊川語也。」

動靜無端。注「**經説**」二程全書篇名。注「**陰陽密移**」按：列子曰：「運轉無已，天地密移。」注説實出於此。

多少不盡分處。注「**分者，天理當然之則**」按：此語不切。「分」恐是職分之分。葉氏之意則以君臣父子爲物，而謂君臣父子各無不足之理也。然則此「分」字當以各其分限看，可也。然鄙意則以爲天地之生，人物各得其理而無不足。君臣之義，父子之親，皆在我所當然之理也。然則此「分」字，以職分看，可也。

忠信所以進德。**注**「**發乎真心之謂忠**」　按：朱子曰：「發己自盡爲忠」，此語攧撲不破，豈但以發乎真心而已者爲忠乎？程子曰：「盡己之謂忠，以實之謂信。盡乎實理，則雖聖人之誠，不過如此。」**其用則謂之神**。**注**「**變易之用謂之神**」　按：只下「用」字，似必帶「妙」字之意，可也。「**孟子去其中**」止「**浩然之氣**」　沙溪曰：「『去其中』，去，猶就也。其中，指上文『自上天之載，至修道之教』也。」**注**「**正大之體**」　按：體，乃體段之體。孟子本注曰：「蓋天地之正氣，而人得以生者，其體段本如是也。」**説神**「**如在其上**」。**注**「**誠者，忠信之體**」　按：此「體」字，本體之體也。

醫書言手足痿痺　按：痿，於危反。痺，音卑，冷隰病也。**可以得仁之體**　新安陳氏曰：「仁者之心，視人物即己身也。體認得人物皆爲己，則此心之仁，周流貫通，何所往而不至乎？若視人物爲人物，而不屬於己，自不相干。」又曰：「雖是己身，其氣既不周流貫通，則手足亦自不屬己矣。」朱子曰：「程子合而言之，上下似不相應，不若分兩截看，惟仁者之心如此，故求仁之術必如此也。」論語此章是三節，前面説仁之功用，中間説仁之體，後面説仁之方。○子貢所問爲仁，如堯、舜也做不得，何況蓽門圭竇之士。聖人所以提起，夫仁者「己欲立而立人，己欲達而達人」，正指仁之本體。蓋己欲立則思處置他人也立，己欲達則思處置他人也達。放開眼目，推廣心胸，此是甚氣像！如此，安得不謂仁之本體？若能近取譬者，以我之欲立而知人之亦欲立，以己之欲達而知人之亦欲達，如此，則止謂之仁之方而已。此爲仁則同，但「己欲立而立人，己欲達而達人」，是已到底。能近取譬，是未到底。其次第如此。西山真氏曰：「蓋手足本吾一體，緣風痹之人血氣不貫於手足，便與不屬己相似。人與物亦本吾一體，緣頑忍之人此心不貫於民物。不仁於手足，不仁於民物，皆以其不屬己故也。殊不知天地，吾之父母，與人雖有彼我之異，與物亦有貴賤之殊。要之本同一體，只緣私意一生，天理泯絶，便以人己爲二致。亦如手足，本是吾身之物，只緣風邪所中，血氣隔塞，遂以手足爲外物。手足，民物之比也；風邪，私意之比也。人無私意之害，則民物之休戚自然相關，一見赤子入井，則此心爲之怵惕。無風邪之病，則手足之癢痾亦自然相關，雖小小疾苦，此心亦爲之痛楚。當如此玩味，方曉程子『痿痹不仁』之意。」

「生之謂性」止「生之謂也」　問：「『生之謂性』與『天命之謂性』同乎？」程子曰：「『性』字不可一概論。『生之謂性』，止訓所稟受也。『天命之謂性』，此言性之理也。」○問：「氣質之説，起於何人〔一六〕？」朱子曰：「此起於張、程。某以爲極有功於聖門〔一七〕，有補於後學。」○人物既生，則即此所稟以生之氣，而天命之性有焉？此程子所以發明告子「生之謂性」之說，而以「性則氣，氣即性」者言之也。「生之謂性」，是生下來喚做性底，便有氣稟挾雜，便不是理底。性如椀盛水，後人便以椀爲水。水却本清，椀却有净、有不净。問：「『性即氣，氣即性』，此言人生性與氣混合者。」曰：「有此氣，爲人則理具於身，方可謂之性。」又曰：「性者，渾然天理而已。纔說性時，則已帶氣矣，所謂離了陰陽更無道。此中最宜分別。」**注「人之有生」**止**「是之謂性」** 按：「生之謂性」，告子語也。程子以「性即氣，氣即性」釋之也，故朱子曰：「此程子所以發明告子『生之謂性』之說，而以『性即氣，氣即性』者言之也。」謂人生以後，方可謂之性。言性時，已帶氣矣，性與氣不可分而爲二。此「性」字乃氣質之性也。葉氏所謂「理因具焉，是之謂性」者，此以理言也，釋「生之謂性」似不可襯切。**人生氣稟，理有善惡** 朱子曰：此「理」字不是說實理，猶云「理當如此」，只作「合」字看。**惡亦不可不謂之性** 朱子曰：「原頭處都是善，因氣偏，這性便偏了。然此處亦是性，如墨子之心本是惻隱，孟子推其弊到得無父處[一八]，這箇便是『惡亦不可不謂之性』也。」又問：「惡是氣稟，如何云『亦不可不謂之性』？」曰：「既是氣稟，惡便牽引那性不好。蓋性只是搭附在氣稟上，既是氣稟不好，便和那性壞了。」又曰：「性本善，而今乃惡，亦是此性爲惡所汩，如水爲泥沙所混不成不喚做水。」**注**

「**程子又曰善惡皆天理**」止「**本皆善而流於惡**」按：程、朱兩説只言其本善而流惡耳，如朱子所謂「因氣偏，此性爲惡所汩，如水爲泥沙所混不成不喚做水」等語，於「惡亦不可不謂之性」意極分明。「**人生而静**」止「**不是性也**」朱子曰：性須是箇氣質，方説得箇「性」字。若「人生而静」以上，只説得箇天道，下「性」字不得。所以子貢曰「夫子之言性與天道，不可得而聞也」，便如此。所謂「天命之謂性」者，是就人身中指出這箇是天命之性，不雜氣禀者而言爾。○纔説性時，則便是夾氣質而言[一九]，所以説時，便已不是性也。「**凡人説性**」止「**不爲水也**」朱子曰：「此『繼之者善』，指發處而言之也。性之在人，猶水之在山，其清不可得而見也。流出而見其清，然後知其本清也。所以孟子只就『見孺子入井，皆有怵惕惻隱之心』處，指以示人，使知性之本善者也。易所謂『繼之者善也』，在性之先。此所引『繼之者善也』，在性之後。蓋易以天道之流行者言，此以人性之發見者言。惟天道流行如此[二〇]，所以人性發見亦如此。」若水之就下處，當時只是衮説了。蓋水之就下，便是諭性之善。「繼之者善」，周子是説「生生之善」，程子説作「人性之善」，用處各自不同。若以此觀彼，必有窒礙。○流至海而不污者，氣禀清明，自幼而善，聖人性之而全其天者也；流未遠而已濁者，氣禀偏駁之甚，自幼而惡者也；流既遠而方濁者，長而見異物而遷焉，失其赤子之心者。濁有多少，氣之昏明純駁有淺深也，不可以濁者不爲水，惡亦不可不謂之性也。○説水流而就下了，又説從清濁處去，與就下不相續。這處只要認得大意可也。**注「繫辭曰『一陰一陽』」止「繼之云者猶水流而就下」** 按：朱子曰：「所謂『繼之者善，猶水流而就下也，皆水也』，『有流而至於海』，這是兩箇譬諭。『水之就下處』，他這下更欠言語，要須爲他作文補這裏始得。」他當時只是衮説，然則「水流而就下」及「皆水也」，此兩語當作別段，不可連接看。朱子説破「繼之者善，水流而就下」等語詳且盡，而葉氏引易所謂「繼之者善」混而言之，至於「『繼之』云者，猶水流而就下」，此説尤不明快。**「人不可以不加澄治之功」止「舜有天下而不與焉」** 問：「『水之清，則性善之謂也』至於『舜有天下而不與』一節，是言學者去求道，不是外面添。聖人之教人，亦不是强人分外做。」朱子曰：「『此理天命也』一句，亦可見。」○論語集注：不與焉，不以位爲樂也。○陵陽李氏曰：「此又自其性之本然者，而推言之所引論語，雖非本文之意，大率以爲一循其本，然非私智所能與耳。」○中庸或問曰：「因其道之所在，而爲之品節防範，以立教於天下，使夫過不及者有以取中焉。」「推以至於天下之物，亦順其所欲，違其所惡，因其才質之宜以致其用，制其取用之節以遂其生。此則聖人所以財成天地之道，然亦未始外乎人之所受乎天者而强爲之也。」所謂「循此修之，各得其分」，而引舜事以通結之者，爲得其旨，故其門人亦多祖之。但所引舜事，或非論語本文之意。○按：此言舜亦不過率性修道之盡其極耳，不加毫末於性分之外。雖至於受堯之禪以有天下之大，而此則於舜不相關，所樂不在乎此也。**注「『不能自勉』云云」**按：非自勉之外復有澄治之功也。下語亦恐不精。○朱子曰：「『生之謂性』一段當作三節看，其間有言天命者，有言氣質者。『生之謂性』是一節，『水流就下』是一節，『清濁』又是一節。」橫渠云：「形而後有氣質之性，善反之則天地之性存焉。」將此兩箇「性」字分別，自「生之謂性」以下，凡説「性」字者，孰是天地之性，孰是氣質之性，則其理明矣。○按：性理大全：朱子論「生之謂性」，而段段説破以示人。「生之謂性」至「生之謂也」一段，「人生氣禀」至「不可不謂之性也」一段，「生之謂性」至「水流而就下也」一段，「皆水也」至「各自出來」一段，「此理，天命也」至「不與焉」一段，而且曰「生之謂性」是一節，「水流就下」是一節，「清濁」又是一節。其作段分節，互有不同，何也？所謂三節者，此分別天命之性、氣質之性而言之也。「生之謂性，氣質之性也」，「水流而就下，天命之性也」，「清濁，又是氣質之性也」。上項作段，以文意之止處爲主。

觀天地生物氣象

張九成曰：「明道書窗前有草茂覆砌，或勸之芟，明道曰『不可，欲常見造物生意。』又置盆池，畜小魚數尾，時時觀之，曰：『欲觀萬物自得意。』」

「**元者，善之長**」，**所謂仁也**　朱子曰：「元亨利貞皆是善，而元則爲善之長，亨、利、貞皆是那裏來。仁義禮智亦皆善也，而仁則萬善之首，義、禮、智皆從這裏出爾。」又曰：「仁是惻隱之母，惻隱是仁之子。又仁包義、禮、智三者，仁是長兄，管屬義、禮、智，故曰『元者，善之長』。」程子曰：「易雖言『元者，善之長』，亦得通四德以言之。」

滿腔子是惻隱之心　朱子曰：「腔子猶言軀殼耳。滿腔子只是言『充塞周徧，本來如此』，是就人身上指出，『理充塞處』最爲親切。若於此見得，則萬物一體，更無内外之別；若見不得，却去腔子外尋，則莽莽蕩蕩，無交涉矣。」○又曰：「腔子，身裏也。」○勉齋黄氏曰：「陵陽李氏謂：『腔子指人身言，天地間充塞上下，渾然生物之意，無有空處。人得此以爲心，則亦四體百骸，充塞偏滿，無非此惻隱之心，觸處即是，無有欠缺也。』此説極好。」

「**天地萬物之理**」止「**手之舞之足之蹈之**」　問：「如何便至『手之舞之〔二二〕，足之蹈之』？」朱子曰：「真箇是未有無對者。看得破時，真箇是差異好笑。且如一陰一陽，便有對，至於太極，却對甚底[二二]？」曰：「太極有無極對。此只是一句。如金木水火土，即土亦似無對，然皆有對，太極便與陰陽相對。此是『形而上者謂之道，形而下者謂之器』，便對過，却是橫對了，土便與金木水火相對。蓋金木水火是有方所，土却無方所，亦對得過。胡氏謂『善不與惡對』，惡是反善，如仁與不仁，如何不可對？若不相對，覺説得天下事都尖斜了，没箇是處。」問：「『天下之理，無獨必有對』。有動必有靜，有陰必有陽，以至屈伸、消長、盛衰之類，莫不皆然。還是他合下便如此耶？」曰：「自是他合下來，一便對二，形而上便對形而下。然就一言之，一中又自有對[二三]。且如眼前一物，便有背有面，有上有下，有内有外。二又各自爲對，雖説『無獨必有對』，然獨中又自有對。且如棋盤路兩兩相對，末梢中間只空一路，若似無對。然此一路對三百六十路，此所謂『一對萬，道對器』也。」○天下之物未嘗無對。有陰便有陽，有仁便有義，有善便有惡，有語便有默，有動便有靜，然又各只是一箇道理。如人行出去是這脚，行歸亦是這脚。譬如口中之氣，歔則爲温，吸則爲寒耳。○蔡季通云：「理有流行，有對待。先有流行，後有對待。」曰：「難説先有、後有。」季通舉太極説，以爲道理皆然，且執其説。

中者，天下之大本　朱子曰：「『喜怒哀樂未發謂之中』，『亭亭當當，直上直下』等語，皆是形容中之在我，其體段如此。『出則不是』者，出便是已發。發而中節，已可謂之和[二四]，不可謂之中矣，故曰『出便不是』。」問「亭亭當當」之説。曰：「此俗語也，蓋不偏不倚，直上直下之意也。」問：「敬固非中，惟『敬而無失』，乃所以爲中否？」曰：「只是常敬，便是『喜怒哀樂未發之中』也。」按：亭亭，猶聳立也。當當，猶方正也。朱子曰：「不知如何整頓得此心身。四亭八當，無許多凹凸也。」又曰：「亭當均平，以此意推之，可想其亭亭當當底氣像也。」「敬而無失」，子夏語，見論語顏淵篇，本注曰「持己以敬而不間斷」，以此注觀之，則失即間斷也。

公則一。注「**萬物一體**」　按：「公則一」者，義理公共之心，則千萬人之心一也，無彼此之殊，而私則不然。故人心不同，如面只是私心也。葉氏所謂「萬物一體」者，似是論仁，而恐不襯著於此章之意也。

「**凡物有本末**」止「**必有所以然**」　或問「其然」、「所以然」之説。朱子曰：「灑掃應對之事，其然也，形而下者也；灑掃應對之理，所以然也，形而上者也。自形而下者而言，則灑掃應對之與精義入神、本末精粗，不可同日而語矣。自形而上者言之，則未嘗以其事不同，而有餘於此，不足於彼也。」曰：「其曰『物有本末不可分者』，何也？」曰：「有本末者，其然之事也；不可分者，以其所以然之理也。」○饒氏曰：「程、朱所論，本末不同。朱子以大學之『正心誠意』爲本，程子以『理之所以然』爲本，朱子是以子游之意推之。」○雲峰胡氏曰：「按，朱子謂『本末者，事也；不可分者，所然之理也』，饒氏却謂『已然者爲末，所以然者爲本』。蓋朱子解程子之言以本末爲事，而不可分爲兩段事者。是理，饒氏解程子之言，以末爲事而本爲理，不可不辨也。」○按：詳見論語子張篇。

「**楊子拔一毛**」止「**安排著則不中矣**」　列子楊朱篇：禽子問楊朱曰：「去子體之一毛，以濟一世，汝爲之乎？」楊朱曰：「世固非一毛之所濟。」禽子曰：「假濟，爲之乎？」楊子不聽。○退溪録云：安，是安頓之安。排，排布也。安頓、排布，皆用意排置之謂。○沙溪曰：著，猶言爲也。**注**「**中者，隨時而立**」[二五]　按：「立」字未穩。

中央　廣雅云：央，極中也[二六]。

无妄之謂誠。**注**「**李邦直**」按：伊川祭文曰「惟公世推文章，位登承輔，少服公名，晚識公面，重以姻媾，始終異眷」云云。邦直，疑是伊川壻，李通直之兄弟也。**徐仲車**按：徐積，字仲車，山陽人。三歲父没，事母至孝，以父名石，終身不用石器。母亡，廬墓三年。雪夜伏墓側，哭不絶聲，時甘露降，木生連理。積初從胡瑗學，惡衣食，不以爲恥。應舉入都，載母以從。比登第，同年共致百金爲壽，却之。後薦孝廉，爲楚州教授。卒，謚「節孝先生」。

一箇塗轍 問「未應不是先」一條。曰：「未應如未有此物，而此理已具。到有此物，亦只是這箇道理。塗轍，是車行處。且如未有塗轍，而車行必有車轍之意[二七]。」

「**近取諸身**」止「**自然不息**」程子曰：「凡物之散，其氣遂盡，無復歸本原之理。天地間如紅爐，雖生物，消鑠亦盡，況既散之氣，豈有復在天地，造化又焉用此既散之氣？其造化者，自是生氣。今夫海水潮，日出則水涸，是潮退也，其涸者已無也；月出則潮水復生，却不是將已涸之水爲潮，此是氣之終始。」**注**「**以理而言，以氣而言**」按：吕氏所屈者不亡。謝氏「摧仆歸根」等説，亦反原之意。故朱子并非之，且謂「不必將既屈之氣，復爲方伸之氣」者，明其屈伸往來，乃生生自然之理也。葉氏以理以氣之分，恐不可也。**注「形潰反原」** 按：中庸或問：張子曰：「形聚爲物，物潰反原。」張子他説，亦有是説，而程子數辨其非。東見録中所謂「不必以既反之氣，復爲方伸之氣」者，其類可考也。**七日來復** 隆山李氏曰：「於臨曰『八月有凶』，於復則曰『七日來復』，陽消而數月，幸其消之遲；陽長而數日，幸其長之速也。」○節齋蔡氏曰：「不言月而言日者，猶詩所謂『一之日，二之日』也。」○鄭氏剛中曰：「七者，陽數；日者，陽物，於陽長言七日。八者，陰數，月者，陰物。臨剛長，以陰爲戒，故曰『八月』。」

「問仁」止「爲仁則不可」 和靖尹氏曰：「鮑某嘗問伊川：『仁者愛人，便是仁乎？』伊川云：『愛人，仁之事耳。』謝攸問：『愛人是仁否？』伊川云：『愛人，乃仁之端，非仁也。』」○朱子曰：「仁是根，愛是苗，不可便做苗做根，然而這箇苗，却定是從那根上來。」○又曰：「理便是性，緣裏面有愛之理，所以發出來，無不愛。」○問：周子説「愛曰仁」，與博愛之説如何？曰：「『愛曰仁』，猶曰『惻隱之心，仁之端也』，是就愛處指出仁。若『博愛之謂仁』，便是把博愛做仁了，終不同。○答張敬夫書曰：類聚孔孟言仁處，以求天人之説[二八]，程子爲人之意，可謂深切。然專一如此用功，却恐不免長欲速好徑之心，滋入耳出口之弊，不可不察也。大抵二先生之前，學者全不知有仁字，凡聖賢説仁處，不過只作「愛」字看了。自二先生以來，學者始知理會「仁」字，不敢只作「愛」説。然其流弊又一向離了「愛」字，懸空揣模，既無真實見處，故其爲説恍惚驚怪，弊病百端，殆反不若全不知有「仁」字而只作「愛」字看却之爲愈也。○北溪陳氏曰：「自孔門後，人都不識仁。漢人只把做恩愛説[二九]。又就上起樓起閣，將仁看全粗了，故韓子遂以博愛爲仁。至程子始分别得明白[三〇]。」**體認** 退溪録云：體，驗也。認，辨識也。有蚩氓失其牛，出見一人駕車，牛就車中，而認之曰：「吾牛也。」其人不辨而與之。失物而得其分辨而識之曰：「此吾失物也。」此「認」字之意也。體，即所謂做他那骨子。**注「夫子以愛言仁」** 按：仁者，愛之理，何嘗不愛，惟「博」一字爲韓之病。[三一]

「**問仁與心何異**」止「**乃情也**」 問：「心與仁何異？」程子曰：「於所主曰心，名其德曰仁。」曰：「謂仁者心之用乎？」曰：「不可。」「然則猶五穀之種，待陽氣而生乎？」曰：「陽氣所發，猶之情也。心猶種焉，其生之德，是謂仁也。」

「**義訓宜，禮訓别，智訓知**」止「**未晚**」 或問：「上蔡以覺言仁，是如何？」朱子曰：

「若但知得箇痛癢，則凡人皆覺得，豈盡是仁者耶？不覺固是不仁，然便謂覺是仁，則不可。」○以「生」字説仁，「生」自是上一節事，當來天地生我底意，我而今須要自體認得。問：「知覺亦有生意。」曰：「固是。將知覺説來冷了。覺在知上却多些，少搭在仁邊。」○答張敬夫書曰：「上蔡所謂知覺，只是智之發用處，但惟仁者爲能兼之，故謂仁者心有知覺則可，謂心有知覺謂之仁則不可。」正如言仁者必有勇，有德者必有言，豈可遂以勇爲仁、言爲德哉！○程子曰：仁者必愛，指愛爲仁則不可。不仁者無知覺，指知覺謂仁則不可。○上蔡謝氏曰：心有所覺謂之仁，四體偏痹謂之不仁。取名於不知覺也。不知覺，則死矣。身與事接，而心漠然不省者，與四體不仁無異也。○陳淵問楊龜山曰：「萬物與我爲一，其仁之體乎？」曰：「然。」朱子曰：「彼謂物我爲一者，可以見仁之無不愛矣，而非仁之所以爲體之真也。彼謂心有知覺者，可以見仁之包乎智矣，而非仁之所以得名之實也。」**注「智者，天理之明睿」**　按：洪範「思曰睿」。注：睿者，通乎微也。睿當屬思，訓「智」恐不穩。**注「以人體之」**　按：中庸曰「仁者，人也」[三二]。注曰：人，指人身而言。具此生理，自然有惻怛慈愛之意。孟子曰「仁也者，人也」。注曰：仁者，人之所以爲人之理也。「訓人」之義，本於庸、孟，而若指人爲仁，則不可，故程子非之。今以體之者，乃「訓人」者之言也，言「人與我均此理氣，以人爲我一體，則惻怛之意如此」云云耳。然此與陳淵之説同也，但獨於人同理，而與萬物理不同耶。程子曰：「仁者，以天地萬物爲一體，莫非我也。」何獨以人爲一體也？葉氏徒知訓人之不可，而不知「以人體之」之語尤有病也。

性即理也。 **注「攧」** 韻會作「掮」，急擊如投擲之勢。**注「撲」** 韻會：打也。

「**問心有善惡**」止「**却謂之流也**」 按：若既發，則不可謂之心，此恐程子初來所見心一也。有指體而言者，有指用而言者，是乃定論也。觀朱子答張敬夫書，則以已發爲人心，而後以爲心者。固所以主於身，而無動静語默之間者也。然則程、朱所見，亦有前後之異如此。又按：水譬心，流譬情。**注「是性所存」** 指心而言耶？恐未瑩。

性出於天，才出於氣。 **注「性本乎理，才本乎氣」** 按：分爲二本，恐未穩。朱子「發於性，禀於氣」之説極精妙，此論才之清濁，而引張子語，以爲氣質之性是也，「才」與「性」恐不同也。

「四端」不言信　程子曰：「四者有端，信無端。只有不信，更無信。如東西南北已有定體，更不用信。若以東爲西，以南爲北，則有不可信。如東即東，西即西，則無信。」或問：「仁義禮智，性之四德，又添箇『信』字，謂之五性，如何？」朱子曰：「信是誠實。此四者，實有是仁，實有是義，禮、智皆然。如五行之有土，非土不足以載四者。」○又曰：「四端之信，猶五行之土，無定位，無成名，無專氣，而水火金木無不待。是而生者，故土於四行無不在，於四時則寄王焉，其理亦猶是也。」○雲峰胡氏曰：「按：饒氏云：『以四方論之，無定位，無成名，無專氣；以五方論之，亦未嘗無定位、成名、專氣，不可執一看。』愚見朱子之説，是就六方看，方見得。試以河圖看之，五土居中，似有定位，然三八，木位乎？東不可以西。一六，水位乎？北不可以南。如中間五點，則自具五方，而於東西南北無所不該，似有定位，而實無定位也。一二三四各因五而後成六七八九。故於四季，各寄旺十八日。木火金水，各專生長收藏之一氣，而各成生長收藏之一名。然無土皆不可，是則土無專氣，而氣無所不貫；土無成名，而名無所不成。就四方看如此，就五方看亦如此，似不必分也。分看，則論土於四行之外，是猶論信於四端之外；合看，則土實在四行之中，而信在四端之中也。」

注「四者各立」　按：性是渾然全體，本不可以名字言，但其中含具萬理，而綱紀之大者，有此四者。若曰仁義禮智，「四者各立」，則是寂然之中，面貌已分，互相對立也。此語頗有病。

「**心生道**」止「**人之生道也**」 按：「生」字有生物之生，有生生之生。雖一生理，然其下字之意，則隨語各異。以此章言之，「生道也」，皆生物之生也。退溪論此「生」字，引朱子答或問之説，曰：「此『生』字只是生活之生，生生不窮之義，即如天地生物之心，貫串只一『生』字。」以朱子「如草木萌芽，枝葉條榦皆是生，方有之人物，所以生生不窮者，以其生也」之語觀之，則非以生生爲活也，以其生活故能生生也。若以生活、生生、生物之生，做一「生」字看，則其於隨語解意，恐不分曉，如何。又按：「心生道也」，以天地之心看之，則文勢似無源頭來歷，然以朱子「天地之心是仁，人接得此天地之心，方能有生」之説，及「是心乃屬天地，人有是心，便自具生理以生」等語觀之，則心者，天地之心也；生道者，生物之理也。有是心，斯具是形以生者，人得此生物之理，可具是形以生也。惻隱之心，人之生道也。惻隱之心在人，亦生物之理也。言其一箇生物之理，天人混合無間者也。大概此章朱子疑其欠闕，當以此爲正。**注**「**酬酢運用，生生不窮**」 恐尤不襯切。

「**橫渠先生**」止「**無非教也**」 朱子曰：「坱然太虛，此張子所謂『虛空即氣』也。天在四畔，地居其中，減得一尺地，遂有一尺氣，但人不見耳。此是未成形者。」「及至『浮而上，降而下』，則已成形者，若所謂『山川之融結[三三]，糟粕煨燼』，即是氣之査滓。要之，皆是示人以理。」問：「『虚實動静之機，陰陽剛柔之始』兩句，欲云『虚實動静，乘此氣以爲機；陰陽剛柔，資此氣以爲始』，可否？」曰：「此兩句只一般。實與動便是陽，虚與静便是陰，但虚實動静是言其用，陰陽剛柔是言其體而已。」問：「虚實是以陰陽言否？」曰：「以有無言。」○問：「『始』字之義如何？」曰：「只是説如箇生物底母子相似，萬物都從這裏生出去。上文説『升降飛揚』，便含這『虚實動静』兩句在裏面了，所以虚實動静、陰陽剛柔者，便是這升降飛揚者爲之，非兩般也。」○問：「言氣、言始，莫是説理否[三四]？」曰：「此本只是説氣，理自在其中。一動一静，便是機處，無非教也。教便是説理。此等語都是經鍛煉底語，須熟念細看。」「禮記中『天道至教，聖人至德』，與孔子『予欲無言』，天地與聖人都一般，精底都從粗底上發見，道理都從氣上流行，雖至粗底物，無非是道理發見，天地與聖人皆然。」○張子曰：「陰氣凝聚，陽在外者不得入，則周旋不舍而爲風。」○朱子曰：「雨如飯甑有蓋，其氣鬱蒸，而汗下淋漓則爲雨，霜只是露結成，雪只是雨結成。」○孔子閒居，曰：「天有四時，春秋冬夏，風雨霜露，無非教也。」○禮器曰：「天道至教，聖人至德。」延平周氏曰：「天道無非教，凡有象者皆至教也。」

「**游氣紛擾**」止「**立天地之大義**」　朱子曰：「游氣是氣之發散生物底。游，亦游行之意。紛擾者，參錯不齊。陰陽即氣也，豈陰陽之外復有游氣也？『日月運行，一寒一暑』，此陰陽之循環也；『乾道成男，坤道成女』，此游氣之紛擾也。」〇此一段專説氣，未及言理。「游氣紛擾」，此言氣，到此已是查滓麤濁者。去生人物，蓋氣之用也。「動静兩端」，此説氣之本。〇游是散殊，比如一箇水車，一上一下，兩邊只管衮轉底，便是「循環不已，立天地之大義」底；一上一下，只管衮轉，中間帶得水灌溉得所在，便是「生人物之萬殊」。天地之間，二氣只管運轉，不知不覺生出一箇人，不知不覺又生出一箇物，即他這箇斡轉，便是生物時節。〇問：「游氣莫便是陰陽？」曰：「此固是一物，但横渠所説『游氣紛擾，合而成質』，恰是指陰陽交會言之。『陰陽二端，循環不已』，却是指那分開底説。」〇譬如一開扇相似，扇便是立天地之大義底；扇出風來，便是生人物底。

鬼神者，二氣之良能　朱子曰：「伊川謂『鬼神者，造化之迹』，却不如横渠所謂『二氣之良能』。蓋程説固好，只渾淪在這裏。張説分明，便見箇陰陽在。」問良能之義。曰：「只是二氣之自然者耳。屈伸往來是理氣，自然能如此。」問：「伸是神，屈是鬼否？」曰：「氣之方來，皆屬陽，是神；氣之反，皆屬陰，是鬼。午前是神，午後是鬼；初一以後是神，十六以後是鬼；草木方發生是神，凋落是鬼；人自少至壯是神，衰老是鬼；嘘是神，吸是鬼；風露鼓動是神，收斂是鬼。」○上蔡謝氏曰：「橫渠説得別，這箇便是天地間妙用。」

氣日至而滋息　程子曰：「息，訓爲生者，蓋息則生矣。一事息則一事生，中無間斷，如碩果不食，則便爲復也。」○朱子曰：「此息只是生息之『息』，非止息之『息』。嘗觀孟子言『日夜之所息』，程子謂『息字有二義』。某後來看，只是生息。」

性者，萬物之一源。注：「性原于天」止「西銘之根本」　按：朱子曰：「性爲萬物之一源。性者，人物之所同得。非惟己有是[三五]，人亦有是；非惟人有是[三六]，物亦有是。」此通人與物而言之也。葉氏曰「人所同得」，又曰「能盡人之性」，而物則不及，然則天命之性者所欠闕，而大人亦不能盡物之性矣。不能盡物之性，則可謂盡其道乎？此則不但措語間病敗也。此章本意則不過曰「性者，人與物之所同得，而惟大人能盡其道，立必俱立，成不獨成」，猶論語所謂「己欲立而立人」，中庸「成己成物」之意也。「知必周知」者，知在己之理，而天下萬物之理無不周知也。「愛必兼愛」者，愛於其親，而天下之人與物無所不愛也。此句乃大人盡其道之事也，其末彼自蔽塞者，蔽言人，塞言物。此章自頭至尾，無不通人物而言之者。如此看首尾，則語意不滯，萬物一源之旨有所歸宿矣。或曰：「立必俱立，成不獨成，可語於人，不可語於物。」曰：「立必俱立，則然矣；成不獨成，豈不可語於物哉？王制不曰『獺祭魚，然後虞人入澤梁；豺祭獸，然後田獵；鳩化爲鷹，然後設罻羅；草木零落，然後入山林』乎？此聖人成育萬物之道。」而朱子論修道之教曰：「至於天下之物，則順其所欲，違其所惡，因其材質之宜，以致其用，則其取用之節，以遂其成者。此可見『成不獨成』之意也。」又按：兼愛，孟子注曰：「無所不愛也。」朱子又曰：「兼天下之人而盡愛，蓋墨道也。」此則只取其語，以言「大人無所不愛」之意，不可以辭害義。葉氏所謂「使人皆得所愛」，語意未妥，且「立者，禮之榦」，此亦未穩。易曰：「貞者，事之榦也。」本義曰：「貞者於人，則爲智，而爲衆事之榦。」榦，木之身，而枝葉之所依而立者也。以元亨利貞之貞爲衆事之榦，固也。以立爲禮之榦，可乎？況此「立」字，「己欲立而立人」之「立」也。朱子以「或人所論欲立，謂欲自立於世，立人謂扶持培植，使之自立」之説爲是，然則與「立於禮之卓然自立，不爲事物之所揺奪」者不同矣。葉氏以立、知、愛、成四字分屬禮、智、仁、義，爲學之始終。若謂「立於禮，成於樂」者，然則此四句乃爲學之次序，非大人盡道之事也。種種語病，不可不知。

「**一故神**」止「**不疾而速**」　朱子曰：「横渠語曰『一故神』，自注云『兩在故不測』。又曰『兩故化』，自注云『推行於一』」。説得極好，須當子細看。但近思録所載與本書不同。當時緣伯恭不肯全載，故後來不曾與他添得。『一故神』，只是一物，却周行乎事物之間。如所謂陰陽、屈伸、往來、上下，以至於行乎十百千萬之中，無非這一箇物事，所以謂『兩在故不測』。『兩故化』，凡天下之事，一不能化，惟兩後能化。且如一陰一陽，始能化生萬物。雖是兩箇，要之亦是推行乎此一爾。」或問「一故神」。曰：「一是一箇道理，却有兩端，用處不同。譬如陰陽，陰中有陽，陽中有陰，陽極生陰，陰極生陽，所以神化無窮。」〇横渠此語極精，見李先生説云：「舊理會此段不得，終夜倚牀坐思量〔三七〕，以身去裏面體，方見得平穩。」〇直卿云：「『一故神』，猶『一動一静，互爲其根』；『兩故化』，猶『動極而静，静極復動』。」〇按：繫辭曰：「寂而不動，感而遂通天下之故。」又曰：「惟神也，故不疾而速，不行而至。」小注：誠齋楊氏曰：「銅山東傾，而洛鐘西應。豈惟物理哉，人氣亦有之，其母齧指，其子心動。此一物之理，一人之氣，相應相同，有不疾而速，不行而至者也，況聖心之神乎？是故範圍天地，而一念不踰時；經緯萬方，而半武不出户，出豈可疾而後速，行而後至？何爲其然也？心之神也。」

心，統性情　朱子曰：「『惟心無對』，『心統性情』。二程却無一句似此切。統，猶兼也。」〇統，如統兵之統，言有以主之也。〇凡物有心而其中必虚〔三八〕，如鷄心、猪心之屬，切開可見，人心亦然。只這些虛處便包藏許多道理，彌綸天地，該括古今。推廣得來，蓋天蓋地，莫不由此。此所以爲人心之妙歟！心是神明之舍，爲一身之主宰。性便是許多道理[三九]，得之於天而具於心者，發於智識念慮處，皆是情[四〇]，故曰「心統性情」也。○如仁義禮智是性也，孟子曰「仁義禮智根於心」。惻隱、羞惡、辭讓、是非，本是情也，孟子曰「惻隱之心，羞惡之心，辭讓之心，是非之心」。以此言之，則見得心可以統性情。○季通云：「『心統性情』，不若云『心者，性情之統名』。」

「**凡物莫不有是性**」止「**與聖人一**」　朱子曰：「橫渠言：『凡物莫不有性。由通蔽開塞，所以有人物之別；由蔽有厚薄，故有智愚之別。』似欠了生知之聖。」○橫渠此段不如呂與叔分別得分曉。呂曰：「蔽有淺深，故爲昏明；蔽有開塞，故爲人物。」○看來塞中也有通處，如猿狙之性即靈，狙則全然蠢了[四一]。便是通蔽不同處。本乎天者親上，本乎地者親下。如人頭向上，所以最靈；草木頭向下，所以最無知；禽獸之頭横了，所以無知；猿狙稍靈，爲他頭有時也似人，故稍向得上。

【校勘記】

[一] 道字較實　「實」，朱子語類卷一百一作「寬」。
[二] 按：自「按朱子以」至「實相流通」，恐因前文而衍。
[三] 至此則體道之極功　「至」字原無，據周易本義卷三增。
[四] 此言聖人合下清明完且　「且」，朱子語類卷九十四作「具」。
[五] 此是聖人所獨得者　「聖」字原無，據朱子語類卷九十四增。
[六] 所謂喜怒哀樂未發之中　「未發」二字，朱子語類卷九十五無。
[七] 又南軒辨吕與叔論中書説亦如此論　「辨」原作「卞」，據朱子語類卷九十五改。「此論」之「論」，朱子語類卷九十五無。
[八] 更就自家身上看甚麽是仁　「更」，朱子語類卷九十五作「便」。
[九] 仁既偏言則一事　「一」字原無，據朱子語類卷九十五增。
[一〇] 以陰陽流行著見於天地間者言之　「著」原作「者」，據北溪字義卷下改。
[一一] 每日長三十分之一　「日」原作「月」，據朱子語類卷七十一改。
[一二] 動之端乃心之發處　此句，朱子語類卷七十一作「動乃心之發處」。
[一三] 造化與人事感應　「感應」下，周易大全卷十二有「皆是」二字。

［一四］則感得那子盡孝　「盡」，朱子語類卷七十二作「愈」。

［一五］如這卓子是物　「卓」，朱子語類卷九十五作「棹」。

［一六］氣質之説起於何人　「説」原作「性」，據朱子語類卷四改。

［一七］某以爲極有功於聖門　「某以爲」三字原無，據朱子語類卷四增。

［一八］孟子推其弊到得無父處　「推」原作「拒」，據朱子語類卷四改。

［一九］則便是夾氣質而言　「氣質」，朱子語類卷九十五作「氣禀」。

［二〇］惟天道流行如此　「惟」，朱子語類卷九十五作「明」。

［二一］問如何便至手之舞之　「手」上，朱子語類卷九十五有「不知」二字。

［二二］却對甚底　「却」，朱子語類卷九十五作「便」。

［二三］一中又自有對　「一」字原無，據朱子語類卷九十五補。

［二四］發而中節已可謂之和　「已」，朱子語類卷九十五作「只」。

［二五］注中者隨時而立　此七字原作小字，筆者依據此本體例，這是對葉采注文的解釋，故改作大字。

［二六］央桱中也　「桱」，廣雅卷五作「極」。

［二七］而車行必有車轍之意　「意」，朱子語類卷九十五作「理」。

［二八］以求天人之説　「天人」，晦庵先生朱文公集卷三十一作「夫仁」。
［二九］漢人只把做恩愛説　「恩愛」，北溪字義卷上作「恩惠」，且在此句下有「是又太泥了愛」句。
［三〇］至程子始分别得明白　「明白」原作「分明」，據陳淳北溪字義卷上改。
［三一］按：自「體認」至本段末，與前文屬同一條，原本單列，不妥，當合而爲一。
［三二］中庸曰仁者人也　「仁者人也」原作「人者仁也」，據中庸章句改。
［三三］若所謂山川之融結　「所謂山川之」五字原無，據朱子語類卷九十八增。
［三四］言氣言始莫是説理否　「氣」，性理大全卷五作「機」。
［三五］非惟己有是　「是」字原無，據朱子語類卷九十八補。
［三六］非惟人有是　「是」字原無，據朱子語類卷九十八補。
［三七］終夜倚牀坐思量　「倚牀」，朱子語類卷九十八作「椅上」。
［三八］凡物有心而其中必虚　「有」原作「者」，據朱子語類卷九十八改。
［三九］性便是許多道理　「性」原作「惟」，據朱子語類卷九十八改。
［四〇］發於智識念慮處皆是情　「情」原作「故」，據朱子語類卷九十八改。
［四一］狙則全然蠢了　「狙」，朱子語類卷九十八作「猪」。

近思録釋義卷之二

論爲學

「**統論爲學之要**」止「**尊德性矣必道問學**」　沙溪曰：「首卷論道體，非尊德性也，葉氏以『尊德性』言之，恐未安。若是泛論，以起『道問學』，則又似贅。」

學以至聖人之道　雙峰饒氏曰：「道者，方法之謂，言學以至乎聖人底方法也。下文言『學之道』與『學之得其道』皆此意。」**儲精**　朱子曰：「精氣流過[一]，儲蓄得二氣之精聚，故能生出人物。」**喜、怒、哀、樂、愛、惡、欲**　按：禮運曰：「何謂人情？喜、怒、哀、樂、愛、惡、欲七者，不學而能。」問：「愛與欲何别？」朱子曰：「愛是泛愛那物，欲則有意於必得，便要那將來[二]。」○退溪曰：「子思作中庸，言喜怒哀樂而遺懼，不知何故。」**覺者約其情**　按：覺，覺其性蕩情鑿也。約，猶收束底意。注「**涵養與知行並進**」　按：程子曰：「涵養須用敬，進學則在致知。」分明作兩脚說。或問：「致知後，須持養，方力行？」朱子曰：「如是，則今日致知，明日持養，後日力行！只持養便是力行，正心誠意豈不是行？」觀此二說，則涵養乃行也。若曰「涵養之功與知並進」云，則不可。**注「以上兩章」止「幾於化矣」** 按：「學之道」至「邪僻之心無自生矣」，非兩章也，乃論爲學之道一段，而至行功效備矣。「誠之之道，在信道篤」者，承「自明而誠」中言之也。信道篤，帶知意，蓋知之明，故信之篤也。仁義忠信不離乎心，造次顛沛、出處語默必於是。守固之事，而誠之之功也；居安以下，誠之之效也。葉氏就「信道篤」以下分作三段，必屬知、仁、勇，已似支離，而又以「仁義忠信不離乎心」爲信道篤，以「造次顛沛、出處語默必於是」爲行之果，段段分屬重複，如此恐未免牽合之病也。

定性

游酢題行狀後曰：先生聞道甚早，年逾冠，張子厚友而師之，逮先生之官以定性，未能不動。致問先生，爲破其疑，使內外動靜，道通爲一，其後子厚學成德尊，識者謂與孟子比。

○問：「定性書也難理會。」朱子曰：「也不難。『定性』字，說得也詫異，此『性』字是箇『心』字意。明道言語甚圓轉，初讀未曉得，仔細看却成段相應。此書在鄠州時作，年甚少。『定性』一章，明道言不惡事物，亦不逐事物。今人惡則全絕之，逐則又爲物引將去。蓋橫渠有意於絕外物而定其内。明道意以爲須是内外合一，『動亦定，静亦定』，則應物之際，自然不累於物。」○問：「定性書是定心誠意工夫否[三]？」曰：「定心，誠意以後事。夫張子之於道，固非後學所敢議，然意其强探力取之意多，涵泳完養之功少，故不能無疑於此。程子以是發之，其旨深哉！」

内外二本 西山真氏曰：「理自内出，而周於事；事自外來，而以應理。理即事也，事即理也，故曰『無内外』。夫能定能應，有寂有感，皆心之妙也。若以定與寂爲是，而應與感爲非，則是以性爲有内外也。事物之來，以理應之，猶鑑懸於此，而形不能遁也。鑑未嘗隨物而照，性其可謂『隨物而在外』乎？故事物未接，如鑑之本空者，性也；事物既接，如鑑之有形者，亦性也。内外曷嘗有二本哉？」**注「人在天地間」止「無時而能定也」** 按：勉齋曰：「若以心有内外，則不惟未可語定，亦且不識心矣。」蓋既以内外爲二本，則是不知心之無内外，何可遽語定哉？葉氏所謂「人在天地間，不能不與物接」者，於本文意不襯。「**普萬物**」止「**自私用智**」 問：「所謂『普萬物，順萬事』者，即『廓然而大公』之謂；『無心無情』者，即『物來而順應』之謂。自私則不能『廓然而大公』，所以不能『以有爲爲應迹』；用智則不能『物來而順應』，所以不能『以明覺爲自然』。」朱子曰：「然應迹，爲應事物之迹。若心，則未嘗動也。」問：「自私則不能以有爲爲應迹，用智則不能以明覺爲自然。」曰：「此書首尾，只此兩項。」○問：「『廓然而大公，物來而順應。』學者卒未到此，奈何？」曰：「雖未到此，規模也是恁地。聖人自有聖人大公，賢人自有賢人大公，學者自有學者大公。大公是包說，順應是就裏面細說。『廓然而大公』是『寂然不動』，『物來而順應』是『感而遂通』。」「**易曰貞吉悔亡**」止「**不可得而除**」　按：咸九四傳曰：四在中而居上，當心之位，故爲感之主，而言感之道[四]貞正則吉而悔亡。又四說體，居陰而應初，故戒於貞感之道，有所私繫，則害於感通，乃有悔也。貞者，虛中無我之謂也。○問：「咸九四傳，說虛心貞一處，全似敬。」朱子曰：「蓋嘗有此語曰[五]『敬，心之貞也』。」○問：「明道曰『莫若廓然而大公，物來而順應』，如何？」曰：「『廓然大公』，便不是『憧憧』；『物來順應』，便不是『朋從爾思』。」○問：「此以私感，彼以私應，所謂『朋從爾思』。」曰：「然。」「**易曰艮其背**」止「**不見其人**」　艮卦辭。傳曰：欲牽於前而求其止，不可得也。故艮之道，當「艮其背」，所見者在前，而背乃背之，是所不見也[六]。止於所不見，則無欲以亂其心，而止乃安。「不獲其身」，不見其身也，謂忘我也[七]。無我則止矣。「行其庭，不見其人」，庭除之間，至近也。在背，則雖至近不見，謂不交於物也。外物不接，內欲不萌，如是而止，乃得止之道也。○問：「伊川解『艮其背』，云『止於所不見』，又云『不交於物』，則是無所見，無所交，方得其所止而安。」朱子曰：「這處無不見底意思，濂溪也恁地說。周子曰：『艮其背，背非見也，亦可疑外物，豈能不接？』但當於非禮勿視、聽、言、動四者用力，是他偶看錯了，相傳如此。」○本義曰：蓋身，動物也。惟背爲止[八]，艮其背，則止於所當止也。止於所當止，則不隨身而動矣。是不有其身也，如是，則雖行於庭除有人之地，而亦不見其人矣。蓋「艮其背」而「不獲其身」者，止而止也。「行其庭」而「不見其人」者，行而止也。不獲其身，如君止於仁，臣止於忠，但見得事之當止，不見得此身之爲利爲害。纔將此身預其間，則道理便壞了！古人所以捨生取義者，只爲不見此身，方能如此。○朱子曰：「此篇大綱，只在『廓然而大公，物來而順應』兩句。其他引易、孟子，許多説話皆是如此[九]。末謂『第能於怒時，遽忘其怒，而觀理之是非』，一篇著力緊要，只此一句。」「伊川文字段數分明，明道多只恁成片説將去[一〇]，初看似無統説[一一]，子細理會，中間自有路脉貫串將去。」○問：「『天地之常』至『順應』是第二段，此書大意不過此七句而已[一二]。『廓然大公』，是不絶乎物；『物來順應』，是不累乎物。」勉齋黄氏曰：「固是如此。『普萬物，順萬事』，便是不絶乎物；『無情無心』，便是不累乎物，只是兩意貫了一篇。自『易：貞吉』至『除也』是第三段，此乃引易以結上段之意。『貞吉』，則虚中無我，不絶乎物，而亦不累乎物也；『憧憧』，則累乎物矣。自『人之情』至『索照也』是第四段，只是與前二段意相反。自私便是求絶乎物，用智是反累乎物，不能以有爲爲應迹，故求絶乎物；不能以明覺爲自然，故反累乎物。自『易曰：艮其背』至『應物爲累哉』是第五段，以結上文[一三]。艮不獲其身則無我，無我則不自私用智，而鑿則不以明覺爲自然，故不若内外之兩忘也。自『聖人之喜』至『如何哉』是第六段，以聖人喜怒，明其廓然大公，而物來順應也。後面是第七段，未嘗無怒而觀理是非，則未至於聖人而於道思過半矣。」○又曰：「末一段專説『順應』一邊，然未嘗不怒則是大公。朱文公舊説亦兼『大公』、『順應』而言，蓋以遽忘其怒爲大公也。」**所惡於智者，爲其鑿也**　孟子本注：「天下之理，本皆利順[一四]；小智之人，務爲穿鑿，所以失之。」陳氏曰：「所惡者，小智也。」**非外而是内**　按：亦指横渠而言也。**内外兩忘**　問：「是内不自私，外應不鑿否？」朱子曰：「然。」**注「在外者終不容以寂滅」**　按：寂滅，恐不可以在外者言。「外」字，恐當作「内」字。**注「動静莫非自然」**　按：是定明以後事，下語亦恐失序。

「**内積忠信**」止「**學之始終**」　程子曰：「『知至至之』，主知；『知終終之』，主終。」「『知至至之』，如今學者且先知有至處，便從此至之，是『可與幾也』。非知幾，安能先識至處[一五]？『知終終之』，知學之終處而終之，然後『可以守義』。」○朱子曰：「伊川以『篤志』解『立其誠』，便緩了。『積』字説得好。蓋上句以『知至』爲重，而『至之』二字爲輕；下句則以『知終』爲輕，而『終之』二字爲重。」○問：「『立誠』不就制行上説，而特指『修辭』，何也？」曰：「人不誠處，多在言語上，修辭立誠，便要立得這忠信。若口不擇言，逢事便説，只這忠信，亦被汩没動盪，立不住了。」○問：「進德只一般説，至修業，却又言『居業』，何也？」曰：「修業、居業二者，只是一意。業，如屋宇未修，則當修之，既修，則居之。修業，便是要居他。」○「進德」是營度方架這屋相似，「居業」是據見成底屋居之。「可與幾」是見得前面道理。「存義」是守這箇義。「可與幾」、「可與存義」，是傍人説，與「可與立，可與權」之「可與」同。○問：「『終』字『至』字，其義相近，如何？」曰：「這處人都作兩般衮將去，所以難得分曉。須分作四截説。『知至』是知得到處，『知終』是終其到處。『至之』是須著行去到那處，『終之』是定要守到那處。上兩箇『知』字却一般。遺書所謂『「知至至之」，主知也；「知終終之」，主終也』，『均一知也，上却主知，下却主終。要得守，故如此。』」○孟子本注：「始，始之也。終，終之也。條理，猶言脉絡，指衆音而言也。知者，知之所及。聖者，德之所就也。」「知」，本文作「智」。**注「日知其所亡，月無忘其所能」**論語本注：「亡，無也，謂己之所未有。」新安陳氏曰：「爲學當日有所進，而知其所未得；月有所守，而不忘其所已得。知其所無，則識愈長而日新；保其所有，則得愈堅而不失。」**注「至，謂至善之地」**　按：「至善」之「至」，「至極」之「至」也。知至之地，乃至處也。葉注語欠曲折。若曰至、至處，即「至善之地」云，則似差。「所重者在知，故曰可與幾」者，亦未瑩。必若朱子所謂「未到那裏，先知得如此」。所以説「可與幾者，然後語意痛快，是正其始，成其終」云者，下語種種有病。

「**君子主敬**」止「**孰爲疑乎**」程子曰：「乾九三言聖人之學，坤六二言賢人之學[一六]，此其大致也。若夫敬以直内，義以方外，則聖人不越乎此。」○朱子曰：「敬立而内自直，義形而外自方。若欲以敬要去直内，以義要去方外，則非矣。直，是直上直下，胸中無纖毫委曲；方，是割截方正之意。」○文言將「敬」字解「直」字，「義」字解「方」字。「敬義立，而德不孤」，即解「大」字。敬而無義，則做事出來必錯了[一七]。只義而無敬，則無本何以爲義？皆是孤也。須是敬義立方，不孤施之。事君則忠於君，事親則悦於親，交朋友則信於朋友，皆不待習而無一之不利也。○雙峰饒氏曰：「蓋孤則偏於一善，而其德狹；不孤則衆善畢集，而其德大矣。體用全備，無適不宜，其於行事坦然，無所疑惑，此所以不習而無不利也。」注「**事當其則**」按：此兼動静而言之也。然朱子曰：「專言敬，而不知就日用念慮處分別[一八]。其公私義利之所在，而決取舍之幾焉，則亦不免於昏憒雜擾。而所謂敬者，有非敬矣。」又曰：「義是心頭斷事底。心斷於内，而外便方正。」云「以此觀之，謹獨乃屬於義也」，葉氏以戒懼謹獨爲敬，只以「酬應之際，事當其則」爲義，恐未免外義之病。注「所行無不備」按：「無所用而不周」者，言其用無所不周遍也。注説恐失本義。

「**動以天**」止「**不利有攸往**」傳：「无妄者，至誠也。」本義：「无妄，實理自然之謂。史記作『無望』，謂無所期望而有得焉者，其義亦通。爲卦自訟而變，九自二來而居於初。又爲震主，動而不妄者，故爲无妄。」○問：「既無邪心，何以不合正理？」朱子曰：「有人自是其心全無邪，而却不合於正理。如賢智者過之，他其心豈曾有邪？却不合正理。佛氏亦豈有邪心者？所謂『雖無邪心，而不合正理』者[一九]，實該動静而言。然燕居獨處之時，物有來感，理所當應，而此心頑然，固執不動，則雖無邪心，而只此不動處，便非正理。又如應事接物，處理當如彼，而吾所以應之者，乃如此。則雖未必出於有意之私，然只此亦是不合正理。既有不合正理，則非邪妄而何？」○眚，按：韻會：「目病，生翳也，又過也。」雙峰胡氏曰[二〇]：「其匪正謂，三三不正，則離毁而有眚矣，不利有攸往。戒震九若往二，則六二來初，而成訟矣；若往三，則三來，而成遯矣[二一]。皆不利於有所往也。」

「人之蘊蓄」止「蓄成其德」 象曰：天在山中，大蓄。君子以多識前言往行，以蓄其德。○按：識，如字，又音志。○傳：「天爲至大而在山之中，所蓄至大之象。」本義：「天在山中，不必實有是事，但以其象言之。」○按：「在」字輕。

「咸之象」止「無我之謂也」 傳：澤性潤下，土性受潤，澤在山上而其漸潤通徹，是二物之氣相感通也[二二]。君子觀山澤通氣之象[二三]，而虛其中以受於人。○朱子曰：「兑上缺，有澤口之象；兑下二陽畫，有澤底之象。艮上一畫陽，有二土之象[二四]；下二陰畫中虛，便有滲水之象。」○問：「『以量而容之』，莫是要著意容之否？」曰：「非也。以量者，乃是隨我量之大小以容之[二五]，便是不虛了。」○問感通之理。曰：「感，是事來感我；通，是自家受他感處之意。」○本義：九四居股之上，脢之下，又當三陽之中，心之象也。九四乃以陽居陰，爲失其正，故因占設戒。○問「憧憧往來，朋從爾思」。曰：「往來自不妨，天地間自是往來不絶。只不合著憧憧了，便是私意。聖人未嘗不教人思，只是不可憧憧。『憧憧』，只是加一箇忙迫底心，猶言『助長』、『正心』，與計獲相似。方往時，又便要來；方來時，又便要往，只是一箇忙。」○問：「憧憧往來[二六]，猶言往來于懷否？」曰：「非也。此憧憧者是加私意，不好底往來。」○「易感應處，伊川説得未備。往來自還他有自然之理，惟正静爲主，則吉而悔亡。至於憧憧，則私意爲主，而思慮所及者朋從，所不及者不從矣。」問：「感，只是内感？」曰：「物固有内感者，然亦不專是内感，固有外感者。如人語極須默，默極須語，先後自相感[二七]，此便是内感。若有人自外來唤自家，只是唤做外感。感於内者自是内，感於外者自是外。如此看，方周偏平正。只做内感，便偏頗了。」○問：「『憧憧往來』，如霸者，以私心感人，便要人應。自然往來，如王者，我感之也，無心而感，其應我也，無心而應，周偏公溥，無所私係。如此否[二八]？」曰：「是如此。」○雙峰胡氏曰[二九]：「四與初爲往來之爻，而二爻皆不正，故戒以憧憧往來，則所感者狹而不廣矣。四當心象，而不言心者，以心在内不可見，故特言『心之用思者，心之用也』。」注「**初爲拇**」止「**上爲輔頰舌**」建安丘氏曰：「咸六爻以人身取象，上卦象上體，下卦象下體。初在下體之下，爲拇；二在下體之中，爲腓；三在下體之上，爲股。此下卦三爻之序也。四在上體之下，爲心；五在上體之中，爲脢；上在上體之上，爲口。此上卦三爻之序也。拇、腓、股隨體而動，應感者也。脢不能思，無感者也。輔頰舌以言，爲説不足以感人者也。皆不能盡乎感之道，惟四居心位，爲感之至[三〇]。」

「**君子之遇艱阻**」止「**自修其德**」　本義：蹇，難也。足不能進，行之難也。○象曰：「山上有水，蹇。君子以反身修德。」傳：「山之峻阻，上復有水，坎水有險陷之象，上下險阻，故爲蹇也。」中溪張氏曰：「反身取艮之背，修德取坎之心。」○按：字會：一穀不升曰歉，又食不飽。

「**非明則**」止「**無所用**」　傳：豐，盛大之義。爲卦，震上離下。震，動也。離，明也。○初九傳：初九明之初，九四動之初，宜相須以成其用。○朱子曰：「徒行不明，則行無所向，冥行而已；徒明不行，則明無所用，空明而已。」

「**明道先生**」止「**實修業處**」　朱子曰：「明道論『修辭立其誠，所以居業』，説得來洞洞流轉。」○又曰：「人多將言語做没緊要，容易説出來。若一一要實，這工夫自是大[三一]。」○修辭便是立誠，如今人持擇言語，丁一確二，一字是一字，一句是一句，便是立誠。若還脱空亂語，誠如何立？○修辭立誠，只於平日語默之際，以氣上驗之，思與不思而發，意味自别。明道所謂「體當自家，敬以直内，義以方外之實事」者，只觀發言之平易躁妄，便見其德之厚薄、所養之淺深矣。○問：「『修辭立誠』與『閑邪存誠』相似否？」曰：「他地位自別。閑邪存誠，不大段用力；修辭立誠，大段著氣力。」○括蒼龔氏曰：終日三象。三，下卦之終，故諸爻多於三言終。○雲峰胡氏曰：下乾終，而上乾繼之，故曰「乾乾」。**注「擬議修辭」止「乾乾不息」**　按：擬議，非體當之意，且「修辭立於外」文字有病。「無一言不之不實」，亦是用功，豈是「見功之地」乎？「無一念之不實」，則「表裏一於誠」也，此乾乾不息底工夫。又推而極之，曰「至誠，故乾乾而不息」，似非本文意。

觀天地之化　程子曰：「天地之化，一息不留，疑其速也，然寒暑之變甚漸。」

「孟子才高」止「須是學顏子」　朱子曰：「孟子不甚細膩，如大匠把得繩墨定，千門萬户自在。」○答林擇之曰：「近略整頓孟子説，方見得此老直是把得定，但常放教到極險處，方與一斡轉，後便見天理人欲直是判然。非有命世之才，見道極分明，不能如此[三二]。然亦只此便是英氣害事處，便是才高無可依據處。」○[三三]顏子才雖未嘗不高，然其學却細膩切實，所以學者有用力處。孟子終是麤。○問：「『可依據[三四]，學者當學顏子。』如養氣處，豈得謂無可依據？」曰：「孟子皆是要用。顔子曾就己做工夫，所以學顔子則不錯。」○問：「顔子之學，莫是先於性情上著工夫否？」曰：「然。顔子生平只是受用『克己復禮』四箇字。」○孟子説得麤，不甚子細。只是他才高，自至那地位。若顔子説話，便可下手做。孟子底，更須解説方得。

「**且省外事**」止「**不遠**」　朱子曰：「明善了，又更須看自家進誠心與未。」問：「『文章雖不中不遠』，便是應那『省外事』一句否？」曰：「然。」

「**學者識得**」止「**栽培之意**」　朱子曰：識得與實有，須做兩句看。識得，是知之也；實有，是得之也。若只識得，只是知有此物，却須實有諸己，方是己物。○潛室陳氏曰：滿腔子是惻隱之心，既體認得分明，又須讀書涵養義理，以灌漑滋益之。**注**「**所存無非天理**」止「**以封植之**」　按：「吾心所存，無非天理，則地位已高，此後又溥求義理以封植」云者[三五]，語失先後之序。

孫叔敖　按：孫敖隱處海濱，楚莊王舉之爲令尹。○朱子曰：「只是要事事經歷過[三六]。一條路若素不曾行，忽然撞行去[三七]，少間定墮坑落塹也。」

參也，竟以魯得之　程子曰：曾子、孔子在時甚少，後來所學不可測，安知其不至聖人[三八]？且易簀之事，非大賢以上作不得。○朱子曰：「曾子魯鈍難曉，只是他不肯放過。」「若這事看未透[三九]，直是推得到盡處[四〇]，所以竟以魯得之。」「緣他質魯鈍，不便理會得，故終著工夫，遂見得透徹。」「若理會不得，便放下了，如何得通透，終於魯而已。」曾子之爲人敦厚質實，而其學專以躬行爲主，故其真積力久，而得以聞乎一貫之妙。曾子説話，盛水不漏。

玩物喪志　朱子曰：明道以上蔡記誦爲玩物喪志，蓋爲其意不是理會道理，只是誇多鬥靡爲能。若明道看史不蹉一字[四一]，則意思自别。此正爲己、爲人之分。**注**「**心中不容絲髮事**」按：若以静時工夫言之，則如此可也；不分動静而儱侗言之，則恐有病。

「**禮樂只在進反**」止「**性情之正**」　馬氏曰：以體言之，禮減樂盈；以用言之，禮進樂反。禮主減，故勉而作之，而以進爲文；樂主盈，故反以抑之，而以反爲文。減而不進，則幾於息矣，故銷盈而不反，則至於流矣，故放。○劉氏曰：禮必有和，以爲減之報。報者，相濟之意也。樂必有節，以爲盈之反。反者，知止之謂也。禮減而得其和而相濟，則從容欣愛而樂矣，此樂而和禮也。樂盈而得其節以知止，則優柔乎中而安矣，此禮以節樂也。○朱子曰：禮，如凡事儉約，如收斂恭敬，便是減。須當著力向前去做，便是進。樂，如歌詠和樂，便是盈。須當有箇節制，和而不流，便是反。禮減而却進前去，樂盈而却反退來，便是得性情之正[四二]。**注**「**又曰**」按：「又曰」以下亦樂記語，非朱子説。

「**父子君臣**」止「**不是王者事**」朱子曰：天分，即天理也。父安其父之分，子安其子之分，君安其君之分，臣安其臣之分，則安得私？故雖行一不義，殺一不辜，而得天下，有所不爲。

根本培壅。**注**「**朱子曰**」止「**此意也**」按：明道先生曰：「聖賢千言萬語，止尋向上去。」朱子截取此言，以明培壅根本之意。

「董仲舒」止**「不計其功」**　朱子曰：「道、誼是箇體、用。道是大綱説，誼是就一事上説。功是就道中做得功效出來。」〇「正義未嘗不利，明道豈必無功，但不先以功利爲心耳。」問：「『正誼不謀』，在處事之後[四三]。如此看，可否[四四]？」曰：「恁地説，也得。他本是合掌説，看來也須微有先後之序。」〇乾卦文言曰：「利者義之和也。」朱子曰：「如君臣父子各得其宜，此便是和處，安得謂之不利！如『君不君，臣不臣，父不父，子不子』，此便是不和，安得謂之利！」又曰：「利，是那義裏面生出來底。凡事處置得合宜，利便隨之。」又曰：「義者，得宜之謂。處得其宜，不逆了物，即所謂『利』。」**孫思邈膽大心小**　朱子曰：膽大是「千萬人吾往」之意，心小只是畏敬。

「視聽思慮」止**「真與妄」**　朱子曰：言視聽、思慮、動作皆是天理。其順發出來，無非當然之理，即所謂真。其妄者，却是反乎天理者也。〇問：「視聽、思慮、動作，皆天之所爲。及發而不中節，則是妄。故學者須要識别之。」曰：「妄是私意，不是不中節，這正是顔子之所謂『非禮』者，非禮處便是私意。」〇問：「胡伯達疑云：『既是天，安得妄？』某以爲此六者，人生皆備，故知均稟於天，但順其理則是真，違其理則是妄，妄即人爲之私耳。」曰：「有物必有則，此天也。若非其則，則是人爲亂之，妄而已矣。」

「**忠信所以進德**」止「**坤道**」　隆山李氏曰：文言字字皆有位置。乾九三言誠，坤六二言敬。誠敬者，乾坤之别也。先儒「誠敬」之學起於此。○朱子曰：「『忠信所以進德』，至『可與存義』也，都是徑前做去，有勇猛嚴厲、斬截剛果之意。須是見得，方能恁地，更著力不得。坤卦則未到這地位，『敬以直内，義以方外』，未免緊貼把捉，有持守底意。」又曰：「『忠信所以進德』，是乾健工夫，蓋是剛健粹精，兢兢業業，日進而不自已，如活龍然，精彩氣焰自有不可及者。『直内方外』，是坤順工夫，蓋是固執持守，依文按本底做去，所以爲學者事也。『忠信進德』、『敬以直内』，分屬乾、坤，蓋取乾順二體。修辭立誠，自有剛健主立之體，敬義便有静順之體。進修便是箇篤實，敬義便是箇虚静，故曰『陽實陰虚』。」

「**博學篤志**」止「**徹上徹下**」　朱子曰：於是四者也見得箇仁底道理，便是徹上徹下之道。○篤志，只是至誠懇切以求之，不是理會不得又掉了。若只管汎汎底外面去博學，更無懇切之志，便成放不知求底心，便成頑麻不仁。惟篤志，又切問近思，便有歸宿處，這心便不汎濫走作，仁便在其中。○胡氏曰：學、問、思是徹下；仁在其中，是徹上。

忠恕所以公平

程子曰：「如心爲恕。」朱子曰：「忠是一毫無自欺處，恕是稱物平恕處[四五]。忠因恕見，恕由忠出。」○忠恕，猶形影，無忠，則不能爲恕，忠只是一箇做出百千萬箇恕來。○忠是根本，恕枝葉。非是别有枝葉，乃是本根中發出，枝葉即是本根。○「造德則自恕[四六]」，是從這裏做出來；「其致則公平」，言其極則公平也。○退溪曰：造，詣也。

「仁之道」止「仁之用」 退溪曰：消，須也。○問：「只是仁之理，專言公則只虚空。説著理而不見其切於己，故必以身體之，然後我與理合而謂之仁，亦猶孟子合而言之道也。然公果何謂體？何謂仁？亦不過克盡己私。至於此心豁然，瑩净光潔，徹表裏純是天理之公，生生無間斷，則天地生物之意常存，此體公所以爲仁，所以能恕，所以能愛。『人』字只是指吾此身而言，緊要却在『體』字上，不審是否？」朱子曰：「此説得之。」○體者，乃是以人而體公。蓋人撑起這公作骨子，則無私心而仁矣。蓋公只是一箇公理，仁是人心本仁。人而不公，則害夫仁。故必體此公在人身上以爲之體，則無所害其仁，而仁流行也。○恕與愛本皆出於仁，然非公則安能恕？安能愛人[四七]？○仁之發處自是愛，恕是推那愛底[四八]。○問：「先生謂『愛如水，恕如水之流』，退而思，有所未合。竊謂仁如水，愛如水之潤，恕如水之流，不審如何？」曰：「説得好。昨日説過了，恕是分俵那愛底。如一桶水，愛是水，恕是分俵此水何處一杓，故謂之施。愛是仁之用，恕所以施愛者。」○問：「施與用如何分別？」曰：「恕之所施，施其愛爾；不恕，則雖有愛而不能及人也。」「『施、用』兩字，移動全不得。這般處，惟有孔、孟能如此，下自荀、楊諸人便不能。昔有言『盡己之謂忠，盡物之謂恕』，伊川言：『盡物只可言信。』恕是推己，故只可言施。如此等處，極當細看。」○公在仁之先，愛、恕在仁之後。**注「恕則泉之流出」**按：此與或人所問「恕如水之流」同意，然以朱子「恕是分俵此水」之説觀之，則葉注語未圓備，似欠分俵意。

「人謂要力行」止「能得幾時子」　或問：「『力行』如何是『淺近語』？」朱子曰：「不明道理，只是硬行。他只是見聖賢所爲，心下愛，硬依他行。這是私意，不是當行。若見得道理，則皆是當恁地行。」又問：「『這一點意氣能得幾時子』是如何[四九]？」曰：「久時，將次只是恁地休了。」

問：敬義何別？注「事事求箇是」 朱子曰：南軒曰「集義，只是事事求箇是而已」，此則説窮理，未説到集義。程子所謂「知有是非，順理而行」，可謂縝密。**欲爲孝** 按：以下論「集義」底語也，不可把「守著一箇孝」一句比「只守一箇敬」看。

「有求爲聖人之志」止「可與權」 論語注曰：「可與者，言其可與共爲此事也。權，稱錘也，所以稱物而知輕重者也。可與權，爲能權輕重，使合義也。」楊氏曰：「信道篤，然後可與立。知時措之宜，然後可與權。」洪氏曰：「權者，聖人之大用。未能立而言權，猶人未能立而欲行，鮮不仆矣。」○朱子曰：「立，是見得那正當道理分明了，不爲事物所遷惑。可與立者，能處置得常事；可與權者，能處置得變事。」○程子曰：反經合道爲權，公羊唱之，何休和之。自漢以下，無人識「權」字，才説權，便是變詐，不知權只是經所不及者。權量輕重使之合義，才合義便是權也。○按：公羊傳：「權者何？反於經，然後有善者也。」見桓公十一年韓康伯注。繫辭「巽以行權」，云「反經而合道」，何休注公羊傳。○朱子曰：「權與經須有異處，而權實不離乎經也。這裏所争只毫釐。伊川説『權只是經』，恐也未盡。伊川又云『權是經之所不及者』，此説方盡。經有不可行處，而至於用權，此權所以合經也。『反經合道』一句，思之亦通，緣『權』字與『經』字對説。『纔是權，便是變，却那箇經』，雖謂之反經，可也。伊川見漢儒言『反經是權，不無忌憚者，得備權以自便[五〇]』，因有此論。」

爲學，忌先立標準　朱子曰：學者固當以聖人爲師，然亦何須先立標準？才立標準，心裏便計較思量幾時到聖人處，聖人田地又如何，便有箇先獲底心。顔淵曰：「舜何人也？予何人也？有爲者亦若是。」也只如此平説。

「尹彦明」止「西銘看」　朱子曰：「自教他自就切己處思量，未欲便把那書與之讀。」「此意思也好，也有病。蓋且養他氣質，淘潩音異，噴水也。去了那許多不好底意思。如學記所謂『未卜禘，不視學，遊其志也』之意。本注：禘，五年之大祭也，不五年不視學。所以優遊學者之心志也。此意固好，然也有病者，蓋天下有多少書，若半年間都不教他看一字，幾時讀得天下許多書？所以彦明後來工夫小了[五一]。」始讀此，便是病。或曰：「想得當時大學亦未成論緒，難看在？」曰：「然。」○沙溪曰：此與大學讀法、朱子説不同。此謂「厚積誠意」。半年之後，始讀大學。西銘讀法，則謂「讀大學、西銘至於半年之久」。

有人説無心。注「本天理之公」 按：「本」字剩。

天下何思何慮 朱子曰：謂雖萬變之紛紜，而所以應之，各有定理，不假思慮而知也。○臨川吴氏曰：「思者，心之用也。慮者，謀度其事也。心體虚靈，如求明鏡[五二]，未與物接，寂然不動，何思之有？既與物接應之，各有定理，何慮之有？理之在心者同，因事之不同，而所行之道各殊。理之在心者一，因事之不一，而所發之慮有百。途雖殊，慮雖百，而應事之理則同一口也[五三]。故定心應事，動而無動，則亦何慮之有？」

「**精義入神**」止「**未或致知**」 按：繫辭曰：「精義入神，以致用也；利用安身，以崇德也。過此以往，未之或知也。窮知化[五四]，德之盛也。」朱子曰：「精研其義，至於入神，屈之至也。然乃所以爲出而致用之本，利其施用，無適不安，信之極也。然乃所以爲入而崇德之資，内外交相互養相發也。」○所謂義者，宜而已。精義者，精諸此而已。精之至而入於神，則於事物之所宜，毫釐委曲之間，無所不悉，有不容言之妙矣，此所以致用而用無不利也。利用安身，今人循理，則自然安利。不循理，自然不安利。○精研義理，無絲毫之差入那神妙處，這便是要出來致用。外面用得，利而安身，乃所以入來。自崇己德，致用之用，即利用之用。○「精義入神」，疑與行處不相關，然而見得道理通徹，乃所以「致用」。「利用安身」，亦疑與「崇德」不相關，然而動作得其理[五五]，則德自崇。○李敬子問：「『求利吾外也』，『求』字似有病，便有先獲底心。『精義入神』，自然是能利吾外，何待於求？」曰：「然。當云『所以利吾外』也。」○「入神，是入至於微妙處。此却似向內做工夫，非是作用於外，然乃所以致用於外也。」「『事豫吾内』，事未至而先至其理之謂豫[五六]。」「下學之事，盡力於『精義』、『利用』。自此以上，亦無所用其力矣。至於『窮神知化』便與『自誠而明』相似[五七]，未知或知是到這理，不可奈何。」○橫渠云：「陰陽二氣推行以漸，謂化；闔闢不測，謂神。」伊川說神化等，却不似橫渠說得分明。○「橫渠曰：『一故神，兩在故不測。兩故化。』化是逐些字挨將去底，一日復二日，一月復二月[五八]，節節挨將去，便成一年。」「神，是一箇物事，或在彼，或在此。當其在陰時，全體在陰；在陽時，全體在陽。都只是這一物，兩處都在，不可測，故謂神。」**注「著萬物而有迹」**　按：化固有迹，然語意似陡。如曰「變萬物，而有漸」，則如何？

「德不勝氣」止「修夭而已」　問：「前日見先生說，以性命之『命』爲聽命之

『命』[五九]。適見舊答潘恭叔書，以『命』與『性』字只一般，如言性與命也。所以後面分言『性天德，命天理』。不知如何？」朱子曰：「是如此。但『命』字較輕。」問：「若將『性命』作兩字看，則『於氣』、『於德』字，如何地説得來[六〇]？則當云『性命皆由於氣、由於德』始得。」曰：「橫渠文字自如此。」○德性若不勝那氣稟，則性命只由那氣；德性能勝其氣，則性命都是那德。兩者相爲勝負。然亦非是元地頭不渾全，只是氣稟之偏隔著。故窮理盡性，則善反之功也。「性天德，命天理」，則無不是元來至善之物矣。○問：「從前看『性命於德』一句，意謂此性由其德之所命。今如此云，則是『性』、『命』二字皆是德？」曰：「然。」○程子曰：「窮理盡性以至於命，則全無著力處，三事一時並了，元無次序，不可將窮理作知之事。若實窮得理，即性命亦可了。天命，猶天道也，以其用言之則謂之命。」張子曰：「程子説『只窮理，便是至於命』，亦是失於太快。此義儘有次序，須是窮理，便能盡得己之性，則推類又盡人之性。既盡得人之性，須盡萬物之性，一齊盡得。如此，然後至於天道也，其間煞有事。」或問：「程、張之説孰是？」朱子曰：「各是一説。程子皆以見言，不如張子有作用。窮理是知[六一]，盡性是行，覺程子是説得快了。如爲子知所以爲孝，爲臣知所以爲忠，此窮理也；爲子能孝，爲臣能忠，此盡性也。能窮其理，而充其性之所有，方謂之『盡』。『以至於命』，是拖脚，説得於天者。」○問：「『性天德，命天理』，這處『性』、『命』如何分別？」曰：「性以其定者言，命以其流行者言。」○朱子曰：「張子只是説性與氣皆從上面流下來。自家之德，若不能有以勝其氣，則秖是承當得他那所賦之氣。若是德有以勝其氣，則我之所以受其賦予者皆是德。故窮理盡性，則我之所受皆天之德，其所以賦予我者皆天之理。」〇横渠云：「所不可變者，惟壽夭耳。」要之，此亦可變，但大概如此。〇按：「性命於氣」，文意分明，「性命於德」一句，有若「以德與性爲二者」，然不可曉。然横渠文字本如此。**注「雜揉之質」**按：「質」字未穩。揉，恐當從「米」，米雜也。

「莫非天也」止「物欲行」　朱子曰：只將自家意思體驗，便見得。人心虚静，自然清明，纔爲物欲所蔽，便暗了[六二]，此陰濁所以勝也。

「大其心」止「合天心」　朱子曰：「『大其心，則能遍體天下之物』，體，猶『仁體事而無不在』，言心理流行，脉絡貫通，無有不到。苟一物有未體，則便有不到處。包括不盡，是心爲有外。蓋私意間隔，而物我對立，則雖至親，且未必能無外矣。」「『物有未體』，此『體』字猶云『體群臣』也。伊川曰『「天理」二字，却是自家體貼出來』，是這播『體』字[六三]。」問：「不以見聞梏其心[六四]。梏，按韻會：手械也。朱子曰：如彼禁械，更不容他轉動。」曰：「此是説聖人盡性事。如今人理會學，先於見聞上做工夫到，然後脱然貫通。蓋尋常見聞，一事只知得一箇道理，若到貫通，便都是一理，曾子是已。」「盡心，只是極其大，心極其大，則知性知天，而無有外之心矣。」「然孟子之意，只是説窮理之至，則心自然極其全體而無餘，非是要大其心而後知性知天也。」問：「如何是『不足以合天心』？」曰：「天大無外[六五]，物無不包。物理所在，一有所遺，則吾心爲有外，便與天心不相似。」「横渠此説固好，然只管如此説，便無規矩。無歸著入於邪遁之説[六六]，此心便瞥入虚空裏去了。」按：孟子曰：「盡其心者，知其性也[六七]。知其性，則知天矣。」朱子曰：「天大無外，而性禀其全，故人之本心，其體廓然，亦無限量。推其梏於形氣之私，滯於見聞之小，是以有所蔽而不盡。人能即事即物，之窮究其理[六八]，至於一日會通貫徹，無所遺焉，則有以全其本然之體。而吾之所以爲性，天之所以爲天者，皆不外此，而一以貫之矣。伊川云『盡心然後知性』，此不然，盡字大，知字零星，性者吾心之實理。若不知得，却盡箇甚，惟就『知』上積累將去[六九]，自然盡心。人能盡其心者，只爲知其性。以大學之序言之，知性則物格之謂，盡心則知至之謂也。」按：横渠説「盡心知性知天」，與伊川意相似，而與朱子説不同。**注「萬物一體」止「藩籬爾汝」** 按：朱子釋「體」字曰：「體認之『體』也，體群臣之『體』也，體貼出來之『體』也。置心在物中，究見其理，如格物、致知之意也。」合此而觀之，則物有未體之「體」，乃其就事物上體認之意。一物之理，或有所未體，則心爲有外云耳。朱子論「體天下之物」，則曰「猶仁體事，而無不在」；論「物有未體」，則曰「體認釋兩『體』字」，其意微矣。葉氏似以此「體」字爲仁者，與天地萬物爲一體之「體」，此不可曉。

仲尼絶四，注「克治融釋」　按：克治，始學也。融釋，成德也。

「知崇天」止「易行」　按：繫辭曰：「知崇禮卑，崇效天，卑法地。天地設位，而易行乎其中矣。成性存存[七〇]，道義之門。」朱子曰：「『知崇』是知識要超邁，『禮卑』是須就切實處行。若知不高，則識見淺陋；若履不切，則所行不實。知識高便是象天，所行實便是法地。」潛室陳氏曰：「知以廉明爲用[七一]，屬陽屬天，皆言其輕清也；禮以形氣爲質，屬陰屬地，皆言其重濁也。」○朱子曰：「陰陽升降便是易。易者，陰陽是已。天地設位而變化行，猶知禮存性而道義出也。存，謂存而又存，不已之意也。道，體也[七二]；義，用也。」**注「性斯成」**　按：成，性也。朱子曰：「本成之性也。」又曰：「猶言見性底。」「性然」此章，知禮成性，則須如葉說乃通。**注「易之理」**　按：本義曰：「天地設位，而變化行。」變化，言易也。然則「易之理」，

「理」字有病。

「困之進人」止**「疢疾以此」**　朱子曰：「『困，德之辨』，困而通，則可辨其是；困而不通，則可見其非。」進齋徐氏曰：「人處困窮，出處語默之間，取予辭受之際，最可觀德。當義則爲君子，違理則爲小人。」○朱子曰：「感速，言我之感發速也。」○按：慧，聰警也。南軒張氏曰：「人平居漠然不省，惟疢疾加焉，則動心忍性，有所感發，故慧知由此而生。」「辨，猶仔細。」與前説不同。」**注「見理也明」**　按：朱子「可辨」之説，承困之彖辭「困而不失其所亨，其惟君子」而言也。朱子説，則當辨其處困者之是非，與葉氏以見理之明釋之，其意不同。然葉説得横渠之意。又按：朱子曰「辨，猶子細」，與前説不同。

混然中處　按：此言混合無間，蓋此身便是從天地來。**顛連**　按：恐是顛沛流連之意。**樂且不憂**　按：孟子曰：「以大事小者，樂天者也。」注：天者，理而已矣。自然合理，故曰樂天。論語曰：「君子不憂不懼。」注：理足以勝私，故不憂。程子曰：「仁者不懼，樂天者也。」○朱子曰：「仁者，天下之公，私欲不萌，而天下之公在我，何憂之有！」○又按：繫辭曰：

樂天知命，故不憂。**舜其功**　按：天下之爲父子者，定是其功也。**又曰：訂頑**。**注「仁者，本以天地萬物爲一體」**　按：所謂仁之體，乃指仁之體初非謂以天地萬物爲一體也。**注「莫非自然之理」**　按：此言分殊也。

范巽之　按：張子門人，序正蒙。○問：「横渠語范巽之一段，如何？」朱子曰：「今人不能『脱然如大寐之得醒』，其只是捉道理説。要之，也説得去，只是不透徹。」又曰：「正要常存意不忘[七三]。」曰：「只是常存不及古人意。」曰：「設此語者，只不要放倒此意爾。」○按：葉氏所謂朱子以題目言，又以義理言，其釋「游心浸熟」之意不同者，語意則將不及古人作題目游心浸熟，而自得之耳。

「未知立心」止「以利吾往」　朱子曰：横渠此説甚好，便見有次序處。若是思慮紛然，趨向未定，未有箇主宰，如何地講學[七四]！○未知立心，則或善或惡，故胡亂思量，惹得許多疑起。既知所立，則是此心已立於善而無惡，便又惡講治之不精。急於可欲之善，則便是無善惡之雜，便是「立吾心於不疑之地」。人之所以有疑而不果於爲善者，以有善惡之雜。今既有善而無惡，則「若決江河以利吾往」矣。○潛室陳氏曰：「橫渠云『未知立心，惡思多之致疑』，蓋立心知敬之謂[七五]。先立箇主人翁了，方做得窮理格物工夫。」按：此語與朱子說不同。○按：孟子「可欲之謂善」，朱子曰：「天下之理，其善者必可欲，其惡者必可惡。其爲人也，可欲而不可惡，則可謂善人矣。」又曰：「『可欲』是資禀好，別人以爲『可欲』是説這人可愛也。其爲人處心造事，行己接物，一皆可欲而不可惡，則可謂之善人矣。」○慶源輔氏曰：「先儒多以可欲爲己之欲，獨集注不然，可欲是別人以爲可欲。」○按：橫渠所謂「可欲」與朱子說不同。**注**「**急於明可欲之善者**」止「**無所疑惑**」　按：朱子曰：「急於可欲之善，則便是無善惡之雜，便是『立吾心於不疑之地』。」此專以行言，葉説似以知言，恐未穩。**遜此志，務時敏，厥修乃來**　書悅命「惟學遜志」云云。注：遜，謙抑也。時敏者，無時而不敏也。遜其志，如有所不能。敏於學，如有所不及。虛以受人，勤以勵己，則其所修如泉始達，源源乎其來矣。○朱子曰：遜順其志，捺按：韻會：乃曷切，以手按之也。下這志，入那事中，子細低心下意，與他理會。若高氣不伏，以爲無緊要，不能入細理會得，則其修亦不來矣。既遜其志，又須時敏，若似做不做，或作或輟[七六]，亦不濟事。須是「遜志又務時敏」，則「厥修乃來」。爲學之道，只此二端而已。**敏以求之**　論語注：敏，速也，謂汲汲也。**注**「**遜此志**」止「**講學爲急**」　按：書注曰：「如有所不及，勤以勵己。」朱子曰：「遜其志，又須時敏，若似做不做，或作或輟，亦不濟事。」然則時敏以敏於行言，不但以講學言也。若以遜志、務時敏爲立心，以後之事則可若分「遜志」與「務時敏」，以應「立心」與「講學」，則恐未免牽合之失。

明善爲本。**注**「**所見寖微**」　按：大小以德言也，葉説未曉。

今且只將「尊德性」。**注**「『**尊德性**』**則只約禮**」止「**下學之事**」　按：葉氏以「尊德性」爲上達，「道問學」爲下學，然尊德性中亦有下學上達：操存是下學，極高明是上達。道問學亦然，博學雖是下學，盡精微而道中庸亦是下學乎？**注**「**增益其不知，改治其不善**」按：多少爲益之益，即德性上益。問學上益之益，統言兩「益」字也。知所亡者，日知其所主知也。此非德性上事，乃學問上事也。必日知所亡，而改得小不善，乃屬德性上事矣。緣葉氏以「增益其不知，改治其不善」分治兩脚説，故誤看此段文義者，多不可不辨。且葉氏「增益其不知」文字有病，「益」字下有「知」字乃通。

爲天地立心。注「參贊化育」　中庸曰：「可以贊天地之化育，則可以與天地參矣。」朱子曰：「贊，猶助也。與天地參，謂與天地並立而爲三也。」又曰：「天人所爲，各自有分，人做得底，却有天做不得底。如天能生物，而耕必用人；水能潤物，而灌必用人；火能熯物，而爨必用人。裁成輔相，皆人，非贊而何[七七]？」按：程子曰：「人者，天地之心。」朱子曰：「所謂天地之心，而人之極也。」據此立心，似爲立人極也。葉氏引「參贊化育」等語以釋之，恐未然。

載所以使學者先學禮　上蔡謝氏曰：「横渠教人以禮爲先，大要欲得正容謹節，其意謂『世人汗漫無守，便當以禮爲地』，教他取上面做工夫。然其門人下梢，溺於刑名度數之守，故其學無傳之者。明道則不然，先使學者有知識，却從敬入。」或問：「横渠教人以禮爲先，與明道使學者從敬入[七八]，何故不同？」曰：「既有知識，窮得物理，却從敬上涵養出來，自然是别『正容謹節』，外面威儀，非禮之本。」○朱子曰：「觀上蔡説得又自偏了。這都看不得禮之大體，所以都易得偏。如上蔡説横渠之非，以爲『欲得正容謹節』。這自是好，如何廢這箇得？如專去理會刑名度數，固不得；又專廢了這箇[七九]，也不得。如上蔡説，便非曾子『籩豆則有司存』，本末並見之意。後世如有作者，必不專泥於刑名度數[八〇]，亦只整頓其大體。如孟子在戰國時已自見得許多瑣碎不可行，故説喪服、經界諸處，只是理會大體，此便是後來要行古禮之法。」

多聞不足以盡天下之故　按：繫辭曰：「感而遂通天下之故。」孟子曰：「天下之言性也，則故而已。」注：故者，其已然之迹，若所謂天下之故者也。事物之理，雖若無形而難知，然其發見之已然，則必有迹而易見。**注「故，所以然也」**　按：此與孟子注不同，以孟子注意看，恐於「多聞」字爲襯。

文要密察　按：中庸曰：「文理密察，足以有別。」注：密，詳細也。察，明辨也。

「**心大則**」止「**皆病**」　朱子曰：「通，只是透得那道理去；病，則是窒礙了。」問：「如何是小？」曰：「此言狹隘，則事有窒礙不行，如仁則流於姑息，義則入於殘暴，皆見此不見彼。」

注「處己待人」　按：葉氏只言己與人，而不及於物，何也？吾儒與萬物爲一體，釋氏滅絶天倫，此心大小之相去，爲如何哉？通無隔塞也。

「**合内外**」止「**道之大端**」朱子曰：蓋道只是致一公平之理而已。

穿鑿 退溪曰：穿牆鑿壁，如太極賦穴，牆垣爲户牖云爾。**創** 按：造也。**代大匠斲，希不傷手** 老子。按：韓退之祭柳子厚文用此意，曰：「不善爲斲，血指汗顔，巧匠傍觀，縮手袖間。」

多見其不知量 論語本注：「多，與秖同，適也。不知量，謂不自知其分量也。」漢儒注釋亦曰：「適自見其不知量也。」

【校勘記】

［一］朱子曰精氣流過 「過」，四書大全論語集注大全卷六作「通」。

［二］便要那將來 「那」，朱子語類卷八十七作「拏」。

［三］定性書是定心誠意工夫否 「定心」，性理大全卷三十三作「正心」，下句亦同。

［四］而言感之道 「道」原作「通」，據周易程氏傳卷三改。

〔五〕蓋嘗有此語曰　「此」，朱子語類卷七十二無。
〔六〕是所不見也　「是」字原無，據周易程氏傳卷四補。
〔七〕謂忘我也　「忘」原作「妄」，據周易程氏傳卷四改。
〔八〕惟背爲止　「止」字原無，據周易本義卷二補。
〔九〕許多説話皆是如此　「許多説話」四字，朱子語類卷九十五無。
〔一〇〕明道多只恁成片説將去　「成」原作「地」，據朱子語類卷九十五改。
〔一一〕初看似無統説　「説」，朱子語類卷九十五無。
〔一二〕此書大意不過此七句而已　「七」，性理大全卷三十三作「二」。
〔一三〕以結上文　「以」上，性理大全卷三十有「亦引易」三字。
〔一四〕本皆利順　「利順」，孟子集注卷八作「順利」。
〔一五〕安能先識至處　「至」原作「知」，據河南程氏遺書卷十九改。
〔一六〕坤六二言賢人之學　「六二」原作「六三」，據朱子語類卷六十九、周易大全卷二改。
〔一七〕則做事出來必錯了　「來」原作「未」，據周易大全卷二改。
〔一八〕而不知就日用念慮處分別　「處」，周易大全卷二作「起處」。按：此本脱「起」字。
〔一九〕而不合正理者　「者」原作「有」，據周易大全卷十改。

〔二〇〕雙峰胡氏曰　「雙峰胡氏」，周易會通卷六作「雙湖先生」。

〔二一〕若往三則三來而成遯矣　「若」上，周易會通卷六有「九」字；「三來」，周易會通卷六作「六三來」；「而」上，周易會通卷六有「初」字。

〔二二〕是二物之氣相感通也　「二」原作「三」，據周易程氏傳卷三改。

〔二三〕君子觀山澤通氣之象　「氣」原作「奇」，據周易程氏傳卷三改。

〔二四〕有二土之象　「土」原作「上」，據朱子語類卷七十二改。

〔二五〕乃是隨我量之大小以容之　「之」，朱子語類卷七十二作「人」。

〔二六〕問憧憧往來　「憧憧往來」，朱子語類卷七十二作「往來是心中憧憧然往來」。

〔二七〕先後自相感　「先後自相感」句，朱子語類卷九十五無。

〔二八〕如此否　「如」上，朱子語類卷七十二有「是」字。

〔二九〕雙峰胡氏　「峰」，周易會通卷六作「湖」。

〔三〇〕爲感之至　「至」，周易大全卷十二作「主」。

〔三一〕這工夫自是大　「自是大」三字原無，據朱子語類卷六十九補。

〔三二〕不能如此　「此」字原無，據晦庵先生朱文公文集卷四十三補。

〔三三〕按：下文在上述信件中無，故在此增一圓圈以别之。

［三四］問可依據　「可依據」，朱子語類卷九十五作「孟子無可依據」。

［三五］此後又溥求義理以封植云者　「溥」，葉采近思録集解元刊本作「博」。

［三六］只是要事事經歷過　「過」下，原本有「一條路」三字，據四書大全孟子集注大全卷十二刪。

［三七］忽然撞行去　「忽然」下，四書大全孟子集注大全卷十二有「一旦」兩字。

［三八］安知其不至聖人　此句，程氏遺書卷十八無。

［三九］若這事看未透　「看」原作「者」，據朱子語類卷三十九改。

［四〇］直是推得到盡處　「直」，朱子語類卷三十九作「真」；「推」，朱子語類卷三十九作「捱」。

［四一］若明道看史不蹉一字　「若」原作「名」，據朱子語類卷九十五改。

［四二］便是得性情之正　「之」字原無，據朱子語類卷九十五補。

［四三］正誼不謀在處事之後　「正誼不謀，在處事之後」，朱子語類卷九十五作「正誼不謀利，在處事之先；明道不計功，在處事之後」。

［四四］可否　「可」字原無，據朱子語類卷九十五補。

［四五］忠是一毫無自欺處恕是稱物平恕處　「一毫無」，性理大全卷三十九作「無一毫」；「平恕之『恕』」，性理大全卷三十九作「施」。

［四六］造德則自恕恕　「造」，朱子語類卷九十五作「進」；「恕恕」，朱子語類卷九十五作「忠恕」。

〔四七〕安能愛人　「人」，朱子語類卷九十五無。
〔四八〕恕是推那愛底　「是」字原無，據朱子語類卷九十五補。
〔四九〕這一點意氣能得幾時子是如何　「子」，朱子語類卷九十五作「了」。
〔五〇〕不無忌憚者得備權以自便　「不」，四書大全論語集注大全卷九作「恐」；「備」，四書大全論語集注大全卷九作「借」。
〔五一〕所以彥明後來工夫小了　「後來工夫小了」，朱子語類卷九十五作「終究後來工夫少了」。
〔五二〕如求明鏡　「求」，周易大全卷二十三作「止水」。按：作「止水」爲妥。
〔五三〕而應事之理則同一口也　「一口」，周易大全卷二十三作「而一」。
〔五四〕窮知化　「窮知化」，周易本義卷三作「窮神知化」。
〔五五〕然而動作得其理　「理」原作「利」，據朱子語類卷七十六改。
〔五六〕事未至而先至其理之謂豫　「豫」字原無，據朱子語類卷九十八補。
〔五七〕至於窮神知化便與自誠而明相似　「知」原作「至」，據周易本義卷三改。
〔五八〕一日復二日一月復二月　兩「二」字，朱子語類卷九十八均作「一」。
〔五九〕以性命之命爲聽命之命　末之「命」字原作「本」，據朱子語類卷九十八改。
〔六〇〕如何地説得來　「地」原作「他」，據朱子語類卷九十八改。

〔六一〕窮理是知　「知」，朱子語類卷七十七作「見」。
〔六二〕便暗了　「暗」，朱子語類卷九十八作「陰陰地黑暗」。
〔六三〕是這播體字　「播」，朱子語類卷九十八作「樣」。
〔六四〕不以見聞梏其心　「聞」原作「問」，據朱子語類卷九十八改。
〔六五〕天大無外　「無」原作「與」，據朱子語類卷九十八改。
〔六六〕無歸著入於邪遁之説　「入於邪遁之説」六字原無，據朱子語類卷九十八補。
〔六七〕知其性也　「知」原作「盡」，據四書大全孟子集注大全卷十三改。
〔六八〕之窮究其理　「之」，四書大全孟子集注大全卷十三無。
〔六九〕惟就知上積累將去　「上」原作「止」，據四書大全孟子集注大全卷十三改。
〔七〇〕成性存存　下「存」字原無，據周易本義卷三補。
〔七一〕知以廉明爲用　「廉」，周易大全卷二十二作「虚」。
〔七二〕道體也　「道」原作「道體」，據朱子語類卷七十四改。
〔七三〕正要常存意不忘　「不」上，朱子語類有「使」字。
〔七四〕如何地講學　「地」原作「他」，據朱子語類卷九十八改。
〔七五〕蓋立心知敬之謂　「知」，近思雜問作「持」。

〔七六〕或作或輟　「輟」原作「轍」，據朱子語類卷七十九改。按：本條下文「輟」，亦如是。
〔七七〕裁成輔相皆人非贊而何　「裁」原作「財」，據朱子語類卷六十四改；「皆人非贊而何」，朱子語類卷六十四作「須是人做非贊助而何」。
〔七八〕與明道使學者從敬入　「與」原作「如」，據性理大全卷五十一改。
〔七九〕又專廢了這箇　「專」，朱子語類卷一百一作「全」。
〔八〇〕必不專泥於刑名度數　「不」字原無，據朱子語類卷一百一補。

近思録釋義卷之三

論致知

時中　按：此謂「有時而中」也，與中庸所謂「時中」不同。

出入　論語本注曰「小節雖或未盡」，可也。此言小小未盡合理者，時有之也。**注**「約」猶「略」字之意。

日月至焉　論語本注：或日一至焉，或月一至焉，能造其域而不能久也。○朱子曰：「仁與心本是一物，被私欲一隔，心便違仁去，却爲二物。若私欲既無，則心與仁便不相違，合成一物。心猶鏡，仁猶鏡之明。鏡本來明，被塵垢一蔽，遂不明。若塵垢一去，則鏡明矣。顏子三箇月之久無塵垢，其餘人或日一次無塵垢，少間又暗；或月一次無塵垢，二十九日暗。」**所見規**

模　按：所見與規模也。

「如掘井」止**「久自明快」**　朱子思索比穿井不懈，便得。清水先須是濁，漸剖將去，却自會清。

「橫渠答范巽之」止**「溺於怪妄必矣」**　朱子曰：横渠所謂「物怪神姦」，不必辨，且只「守之不失」。如「精氣爲物，游魂爲變」[一]，此是理之常也。「守之勿失」者，以此爲正，且恁地去，他日當自見也。若「委之無窮，付之不可知」，此又溺於茫昧，不能以常理爲主者也。伯有爲厲[二]，别是一種道理。此言其變，如世之妖妄者也。**交來無間**　按：間，間斷也。無間，謂合也。

性與天道　横渠所謂「居常語之，必以了悟爲聞」者，與此不同，然亦一義也。**注「性者人心稟賦之理」**　按：語未穩，當此人心所具之理。

便麤。」

心麤　問：「顔子心麤之説，恐太過否？」朱子曰：「顔子比之衆人純粹，比之孔子

「**博學於文**」，**習坎**「**心亨**」　朱子曰：看文字須是如猛將用兵，直是鏖戰一陣；如酷吏治獄，直是推勘到底，決是不恕他方得。○易坎卦辭。本義曰：「習，重習也。坎，險陷也。中實爲有孚心亨之象。」按：易之心亨，謂其心誠一，故能亨通也。横渠借此語以言其博學、窮理、積善、勤苦而後心通也。**注**「**卦當重險**」　按：「當」字未穩。

「**義理有疑**」止「**以來新意**」　朱子曰：此説最有理，若不濯去舊見，何處得新意來？今學者有二種病：一是主自家意思，一是舊有先入之説[三]。雖欲擺脱，亦被他自來相尋。

學者自得。**注**「**路徑門庭**」　朱子曰：「讀書之法。如讀此一書，須知此書當如何讀。伊川教人看易，以王輔嗣、胡翼之、王介甫三人易解看，此便是讀書之門庭。緣當時諸經都未有成説，學者乍難捉模，故教人如此。」或問：「如詩是吟詠情性[四]，讀詩者便當以此求之否？」

曰：「然。讀書只就一直道理看，剖析自分曉，不必去偏曲處看。易有陰陽，詩有邪正，書有治亂，皆是一直路徑可見，别無嶢崎。」

「**凡解文字**」止「**此之謂也**」　勉齋黄氏曰：「觀書者，最怕氣不平。且如公治長一章，上蔡則謂『聖人擇壻，驚人如此』，龜山則謂『聖人所以求於人者薄，可免於刑戮，而不累其家，皆可妻也』。上蔡氣高者也，龜山氣弱者也，故所見各别如此。要之，當隨文平看，方見得聖人之本意，此觀書之大法。」○按：性理大全：「平坦底道路，下有沮洳[五]。」隨卦言「君子向晦入宴息」，解者多作「遵養時晦」之晦。或問：「作甚『晦』字？」曰：「此只是隨時之大者，向晦則宴息也。」「**楊子曰**」止「**其近如此**」　按：二程全書：「聖人之言，遠如天，近如地。其遠也，若不可得，而及其近也，亦不可得而行[六]。」楊子曰：「聖人之言遠如天，賢人之言近如地。」非也，此段文字與此小異。

「**問瑩中**」止「**九三**」　按：宋史：陳瑩中，南劍州人，中進士甲第，事神宗、哲宗、徽宗，位至監察御史。沙溪曰：「愛者，愛文中子之言。」按：「九三使」，「使」字如「用」字看。○退溪曰：讀屬上句。

「子在川上」，便道了得他　程子曰：「此道體也。天運而不已，日往則月來，寒往則暑來，水流而不息，物生而不窮，皆與道爲體。運乎晝夜，未嘗已也。」朱子曰：「與道爲體，此一句最妙。某嘗爲人作觀瀾詞，其中有兩句云『觀川流之不息兮，悟有本之無窮』。道之本然之體不可見，觀此則可見無體之體，如陰陽五行爲太極之體。」又曰：「『日往月來』等未是道，然無這道，便無這箇了。有這道，方有這箇。既有這箇，就上面便可見得道，是與道做箇骨子。」「**道無窮**」止「**便道了**」　按：兩「道」字皆言也。

「**誦詩**」止「**達於政**」　雙峰饒氏曰：使有正有介，正使不能答，則介使助之。如正使自能致辭，不假衆介之助，是謂能專對。○朱子曰：「如小夫賤隸，閭巷之間[七]，鄙俚之事，君子平日耳目所不曾聞見者，其情狀皆可因此而知之。而聖人所以修德於己，施於事業者，莫不悉備。於其間所載之美惡，讀誦而諷詠之，如是而爲善，如是而爲惡。吾之所以自修於身者，如是是合做底事，如是是不合做底事。待得施以治人，如是而當賞，如是而當罰，莫不備見，如何於政不達？」又曰：「於詩有得，必於應對言語之間，委曲和平。」**奚以爲**　按：「以」訓「用」。「爲」，語辭。

「如丈尺權衡」止「長短輕重」　北溪陳氏曰：「讀四書之法，亦惟平心以玩其旨，歸而切己，以察其實而已爾。果能於是四者融會貫通，而載理昭明，則在我有權衡尺度。由是而稽諸經，與凡讀天下之書，論天下之事，皆莫不冰融凍釋，而輕重長短截然一定，自不復有錙銖分寸之或紊矣！」

「讀論語」止「甚生氣質」　范陽張氏曰：「讀論語如對孔門聖賢，讀孟子如對孟子，雖生千載之下，可以見千載人矣」。○退溪答栗谷曰：葉注意言「將來涵養，則可成就，非常氣質也」，但小學注熊氏曰「涵養既成」，「成」下絶句，恐當從葉注。

凡看語、孟。注「終身儘多」　退溪曰：「儘」與「信」同。

論語讀了後。注「理會」 退溪云：整理者，察也。於知於行皆曰「理會」。

「**論語剩讀**」止「**又似剩**」 按：剩，餘也，又冗長也。**却待與整理過** 按：「與」字，退溪心經講録猶「當」字意。

點掇地 退溪曰：「『點掇地念過』，非詩人點掇，乃明道『點掇』然也。」按：性理群書注曰「只於一句之中點掇一二字讀過」，如上文「思之切矣」、「歸于正也」之類。**親炙** 按：承教人省悟而言也。

「**不以文害辭**」止「**當如此**」 「遷就他説」，性理群書注：「改就他説」。○朱子曰：凡讀書，須看上下文義是如何，不可泥著一字。如楊子於仁也柔，於義也剛。到易中，又將剛來配仁，柔來配義。如論語「學不厭，知也；教不倦，仁也」。到中庸，又謂「成己，仁也；成物，智也」。此等須是各隨本本意看，更自不相礙[八]。

易傳序：順性命之理，通幽明之故　建安丘氏曰：「易中所見之理，皆性命也。然所謂性命之理，即陰陽、柔剛、仁義是也。」朱子曰：「故，是幽明之所以然者。」〇本義曰：「開物成務，謂使人卜筮以知吉凶而成事業。」古之時，民淳俗朴，風氣未開，於天下事全未知識。故聖人立龜與之卜，作易與之筮，使之趨吉避害，以成天下之事。故曰「開物成務」。物只是人物，務只是事務。沿流求源　按：葉注「謂因言求意」，愚則以爲因傳而求易也。「易有聖人之道」止「尚其占」　問：「這『以』字是指以易而言否？」朱子曰：「然。」又問：「辭、占是一類，變、象是一類？」曰：「然。占與辭是一類者，曉得辭，方能知得占。若與人説話，曉得他言語[九]，方見得他胸中底藴。變是事之始，象是事之已形者，故亦是一類也。」〇問：「以言，是取其言以明理斷事，如論語上舉『不恒其德，或承之羞』否？」曰：「是。」〇問「以制器者尚其象」。曰：「這都難説。蓋『取諸離』、『取諸益』，不是先有見乎離，而後爲網罟；先有見乎益，而後爲耒耜[一〇]。聖人只是見魚鱉之屬，欲有以取之，遂做一箇物事去攔截他。欲得耕種，見地上硬[一一]，遂做一箇物事去剔起他，却合於離之象，合於益之意。」「有取其象者，有取其意者。」〇問：「卜用龜[一二]，亦使易占否？」曰：「不用。只是文勢如此。」〇雲峰胡氏曰：「辭以明變，象之理。占以斷變，象之應。故四者之目，以辭與占始終焉。」注「象事知器，占事知來」

問：「凡見於有形之實事者皆爲器否？」朱子曰：「易中『器』字是恁地說。」問：「易書之中有許多變化云爲，又吉事皆有休祥之應，所以象事者於此而知器，占事者於此而知來。」曰：「是。」本義曰：變化云爲，故「象事」可以「知器」；吉事有祥，故「占事」可以「知來」。「**君子居則**」止「**玩其占**」 朱子曰：「君子居則玩其辭，如『潛龍勿用』[一三]，其理當此時只是潛晦，不當用。若占得此爻，凡事便未可做。所謂『君子動則觀其變而玩其占』，亦當知其理如此。」○君子居而學易，則既觀象矣，又玩辭以考所處之當否。動而諏筮，則既觀變矣，又玩占以考所值之吉凶，善而吉者則行，否而凶者則止，是以動靜之間舉無違理，蓋觀者一見，而決玩者反覆而不舍之辭也。○柴氏中行曰[一四]：「居者，静而來涉於事也。動者，涉於事也。居則觀卦之象而玩其辭，以探其隱頤[一五]；動則觀其剛柔之變而玩其辭之所占，以求不悖其道。」○按：「易有聖人之道」以下，皆歸重於辭也。 **觀會通以行其典禮** 朱子曰：「會，謂理之所聚而不可遺處。通，謂理之可行而無所礙處。如庖丁解牛，會則其族，而通則其虛也。」又曰：「『觀會通』，是就事上看理之所聚與其所當行處。」又曰：「通便是空處，行得去便是通。會便是四邊合奏來處。且如事理間，若不於會處理會，却只見得一偏，便如何行得通？且如有一事關著許多道理，也有父子之倫，也有君臣之倫，也有夫婦之倫。若父子之恩重，則使得『身體髮膚，受之父母，不敢毀傷』之義，而『委致其身』之説不可行。若君臣之義重，則當委致其身，而『不敢毁傷』之説不暇顧。此之謂『觀會通』。」又曰：「一卦之中自有會通，六爻又自各有會通，且如屯卦，初九在卦之下，未可以進，爲此屯之義。乾坤始交而遇險陷，亦屯之義。似草穿地而未伸，亦屯之義。凡事數義，皆屯之會聚處。若『盤桓利居貞』，便是一箇合行處[一六]，却是他通處也。典禮，猶常禮、常法。」又曰：「禮，便是節文也。升降揖遜，是禮之節文。這『禮』字又説得闊，凡事物之常理皆是。」又曰：「如堯舜揖遜，湯武征伐，皆是典禮處。典禮只是常事。」又曰：「象理無間，觀理之所會，及事之所宜行，其常理者無不備於辭也。觀理之所會，象在其中。觀事之所宜，則變在其中。行其常理，則占在其中。此辭之無所不偹者也。行其典禮，謂『隨時變通』，而所行者常理，此所謂『從道』也。」

「**大畜初二**」止「**所宜深識**」漢上朱氏曰：「初，剛正也；二，剛中也；四、五，柔也。柔能畜剛，剛知其不可遽犯，而安之，時也。夫氣雄九軍者，或屈於賓贊之儀；才力蓋世者，或聽於委裘之命，故曰『大畜，時也』。」

諸卦二、五。**注**「**坤六五**『**黄裳元吉**』」本義曰：黄，中色。裳，下飾。六五以陰居尊，中順之德充諸内而見於外，故其象如此，而其占爲大善之吉也。**注**「**泰九二**」「包荒，用馮河，不遐遺，朋亡，得尚于中行。」傳曰：治泰之道，有此四者，則能合於九二之德，故曰得尚于中行，言能配合中行之義也。尚，配也。**注**「**蠱三、四**」「幹父之蠱，小有悔，無大咎。」傳曰：以剛陽之才，克幹其事，雖以剛過，而有小小之悔，終無大過咎也。然有小悔，已非善事親也。**注**「**四**」「裕父之蠱，往見吝。」傳曰：四以陰居陰，柔順之才也，所處得正，故爲寬裕以處其父事者也。夫柔順之才而處正，僅能循常自守而已。若往幹過常之事，則不勝而見吝也。**注**「**既濟三、四**」「高宗伐鬼方，三年克之，小人勿用。」傳曰：九三當既濟之時，以剛居剛，用剛之至也。既濟而用剛如是，乃高宗伐鬼方之事。惟聖賢之君則可。若聘威武，忿不服，貪土地，則殘民肆欲也，故戒不可用小人。**注**「**四**」「繻有衣袽，終日戒。」傳曰：四在濟卦而水體，故取舟爲義。四，近君之位，當其任者也。當既濟之時，以防患慮變爲急。繻，當作濡，謂滲漏也。有衣袽以備濡漏，又終日戒懼不怠，慮患也。

當儲貳，則做儲貳使　性理群書注：當太子，則做太子使。

反復往來上下。**注「復、姤」**　按：復，一陽生於下；姤，陰生於下，此陰陽相反復也。**注「賁」**　傳曰：「下體本乾，柔來文其中而爲離；上體本坤，剛往文其上而爲艮。」本義曰：自損來者，柔自三來而文二，剛自二上而文三。自既濟而來者，柔自上來而文五，剛自五上而文上。**注「无妄」**　按：傳曰：「坤初爻變而爲震，剛自外而來也。」本義曰：爲卦自訟而變，九自二來而居於初。此爻之往來也。**注「咸」**　彖曰：「咸，感也。柔上而剛下。」傳曰：柔上變剛而成兑，剛下變柔而成艮。**注「恒」**　按：彖曰：「恒，久也。剛上而柔下。」傳曰：乾之初上居於四，坤之初下居於初。此爻之上下也。○又按：兩卦又上倒而爲上下也。又按：反復如否、泰，往來如姤、復，上下如觀、大壯。

昆蟲　按：韻會：「昆」作「蜫」，蟲之總名也。又昆，明也。百蟲皆向明而生，入暗則死，故云「昆蟲」。

春秋傳序：先天　乾卦文言曰：「先天，而天不違。」朱子曰：「如『禮雖先王未之有，而可以義起』之類。蓋雖天之所未爲，而吾意之所爲自與道契，天亦不能違也。」**三重**　中庸注謂議禮、制度、考文，鄭氏所謂「三王之禮」，與本注不同。**子丑寅建正**　前漢律歷志：「天統之正，始施於子半，日萌色赤。地統受之於丑初，日肇化而黄，至丑半，日牙化而白。人統受之於寅初，日孽成而黑，至寅半，日生成而青。」朱子曰：「康節分十二會，言天開於子，地開於丑，人生於寅。蓋天運至子始有天，至丑始有地，至寅始有人，是天地人始於此，故三代即其始處，建以爲正。」新安陳氏曰：「正，謂正月也。不曰『一月』而曰『正月』，取王者居正之義。迭建以爲正月，故曰『夏正』、『商正』、『周正』。」**忠質文之更尚**　朱子曰：「忠，只是朴實頭白真做將去[一七]；質，則漸有形質制度而未有文采[一八]；文，則就制度上事事加文采，然亦天下之勢自有此三者[一九]，非聖人欲尚忠、尚質、尚文也。夏不得不忠，商不得不質，周不得不文。彼時亦無此名字，後人見得如此，故命此名。」**行夏之時**　朱子曰：「陽氣雖始於黄鍾，而其月爲建子，然猶潛於地中，而未有以見其生物之功也。歷丑轉寅，而三陽始備，於是協風乃至盛德，在木而春氣應焉。古之聖人，以是爲生物之始，改歲之端。蓋以人之所共見者言之，至商、周始以征伐有天下，於是更其正朔，定爲一代之制，以新天下之耳目，而有三統之説。然以言乎天，則生物之功未著；以言乎地，則改歲之義不明，而凡四時、五行之序，皆不得其中正。此孔子所以考論三王之制，而必行夏之時也。」注「**斗柄初昏，建寅之日**」　問：「何獨取初昏爲定？」雙峰饒氏曰：「天象難捉模，只有初昏可見。日已落，星初明，於是時推測，方有定。若其他時候，周流四方，無可捉模，凡測星辰都用初昏，測日景却用日中。」**雖德非禹、湯，可以法三代之治**

朱子曰：如是，則無本者亦可以措之治乎？語有欠。

行事深切著明 史記自序曰：「子曰：『我欲載之空言，不如見之於行事之深切著明也。』」注曰：「孔子言我徒欲立空言，設褒貶，則不如附見於當時所因事之。人臣有僭侈篡逆，因就此筆削以褒貶，深切著明而書之，以爲將來之誡也。」**注「即道而推於用」** 按：詩、書載二帝三王之所行，恐非即道而推於用也。**注「是非得失尤爲深切著明」** 按：本文之意則曰「與其載之空言，不如載之行事之深切著明也」者，非謂是非得失之深切著明也。且「因病用藥」之下，即以是非得失衮說了，文義亦不分曉。

學春秋。**注「是非易決」** 按：「決」字未穩，且與「是非易明」重複。

聖賢所存，治亂之機 退溪答栗谷曰：「『存』字未詳。」沙溪曰：「『存』，乃聖賢以治亂之機，存之於心而戒謹者也。如是看，如何？」

序卦不可謂非聖人之蘊　程子曰：「韓康伯謂[二〇]：『序卦非易之蘊』，此不合道。」或問：「序卦非聖人之書，信乎？」朱子曰：「此沙隨程氏之説也。先儒以爲非聖人之蘊，某以爲謂之非聖人之精則可，謂非易之蘊則不可。周子分『精』與『蘊』甚分明。序卦却正是易之蘊，事事挾雜都在裏面。」問：「如何謂易之精？」曰：「如『易有太極，是生兩儀，兩儀生四象，四象生八卦』，這是易之精。」○按：通書曰：「聖人之精，畫卦以示；聖人之蘊，因卦以發。卦不畫，聖人之精不可得而見。微卦，聖人之蘊殆不可悉得而聞。」本注曰：「精者，精微之意。畫前之易，至約之理也。蘊，謂凡卦中之所有，如吉凶消長之理，進退存亡之道，至廣之業也。」○臨川吴氏曰：「始乾、坤，終既濟、未濟者，周易六十四卦之序也。蓋文王既立卦名，之後而次其先後之序，如此皆以施用於人事者起義。而夫子爲之傳，以發明其卦序之意，或者乃疑其非夫子之作。」

天官之職　按：周禮天官冢宰：「惟王建國，設官分職，以爲民極。乃立天官冢宰，使帥其屬而掌邦治，以佐王均邦國。」丘氏曰：「冢宰，三公之位，而命以卿。卿，爵也。冢宰，官也。古者三公無其人，以卿兼師保之位。冢，大宰治也。天官，卿，治官之長，故謂之冢宰。大宰，即冢宰也。」**致曲** 按：此與中庸之意不同，借以爲「安曲窮究」之意。

今須以崎嶇 朱子曰：「某嘗説：『文字不難看，只是讀者心自嶢崎了，看不出若大著意思。』反復熟看，那正當道理自湧出來，不要將那小意智、私見識去間亂他，如此無緣看得出。如千軍萬馬從這一條大路去，行伍紀律自是不亂，若撥數千人從一小路去，空攪亂了正當底行陣，無益於事。」

書須成誦 朱子曰：近覺先生「成誦」之説最爲捷徑，蓋未論看得義理如何，且是須得此心有歸[二二]。

【校勘記】

[一] 如精氣爲物游魂爲變 「變」下原有「化」字，據朱子語類卷九十八删。

〔二〕伯有爲厲　「厲」原作「屬」，據朱子語類卷九十八改。
〔三〕是舊有先入之説　「入」原作「人」，據朱子語類卷十一改。
〔四〕如詩是吟詠情性　「情性」，朱子語類卷九十六作「性情」。
〔五〕下有沮洳　「下有」，性理大全卷五十四無；「沮洳」，作「且如」。
〔六〕亦不可得而行　「不」，二程遺書卷二十五無。
〔七〕閭巷之間　「巷」，朱子語類卷四十三作「黨」。
〔八〕此等須是各隨本本意看更自不相礙　「本本」，性理大全卷五十四作「本文」；「更」，性理大全卷五十四作「便」。
〔九〕曉得他言語　「言」原作「意」，據朱子語類卷七十五改。
〔一〇〕而後爲耒耜　「耜」下原本有「之屬」二字，據朱子語類卷七十五删。
〔一一〕見地上硬　「上」，朱子語類卷七十五作「土」。
〔一二〕問卜用龜　「用」原作「朋」，據朱子語類卷七十五改。
〔一三〕如潛龍勿用　「龍」原作「用」，據朱子語類卷六十七改。
〔一四〕柴氏中行曰　「中」原作「申」，據周易大全卷二十二改。
〔一五〕以探其隱頤　「頤」，周易大全卷二十二作「賾」。

〔一六〕便是一箇合行處　「處」，朱子語類卷七十五作「底」。
〔一七〕只是朴實頭白真做將去　「真」，朱子語類卷二十四作「直」。
〔一八〕則漸有形質制度而未有文采　「有」，朱子語類卷二十四作「及於」。
〔一九〕然亦天下之勢自有此三者　「此三」原作「三此」，據朱子語類卷二十四改。
〔二〇〕韓康伯謂　「康伯」原作「伯康」，據周易大全卷二十四改。
〔二一〕且是須得此心有歸　「須」，性理大全卷五十三作「收」。

近思録釋義卷之四

論存養

「一爲要」止「庶矣乎」　朱子曰：周子只説「一者，無欲也」，這話頭高，卒急難湊泊，常人如何便得無欲？故伊川只説箇「敬」字，教人只就「敬」上捱去，庶幾執捉得，正有箇下手處。○明通，在己也；公溥，接物也。須是就静虚中涵養始得。問：「『明通公溥』於四象何所配？」曰：「只是春夏秋冬模様。」曰：「明是配冬否？」曰：「似是就動處説。」曰：「便似是元否[一]？」曰：「是。然這處亦是偶然相合，不是正恁地説。」○明通者，静而動；公溥者，動而静。在人言之，則明是曉得事物，通是透徹無窒礙，公是正無偏陂，溥是溥徧萬事。○勉齋黄氏曰：「静虚動直，『動』字當就『念慮之萌』上看[二]，不可就視聽言動上看。念慮之萌既直，則視聽言動自無非禮。今以視聽言動爲動直，則念慮之萌處有所略矣。故動静當以心言也。『虚直』兩字，亦當仔細。體認虚者，此心湛然，外物不能入，故虚直者循理而發，外邪不能撓。故直敬則靜虛亦能動[三]，直敬該動靜者也。」注「通書」　按：書與易理相通，故謂之通書。注「**人欲消盡**」、「**天理流行**」　按：以「人欲消盡」、「天理流行」對言，未穩沉。「消盡」、「流行」，亦不襯切。於「虛直」兩字之意，必如朱子所謂「外物不能入，外邪不能撓」，然後語意縝密，能周天下之務，亦以泛説。且無欲則便是靜虛動直不可分，靜而所存者一，動而所存者一也。

約之　陳氏曰：猶收也。**尋向上去**　按：向上，猶上面、上方之意，言尋求向上而去也。

「**學者全體**」止「**分限應之**」　沙溪曰：「分限」，心之分限乎？事之分限乎？愚意恐是心之分限也。**不遠矣**　朱子曰：「學者全體此心。學雖未盡，若事物之來，不可不應。」此亦只是言其大概，且存得此心在這裏。「若事物之來，不可不應」，且隨自家力量應之，雖不中不遠矣。更須下工夫，方到得細密的當。「學者全體此心」，只是全得此心，不爲私欲汩没，非是更有一心能體此心也。此等當以意會。注「**全主宰**」　按：全體此心，本謂以此心爲體也。注説恐未穩。

「**居處恭**」止「**元無二語**」　勉齋黄氏曰：居處，指幽獨而言，未有事者也。執事則指應事而言，未涉乎人也；與人指接物而言，則涉乎人矣。能恭敬而忠，則天理常行，而人欲不萌矣。○程子曰：充之則粹面盎背，推而遠之則篤恭，而天下平矣。○慶源輔氏曰：聖人之言，貫徹上下，此數言自「始學」至「成德」皆不過如此。近而粹盎於一身，遠而治平乎天下，亦不外乎此，皆是徹上徹下。

思無邪　新安倪氏曰：此詩本美魯僖公牧馬之盛，由其心思之正，如美衛文公「秉心塞淵，而騋牝三千」之意。**毋不敬**　西山真氏曰：「敬者，禮之綱領也。」曰：「毋不敬者[四]，謂身心内外，不可使有一毫之不敬也。」然則敬之所包者廣。**注**「**心存乎中**」止「**自無差失**」按：「毋不敬」，無時無事而不敬也，所包者廣。葉注只以「心存乎中」言之，似偏；且「差」字以「見之所行」言，念慮之差不爲之差耶？

恭者，私爲恭之恭。禮者，非體之禮 朱子曰：言恭只是人爲，言只是禮[五]，無可捉模。故人爲之恭，必循自然底道理，則自在也。○禮器曰：「禮，時爲大，順次之，體次之。」項氏曰：「體者，其支體。」嚴陵方氏曰：「形之辨之謂體。」「孔子閒居，子夏曰：『敢問何謂三無？』孔子曰：『無聲之樂，無體之禮，無服之喪，此之謂三無。威儀逮逮，不可選也。無體之禮也。』」注：「言仁人威儀之盛，自有常度，不容有所選擇。初不待因物以行禮，而後可見，故以諭無體之禮也。」藍田呂氏曰：「此三者，皆行之在心。『外無形狀，故稱無也。』『禮必有體，其無體者，非禮之文，乃禮之本也。』以此兩語觀之，非體之禮，本此而言耶。恭而無禮之『禮』字，非形體可見之禮，是乃自然之理也。」

亦須且恁去 朱子曰：其説蓋曰，雖是「必有事焉，而勿正」，亦須且恁地把捉操持，不可便放下。**德不孤，必有鄰** 論語本注：「鄰，猶視親也。德不孤立，必以類應。故有德者，必有其鄰類從之，如居之有鄰也。」朱子曰：「此言有德者，聲應氣求，必不孤立，與易中『德不孤』不同。彼言：『敬義立則内外兼備，德盛而不偏孤。』不孤訓爻中大字。」按：此言「德孤」與易同意。**左右逢其原** 孟子本注曰：「左右，身之兩旁，言至近而非一處也。逢，猶值也。原，本也，水之來處也。」○朱子曰：資助既深[六]，看是甚事來，無不湊著這道理，不待自家將道理去應他。且如爲人君，便有那仁從那邊來；爲人臣，便有那敬從那邊來。子之孝，有那孝從那邊來；父之慈，有那慈從那邊來，只是那道理原頭處自家靠著。他左右前後，都見是這道理。亦須且恁地把捉操持，不可便放下了。○答吕東萊書曰：「承諭整頓收斂則入於著力，從容游泳又墮於悠悠，此正學者之通患。然程子嘗曰：『亦須且自此去，到德盛後，自然左右逢其原。』今亦當且就整頓收斂處著力，但不可用意安排，等候即成病耳。」

敬而無失　朱子曰：「本不是中，只是『敬而無失』，便見得中底氣象。此如公不是仁，然公而無私則仁。」又曰：「中是本來底，須無做工夫，此理方著。」伯豐之説：「『敬而無失』，則不偏不倚，斯能中矣。」曰：「説得慢了。只『敬而無失』，便不偏不倚，只此便是中。」問：「莫是心純於敬，在思慮則無一毫之不敬，在事爲則無一事之不敬。」曰：「只是常敬。即所以中[七]。」

司馬子微　按：一統志曰：「唐台州人，隱内方山，煉丹成仙，後人因名其村曰『馬仙村』。」李太白云：「予昔於江陵見天台司馬子微，謂予有仙風道骨，可與神遊八極之表，乃著大鵬遇希有鳥賦以自廣。」**坐忘論** 莊子：顏回曰：「回坐忘矣。」仲尼蹵然曰：「何謂？」回曰：「墮支體，黜聰明，離形去知，同於大通，此謂坐忘。」仲尼曰：「同則無好也，化則無常也。而果其賢乎！」司馬子微本文曰：坐忘者，因存想而得，因存想而忘也。行道而不見其行，非坐之義乎？有見而不行其見，非忘之義乎？何謂不行？曰：「心不動故。」「何謂不見？」曰：「形都泯故。」或問：「何由得心不動？」天隱子默而不答。又問：「何由得形都泯？」天隱子瞑而不視。或者悟道而退，曰：「道果在我矣，於是彼我兩忘，了無所照。」

怎生奈何 按：猶言無如之何。**不害心疾** 退溪曰：「不爲心疾所害也。」栗谷曰：「『害』恐作『患』字看。」

「**聖人不記事**」止「**以其記事**」 朱子曰：聖人之心虚明，便能如此；常人記事忘事，只是著意之故。**注**「**明德日昏**」 按：下語恐太重。

少一長梁 退溪曰：「少，猶無也。」朱子曰：「明道肚裏有一條梁，不知今人有幾條梁掛在肚裏[八]。」

無一物是合少得者　沙溪曰：無一物是可無者，謂皆不可無也。「得」字不必釋。

人只有一箇天理。注「人之所以」止「全其天理」　按：靈於萬物者，從指常人。全其天理，則乃聖人也。上下自相牴牾。

舜何與焉？注「止者，事物當然之則」　按：以「止於仁」言之，則仁乃事物當然之則，不可以「止」字爲當然之則。

出門大賓。注「心無隱慝」止「自然中禮」　按：心無怠肆，皆與心廣體胖不貼。且程子之意，必須謹獨之功積久，而心廣體胖，乃能出門、使民時如見賓、如承祭，動容周旋中禮也。若曰「充其至」云，則似於心廣體胖之上，又有一層動容周旋中禮地位。葉注謬矣。**篤恭**　陳氏曰：篤，厚其恭也。**體信，達順**　禮注：「達之天下，無不順也。」朱子曰：「體信是致中，達順是致和。實體此道於身，則自然發而中節，推之天下而無所不通也。」**注**「**棷**」禮注：與藪同，龍之變化叵測，未必宮沼有之，亦極言至順感召之卓異耳。**注**「**推此敬**」止「**以理言**」 按：有是敬，便可以事天，何待於推？動靜語默一循天則，即可以事天也。然「天」恐指上天言，不可但以理言矣。[九]

存養熟。注「**行有餘力**」 按：以此釋「泰然行將去」，恐不襯。

心要在腔子裏 朱子曰：心之爲物，至虛至靈，神妙不測，常爲一身之主，以提萬事之綱，而不可有頃刻之不存者也。一不自覺而馳騖飛揚，以循物欲於軀殼之外，則一身無主，萬事無綱。雖其俯仰顧眄之間，蓋已不自覺其身之所在矣。○又曰：敬，便在腔子裏。○問：「『心要在腔子裏』。若慮事應物時，心當如何？」曰：「思慮接應，亦不可廢。但身在此，則心合在此。」曰：「然則方其應接時，則心在事上。事去，則此心亦不管著[一〇]。」曰：「固是要如此。」

「**人心常要活**」止「**一隅**」 朱子曰：心無私便可推行。活者，不死之謂，是生活之

「活」，對著死説。活是天理，死是人欲。周流無窮，活便能如此。無偏繫即活，憂患樂好，皆偏繫也[一一]。

「天地設位」止**「只是敬」**　問：易何以言敬？朱子曰：伊川們説得闊[一二]，使人難曉。○易是自然造化。聖人本意，只説自然造化流行，程子將來就人身上説。敬則這道理流行，不敬便間斷了。前輩引經文，多是借來説己意。如「必有事焉，而勿正，必勿忘[一三]，勿助長」，孟子是説做工夫處，程子却引來「鳶飛魚躍」處，説自然道理。

「不有躬，無攸利」　隆山李氏曰：蒙之六三，近九二之陽，而正應在上，然坎之性陷而趨下，舍上而從二，故曰「勿用取女，見金夫，不有躬」。此女子之蒙者也。

此上頭儘有商量　退溪曰：能立箇心，然後其上頭可以商量。譬如立屋者，若無基址，豈有商量立屋之事乎？

閑邪則誠自存 蘭氏延瑞曰：邪自外入，故閑之誠自我有，故存之。**是** 退溪曰：此也，即也，近語辭。**來著** 退溪曰：皆語辭。「**今人外面**」止「**敬只是主一**」 按：「今人」一段說「閑邪，誠自存」，孟子一段說「不是外面提一箇誠來存著」，「動容貌」以下說「閑邪工夫」，「敬」以下承上文言敬也。**動容貌** 論語曰：動容貌，斯遠暴慢。○退溪曰：朱子則於下四字作工夫看，故上三字虛看了；程子則於上三字作工夫看，而下四字閒看了。**存此** 退溪曰：「此」指「主一」。

閑邪則固一矣，主一則不消言閑邪 朱子曰：只是覺見邪在這裏，要去閑他，則這心便一了。所以說道「閑邪則固一矣」。既一，則邪便自不能入，更不消說又去閑邪。恰如知得外面有賊，今夜用須防他，則便醒了；既醒了，不須更說防賊。**心便一** 或謂：「如一日萬幾，須要並應。」朱子曰：「一日萬幾，也無並應底道理，須還他逐一件理會，但只是聰明底人却見得快。主一兼動靜而言。」又曰：「所謂主一者，何嘗滯於一事？不主一，則方理會此事，而心留於彼，這却是滯於一隅。」問：「有一人焉，方應此事未畢，而復有一事至，則當何如？」曰：「也須是做一件了，又理會一件，亦無雜然而應之理。但甚不得已，則權其輕重可也。」[一四]

操則存。**注「不患於出入無時」** 按：朱子曰「出入兩字有善有惡」，然則并出入謂之患，恐不精。

患其紛亂 按：性理大全，「亂」下有「是」字。**有主則虛** 朱子曰：若無主於中，則目之欲、耳之欲、鼻之欲也從這裏而入。大凡有所欲皆入，這裏便滿了，如何得虛？**物來奪之** 按：性理大全此下有曰：「今夫瓶甖有水實內，則雖江海之浸，無所能入，安得不虛？無水於內，則停注之水不可勝注，安得不實？」**「尚不愧于屋漏」** 按：中庸則以爲存養工夫，此則恐是言謹獨工夫也。**注「心常主乎我」** 按：「我」字恐有病。

若未接物，如何爲善 新安陳氏曰：「未接物時，敬以直內，以立其本；及接物時，義以方外，以達其用。此動靜交養，内外挾持之功，皆所謂爲善也。必如是，而後爲善之功始密矣。不然，則未接物時，爲無所用其爲善之力乎？」**注「亹亹」** 繫辭本義：「猶勉勉也。」

箕踞 按：韻會：踑踞，大坐也，一作「箕踞」。「踞」通作「倨」，言傲坐，伸兩足，以手據膝，形如箕。**緱氏** 退溪曰：山名，亦地名，疑在龍門，距洛陽近，故程先生每往焉。**拘迫** 退溪曰：如拘縶，則氣體勞傷，而生厭苦；太迫切，則心神煩促，而不寧帖，所以難久也。

喜怒哀樂未發之前 按：「前」字，心經及通書皆作「時」。退溪曰：「是。」**纔發便謂之和** 按：此恐記録有誤。發而中節謂之「和」，豈可以才發不論中節不中節皆謂之和乎？葉注「便屬已發之和」，「屬」字足以補程子之語意。「**既有知覺却是動**」止「**安得謂之静**」 中庸或問曰：「其言静時既有知覺，豈可言静，而引『復以見天地之心』爲説，亦不可曉。蓋當至静之時，但有能知覺者，而未有所知覺也。故以爲『静中有物』則可，而便以『才思即時已發』爲比則未可；以爲坤卦純陰而不爲無陽則可，而便以復之一陽已動爲比則未可也。」又曰：「至静之時，但有能知能覺者，而無所知所覺，此易卦爲純坤不爲無陽之象。若論復卦，則須以有所知覺者當之，不得合爲一説矣。」按：伊川引復卦之説，只明其以復爲静者之非也，其説未有不可。朱子之所謂「亦不可曉」者，亦非以伊川之爲非也，只以怎生言静之下遽引復卦爲不可曉。「蓋當」以下，恐是明伊川之意耳。**静中須有物始得** 問：「所謂『静中有物』者，莫是喜怒哀樂之意否[一五]？」朱子曰：「喜怒哀樂乃是感物而有，猶鏡中之影，鏡未照物，安得有影？」曰：

「然則静中有物，乃鏡中之光明。」曰：「此却説得近似，但只是此類[一六]。所謂『静中有物』者，只是知覺便是。」曰：「伊川却云：『纔説知覺便是動。』」曰：「此恐伊川説得太過。今不曾著於事[一七]，但有知覺在，何妨其爲静？不成静坐便只是瞌睡。」曰：「知覺雖是動，而喜怒哀樂却未發否？」曰：「是。」按：中庸或問所論與語類不同。問：「伊川言『静中須有物始得』，此『物』云何？」曰：「只太極。」

以心使心　問：「此句病否？」朱子曰：「無病。其意只要此心有所主宰。」問：「此二『心』字，只以人心道心判之自明白。蓋上『心』字即是道心，專以義理言之也；下『心』字即是人心，以形氣言之也。以心使心，則是道心爲一身之主，而人心其聽命也，不審是否？」曰：「亦是如此。然觀程先生之意，只是説自作主宰耳。」

持其志，無暴其氣　孟子本注：暴，害也。○朱子曰：若當喜也須喜，當怒也須怒，便是持志。若喜得過分，一向喜；怒得過分，一向怒。則氣便暴了，志却反爲所動[一八]。

「出辭氣」。**注「遠鄙倍」** 論語本注：辭，言語。氣，聲氣也[一九]。鄙，凡陋也。倍，與「背」同，謂背理也。○朱子曰：今人議論，有雖無甚差錯，只是淺陋者，此是鄙。又有説得甚高，而實背於理者，此是倍。

厚爲保生 退溪曰：思叔之問，主養氣而言，如今人以藥物護。先生答以「忘生」云云者，主義理而兼養氣。「默然」者，深思而答，蓋以思叔之問爲非也。

把捉不定。**注「把捉不正，是不仁」** 問：「心之本體，湛然虚明，無一毫私欲之累，則心德未嘗不存矣。把捉不定，則爲私欲所亂，是心外馳，而其德亡矣。」朱子曰：「如公所言，則是把捉不定，故謂之不仁。今此但曰『皆是不仁』，乃是言，惟其不仁，所以致把捉不定也。」○按：據此，則葉注誤矣。

致知在所養。**注「心境清、涵養」** 按：心境清，已是涵養也。既曰「心境清」，又以「涵養」對言，有若心境清之外，又有涵養者，恐誤。且「心境清」語意近禪。

「**心定者**」止「**輕以疾**」　朱子曰：「言發於心，心定則言必審，故的確而舒遲。不定則内必紛擾，有不待思而發，故輕易而急迫〔二〇〕。此亦志動氣之驗也。」

扶溝　按：在號縣，明道嘗爲主簿。

始學之要。注「**三月不違**」止「**非在我者**」　按：朱子曰：「『三月不違』底是仁爲主，私欲爲客。『日月至焉』者，是私欲爲主，仁却爲客〔二一〕。然那客亦是主人，只是以其多在外，故謂之客。」問：「過此幾非在我者？」曰：「這只説循循勉勉，便自住不得，便自不由己〔二二〕。只是這箇關難過，纔過得，自要住不得，所謂『欲罷不能』。」「如水漲船行，更無著力處。」據此則葉注可疑。**前説，後説**　沙溪曰：「前説指『居之三月』，以後説指朱子説。」按：不違仁，前説則我爲賓主，後説則仁爲賓主，其意不同。然前説已不違仁者，若謂仁與我爲二物者，然朱子説則以仁與私欲迭爲賓主而出入仁，非出入也，少有私欲則便不仁，故謂之在外。此於出入賓主之意爲切。且葉氏以朱子之説爲仁不違乎己，然朱子之意，則非謂仁不違於己也，仁與己本豈二物，只是仁與私欲爲内外賓主。考朱子説，則知葉説之誤。

人心多則無由光明 西山真氏曰：多者，思慮紛雜之謂。

「**動静不失**」止「**光明**」 艮卦彖辭傳曰：艮體篤實，有光明之意。

敦篤虚静者，仁之本 朱子曰：「敦篤虚静，是爲仁之本。」問：「虚者，仁之原。」曰：「虚只是無欲，故虚。虚明無欲，此仁之所由生也。」又問：「此『虚』字與『一太清虚』之『虚』，如何？」曰：「這虚也只是無欲，渠便將這箇唤做道體，然虚對實而言，却不似形而上者。」

【校勘記】

〔一〕便似是元否　「是」字原無，據朱子語類卷九十四補。

〔二〕動字當就念慮之萌上看　「萌」原作「前」，據性理大全卷二、本條下文改。

〔三〕故直敬則静虚亦能動　「亦」原作「不」，據性理大全卷二改。

〔四〕曰毋不敬者　「毋」原作「無」，據禮記大全卷一、本條正文改。

〔五〕言只是禮　「言只是」三字原無，據朱子語類卷九十六補。

〔六〕朱子曰資助既深　「助」原作「造」，據朱子語類卷五十七改。

［七］只是常敬即所以中　「即所以中」，朱子語類卷九十六作「敬即所以中」。按：此處恐因上文而脱「敬」字。

［八］不知今人有幾條梁掛在肚裏　「掛」，朱子語類卷九十六作「柱」。

［九］按：自「篤恭」至本段末，與前文屬同一條，原本單列，不妥，當合而爲一。

［一〇］則此心亦不管著　「不管」原作「合營」，據朱子語類卷九十六改。

［一一］憂患樂好皆偏繫也　「偏」原作「便」，據朱子語類卷一百四十改。

［一二］伊川們説得闊　「們」原作「問」，據朱子語類卷九十六改。

［一三］必勿忘　「必」原作「心」，據朱子語類卷九十六改。

［一四］按：自「心便一」至本段末，與前文屬同一條，原本單列，不妥，當合而爲一。

［一五］莫是喜怒哀樂之意否　「莫是喜怒哀樂之意否」，朱子語類卷九十六作「莫是喜怒哀樂雖未形而含喜怒哀樂之理否」。

［一六］但只是此類　「此」原作「比」，據朱子語類卷九十六改。

［一七］今不曾著於事　「著於事」，朱子語類卷九十六作「知覺甚事」。

［一八］則氣便暴了志却反爲所動　「暴」上，朱子語類卷五十二有「粗」字；「動」原作「重」，據朱子語類卷五十二改。

〔一九〕氣聲氣也　「聲」字原爲空格，據論語集注大全卷八補。
〔二〇〕故輕易而急迫　「輕」，朱子語類卷九十六作「淺」。
〔二一〕仁却爲客　「却」，朱子語類卷三十一作「只」。
〔二二〕便自不由己　「己」，朱子語類卷三十一作「自身己」。

近思録釋義卷之五

論力行

君子乾乾。**注**「**象山之高**」止「**窒塞之**」　朱子曰：「君子觀山之象以懲忿，觀澤之象以窒慾。」又曰：「懲忿如摧山，窒慾如填壑。」又曰：「人怒時，自是恁突兀起來，故孫權曰『令人氣湧如山』。慾如污澤然，其中穢濁解污染人，須當填塞了。」按：以此數語觀之，則言「忿之突兀如山，慾如污澤」，非謂「象山之高，而懲創之也；象澤之深，而窒塞之也」。葉注可疑。

吉、凶、悔、吝、生乎動　繫辭。括蒼龔氏曰：「吝者，口以爲是，文過而不改也，故積之以成凶。」本義曰：「吉凶相對，而悔吝居其中間，悔自凶而趨吉，吝自吉而向凶也。」朱子曰：「悔吝便是吉凶底交互處，悔是吉之漸，吝是凶之端。吉凶悔吝，四者循環，周而復治[一]，悔了便吉，吉了便吝，吝了便凶，凶了又悔，正如『生於憂患，死於安樂』相似。」

聽箴。注「**有定者得其所當止**」按：有定，謂心有所定，恐不可遽，謂「得所止」也。

言箴。注「**躁輕肆**」止「**妄之致**」按：雲峰胡氏曰：「易是輕言，煩是多言，肆是放言，悖則純乎不善矣。朱子以爲是四項病，而諸家只解歸『躁妄』二字，非矣。」胡説正中葉氏之病，況以「静專」二字分屬「躁妄」尤爲破碎。**動箴**。**造次克念，戰兢自持** 按：上句言「誠之於思」，下句言「守之於爲」，如此看，如何？**習與性成，聖賢同歸** 沙溪曰：按：覺軒蔡氏曰：「聖，性之也，謂哲人；賢，習之也，謂志士。及其成功則一也，故曰『同歸』。」陳氏曰：「習之久而與氣質之性俱化，則賢亦聖矣。」二説皆非。蓋我之習熟與性俱成，則我與聖賢同歸矣。及其成功則一之意也。又按：「習與性成」之「性」，葉注以爲本然，新安陳氏曰：「引書『茲乃不義，習與性成』，以爲氣質以何爲正。」栗谷曰：「陳説長。」**注**「**習與性合**」按：以「合」字解「成」字，恐未穩。

復之初九，無祇悔 傳：「祇宜音祇[二]，抵也。」玉篇云：「適也，義亦同。」陸德明「音支」，玉篇、五經文字、群經「音辨」，並見衣部。○本義：一陽生於下[三]，復之主也。祇，抵也。

晋其角　傳：爲卦，離在坤上，明出地上也。日出於地，升而益明，故爲晋。晋，進而光明盛大之意也。角，剛而居上之物。上九以剛居卦之極，故取角爲象。

「**夬九五**」止「**中行无咎**」　傳：夬爲卦，兑上乾下。以二體言之，澤，水之聚也，乃止於至高之處[四]，有潰決之象。以爻言之，衆陽上進，決去一陰，所以爲夬也。夬者，剛決之意。○中行，中道也。莧陸，今所謂馬齒莧是也。曝之難乾，感陰氣之多者也，而脆易折。五若如莧陸，雖感於陰，而決斷之易，則於中行無過咎矣。本義：「莧陸，今馬齒莧，感陰氣之多者。九五當決之時，爲決之主，而切近上六之陰，如莧陸。然若決而決之，而又不爲過暴，合於中行，則无咎矣。」○朱子曰：莧、陸是兩物。莧者，馬齒莧；陸者，章陸，一名商陸，皆感陰氣多之物。

節之九二　傳：「爲卦，澤上有水。澤之容有限，澤上置水，滿則不容，爲有節之象，故爲節。」朱子曰：「説則欲進，而有險在前，進去不得，故有止節之義。節便是阻節之義。」爻：「九二，不出門庭，凶[五]。」傳曰：「二雖剛中之質，然處陰居説而承柔。處陰，不正也；居説，失剛也』，承柔，近邪也。」

「**人而無克伐怨欲**」止「**開示之深也**」　論語本注：「有是四者而能制之，使不得行，可謂難矣。仁則天理渾然，自無四者之累，不行不足以言之也。」程子曰：「人無克、伐、怨、欲四者，便是仁也。只爲原憲著一箇不行，不免有此心，但不行也，故孔子謂『可以爲難』。此孔子著意告原憲處，欲他有所啓發。他承當不得，不能再發問也。」〇朱子曰：「『克己』，如誓不與賊俱生；『克伐怨欲不行』，如『薄伐玁狁，至于太原』，但逐出境而已[六]。」

「**他山之石，可以攻玉**」　程子曰：「玉之温潤，天下之至美也；石之麤厲，天下之至惡也。然兩玉相磨，不可以成器，以石磨之，然後玉之爲器得以成焉。猶君子之於小人處也，横逆侵加，然後修省畏避，動心忍性，增益預防，而義理生焉，道德成焉。吾聞諸邵子。」〇朱子曰：「邵子云：『有才之正者，有才之不正者。』他山之石，其小人之才乎！」又曰：「康節慾有好説話，近思録不曾取入。」**動心忍性**　孟子本注：「所謂『性』亦指氣稟血而言耳，動其仁義理智之心，忍其聲色臭味之性。」新安陳氏曰：「動心則善念由此生，忍性則物欲由此室。」

「**目畏尖物**」止「**何畏之有**」　朱子曰：「疑病每如此。尖物元不曾刺人，他眼病只管見尖物來刺人耳。」問：「前輩説治懼，室中率置尖物。」曰：「那箇本不能害人，心下要恁地懼，且習教不如此妄怕。」問：「習在危階上行底，亦此意否？」曰：「那箇却分明是危，只教習教不怕著。」問：「習得不怕，少間到危疑之際，心亦不動否[七]？」曰：「是如此。」

責上責下而中自恕己　按：徒知上之無禮，責下之不忠而已，在中間自恕其不能。

「**九德**」**注**　蘇氏曰：「横流而濟曰亂，故才過人，可以濟大難者。」曰：「亂，亂臣十人是也。才過人者，患於恃才而不敬。」「**卓立**」止「**不至於虐**」　按：「九德」當從本注之釋。葉氏以植立爲卓立，以整治爲文，以簡易爲簡，大皆未穩。至於「剛而塞」，本注以「篤實」釋「塞」字，而葉氏以爲不至於虐，大失本義。

飢食渴飲，廢天職 朱子曰：這是天教我如此。飢便食，渴便飲，只得順他〔八〕。窮口腹之欲，便不是。蓋天只教我飢則食，渴則飲，何曾教我窮口腹之欲？

自私之理 按：朱子論「理有善惡」而曰：「此『理』字不是實理，猶云理當如此。」然則今此「理」字亦當如是看。

所欲不必沈溺。注「一念外馳，所向既差」 按：語意似緩，一念外馳，便是欲。

檢點 退溪曰：猶言考察。**按伏** 按：「按」與「遏」通。伏，降伏也。**罪過** 按：指「衿」字而言。**點頭** 按：是顧可之意。

湛一，氣之本；攻取，氣之欲 問：「攻取，是攻取那物否？」朱子曰：「是。」〇退溪曰：攻，如攻伐之攻，其所以攻伐之者，欲取其物以入之於己也。**屬厭** 按：左傳：「纔屬於厭足而止之意。」屬，音燭。

「惡不仁」止「行不著」 朱子曰：「顔子、明道是好仁，孟子、伊川是惡不仁。」「終是兩件[九]，好仁却渾淪了。學者未能好仁，且從惡不仁上做將去，庶幾堅實。」又曰：「好仁而未至，却不及那惡不仁之切底。蓋惡不仁底，直是壁立千仞，滴水滴凍，做得事成。」「著者，知之明。察者，識之精。」輔氏曰：「著則明之而已，察則又加精焉。言方行之，而不能明其所當然，既習矣，而猶不識其所以然。」注「斷制之明」，按：語意似有病。

心在於此 退溪曰：「『此』字指道也。」

「仁之難成」止「所好」 禮記表記本注：「『仁之難成』，私欲間之也。私意行，則所好非所當好，故曰『失其所好』也。」

剛行 按：論語「子路行行」之「行」，本注：「剛强貌，胡浪反。」「**善柔**」止「**得效最速**」 陳氏曰：善柔，謂善爲柔媚。氣合，謂意氣相合。相下，謂彼此相讓。得效，即忠告善道之益也。**所益之多** 事見本注：禮，童子當隅坐隨行。孔子言吾見此童子，不循此禮，非能求益，但欲速成爾。○慶源輔氏曰：「蓋人纔温柔，則便是消磨了那客氣；消磨得客氣，則其德方可進，故明道謂『義理與客氣常相勝』，只看消長分數，爲君子、小人之別，消盡者爲大賢。而横渠亦言『學者先須去其客氣，惟温柔則可以進學』。」○西山真氏曰：「温者，和易之意。築室者，以基爲固；修身者，以敬爲本。故此温温恭謹之人有立德之基也。」

「**驕惰壞了**」止「**一事事**」　吴氏曰：「驕惰，矜傲、怠慢之謂。凶狠，暴惡、麤戾之謂。親，謂父母也。物我，猶言彼此也。病根，即驕惰也。」陳氏曰：「安，謂安意。爲之下，謂屈己下之。」吴氏曰：「徇，以身從物之論。」

【校勘記】

[一] 周而復治　「治」，朱子語類卷七十四作「始」。

[二] 祗宜音祗　「祗」，周易程氏傳卷二作「柢」。

[三] 一陽生於下　「陽」下，周易本義卷一有「復」字。

[四] 乃止於至高之處　「止」，周易程氏傳卷三作「上」。

[五] 九二不出門庭凶　「出」原作「失」，據周易程氏傳卷四改。

［六］但逐出境而已　「逐」原作「遂」，據朱子語類卷四十四改。

［七］心亦不動否　「不」字原無，據朱子語類卷九十六補。

［八］只得順他　「只」原作「口」，據朱子語類卷九十六改。

［九］終是兩件　「終」上，朱子語類卷二十六有「惡不仁」三字。

近思録釋義卷之六

論齊家

「孟子曰」止**「所當爲也」**　程子曰：「孟子云：『事親若曾子，可也。』吾以爲事君若周公，可也。蓋子之事父，臣之事君，聞有自知其不足者矣，未嘗聞其以爲有餘也。」又曰：「子之事父，其孝雖過於曾子，畢竟是以父母之身做出來，豈是分外事？若曾子者，僅可以免責耳。臣之於君，猶子之於父也。假如功業大於周公，亦是以君之人民勢位做出來，而謂人臣所未能爲，可乎？」慶源輔氏曰：「至程子看方得『可也』二字有深意。以此知讀書不可不熟讀玩味。」

幹母之蠱　傳：「風遇山而回，物皆撓亂，是爲有事之象，故蠱者事也。既蠱而治之，亦事也。」「九二陽剛，爲六五所應，是以陽剛之才在下，而幹夫在上，陰柔之事也，故取子幹母蠱爲義。」**注「但爲矯拂」**　按：但，猶徒也。**將順**　按：韻會：將，奉也。

蠱九三　按：爻辭：幹父之蠱，小有悔，无大咎。

正倫理，家人之道　傳：卦，外巽内離，爲風自火出。自内而出，由家及外之象。治天下之道，蓋治家之道也。

以剛爲善　按：本傳：「爲善」下云「初、三、上是也」。

「**家人上九**」止「**不服**」　傳：上，卦之終，家道之成也，故極言治家之本。○涑水司馬氏曰：上九以陽居上，家之至尊者也。家人望之，以爲儀表，苟其身正，不令而行。

「**歸妹九二**」止「**道也**」　傳：歸妹爲卦，震上兑下，以少女從長男也。男動而女説，又以説而動，皆男説女、女從男之義。歸妹，女之嫁，歸也。九二陽剛而得中，女之賢正者也。上有正應，而反陰柔之質，動於説者也，乃女賢而配不良。男女之際，當以正禮。五雖不正，二自守其幽静貞正，乃所利也。○雙峰胡氏曰[一]：九二以陽爻居陰位，又爲兑體而居下卦之中，故有幽人之象。

「**盡性知命**」。**注**「**王季之友**」按：詩皇矣：維此王季，因心則友。

第五倫 按：漢書：第五，姓；倫，名；字伯魚，京兆人，爲司空，以公正稱。**不起與十起** 朱子曰：如「十起與不起」，便是私，這便是避嫌。只是他見得這意思，已是大段做工夫，大段會省察也。**南容** 論語注：孔子弟子，居南宫。名縚[二]，又名适，字子容。

「**若取失節者**」止「**己失節**」 吴氏曰：娶婦共承宗廟，以傳嗣續。若娶失節者爲配，則與己之失節同矣。○沙溪曰：周恭叔嘗於宴席有所矚目。伊川曰：「以父母之遺體配賤娼，可乎？禽獸不若也。」以此觀之，則畜賤娼亦在配身之中也。

「**病卧於牀**」止「**知醫**」 陳氏曰：委，猶付託也。子有病而委之庸醫，比之不慈；親有疾而委之庸醫，比之不孝。子能知醫，則可以養親，故曰「事親者亦不可不知醫」。○沙溪曰：

「曲禮不勝喪，乃比於不慈不孝。」注：朱子曰：「下不足以傳後，故比於不慈；上不足以奉先，故比於不孝。云所謂『病卧於牀』，非父母與子也，乃自身病卧於牀也。」二程粹言曰：「『病』字上有『身』字」。蓋吾之身即父母之遺體。疾病死生所係，而委之於庸醫之手，用藥或差，致誤其身，則比之不慈不孝。事親者，尤不可不知醫術也。小學注：「非是。」

足備他虞　沙溪曰：指「乳母死」及「殺人之子」兩款。

取甥女歸嫁　問：「此與前『孤孀不可再嫁』相反，何也？」朱子曰：「大綱恁地，但人亦有不能盡者。」**從叔幼姑**　沙溪曰：從叔，太中之從弟。幼姑，太中之妹也。皆以夫人言，若以程子言之，非是。

「**斯干詩**」止「**已施之而已**」　吴氏曰：「斯干，小雅篇名。斯，此也。干，水涯也。式，語辭。好，愛也，和也。輸，止也。」朱子曰：「此築室既成，宴飲以落之，因歌其事也。猶，謀也。言居是室者，兄弟相好，而無相謀。」問：「横渠説『不要相學』，指何事而言？」曰：「不要相學不好處。詩之本意,『猶』字作相圖謀説。横渠説於文義或未必然,然實則善矣。」按:「廝」,小學作「相」。

不要相學 問:「横渠説『不要相學』,指何事而言?」朱子曰:「不要相學不好處。詩之本意,『猶』字作相圖謀説。横渠説於文義或未必然,然實則善矣。」按:「廝」,小學作「相」。[三]

周南、召南 朱子曰:「周南之詩,言文王之后妃閨門之化;召南之詩,言諸侯夫人、大夫妻被文王后妃之化而成德之事。蓋文王治岐而化行於江漢之域,自北而南,故其樂章以『南』名之。」

【校勘記】

[一] 雙峰胡氏曰 「峰」,周易大全卷十九作「湖」。

[二] 名縚 「縚」原作「滔」,據論語集注卷三改。

[三] 按:自「問横渠説」至「小學作相」與本條前文重複,疑爲衍文。

近思録釋義卷之七

論出處

賢者在下　傳：「蒙爲卦，艮上坎下。艮爲山，爲止。坎爲水，爲險。山下有險，遇險而止，莫知所之[二]，蒙之象也。」「二以剛明之賢處於下，五以童蒙居上。非是二求於五，蓋五之志應於二也。」

君子需時　傳：卦之大意，須待之義。乾健之性，必進者也。乃處坎險之下，險爲之阻，故須待而後進。○「初九，需于郊，利用恒，无咎。」象曰：「需于郊」，不犯難行也；「利用恒，无咎」，未失常也。注「**靜退以待時**」按：靜則豈至於失常，恐下語有病。

比：「**吉，原筮，元永貞**」傳：「爲卦，上坎下坤。物之相切比無間，莫如水之在地上，故爲比也。又衆爻皆陰[二]，獨五以陽剛居君位，衆所親附，而上亦親下，故爲比也。」「筮謂占決卜度，非謂以蓍龜也。」「元永貞[三]，如五是也，以陽剛居中正，盡比道之善者也。以陽剛當尊位爲君德，元也。居中得正，能永而貞也。」

履之初九　傳：「爲卦，天上澤下。天而在上，澤而處下，上下之分，尊卑之義，理之當也，禮之本也，常履之道也，故爲履。」「初處至下，素在下者也，而陽剛之才可以上進，若安其卑下之素而往，則无咎矣。」○雲峰胡氏曰：「初未交於物，有素象。」蔡氏則曰：「素者，無文之謂。蓋履，禮也。履初言素禮，以質爲本也。」**注「不能安行乎素位」**　按：「素履」之「素」，程子以爲雅素、素位之「素」，朱子以爲猶見在也。兩「素」字意微不同，然渾説亦無妨。但以「不能安行素位」釋「安履其素」，似不精切，富貴亦可言「素位」也。

大人於否之時　傳：天處上，地處下，是天地隔絕，不相交通，所以爲否也。○六二象：「大人否，亨，不亂群也。」雲峰胡氏曰：「二陰在下，小人之群也。大人不爲其群所亂，雖否而亨矣。」

人之所隨　傳：爲卦，兑上震下。兑爲説，震爲動。説而動，動而説，皆隨之義。女，隨人者也。以少女從長男，隨之義也。又震爲雷，兑爲澤，雷震於澤中，澤隨而動，隨之象也。○「六二，係小子，失丈夫。」象曰：「係小子，不兼與也[四]。」○雲峰胡氏曰：「六柔有係象小子，初陽在下象丈夫，五陽在上象六二。以初陽在近而係之，則五陽雖正應，必失之矣。」楊氏曰：「以柔隨人者謂之係。」

君子所賁　傳：「爲卦，山下有火。山者，草木百物之所聚也。下有火，則照見其上，草木品彙皆被其光彩，有賁飾之象，故爲賁也。」「初九以剛陽居明體而處下，君子有剛明之德而在下者也。君子在無位之地，無所施於天下，唯自賁飾其所行而已。趾，取在下而所以行也。」「舍車而徒行者，於義不可以乘也。初應四正也，從二非正也。近舍二之易，而從四之難，舍車而徒行也。君子之賁，守其義而已。」**注**「**所賁在下**」　按：程傳曰：「賁飾其所行，趾，取在下而所以行也。」然則所賁在行，而葉氏只言其在下，似欠本義。

蠱之上九　傳：上九居蠱之終，無係應於下，處事之外，無所事之地也。以剛明之才，無應援而處無事之地，是賢人君子不遇於時，而高潔自守，不累於世務者也。○臨川吳氏曰：上九在一卦至高至上之位，故曰「高尚下五爻，屑屑於一家之事」，至此則一國之事、天下之事，猶且視爲卑下，而不屑爲。○朱子曰：當此時節，若能斷然「不事王侯，高尚其事」，不半上落下，或出或入，則其志真可法則矣。知止足，是能做底；量能度分，是不能做底。

遯者，陰之始長 傳：爲卦，天下有山。天，在上之物，陽性上進。山，高起之物，形雖高起，體乃止。物有上陵之象而止不進，天乃上進而去之，下陵而上去，是相違遯，故爲遯去之義。二陰生於下，陰長將盛，陽消而退，小人漸盛，君子退而避之，故爲遯也。○彖曰：「剛當位而應，與時行也。小利貞，浸而長也。」傳：「五以剛陽之德，處中正之位，又下與六二以中正相應，雖陰長之時，尚當隨時消息，苟可以致其力，無不至誠自盡以扶持其道。當陰長之時，不可大貞，而尚小利貞者，蓋陰長必以浸漸，未能遽盛，君子尚可小貞其道，所謂『小利貞』，扶持使未遂亡也。」○朱子曰：「伊川說『小利貞』云，尚可以有爲。陰已浸長，如何可以有爲？所說王允、謝安之於漢、晉，恐也不然。允是筭殺了董卓，謝安是乘桓溫之老病，皆是他衰微時節，不是浸長之時也。」

明夷初九　傳：明夷，昏暗之卦，暗君在上，明者見傷之時也。日入於地中，明傷而昏暗也，故爲明夷。君子明照，見事之微，故行去避之。此薛方所以爲明，而揚雄所以不獲其去也。「君子于行」，謂去其禄位而退藏也。「三日不食」，言困窮之極也。本義曰：「惟義所在，不食可也。」

晋初六　傳：「爲卦，明出地上，日出於地，升而益明，故爲晋。晋如，升進也。摧如[五]，抑退也。於始進而言，遂其進，不遂其進，惟得正則吉也。」或問：「初六『晋如摧如』[六]，象也；『貞吉』，占辭。」朱子曰：「『罔孚，裕，无咎』，又是解上兩句，恐『貞吉』説不明，故又曉之。」○雙峰胡氏曰[七]：「爻不正，故戒以能正，則吉。坤體寬裕，故誨以能裕，則无咎也。」○雲峰胡氏曰：「欲進而退，六象上互艮，有欲進而止之之象。凡始進必資薦引四應，不中正，乃若相摧抑者。」致堂胡氏曰：「古之君子不苟就，不俯從。違之重在我而不在人，在義而不在利，庶乎招來，麾不去，足以取信於其上也。」○朱子曰：士大夫之辭受出處，又非獨其身之事而已，其所處之得失乃關風俗之盛衰，故尤不可以不審也。聖賢固不能自爲時，然其仕止久速，皆當其可，則其所以身爲時者，亦非他人之所能奪矣。豈以時之不合而變，吾所守以徇之哉？**爲之兆者**

按：孟子萬章：問：「奚不去也？」曰：「爲之兆也。兆足以行矣，而不行，而後去。」注：「兆，猶卜之兆，蓋事之端也。孔子所以不去者，亦欲小試行道之端，以示於人，使知吾道之果可行也。若其端既可行[八]，而人不能遂行之，然後不得已而必去之。」

不正而合　傳：睽爲卦，上離下兑。離火炎上，兑澤潤下，二體相違，睽之義也。

君子困窮　象：澤無水，困[九]；君子以致命遂志。○程子曰：大凡利害禍福亦須致命，須得致之爲言，推致而知之也。○朱子曰：「水下漏，則澤上枯，故曰『澤無水』。致命，猶言授命，言持以與人而不之有也。」又曰：「致命，猶送這命與他，不復爲我之有。雖委致其命，而志則自遂，無所回屈。伊川解作『推致其命』，雖説得通[一〇]，然論語中『致命』字，却是委致之『致』。『事君能致其身』，與『士見危致命』、『見危授命』皆是此意。『授』，亦『致』字之意，言將這命授與之也。」注「**知其當然**」　按：下語恐有病。

井之九三　爻：「井渫不食，爲我心惻，可用汲，王明并受其福。」傳：「爲卦，坎上巽下。

坎，水也；巽之象則木也，巽之義則入也。木，器之象。木入於水下而上乎水[二]，汲井之象也。」「三以陽剛居得其正，是有濟用之才者也。如井之渫治精潔，而不見食，爲心之惻怛也。」「渫」，本義「不停污也」，韻會「除去也，又治井也」。

革之六二　爻：「巳日乃革之，征吉，无咎。」傳：爲卦，兑上離下，澤中有火也。革，變革也。水火，相息之物，水滅火，火涸水，相變革者也。○雲峰胡氏曰：「離象：日入澤，有巳日象。」又曰：「一爻爲一日，初至二，巳日也。」

鼎之有實　鼎九二象傳：二以剛實居中，鼎中有實之象。○本義：鼎，烹飪之器。爲卦下陰爲足，二、三、四陽爲腹，五陰爲耳，上陽爲鉉，有鼎之象。又以巽木入離火而致烹飪，鼎之用也，故其卦爲鼎。

士之處高位　艮六二爻：「艮其腓，不拯其隨，其心不快。」傳：二既不得以中正之道拯救三之不中，則必勉而隨之。○本義：艮，止也。一陽止於二陰之上，陽自下升，拯上而止也。

其象爲山，取坤地而隆其上之狀，亦止於極而不進之意也。

君子思不出其位 象：「兼山，艮。君子以思不出其位。」傳：「君子觀艮止之象，而思安所止，不出其位也。」

人之止 傳：九以剛實居上，而又成艮之主，在艮之終，止之至堅篤者也。

中孚之初九 爻：「虞吉，有它不燕。」象：「初九虞吉，志未變也。」傳：爲卦，澤上有風。風行澤上，而感于水中，爲中孚之象。感謂感而動也。内外皆實而中虛，爲中孚之象。又二五皆陽，中實，亦爲孚義。九當中孚之初，故戒在審其所信。虞，度也。度其可信而後從也。燕，安裕也。有他，志不定也。

「**求之有道，得之有命，是求無益於得也**」 按：孟子「得也」下云「求在外者也」。注：有道，言不可妄求。有命，則不可必得。在外者，謂富貴利達，凡外物皆是。**注**「**是求無**

益於得」止「**求而遂也**」　按：此與本注不同。「**命雖定於事物之先**」止「**應酬之時**」　按：北溪陳氏曰：「如所謂『死生有命』與『莫非命也』之命，是乃就受氣之短長、厚薄不齊上論。」據此，若謂人物稟生之初，有命已定，云則可也。若謂命定於事物之先，則恐未可，且義乃人性之所固有，豈因事物而有者哉？處物爲義，則義實形於酬酢事物之際也。

若不會處置了，放下　朱子曰：「不會處置，無義也。不會放下，與命也。」

「**門人有居太學**」止「**可語**」　按：二程全書：謝顯道久住太學[一二]，告行於伊川云：「將還蔡州取解，且欲改經禮記。」伊川問其故。對曰：「太學多士所萃，未易得之，不若鄉中必取也[一三]。」伊川曰：「不意子不受命如此！子貢不受命而貨殖，蓋如是也。」顯道復還，次年獲國學解。○又云：游定夫忽自太學歸蔡，過扶溝見伊川。伊川問：「試有期，何以歸耶？」定夫曰：「某讀禮，太學以是應試者多，而鄉舉者實爾。」伊川笑之。定夫請問，伊川曰：「是不知學也[一四]，豈無義與命乎？」定夫即復歸太學，是歲登第。按：「游定夫」當作「顯道」。

「**人苟有朝聞道**」止「**一箇是而已**」　按：大學或問：惟其燭理之明，乃能不待勉强，而自樂循理爾。夫人之性本無不善，循理而行，宜無難者。惟其知之不至，而但欲以力爲之，是以苦其難而不知其樂耳。昔嘗見有談虎傷人者，衆莫不聞，而其間一人神色獨變。問其所以，乃嘗傷於虎者也。大虎能傷人，人孰不知？然聞之有懼、有不懼者，知之有真、有不真也，學者之知道必如此。人之知虎，然後爲至耳。若曰「知不善之不可爲」而猶或爲之，則亦未嘗知而已矣。**穿窬**　論語注：「穿，穿壁。窬，踰牆。」孟子注：「壁」作「穴」，「窬」作「踰」，皆爲盜之事。[一一五]

孟子辨舜、跖之分，命在其中　朱子曰：「間，是兩者相並在這裏。一條路做這邊去，一條路做那邊去，所以謂之『間』。」○問「利與善之間」。曰：「不是冷水，便是熱湯，無那中間温吞煖處也。」○問：「事有合理，而有意爲之，如何？」曰：「事雖義，而心則私。如路，好人行之是路，賊行之亦是路。合是如此者是天理，起計較便不是。」○「義是吾所處之宜者。見事合恁地處，則隨而應之。」「義當富貴便富貴，義當貧賤便貧賤，當生則生，當死則死，只看義理合如何。」世間諭於義者，則爲君子；諭於利者，即是小人。近年一種議論，乃欲周旋於二者之間，回互委曲，費盡心機，卒既不得爲君子，其爲小人，亦不索性，可謂誤用其心矣。**注**「**有心於計較利害**」　按：「計較」上不須加「有心」字。

「**如此等人**」止「**漸好**」　性理群書注：「亦可漸次而進於道，豈不善哉！」按：「多」爲句，謂「如此等人多，則可以漸進於道」。

趙景平　按：性理群書：趙景平，程子門人。**義安處便爲利**　朱子曰：「罕言者，不是不言，特罕言之耳。罕言利者，蓋凡做事只循這道理做去，利自在其中矣。如利涉大川，利用行師，聖人豈不言利？但所以罕言者，正恐人求之則害義矣。」「學者做切己工夫，要得不差，先須辨義利所在[一六]。如思一事，非特財利、利欲，只每事求自家安利處便是[一七]，推此便不可入堯舜之道。切須勤勤提省，察之於纖微毫忽之間，不得放過。如此，便不會錯用工夫。」「或言心安處便是義。亦有人安其所不當安，豈可以安爲義也[一八]！」問：「當然而然，便安否？」曰：「是也。只萬物各得其分，便是利。即易所謂『利者義之和』。截然不可犯，似不和；分別後萬物各得其所，便是和。不和生於不義，義則和而無不利矣。」〇西山真氏曰：「大學所謂『利』，專指財利而言。伊川先生云利，不獨財利之利，凡有一毫自便之心，即是利。此論尤有輔於心術之微。」

「問邢七」止「便至如此」 謝某曾問：「涪州之行，知其由來，乃族子與故人耳。族子謂程公孫，故人謂邢恕。」先生答云：「族子至愚不足責，故人清厚不敢疑。孟子既知天，焉用尤臧氏？」因問：「邢七雖爲惡，然必不到更傾先生也。」先生曰：「然邢七亦有書到某，云：『屢於權宰處言之。』不知身爲言官，却説此話，未知傾與不傾，只合救與不救，便在其間。」

吾嘗買婢，欲試之 按：性理群書注：試之女工。

曆子 沙溪曰：如今考前任解由給禄之文。**范純甫** 沙溪曰：他書「甫」作「夫」，祖禹字。**陳乞恩例** 按：此泛論追贈之事，「爲妻求封」亦在其中。○龜山楊氏曰：仕道與禄仕不同。常下文「陳乞封父祖」，主言追贈父祖也。○夷甫家貧，既召入朝，神宗欲優厚之，令兼數局，如登聞鼓、染院之類。庶幾俸給，可貽其家，夷甫一切受之不辭。及正叔以白衣擢爲勸講之官，朝廷亦便之，兼他職，則固辭。蓋前日所以不仕者爲道也，則今日之仕，須其官足以行道，乃可受，不然是苟禄也。然後世道學不明，君子辭受取舍，人鮮能知之，故常公之不辭，人不以爲非；而程公之辭，人亦不以爲是。

責天理　沙溪曰：人不讀書，不習科業，只僥倖以望天也。

「**問家貧親老**」止「**得失之累**」　朱子嘗論科舉，云：「非是科舉累人，自是人累科舉。若高見遠識之士，讀聖賢之書，據吾所見而爲文而應之，得失利害置之度外，雖日日應舉，亦不累也。居今之世，使孔子復生，也不免應舉，然豈能累孔子耶？某於科舉，自少便見得輕，初亦非有所見而輕之也。正如人天資有不好啖酒者，見酒自惡，非知酒之爲害如何也。」問：「許重叔大貧[一九]，作科舉文字。」曰：「既是家貧親老，未免應舉，亦當做舉業，只是先以得失横置胸中，却害道。」「**孔子曰不知命**」止「**何以爲君子**」　朱子曰：此與「五十知天命」不同。「知天命」，謂知其理之所自來。如「不知命」處，却是説死生、壽夭、貧富、貴賤之命。今人開口亦解説「一飲一啄自有定分」，及遇小小利害，便生趍避、計較之心。古人刀鋸在前，鼎鑊在後，視之如無物者，蓋緣只見得這道理，都不見那刀鋸、鼎鑊。○胡氏曰：一定而不可易者，命也。人不知命，常求其所不可得，避其所不可免，斯所以徒喪所守，而爲小人也。

「或謂科舉」止「惟患奪志」 雙峰饒氏曰：義理與科業，初無相妨。若一日之間，上半日將經傳討論義〔二〇〕，下半日理會舉業，亦何不可？況舉業之文，未有不自義理中出者。若謂明得義理通透，則識見高明，行文條暢，舉業當益精。若不通義理，則識見凡下，議論淺近，言語鄙俗，文字中十病九痛，不自知覺，何緣做得好舉業？雖没世窮年從事於此，亦無益也。

似述 按：韵會：似，嗣也。**注「四聲八病」** 梁沈約曰：「詩病有八：一曰平頭，第一、第二字不得與第六、第七字同聲，如『今日良宴會，歡樂難是陳』，今、歡皆平聲也；二曰上尾，謂第五字不可與第十字同聲，如『青青河畔草，鬱鬱園中柳』皆上聲也；三曰蜂腰，謂第二字不得與第五同聲，如『聞君愛靚粧，切欲自修飾』〔二一〕，君、粧皆平聲〔二二〕，欲、飾皆入聲也；四曰鶴膝，謂第五字不得與第十字同聲，如『客從遠方來，遺我一札書。上言長相思，下言久别離[二三]』，來、書皆平聲；五曰大韻，如聲鳴爲韻，上九字不得用『驚』、『傾』，平聲；六曰小韻，除本韻一字外，九字中不得兩字同韻，如遥、條不同句；七曰學經[二四]，八曰正紐[二五]，謂十字内兩字雙聲爲正紐，若不共一字而有雙聲爲旁紐，如流、六爲正紐，柳爲旁紐[二六]。八種惟上尾、鶴膝最忌，餘病亦通。」

【校勘記】

[一] 莫知所之　「之」原作「止」，據周易程氏傳卷一改。

[二] 又衆爻皆陰　「衆」原作「象」，據周易程氏傳卷一改。

[三] 元永貞　「永」原作「水」，據本條正文、周易程氏傳卷一改。

[四] 不兼與也　「不」，周易程氏傳卷二作「弗」。

[五] 摧如　「摧」原作「權」，據周易程氏傳卷三改。

[六] 初六晋如摧如　「摧」原作「權」，據程氏易傳、朱子語類卷七十二改。

[七] 雙峰胡氏曰　「峰」，周易大全卷十三作「湖」。

[八] 若其端既可行　「若」下原有「有」字，據孟子集注卷十删。

[九] 象澤無水困　「象」原作「象」，據周易程氏傳卷四改。

〔一〇〕雖説得通　「説」原本無，據朱子語類卷七十三補。
〔一一〕木入於水下而上乎水　「木」原作「不」，據周易程氏傳卷四改。
〔一二〕謝顯道久住太學　「學」原作「行」，據河南程氏外書卷十二、本條下文改。
〔一三〕不若鄉中必取也　「必」上，河南程氏外書卷十二有「可」字。
〔一四〕是不知學也　「不」，二程外書卷十二作「未」。
〔一五〕按：自「穿窬」至本段末，與前文屬同一條，原本單列，不妥，當合而爲一。
〔一六〕先須辨義利所在　「利」原作「理」，據朱子語類卷一百一十三改。
〔一七〕只每事求自家安利處便是　「事」，朱子語類卷一百一十三作「處」。
〔一八〕豈可以安爲義也　「豈」原作「其」，據朱子語類卷十三改。
〔一九〕許重叔大貧　「大」，朱子語類卷十三作「太」。
〔二〇〕上半日將經傳討論義　「義」下，性理大全卷五十五有「理」字。
〔二一〕如聞君愛靚粧切欲自修飾　「聞君愛靚粧切欲自修飾」，類説卷五十一、茅星來近思録集注卷七作「聞君愛我甘竊欲自修飾」。
〔二二〕君粧皆平聲　「粧」，類説卷五十一、茅星來近思録集注卷七作「甘」。
〔二三〕下言久別離　「別離」，茅星來近思録集注作「離別」。

［二四］七曰學經　「學經」，類説卷五十一作「旁紐」，茅星來近思録集注卷七作「正紐」。

［二五］八曰正紐　「正紐」，茅星來近思録集注作卷七「旁紐」。

［二六］柳爲旁紐　「柳」，類説卷五十一作「流柳」，當補「流」字。

近思録釋義卷之八

論治道

「**治天下有本**」止「**茂對時育萬物深哉**」　西山真氏曰：心不誠，則私意邪念紛紛交作，欲身之修，得乎？親不和，則閨門乖戾，情意隔絶，欲家之正，得乎？夫治家之難，所以甚於治國者，門内尚恩，易於揜義。世之固有勉於治外者矣，至其處家，則或狃於妻妾之私，或牽於骨肉之愛，鮮克以正自檢者，而人君尤甚焉。漢高帝能誅秦蹙項，而不能割戚姬、如意之寵；唐太宗能取孤隋攘群盜，而閨門慚德顧不免焉。蓋疏則公道易行，親則私情易溺，此其所以難也。不先其難，未有能其易者。夫女子陰柔之性，鮮不妬忌而險詖者，故二女同居，則情間易生。堯欲試舜，必降以二女者，能處二女，則能處天下矣。舜之身正，而刑家如此，故堯禪以天下而不疑也。身之所以正者，由其心之誠。誠者，無他不善之萌動于中，則亟反之而已。誠者，天理之真；妄者，人爲之僞。妄去，則誠存矣。誠存則身正，身正則家治，推之天下，猶運之掌也。○林氏栗曰：離火兑澤，同賦形於天地；中女季女，同鞠育於閨門，其始未嘗不同也。火性炎上，澤性潤下，中女儷坎，季女配艮，其終未嘗不睽也。

比之九五　傳：五居君位，處中得正，盡比道之善者也[一]。○或問：伊川解「顯比，王用三驅，失前禽」，所謂來者撫之[二]，去者不追，與「失前禽」而殺不去者，所譬頗不相類，如何？朱子曰：田獵之禮，置旃以爲門，刈草以爲長圍。田獵者自門驅而入，禽獸向我而出者皆免，惟被驅而入者皆獲。故以前禽比去者不追，獲者譬來則取之，大意如此，無緣得一一相似。伊川解此句不須疑。

暴其小仁　沙溪曰：暴，猶顯示也。

「**古之時**」云云　履象傳：天在上，澤居下，上下之正理也。人之所當履當如是，故取其象而爲履。君子觀履之象，以辨別上下之分，以定其民志。

「**泰之九二**」云云　傳：泰爲卦，坤陰在上，乾陽居下，天地陰陽之氣相交而和，則萬物生成，故爲通泰。○雲峰胡氏曰：陰爻雜，有荒穢象。包之者，二柔，虛也。用馮河，又見九之爲剛。

觀：「盥而不薦」云云　傳：觀二陽在上，四陰在下，陽剛居尊，爲群下所觀，仰觀之義也。○凡觀視於物則平聲，爲觀於下則去聲。**注「繁縟」**　縟，韻會：「采色也，又細也。」

「凡天下至於一國」云云　噬嗑卦傳：卦上下二剛爻而中柔，外剛中虛，人頤口之象也。中虛之中，又一剛爻，爲頤中有物之象。口中有物，則隔其上下不得嗑，必嚙之則得嗑，故爲噬嗑。

「大畜之六五」云云　本義：「大，陽也。以艮畜乾，又畜之大者也。」傳：「六五居君位，止畜天下之邪惡。」○進齋徐氏曰：豕牙，二也；豶之者，五也。二陽已壯，則難制五。得其要領，而能制也。制於已壯之後，猶欲去豕牙之害而豶之，此用柔畜剛之道也。○雲峰胡氏曰：「牛與豕皆陰物，而以象陽者，何也？牛之剛在角，豕之剛在牙。四、五下畜二剛。蓋取梏牛防其角，豶豕防其牙之象也。」進齋徐氏曰：「牡豕，豭。攻其特而去之曰豶，所以去其勢也。」

解：「利西南」云云　傳：爲卦，震上坎下。震，動也。坎，險也。動於險外，出乎險也，故爲患難解散之象。○本義：若無所往，則宜來復其所而安静；若尚有所往，則宜早往早復，不可久煩擾也。○雲峰胡氏曰：「蹇、解西南，皆取後天對待。」按：後天圖見啓蒙，蹇下體艮，東北隅與西南對。解二體坎震，震東坎北，亦與西南對。

「有物必有則」云云　艮象曰：艮其止，止其所也。

「兑説而能貞」云云　傳：兑之義，説也。一陰居二陽之上，陰説於陽，而爲陽所説也。卦有剛中之德，能貞者也。

天下之事，不進則退　既濟本義：既濟，事之既成也。爲卦水火相交，各得其正，故爲既濟。○建安丘氏曰：彖曰「終亂」，而傳曰「終止則亂」，止則亂矣，不止，亂安從生？玩一「止」字，則知夫子之於贊易也，其旨深矣。

爲民立君。注「城中丘」　按：中丘，魯邑。胡氏傳曰：「凡書城者，完舊也；書築者，創始也。城中丘使民不以時，非人君之心也。」**注「丹桓宮楹」**按：桓公之廟也。楹，柱也。胡氏傳曰：「自常情觀之，丹楹刻桷[三]，宜若小失，而春秋詳書于策，御孫以爲大惡，何也？桓公見殺于齊，則不能復而盛飾其宮，誇示仇人之女，乃有亂心。廢人倫，悖天道，而不知正者也。」**注「築王姬之館」**按：王將嫁女于齊，既命魯爲主。故公在諒闇，慮齊侯當親迎，不忍便以禮接於廟，又不敢逆王命，故築舍於外。齊强魯弱，又委罪於彭生，魯不能讎齊，然喪未闋，故異其禮，得禮之變。**泮宮** 按：毛氏曰：「天子辟雍，諸侯泮宮。」鄭氏曰：「辟廱者，築土雝水之外，圓如璧，四方來觀者均也。泮之言半也，泮水者，蓋東西門以南通水，北無也。」辟雍、泮宮，圖見詩傳。○問：「管子中説辟雍，不是學[四]，只是『君和』也。」朱子曰：「既不是學，『君和』又是箇甚物事？且如辟雍之義，古不可考，或以爲學名，或以爲樂名，無由卞證[五]。但今説作學[六]，亦説得好耳。亦有人説辟廱是天子之書院，太學又別。」王制注：「辟，明也。雍，和也。頖之言班，所以班政教也。」○胡氏曰：「辟雍未有明言其義，夫辟，君也；雍，和也。言人君有和德，則天地之和應之。」出綱目漢王帝紀。**注「孟仲子」**沙溪曰：此孟仲子，恐非孟注所謂「孟子之從弟者也」，其時恐無注語。**注「媒官」**[七]沙溪曰：禮記月令：「玄鳥至之，日以太牢祀于高媒。」注：高媒，先禖之神也。史記：「簡狄祭于高媒，吞卵生契。」後世因謂皇后宫爲禖宫。

先王之世，注「**控制**」　按：韻會：控，制也。

「**爲政須要**」止「**皆不可闕**」　朱子曰：凡爲政，隨其大小，各有有司。須先教他理會，自家方可要其成。且如錢穀之事，其出入盈縮之數，須是教他自遂一具來，自家方可考其虚實之成。　**注**「**文章，文法章程**」　朱子曰：文章者，便是文飾那謹權審量、讀法平價之類耳。○沙溪曰：葉注雖與朱子説不同，亦自不妨。　**注**「**黨正、族師、閭胥、比長**」　按：周禮：五家爲比，二十五家爲閭，百家爲族，五百家爲黨，二千五百家爲州，萬二千五百家爲鄉。○師，長也。黨正、族師，即今之里正；閭胥、比長，即今之保長。　**注**「**讀法**」止「**戒之**」　按：周禮：州長各掌其州之教治政令之法，正月之吉，各屬其州之民而讀法，以考其德行道藝，而勸之以糾其過惡而戒之。若以歲時祭祀州社，則屬其民而讀法，亦如之。　**注**「**賈師**」止「**奠其價**」　按：周禮：「賈師各掌其次之貨賄之治，辨其物而均平之，展其成而奠其價，然後令市。價師主物價之貴賤，使不得輕重於其間。」注：次，賈師所莅，二十肆之次也。肆之百貨，有馬牛、珍異、布帛、粟米之類，言貨賄以見其餘也。治者，理其買賣之事也，辨其物之美惡，省其物之成否，定其價之貴賤，然後以令市賈。**注「權」止「斗斛」** 論語注：「權，秤錘也。量，斗斛也。」小注：漢律歷志：權者，銖、兩、斤、鈞、石也，所以秤物平施，知輕重也。本起黄鍾之重。一龠容千二百黍，重十二銖，兩之爲兩。二十四銖爲兩。十六兩爲斤。三十斤鈞。四鈞爲石。五權謹矣。量者，龠、合、升、斗、斛也，所以量多少也。本起於黄鍾之龠，用度數審其容，以子穀秬黍中者千有二百實其龠。十龠爲合，十合爲升，十升爲斗，十斗爲斛。〇龠，韻會：本樂管，詳見「龠」字。百量名合龠，爲合容千二百黍，起於黄鍾之龠，躍動微氣，以生物也。**人各親其親，不獨親其親** 新安陳氏曰：「『各親其親』及『不獨親其親』二句本出記禮運，程子引以爲諭，若曰『人各舉其所知之賢才，然後不獨舉其所知之賢才』。」**「仲弓」止「公私之間」** 朱子曰：人各舉其所知，則天下之士無不舉矣。不患無以知天下之賢才，興邦喪邦，蓋極言之。然必自知而後舉之，則遺才多矣。未必不由此而喪邦也。程子之意，固非謂仲弓有固權市恩之意，而至於喪邦，但一蔽於小，則其害有時而至，此亦不爲難矣。故極言之，以警學者用心之私也。

「唐有天下」止**「父子夫婦」**　朱子曰：唐太宗以晉陽宫人侍高祖，是致其父於必死之地，便無君臣父子夫婦之義。**注「永王璘」**　唐史：初，上皇命諸子分總節制，諫議大夫高適諫，以爲不可，上皇不聽。以璘領四道節度都使，鎮江陵。璘招募勇士數萬人[八]。以爲天下大亂，惟南方完富，宜據金陵，保有江表，如東晋故事[九]。上以高適爲淮南節度使，圖璘。江南採訪使皇甫侁遣兵擒殺之[一〇]。**注「披猖」**　韻會：縱裂貌。**本朝大綱正**　沙溪曰：宋得國不義，何以曰大綱正？**注「世業」**　沙溪曰：謂十分爲率，以二分爲世業，八分爲口分也。蓋每丁有父母妻子者，給田百畝，内除二十畝永爲己業；如無父母妻子者，其口分八十畝歸官。**注「府兵」**　按：唐史：唐置十二軍，分統關内諸府，皆取天星爲名。每軍將、副各一人，督以耕戰之務。由是士馬精强，所向無敵。**注「租庸調」**　按：唐史：歲輸粟二斛，謂之「租」[一一]。隨鄉所出，綾、絹、絁布各二丈，輸綾、絹、絁者，綿三兩。輸布者，麻三觔。謂之「調」。用人之力，歲二十日，閏加二日，不役者日爲絹三尺，謂之「庸」。有田則有租，有身則有庸，有户則有調。租，粟也。調，賦也。韻會曰：「庸，用也，勞也。勞民力故謂之庸。」**注「省府」**　按：唐初定官制，以太尉、司徒、司空爲三公，次尚書、門下、中書、秘書、殿中、内侍爲六省，次御史臺，次太常至太府爲九寺，次將作監，次國子學，次天策上將府，次左右衛至左右領衛爲十四衛。東宮置三師、三少、詹事及兩坊、三寺、十率府。

答范巽之書。注「政術非吾所事」止「强施之天下」 按：將以其所不爲而强施之於天下者，是捨是道而以他術强施之意。注所謂「政術非吾所事」者，似非本意，姑以是云者，亦未瑩。**大都** 按：猶言大概。

【校勘記】

[一] 盡比道之善者也 「盡比」原作「此」，據周易程氏傳卷一改。

[二] 所謂來者撫之 「撫」，朱子語類卷七十作「拚」。

[三] 丹楹刻桷 「桷」原作「桶」，據春秋胡傳卷九改。

[四] 不是學 「不」上，朱子語類卷一百三十七有「言」字。

[五] 無由卞證 「卞」，朱子語類卷一百三十七作「辨」。

[六] 但今説作學 「今」原作「本」，據朱子語類卷一百三十七改。

[七] 注媒宫 「媒宫」，葉采近思録集解卷八作「禖宫」。

[八] 璘招募勇士數萬人 「數」原作「殺」，據資治通鑑綱目卷四十四改。

［九］如東晋故事　「晋」原作「鎮」，據資治通鑑綱目卷四十四改。

［一〇］江南採訪使皇甫誐遣兵擒殺之　「南」，據資治通鑑卷二一九當改作「西」。

［一一］謂之租　「租」原作「稠」，據新唐書卷五十一改。下同。

近思録釋義卷之九

論治法

八風　按：國語：正西曰兑，爲金，爲閶風。咸收藏也（秋分）；西北曰乾，爲石，爲不周風。不交也，陰氣未合化也（立冬）；正北曰坎，爲革，爲廣莫風。大莫也，開陽氣也（冬至）；東北曰艮，爲瓢，爲條風。生也（立春）；正東曰震，爲竹，爲明庶風。迎衆也（春分）；東南曰巽，爲木，爲清明風。芒也（立夏）；正南曰離，爲絲，爲景風。大也，陽氣長養也（夏至）；西南曰坤，爲風，爲涼風。寒也，陰氣行也（立秋）。**注「齊肅意」**　朱子欲於「意」下添「故希簡而寂寥」六字。**優柔平中**　朱子曰：「中」字於動用上説，然只云於動用上説却覺未盡，不若云於動用上該本體説。**化中**　按：謂化於中。

風俗　按：君上所化謂之「風」，民下所習謂之「俗」。**賢才**　按：賢，有德者。才，有能者。**延聘**　按：謂延之以禮。**敦遣**　按：謂送之以禮。「**其教自小學**」止「**皆中於是**」　按：吴氏曰：灑掃應對，至於周旋禮樂，皆小學之教。擇善修身，至於化成天下，皆大學之教。「中於是」，謂合於小學、大學之教者。以言教引曰誘，以手扶持曰掖。〇按：「其要」，謂教之之要。又按：「其學行皆中於是」，言萃京師講正學，其學行中於是者也。「**擇士入學**」止「**能者於朝**」　陳氏曰：「縣，縣學。州，州學。」王制曰：「論定然後官之[二]。」注「**司馬論士**」　按：周禮：「夏官司馬，有進賢興功，以作邦國記。」王制：「司馬，辨論官材，論進士之賢者，以告于王而定其論，論定然後官之。」

經界　孟子注：謂治地分田，經畫其溝塗封植之界。〇雙峰饒氏曰：溝塗封植之界，經緯錯綜，直者爲經，横者爲緯。只舉經字，有緯在其中。溝，溝洫之類。塗，道塗。封，土堠。植，種木爲界。注「**幸民雖多**」　沙溪曰：幸，如所謂「朝無幸位」之幸，所不當得而得者。幸民，無事閒遊之民。幸民多，故衣食不足。「雖」字未詳。注「**鄉、里、比、閭、族、黨、州、鄉、酇、遂**」　按：周禮：「五家爲鄰，五鄰爲里，四里爲酇，五酇爲鄙，五鄙爲縣，五縣爲遂。」注：「郊内有比、閭、族、黨、州、鄉，郊外爲鄰、里、酇、鄙、縣、遂。内外異名者，遠近之等也。」陳氏澔曰：「古者，二十五家爲閭，同在一巷，巷首有門。」韻會：比聚其相貢，聯比百家爲酇，聚也。**士。注「庠序」止「人材多廢」** 孟子注：庠以養老爲義，序以習射爲義，皆鄉學。○禮記鄉飲酒注：呂氏曰：「鄉飲酒者，鄉人以時會聚，飲酒之禮也。因飲酒而射，則謂之『鄉射』。」鄭氏謂：「三年大比，與賢者、能者，鄉老及鄉大夫率其吏，與其衆，以禮賓之。則是禮也，三年乃一行，諸侯之鄉大夫，貢士於其君，蓋如此。」○韻會小司徒：「三年則大比，謂使天下更簡，閱民數及財物。」鄭司農云：「五家爲比，故以比爲名。」○禮記王制曰：命鄉論秀士，升之司徒，曰「選士」。司徒論選士之秀者，而升之學，曰「俊士」。**兵役。注「府、史、胥、徒」止「未免大患」** 按：周禮天官：「太宰職下，府六人，史十有二人，胥十有二人，徒百有二十人。」韻會：「府，治藏。史，掌書也。胥，伺也。春官，胥有才智之稱。徒，隸也。」○地官小司徒：「五人爲伍，五伍爲兩，四兩爲卒，五卒爲旅，五旅爲師，五師爲軍，以起軍旅，以作田役，以比追胥，以令貢賦。」注：古者寓兵於農，居則爲比、閭、族、黨、州、鄉之民，出則爲伍、兩、卒、旅、師、軍之兵。**山澤。注「山虞澤衡」** 按：虞，度也，望也，備也。掌山澤之官。周禮：「掌山澤謂之虞[二]，掌川林謂之衡。」衡，平也。**注「五官」** 沙溪曰：「曲禮所謂天子五官，曰司徒、司馬、司空、司士、司寇是也。」愚按：恐是地官所謂「山林、川澤、丘陵、墳衍、原隰」，此是五官。若是曲禮所謂五官，則恐非掌山澤者也。注「六府」　沙溪曰：「曲禮所謂天子之六府，曰司土、司木、司水、司革、司器、司貨是也。」愚按：書注：「水、火、金、木、土、穀六者，財用之所自出，故曰府。」注「將養」　韻會：將，養也。「生民之理」止「可改」　沙溪曰：栗谷謂「生民之理有窮，則以聖王之法可改其弊」。

月使之争　陳氏曰：謂月有試以較其高下，是使之争也[三]。**解額**　按：鄉貢進士曰「解」。陳氏曰：「解，貢也。額，數也。」**案文責迹**　按：本文：古之時，天子擇宰相而任之，故宰相擇諸司長官而委之治，諸司長官各擇其屬而授以事，治功所以成也。後世朝廷授法，必達乎下，長官授法而不得有爲，前日考察之法是也。始於諸齋，而由正、録、博士以及長貳。諸齋所取，學官就其中而論之，不得有易也。學官所考長貳，就其中而論之，不得有易也。易之則按文責迹，入於罪矣。是事成於下，而下得以制其上，此後世所以不治也。今欲朝廷專任長貳，自委之屬官，以達于下。取舍在長貳，則上下之體順，而各得致其功，先王爲治之道也。

豺獺能祭　禮記月令：「孟春之月，魚上冰，獺祭魚。季秋之月，豺乃祭獸戮禽。」注：

「祭獸者祭之於天，戮禽者殺之以食也。」韻會：「獺，捕魚獸。」

明年中春[四]　按：詩采薇章注：「中春」下，有「至春暮」三字。

韓信多多。**注「管轄」**　按：字會：「管，主掌也，又鍵也。」「轄」，韻會：「轄以鍵輪。」

立宗子法。**注「三從兄弟」**　從，去聲。喪服「從父昆弟」，疏：世叔父與祖爲一體人而已。父爲一體，緣親以致服，故云「從」也。**注「同堂兄弟」**　宋庾蔚之謂：「傳以『同居』爲義。蓋從父謂之『同室』，以明親近，非謂相須共居。今人謂從父昆弟爲同堂，取於此也。」**一年有一年工夫**　沙溪曰：以上文例之低行書者，蒙上文一意也，恐無他意，只是譜系、宗子法等事也。[五]

六禮　陳氏曰：冠、昏、喪、祭、鄉飲酒、士相見禮也。**注「祧」**　祭法：「遠朝爲祧。」祧，超然上去意。**冬至，始祖**。**注「於廟中正位」**　按：家禮：執事灑掃祠堂，設神位於堂中間，北壁下設屏風於其後，此恐是廟中正位也。**立春，先祖。注「設兩位」**問：「立春祭高祖而上，只設二位。若古人祫祭[六]，須是逐位祭？」朱子曰：「本是一氣，若祠堂中各有牌字[七]，則不可。」**禰**　按：近也。

安措　沙溪曰：「措」、「厝」通，安置也。**耕犁所及。注「窯」**　按：音遥，燒瓦坎。

浮圖　沙溪曰：通作「浮屠」。釋典云，僧曰「浮屠」。魏志云「浮圖」。正號曰「佛陀」，與「浮屠」韻相近，猶言覺者。**注「飯僧設道場」**程子曰：「天竺之人重僧，見僧必飯之，因使作樂於前場[八]。」按：韻會：「築土爲壇，除地爲場。」**注「波吒」**　按：佛書「波波吒吒」，忍寒聲。**注「剃」**　按：剪也。**注「天堂地獄，剉燒舂磨」**雪匡簷陵曰：蓋嘗考之，佛之國在極西之境，其所居謂之天堂，猶後世「天朝」、「天闕」之稱。其犯法者皆掘地爲室而處之，謂之「地獄」，如南宋子業囚諸王爲地牢，亦此類耳。其法有剉燒舂磨之刑。閻羅則後世之刑官耳，皆其藩國處生人制。而學佛者不察，謂施於己者，世相傳本，非佛氏之真教也。

子弟從父兄　綱目：沛令欲應陳涉，主吏蕭何、曹參曰：「君爲秦吏，今背之，恐子弟不聽。願召諸亡在外者，以刼衆。」乃召劉季。季之衆已數十百人。令悔，閉城，季乃書帛射城上[九]，遺沛父老，爲陳利害。父老乃率子弟殺令，迎季，立以爲沛公。○又綱目：「唐蒙請通夜郎道，爲置吏。上拜蒙爲中郎將，將千人，從筰關入，見夜郎侯，厚賜之。諭以威德，約爲置吏。蒙還報，上以爲犍爲郡。發卒治道[一〇]，卒多物故，有逃亡者，用軍興法誅之，巴蜀民大驚恐。上使司馬相如責蒙等，因諭告巴蜀民以非上意。」其檄書載司馬相如傳。**派**　按：水之支流。

諸侯奪宗　沙溪曰：「庶子爲諸侯，則奪其宗子之大宗，如漢蕭何、曹參之類。雖支子爲諸侯，則奪其大宗，以立祖廟也。」通典：漢梅福云「諸侯奪宗」。此謂父爲士，庶子封爲諸侯，則庶子奪宗嫡，主祭祀也。在諸侯尚有奪義，況天子乎？所言聖庶者，謂如武王庶子，有聖德，奪代伯邑考之宗嫡也。注「**賜之土命之胙**[一一]」　按：周制：建大社于國中，其壝東青土，南赤土，西白土，北驪土，中央釁以黄土。將建諸侯，鑿取其方面之土，包以黄土。苴以白社稷曰「胙」。胙，報也。又胙祭，福肉也。

興造禮樂　按：此似謂古人所興造之禮樂及制度文爲也。沙溪曰：「興作及禮樂之事，更詳之。」**寨**　按：韻會：「砦」、「寨」通用，士邁切，山居以木柵。莊子「柴柵」，字會「音瘵」。

律八分書　朱子曰：「律是八分書」，是欠些教化處。

方策　按：中庸注：「方，版也。策，簡也。」黄氏曰：「木曰版，竹曰簡。版大簡小，大事書於木版，小事書于竹簡。」

肉辟　綱目漢文帝記：「除肉刑。」注：鄭氏云：「臯陶改臏爲剕，吕刑有剕，周改爲刖。」文帝本記：詔曰：「今法有肉刑三。」注：李奇曰：「高帝約法三章，無肉刑。文帝則有肉刑。」孟康曰：「黥、劓二，刖左右趾合一，凡三也。」崔浩漢律序：「文帝除肉刑，而宫不易。」張裴曰：「以淫亂人族類，故不易之也。」

世之病難行　問：「横渠謂：『世之病難行者，以亟奪富人之田爲辭。然處之有術，期以數年，不刑一人而可復。』不審井議之行於今，果如何？」朱子曰：「講學時且恁講，若欲行之，須有機會。經大亂之後，天下無人，田盡歸官，方可給與民。如唐口分世業，是從魏、晋積亂之極，至元魏及北齊、後周，乘此機方做得。荀悦漢紀一段正説此意，甚好。若平世，則誠爲難行。東坡破此論，只行限田之法，都是胡説！作事初如雷霆霹靂，五年後猶放緩了。況限田之法雖舉於今，明年便淡似今年，後年又淡似明年，一年淡一年，便寢矣。若欲行之，須是行井田；若不能行，則且如今之俗。必欲舉限田之法，此之謂戲論！且役法猶行不得。壽皇初要令官户亦作保正。其時蔣侍郎作保正，遂令人書『保正蔣芾』。因此不便，竟罷。且如今有一大寄居作保正，縣道如何敢去追他家人？況於田，如何限得？」○横渠若制井田，畢竟繁。使伊川爲之，必簡易通暢。

月吉 月朔也。詩小雅小明「二月初吉」，小注：孔氏曰：「君子舉事尚早，故以朔爲吉。」

命士 按：周禮：「以九儀之命，正邦國之位[一二]。一命受職，再命受服，三命受位，四命受器，五命受則，六命賜官，七命賜國，八命作牧，九命作伯。」注曰：命，王命也。九等之命，各異其儀，所以正其位之尊卑也。王之下士，與公侯伯之士、子男之大夫，皆一命，而授以所仕之職。王之中士，與公侯伯之士夫、子男之卿，皆再命，而授以所命之服。三命者，王之上士與公侯伯之卿也，始有列位而使之臨民。四命者，王之王大夫及公侯之孤也[一三]，始有祭器而不待。假於五命者，王之大夫也，出封加一等，始賜以治都鄙之人。則六命者，王之卿也，封爲子男，始許以建官以治家邑。七命者，王之卿出封加一命者也，始爲諸侯，建國立軍。八命，諸侯有功德則加爲州牧。九命者，上公有功德[一四]，則加命爲方伯，得專征伐也。

治天下。注「周道如砥」　小雅大東。慶源輔氏曰：「周道，只道路之道，然以上四句『正直履視』之義，觀之則又似指周之王道而言。」○按：此取道路之平，以比王道也。

【校勘記】

[一] 論定然後官之　「定」原作「正」，據尚書正義卷十改。

[二] 掌山澤謂之虞　「虞」原作「闌」，據周禮注疏卷二改。

[三] 是使之争也　「争」下，小學集注卷六有「競」字。

[四] 明年中春　「中」，葉采近思録集解卷九作「仲」。

[五] 按：自「一年有一年」至本段末，與前文屬同一條，原本單列，不妥，當合而爲一。

[六] 若古人祫祭 「祭」字原無，據朱子語類卷九十補。

[七] 若祠堂中各有牌字 「祠」，朱子語類卷九十作「影」；「字」，朱子語類卷九十作「子」。

[八] 因使作樂於前場 「場」，河南程氏遺書卷十無。

[九] 季乃書帛射城上 「帛」原作「即」，據資治通鑑綱目卷二改。

[一〇] 發卒治道 「道」下，資治通鑑綱目卷四有「數萬人」。

[一一] 注賜之土命之胙 「土」，葉采近思録集解卷九作「上」。

[一二] 正邦國之位 「正」原作「定」，據周禮注疏卷十八、本條下文改。

[一三] 王之王大夫及公侯之孤也 「王大夫」之「王」，周禮注疏卷十八作「下」。

[一四] 上公有功德 「上公」，周禮注疏卷十八作「王之上公或諸侯」。「功」原作「攻」，據周禮注疏改。

近思録釋義卷之十

論政事

丘民　孟子注：丘民，田野之民。**注「四井爲甸，四甸爲丘」**　按：書注：「甸，田。」韻會：「甸之爲言治也。」周禮地官曰：「九夫爲井，四井爲邑，四邑爲丘，四丘爲甸。」刑法志：「四井爲邑，四邑爲丘，四丘爲甸。」甸，六十四井也，然則此所謂「四井爲甸，四甸爲丘」者，未知何據而言。

天水違行　傳：爲卦，乾上坎下。以二象言之，天陽上行，水性就下，其行相違，所以成訟也。以二體言之，上剛下險，剛險相接，能無訟乎？又人，内險阻而外剛强，所以訟也。○平庵項氏曰：「乾陽生於坎水，坎水生於天一。乾、坎本同氣而生者也，一動之後，相背而行，遂有天淵之隔。由是觀之，天下之事，不可以細微而不謹也，不可以親暱而不敬也。禍難之端，夫豈在大！曹、劉共飯，地分於匕筯之間；蘇、史滅宗，忿起於笑談之頃。謀始之誨，豈不深切著明乎？」

師九二。注「如衛青」止「使自裁」[二] 按：綱目：衛青率六將軍擊匈奴[三]。右將軍蘇建盡亡其軍，脱身，亡自歸。青曰：「青幸得以肺腑待罪行間，不患無威。職雖當斬將，然以臣之尊寵不敢自擅誅於境外，於以見爲人臣不敢專權，不亦可乎？」遂囚建詣行在，詔贖爲庶人。

世儒 按：此指王荆公所論，見禮記明堂篇注。

大有九三，「公用享于天子」[三] 傳：三居下體之上，在下而居人上。諸侯、人君之象也。○爲卦，火在天上。火之處高，其明及遠，萬物之衆，無不照見，爲大有之象。又一柔居尊，衆陽並應，居尊執柔，物之所歸也。上下應之，爲大有之義。大有，盛大豐有也。○「亨」，傳：如字。本義：「亨」，春秋傳作「享」，謂朝獻也。朱子曰：「古文無『享』字。『亨』、『享』、

『烹』并通用，如『公用烹于天子』[四]，解作『亨』字，便不是。」

隨之初九，出門則交，而有功 傳：九居隨時而震體，且動之主，有所隨者也。出門謂非私暱，交不以私，故其隨當而有功。

「**隨九五**」止「**正中**」 傳：處正中之位，由正中之道，孚誠所隨者正中也，所謂嘉也，其吉可知。所孚之嘉，謂六二。

「**坎之六四**」止「**納約自牖**」 傳：六四陰柔而下無助，非能濟天下之險者。以其在高位，故言爲臣處險之道。大臣當險難之時，惟至誠見信於君，其交固而不可間，又能開明君心，則可保无咎矣。夫欲上之篤信，惟當盡其質實而已。多議而尚飾，莫如燕享之禮，故以燕享諭之。納約，謂進結於君之道。牖，開通之義。室之暗也，故設牖所以通明。自牖，言自通明之處，以況君心所明處[五]。○本義：晁氏云：「先儒讀『樽酒簋』爲一句，『貳用缶』爲一句。」今從之。貳，益之也。○張氏曰：「震有樽象，連上體。坎有酒象，全體有簋。象坎爲缶。」○雙湖胡氏曰：自二至五，似離虛明，有囪牖之象。

「**恒之初六**」止「**浚恒之凶**」 傳：男在女上，男動于外，女順于内，人理之常，故爲恒。又剛上柔下，雷風相與，巽而動，剛柔相應，皆恒之義。○浚，深之也。浚恒，謂求恒之深也。○雲峰胡氏曰：震體性上而不下。初爲巽，主其性務。入二四相應[六]，固理之常。時方初也，而深以常理，入之雖貞，亦凶矣。

「**遯之九三**」止「**亦不如是**」 傳：陽志説陰，三與二切比[七]，繫于二者也。遯貴速而遠，有所繫累，則安能速且遠也？害於遯矣，故爲有疾也。遯而不速，是以危也。臣妾，小人女子，懷恩而不知義，親愛之則忠其上。繫戀之私恩，懷小人女子之道也，故以畜養臣妾，則其心之爲吉也[八]。 **注**「**御下之道**」 按：朱子曰：「君子、小人便不可相對，更不可與相接。若臣妾，是終日在自家脚手頭，若無以繫之，則望望然去矣。」傳所謂「小人」，即指臣妾而言。葉注得程傳之意也。

「**睽之象**」止「**同而異**」　建安丘氏曰：離火兑澤，二陰同體，而炎上潤下，所性異趨，睽之象也。故君子體之，以同而異，同以理言，異以事言。

睽初九，「**見惡人**」　誠齋楊氏曰：子見南子，陳寔弔張讓是也。

睽之九二。**注**「**内竭其誠**」止「**啓其君**」　按：感動扶持，推明牡塞，皆盡在我而啓其君者也。葉注似太分析。「**遇主于巷**」　按：巷者，委曲之道也。遇者，會逢之謂也。當委曲相求，期於會遇，與之合也。所謂委曲者，以善道宛轉，將就使合而已，非在己屈道也。

損之九二「**弗損，益之**」　傳：損，二以剛中，當損剛之時，居柔而説體，上應六五陰柔之君，以柔説應上則失其剛中之德。**注**「**九二剛中**」止「**益之之戒**」　按：傳所謂「世之愚者」，泛言之也，非指九二而言，注説恐非傳意。

「**益之初九**」止「**元吉无咎**」　傳：「初九，震動之主，剛陽之盛也。居益之時，其才足以益物，雖居下，而上有六四之大臣應於己。得在上者應從之，則宜以其道輔於上，作大益天下之事，利用爲大作也。必須所爲大善而吉，則無過咎。」馮氏曰：「元者，震初九之象。」朱子曰：「吉凶是事，咎是道理。蓋有事則吉[九]，而理則過差者，是之謂吉而有咎。」

漸之九三「利禦寇」 爲卦，上巽下艮，山上有木，木之高而因山，其高有因也。其高有因，乃其進有序也，所以爲漸也。○非理而至者，寇也。守正以閑邪，所謂「禦寇」也。○雲峰胡氏曰：九三倘能以其剛而遏六四之柔，則又自有禦寇之象也。

「旅之初六」止「所取災」 [一〇]傳：瑣瑣，猥細之狀。當旅困之時，才質如是，上雖有援，無能爲也。四陽性而離體，亦非就下者也。

「在旅而過剛」云云 旅九三爻辭曰：「旅焚其次，喪其僮僕，貞厲。」傳：處旅之道，以柔順謙下爲先。三剛而不中，又居下體之上，與艮之上有自高之象。自高則不順於上，故上不與而焚其次。上離爲焚象，過剛則暴下，故下離而喪其僮僕[一一]。

未光。

益也。先儒謂天下之可悦，莫若朋友講習。○臨川吴氏曰：引長己從之説[一二]，於説之道爲

「引兑」傳：兩澤相麗，交相浸潤，互有滋益之象。故君子觀其象，而以朋友講習，互相

「中乎之象」止「**議獄緩死**」朱子曰：「風感水受，中孚之象。議獄緩死，中孚之意。」又曰：「風去感他，他便相順，有相孚之象。『澤上有風，中孚。』須是澤中之水，海則澤之大者，方能相從乎風[一三]。若溪湍之水，則其性急流就下，風又不奈他何。」又曰：「聖人取象有不端確處。如此之類，今也只恁地解[一四]，但是不甚親切。」進齋徐氏曰：「中孚全體，似離互體。有震、艮而又兑以議之，巽以緩之。聖人即象垂教，其忠厚惻怛之意，見於謹形如此。」

事有時而當過　小過傳：爲卦，山上有雷，雷震於高，其聲過常，故爲小過。又陰居尊位，陽失位而不中，小者過其常也。**注**「**足恭**」論語。朱子曰：「足，過也。謂本當如此，我却以爲未足，而添足之，故謂之『足』。音將樹反。」**注**「**鄙悋**」按：韻會：「『悋』，通作『吝』。」

「**防小人之道**」**云云**　小過，陰過陽失位之時，三獨居正，然在下無所能爲，而爲陰所忌忤[一五]，故有當過者，在過防於小人。

夔夔。**注**「**既不忿戾而改常**」　按：以此釋「夔夔」，不精切。

「**振民育德**」　見上蠱「振民育德」，承「就事上學」而言。**有所知後，方能如此**　按：有所知，已是窮理也。方能如此，振民育德也。程子意蓋以就事上學爲重，謂「爲學不必讀書」而已，即朱子所謂「爲學不必讀書」之意。**何必讀書然後爲學**　論語。○朱子曰：子路非爲不學而可以爲政[一六]，但謂「爲學不必讀書」耳。上古未有文字之時，學者固無書可讀，而中人以上固有不待讀書而自得者。但自聖賢有作，則道之載於經者詳矣，雖孔子之聖，不能離是以爲學也。

「**安定之門人**」**云云**　陳氏曰：如劉彝、錢藻、孫覺、范純仁、錢公輔是也，稽古，經義齋之事；愛民，治事齋之事。

居今之時。注「不制度，不考文」　按：中庸注：度，品制。文，書名。小注：「不制度」之「制」字，活字作也。朱子曰：「書名是字底名字，如大字喚做大字，上字喚做上字，易得差，所以每歲使大行人之屬巡行天下，考過這字是正與不正。」○中庸或問：文者，書之點畫形象也。

「今之監司」云云　朱子在南康與王運使劄中，所謂初欲從實供申，又未敢遽以實對，敢以此私于下。執事者，可謂盡其道矣，後人之所當法者也。

感慨殺身。注「曾子、子思、三仁」　張南軒曰：「曾子，師也，父兄也。寇至而去之，寇退而反，無預其難，在師之義當然也。子思，臣也，微也。委質而服之，事君有難而逃之，可乎？與君同守而不去，則爲臣之義當然也。」○問：「微子之去，欲存宗祀；比干之死，欲紂改行。可見其至誠惻怛處，不知箕子至誠惻怛何以見？」朱子曰：「箕子、比干都是一樣心。箕子偶然不衝著紂之怒，自不殺他[一七]。然見比干恁地死，若更矢諫[一八]，無益於國，徒使君有殺諫臣之名。他處此最難，微子去却易，比干一向諫死，又却索性。箕子在半上落下，最是難處。被他監係在那裏[一九]，不免徉狂。」

鄧艾 按：艾下蜀，頗自矜伐。鍾會善效人書，於劍閣要艾章表，皆易其言，令悖傲。詔以檻車徵艾，艾本營將士追出，艾迎還。衛瓘遣田續襲文艾子，於綿竹斬之。

係磨勘 按：許仕遷官也，如今仕滿遷轉之類也。**注「少師典舉」**[二〇]按：少師名羽，兩程高祖也。以文明學士，太平興國五年典貢士，鄉試得人爲多。名臣言行録：「明道高祖羽，太宗朝以輔翊功顯，賜第洛南[二一]。」今爲河南人。**「明道薦才」** 按：熙寧二年，上嘗使先生推擇人才，所薦六人以父表弟張載暨弟頤爲首。[二二]

先生終不言 問：「伊川不答温公給事中事[二三]，如何?」朱子曰：「自是不容預。如兩人有公事在官，爲守令者來問，自不當答。問者已是失。」曰：「此莫是避嫌否?」曰：「本原已不是，與避嫌異。」

「**韓持國服義**」止「**謁見大資**」　按：二程全書「韓公持國與范彝叟、程子爲泛舟之遊，典謁白有士人堅欲見公」云云。典謁，恐是客將也，文字與近思録所載頗異。○沙溪曰：大官會集處，則以下官定接客之官，謂之「客將」也。持國時爲資政殿學士，故言大資。持國名維，億之子，縝、綱、絳之弟，仕仁宗、英宗、神宗，官至門下侍郎。

押申　按：「押」，韻會：署也。**頤不曾簽**　按：簽，猶署押之類。**須看聖人欲正名處，見得**　按：性理群書「見得」爲句，愚意「見得」當屬下句，蓋見得道名不正時，便至禮樂不與底道理也。**自然住不得**　按：二程全書「住不得」下有「夫禮樂，豈玉帛之交錯，鍾鼓之鏗鏘哉？今日第一件便如此。人不知，一似好做作只這些子〔二四〕。某做他官不得，若做他底時，須一一與理會。」

被旨赴中堂　按：名臣言行録：熙寧二年，呂申公薦授太子中允，權御史裏行。神宗素知先生名，召對從容，訪問，每對退，必曰：「頻求對來，欲常相見。」常被旨赴中書議事。

輸其情 陳氏曰：輸，盡也。**御吏** 陳氏曰：御，治也。

常在其前 退溪曰：猶言常於其前。

坎「維心亨」 彖：「習坎：有孚，維心亨，行有尚。」傳：「陽實在中，爲中有孚信。維心亨，維其心誠一，故能亨通。至誠可以通金石，蹈水火，何險難之不可亨也？行有尚，謂以誠一而行，則能出險，有可嘉尚，謂有功也。」○建安丘氏曰：「坎，一陽處二陰之中，陰虛則流，故亨通，維心亨。」按：程傳曰：「維其心誠一，故能亨通。」此以誠一爲重。橫渠曰：「所以心通者，知有義理而已，以不疑爲重。」程、張語意不同。**注「何往而不心亨」** 按：語雖好，而釋本文則不襯。

惟心弘。**注「志不立」止「立志遠大」** 按：若謂「志不立，故有怠惰」則可也，又以心弘屬之立志，恐不穩。蓋「心弘則不顧人之非笑」云者，連上文「羞縮」而言也，不可取「心弘」二字屬於立志也。又按：此段於臨政處事之義似未的當。

姤：「**羸豕孚**」傳：陰始生而將長之卦。豕，陰躁之物，故以爲況。陰微而在下，可謂羸矣。**李德裕**　按：綱目唐武宗記：加太尉，賜爵趙國公[二五]。初，憲宗納李琦妾鄭氏[二六]，生光王怡。幼時，宮中皆以爲不慧，太和以後[二七]，益自韜匿。及武宗疾毒[二八]，旬日不能言。諸宦官密於禁中定策，下詔以「皇子沖幼，立怡爲皇太叔，令權句當軍國政事」。六年三月，帝崩，太叔即位。四月，李德裕罷爲荆南節度使。終貶爲崖州司户，卒。○范氏曰：德裕才優於裴度，而德器不及也。**閹**　韻會：「豎也，宮中閹閽閉門者。」廣韻：「男無勢，精閉者。」**威**　按：畏，古作「畏」[二九]。書「天明畏」，徐邈音威，而「畏高明」，鄭氏讀爲威。

【校勘記】

[一] 如衛青止使自裁　「衛」原作「魏」，據葉采近思録集解元刊本卷十改。按：本條下同。

[二] 衛青率六將軍擊匈奴　「匈」原作「凶」，據葉采近思録集解元刊本卷十改。

[三] 公用亨于天子　「亨」，周易程氏傳卷一作「亨」。

[四] 如公用烹于天子　「烹」，朱子語類卷七十作「亨」。

[五] 以況君心所明處　「心」原作「臣」，據周易程氏傳卷二改。

[六] 入二四相應　「入」，周易大全卷十二作「入兩性字得其指矣」。

［七］三與二切比　「二」原作「一」，據周易程氏傳卷三改。
［八］則其心之爲吉也　「則」下，周易程氏傳卷三有「得」字，「心」下無「之」字。
［九］蓋有事則吉　「則」原作「雖」，據朱子語類卷七十二改。
［一〇］旅之初六止所取災　「災」原作「小大」，據周易程氏傳卷四改。
［一一］故下離而喪其僮僕　「僕」下，周易程氏傳卷四有「之貞信」三字。
［一二］引長己從之説　「從」，周易大全卷二十作「終」。
［一三］方能相從乎風　「相」，朱子語類卷七十三作「信」。
［一四］今也只恁地解　「只」下，朱子語類卷七十三有「得」字。
［一五］而爲陰所忌忤　「忤」，周易程氏傳卷四作「惡」。
［一六］子路非爲不學而可以爲政　「非爲」之「爲」，四書大全論語集注大全卷十一作「謂」。
［一七］自不殺他　「自」字原無，據朱子語類卷四十八補。
［一八］若更矢諫　「矢」，朱子語類卷四十八作「死」。
［一九］被他監係在那裏　「裏」原作「衷」，據朱子語類卷四十八改。
［二〇］注少師典舉　「少」原作「小」，據葉采近思録集解元刊本改。按：本條下文亦同。
［二一］賜第洛南　「洛南」，宋名臣言行録外集卷二作「京師」。

［二二］自「明道薦才」至本段末，與前文屬同一條，原本單列，不妥，當合而爲一。

［二三］伊川不答温公給事中事　「温公」二字原無，據朱子語類卷九十六補。

［二四］一似好做作只這些子　「這」原作「造」，據二程遺書卷十九改。

［二五］賜爵趙國公　「趙」，舊唐書武宗紀作「衛」。

［二六］憲宗納李琦妾鄭氏　「琦」，資治通鑑綱目卷五十作「錡」。

［二七］太和以後　「太」原作「大」，據資治通鑑卷二百四十八改。

［二八］及武宗疾毒　「毒」，資治通鑑綱目卷五十作「篤」。

［二九］按畏古作畏　按：「按畏」之「畏」，疑作「威」。

近思録釋義卷之十一

論教人

幹固 文言曰：「貞，固足以幹事。」朱子曰：「幹如木之幹，事如木之枝葉。」又曰：「幹，如板之築有楨幹，今人築牆，必立一木於中爲骨，俗謂之『夜叉木』〔一〕，無此則不可築。横曰楨，直曰幹。」**强梁** 韻會：梁者，言金剛之氣彊梁，因名之。又梁，冠上横脊也。「**惟中也**」止「**達道**」 問：「子思言中和，而周子曰：『中者，和也，中節也，天下之達道也。』乃舉中而合之於和，然則又將何以爲天下之大本耶？」朱子曰：「子思之所謂『中』，以未發而言；周子之所謂『中』，以時中而言也。」

「**觀之上九**」云云 傳：「上九以陽剛之德處於上，爲下之所觀，而不當位，是賢人君子不在於位，而道德爲天下所觀仰者也。」本義：「『志未平』，言雖不得位，未可忘戒懼也。」問「觀其生，志未平」。朱子曰：「其生謂言行事爲之見於外者，既有所省，便是未得安然無事。」

聖人之道。注「**循循**」　吴氏曰：次序貌。

經學念書　按：經學，六經之書。念書，猶誦也。葉注恐未當。**奪志**　陳氏曰：奪其求道之志。**書札**　陳氏曰：書，習才字。札，簡札。**王、虞、顔、柳**　按：唐史：永興公虞世南爲人外和柔而内忠直，帝每稱其五絶：一曰德行，二曰忠直，三曰博學，四曰文詞，五曰書翰。唐河東節度使柳公權，公綽之弟，在公卿最名，有家法。

劉彝　安定高弟。熙寧二年召對，上問曰：「胡瑗門人在朝者爲誰？」對曰：「若錢藻之淵篤，孫覺之純明，范純仁之直温，錢公輔之簡諒，皆陛下所知，其餘政事、文學出於人者，不可勝數。」**水利**。**注**「**九章**」　後漢書注曰：九章筭術，周公作，凡有九篇。洪範皇極内篇注曰：一曰方田，以御田疇界域；二曰粟米，以御文質變易；三曰衰分[二]，以御貴賤廪税；四曰小廣，以御積羃方圓；五曰商功，以御功程積實；六曰均輸，以御遠近勞費；七曰盈朒，以御隱雜互見」，八曰方程，以御錯糅正負」，九曰句股，以御高深廣遠。

歌詠。注「五聲成文，八音相比」 按：五聲：宮、商、角、徵、羽。八音：金、石、絲、竹、匏、土、革、木也。樂記：聲成文謂之「音」。注：雜比曰音，單出曰聲。哀樂之情，發見於言語之聲，於時雖言哀樂之事，未有宮商之調，唯是聲耳。至於作詩之時，則次序清濁節奏高下，使五聲爲曲，以五色聲文，即是爲音。**注「羽籥、干戚」** 詩衛風簡兮注：「武用干戚，文用羽籥。」小注：干，盾也。戚，斧也。「羽籥」三章所言者是也，皆舞者所執之物。三章曰：「左手執籥，右手秉翟。」注：籥如笛而六孔，或曰三孔。翟，雉羽也。沙溪曰：「三三圖析白羽，爲之形如帗。」**注「綴兆舒疾」** 沙溪曰：「綴者拙，舞者行，位相連綴也。」「兆」，見樂記。舒，猶徐也。疾，猶速也。

沛然矣 問：「如何有沛然底意思？」朱子曰：「此正所謂『時雨之化』。譬如種植之物，人力隨分已加，正當欲發生、未發生之際，却欠了些子雨，忽然得這些子雨來，生意豈可禦也！」

撙節　曲禮本注：撙，裁抑也，上聲。

「**進而不顧**」止「**不盡其材**」　學記本注：「不顧其安」，不恤學者之安否也。「不由其誠」，不肯實用其力也。「不盡其材」，不能盡其材之所長也。延平周氏曰：「孔子曰：『求也退，故進之；由也兼人，故退之。』蓋進之必顧其所安，而使之進也。使漆雕開仕，曰：『吾斯之未能信也。』孔子悅，蓋使之必由其誠，而不强其中心之所不欲也。於門人問仁、問孝之類，其答皆不同，蓋教之必盡其材，故所答雖有難易，而未嘗隨其材之大小也。」**施之妄**　按：謂教者之妄也。學記「其施之也悖」，正謂此也。**注「此言進而」止「生此節目」**　按：注意「節目」，似指「不由誠，不盡材」兩句，然其下又以「三患」言之，則上下逕庭可疑。**注「三患相因」**　言不顧其安，故不由其誠。不由其誠，故不盡其材也。

【**校勘記**】

［一］俗謂之夜叉木　「叉」原作「人」，據朱子語類卷六十八改。

［二］三曰衰分　「衰」原作「褏」，據洪範皇極内篇卷二改。

近思録釋義卷之十二

論戒謹

「自古隆盛」止**「喪敗者也」**　泰九三爻「無平不陂」云云。傳：三居泰之中〔一〕，在諸陽之上，泰之盛也。泰久而必否，故於泰之盛爲之戒。

豫之六二　爻：「介于石，不終日，貞吉。」孟子注：介，分辨之意。繫辭小注：介，如界至、界限之「界」。新安陳氏曰：「介有『剛介』、『介特』、『廉介』之意，惟其有分辨，所以能如此。」〇按：此「其介如石」，似是「堅介」之意。

聖人爲戒　臨：二陽方長於下，陽道向盛之時，聖人豫爲之戒。

劉質夫　程子曰：「遊吾門者衆矣，信之篤，得之多，行之果，守之固，若質夫者幾希。」覺軒蔡氏曰：「劉質夫氣和而體莊，持論不苟合，跬於不忘學〔二〕。」

睽極。**注「多自疑猜」**止「**致也**」　按：分疑猜、乖離，屬過明、過剛，恐是牽合之病。

「**解之六三**」**云云**　傳：六三陰柔，居下之上，處非其位，猶小人宜在下，以負荷而且乘車，非其據也，必致寇奪之至。雖使所爲得正，亦可鄙吝。○雲峰胡氏曰：六才柔當上負乎四，負小人之事也。三志剛欲下乘乎二，乘君子之器也。

或擊之　朱子曰：「『或』字，衆無定主之辭，言非但一人擊之也。

「**艮之九三**」**云云**　傳：三以剛居剛而不中，爲成艮之主，決止之極也。本義：「限，身上下之際，即腰胯也。艮其限，則不得屈伸而上下判隔，如『列其寅』矣。」○鄭氏剛中曰：「限，上下體之際，虞翻謂束帶之處。寅，馬融謂夾脊肉。分列其寅，則百體無以相屬。心處中，背處陰，寅在背與心，密相向列，其寅則憂危之厲，安得不薰灼及其心也。」

「雖舜之聖」云云　兑九五：「孚于剥，有厲。」傳：九五得尊位而處中正，盡説道之善矣，而聖人復説有厲之戒。蓋堯舜之盛，未嘗無戒也。以五在説之時，而密比於上六，故爲之戒。

逆詐、億不信　朱子曰：逆詐，是那人不曾詐我[三]，我先揣摩道[四]，那人必是詐我。億不信，是那人未有不信底意，便道那人必是不信我[五]。○勉齋黄氏曰：未見其事，而疑其必欺，故爲逆詐。未見其事，而度其必不實，故爲億不信。○按：勉齋説與朱子説不同。**注「周子曰」止「何啻千里」**　按：通書：「明不至則疑生，明無疑也。謂能疑爲明，何啻千里！」

嗜欲亂著他　按：他，言天理。**天機**　按：天理自然，發用之妙處也。**却最是**　沙溪曰：莊子他言雖非，而此語精微，故下「却」字。

機事，機心，種下種子　按：上「種」字，去聲，布之也。下「種」字，上聲，穀種也。

「**小人**」止「**本不是惡**」　按：「不合小了」爲句。他，指「小人、小丈夫」言也。

驕吝　朱子曰：驕吝雖有盈歉之殊，然其勢常相因。蓋驕者吝之枝葉，吝者驕之本根。故嘗驗之天下之人，未有驕而不吝，吝而不驕者也。吝謂我有你無，便是要驕人，爲要驕人所以吝。○胡氏曰：驕張王，吝收縮。姑以驕吝於財觀之，其所以閉藏，乃欲資以矜夸；其所以矜夸，即閉藏者爲之也。根本枝葉，相爲貫通。

反經　朱子曰：反，覆也。孟子論鄉愿亂德之害，而卒以「君子反經」爲説，此所謂上策莫如自治者。況異端邪説日新月益，其出無窮。蓋有不可勝排者，惟吾學既明，則彼自滅熄耳。此學者所當勉，而不可以外求者也。○新安陳氏曰：住，只是日用常行道理[六]。

【校勘記】

[一]三居泰之中　「三」字原無，據周易程氏傳卷一補。

〔二〕跬於不忘學　「於」，性理大全卷四十作「步」。

〔三〕是那人不曾詐我　「詐」原作「邪」，據朱子語類卷十一改。

〔四〕我先揣摩道　「我先」，朱子語類卷十一作「先去」。

〔五〕便道那人必是不信我　「我」，朱子語類卷十一無。

〔六〕住只是日用常行道理　「住」，四書大全孟子集注大全卷十四作「經」。

近思録釋義卷之十三

辨異端

佛、老、申、韓、楊、墨、莊 按：佛書：釋迦如來，小名悉達多，字曰天中天，迦毗羅净飯王之子也。本姓甘蔗氏，其先曰輪王，聽次妃之讒，擯四太子城於雪山，而居之爲强國。輪王後悔，遣使召之，四子辭過不來。輪王三歎：「我子釋迦爲氏如來。」諸菩薩宗師之，稱母摩耶。周昭王十四年甲寅四月八日，從右脅生，周行七步耳，目顧四方，作獅子吼，云：「天上天下，惟我獨尊。」乾坤震動，日有重輪。年漸長，王抱謁於大自在天廟，廟中諸神像悉皆起禮，王驚歎曰：「我子於天神中最尊！」乃以天中天字之。年十七，聘妃耶輪陀羅，殊無俗意，久而不接。出遊城東，見老人，歎曰：「我雖富貴，豈能免此！」出南門，見癃疾之人，還宫愁惱；出西門，見死屍，彌加憂戚，白王「願出家」，王不悦。復言：「王能與我四願，不老、不病、不死、不别，即不出家。」王曰：「世誰得之？」時相師奏，太子若不出家，七日之後當得輪王位，七寶自至。相師之意，蓋言當得輪王位，承其緒業也。王聞相師之言，敕群臣備城門諭如來，生一子，即聽出家。

如來以手指妃輸陀羅之腹，便覺有娠而生子羅侯。是時，如來年十九，出自北門，剌其鬚髮，詣阿羅、迦蘭二仙人所，詰所斷生老病死之法。周昭王二十四年，有光明自天竺照於中國，太史蘇少游奏：「一千年後，合有教法流傳此土。」昭王遣臣於洛陽城南郊壇之下，碑記瘞之。穆王即位三十年間，世尊説法之時，數有光明來照。穆王恐其來侵，敕呂侯點檢兵馬於塗山，以備西域。共王三年壬申，天地震動，白虹十五道貫日。太史毫逸奏，西域聖人滅度云。漢明帝夢見丈六金身，項珮圓光，胸題□字，頭如螺髻，額帶毫光，口稱：「吾是釋迦牟尼佛，生在天竺，滅度已經千載，吾有大教合傳此土。」問於群臣，舍人傅毅以昭王時蘇少游所奏者對。帝以王遵、秦京、蔡愔等遣西域，以求其教。行到月支，逢二僧，受金剛、蓮華、維摩經，以白馬馱來，二僧隨之。遵等至洛陽，獻經于帝，令二僧在鴻臚館譯經。白馬死，葬於城西，額曰「白馬寺」，即永平十四年也。自後西僧之入中國者，無不以譯經爲事，至元魏鳩摩什大成焉。○達摩，南天竺國人，得般若多羅傳正法眼藏，曰：「當往震朝，設大法樂。」遂泛重溟，達于南海。梁武帝詔至金陵親問，後潛回江北，于嵩山少林寺面壁九年，端坐而逝，是爲初祖。二祖慧可，三祖僧粲，皆隋文帝時人。四祖道信，五祖弘忍，皆唐高宗時人。六祖慧能，中宗時人。○朱子曰：後漢明帝時，佛始入中國。當時楚王英最好之，然都不曉其説。直至晋宋間，其教漸盛[一]。然當時文字，亦只是將莊老之説來鋪張。如遠師諸論，皆成片盡是老莊意思。直至梁會通間，達摩入來，然後一切被佗掃蕩。只是默然端坐，便心静見理[二]。蓋當時儒者之學，既廢絶不講；老佛之説，又如此淺陋。被佗窺見這箇罅隙了，故横説豎説，如是張皇[三]，没奈佗何。人才聰明，便被他誘引將去。○栗谷曰：按：佛氏之説，有精有粗。粗者不過以輪回報應之説廣張罪福，誘脅愚迷，使之奔走供奉而已；其精者，則極論心性，而認理爲心，以心爲萬福之本；認心爲性，以性爲見聞作用；以寂滅爲宗，以天地萬物爲幻妄；以出世爲道，以秉彝人倫爲桎梏。其用功之要，則不立文字，直指人心，見性成佛。頓悟之後，方加漸修。若上根之人，則或有頓悟、頓修者。達摩於梁武帝時入中國，始傳其道，所謂「禪學」者是也。至唐而大盛，其徒遍天下，揚眉瞬目，捧喝大笑，以相印證。大概以無意爲得道，不論善惡；若以意思而得，則皆以爲妄見。必也任情直行，不用意思，然後乃以爲真見。其未及乎此者，則必以一二句無意味話頭若「狗子無佛性」，「庭前柏樹子」類。作無限妙理看，遂生大疑，全心窮究，積功不已，静定之極，略見心性影字於髣髴想像之際，則遂疑之，以豁然大悟，猖狂自恣謂之了事。宋初其徒猶熾，自程、朱廓清之後，其勢始衰，于今所謂禪學者殆至於絶矣。又有陸象山與朱子並世而生，揮斥致知之功，以爲支繁失真，專用功於本心。此於涵養不爲無助，但學者知行必須並進。若不知道理，不辨是非，則所謂存心者，亦將何據？若只静坐，而萬理自明，則孔子何必曰「博學於文」，子思何必曰「道問學」乎？此不幾於禪學詖淫邪遁之説乎？象山既没，其學不絶，至今與朱子正學並立而相抗。一種厭勤勞、樂簡便之徒，相與作爲幽深怳惚之説，以附之。嗚乎！其亦斯道之不幸也歟！禪學雖足以感人，其言非儒，其行滅倫，世間稍知有秉彝者固已疑阻，又經程朱之闢，宜乎其迹若掃矣。陸學則不然，言必稱孔孟，行必本孝悌，而其用心精微處，乃是禪學也。闢之之難，豈不十倍於佛氏乎？佛氏之害，如外寇之侵突；陸氏之害，如奸臣之誤國。此不可不知，故並著焉。○朱子曰：「老子之術，謙沖儉嗇，全不肯役精神。」「自家占得十分穩便，方肯做；才有一毫不便，不肯做。」「大抵以虚静無爲、沖退自守爲事。故其爲説，常以懦弱謙下爲表，以空虚不毁萬物爲實。其爲治，雖曰『我無爲而民自化』，然不化者亦不之問也。若曰『旁日月，挾宇宙[四]，揮斥八極，神氣不變』者，乃莊生之荒唐。其曰『光明寂照，無所不通，不動道場，徧周沙界』者，又瞿曇之幻語。老子則初曷嘗有是！今世論老子者，必欲合二家之似而一之，非老子之意。」「老子不犯手，張子房其學也。」「如爲韓報秦，攛掇高祖入關，及項羽殺韓王成，又使高祖平羽，兩次報仇皆不自做。後來定太子，亦自處閒地，只教四老出來定之。」○釋、老其氣像規模，大概相似，然而老氏之學尚自理會自家一箇渾身，釋氏則自家一箇渾身都不管了。○老莊於義理，絶滅猶未盡。佛則人倫已壞，至禪則又從頭將許多義理掃滅無餘。以此言之，禪最爲害之深者。然要其實，則一耳，害未有不由淺而深者。○問：「史記云：『申子卑卑，施於名實。韓子引繩墨，切事情，明是非，其極慘覈少恩，皆原於道德之意。』」曰：「張文潛之説得之。宋齋丘作書序中所論也[五]。」○馬史韓非傳注曰：「申子之書，言人主當執術無刑，因循以督責臣下，其責深刻，故號曰『術』；商鞅所爲書，號曰『法』，皆曰『刑名』，故號曰『刑名法術之書』。」○朱子曰：「楊朱之學出於老子，蓋是楊朱曾就老子學來，故莊、列之書皆説楊朱。孟子闢楊朱[六]，便是闢老莊了。」○「楊、墨只是硬恁地做。爲我、兼愛，做得來也淺，不能惑人。佛氏最有精微動人處，初見他説出自有理，從他説愈深，愈是害人[七]。」熊氏曰：「佛入中國，其初不過論緣業，以誘愚民而已。後來却説心説性，雖聰明之士亦爲之惑。」○今釋子亦有兩般禪學，楊朱也；若行布施，墨翟也。○莊周是箇大秀才，多是説孔子與諸人語，只是不肯學孔子，所謂「智者過之」者也。如説「易以通陰陽，春秋以道名分」等語，後來人如何下得！他直是似快刀利斧劈截將去，字字有著落。○問：「孟子與莊子同時否？」曰：「莊子後得幾年，然亦不争多。」或云：「莊子都不説著孟子一句。」曰：「孟子平生足迹只齊、魯、滕、宋、大梁之間，不曾過大梁之南。莊子自是楚人，想見聲聞不相接[八]。」○莊子只是楊、墨之學，但楊氏説得大，故孟子力排之。○莊子曾做秀才，書都讀來。比邵子見較高，氣較豪。他是事事識得，又却踏蹴了，以爲不足爲。邵子却有規矩。**疑於仁，疑於義**　沙溪曰：「『仁義』二字當換，詳見孟子『好辨』章，葉注大誤。

「師也過，商也不及」 問：「伊川謂師、商過、不及，其弊爲楊、墨。」朱子曰：「不似楊、墨。墨氏萌孽已久，晏子時已有之兼[九]。師、商之過、不及，與兼愛、爲我不關事。」○沙溪曰：子夏之學，傳田子方，流爲莊周，則然矣。子張之學流爲墨氏，則未詳。

四大。注「地、水、風、火」 朱子曰：彼所謂地水，如云魄氣；火風，如云魂氣。粗而言之，地便是體，水便是魄，火風便是魂，他便也是見得這魂魄。**無適，無莫。注「外相」** 按：相，猶形色，謂外物也。**注「法性」** 按：猶言真性。**「彼釋氏之學」止「未之有也」** 朱氏曰：釋氏所謂「敬以直內」，只是空豁豁地，更無一物，却不會「義以方外」。聖人所以「敬內」，則湛然虛明，萬理具足，方能義以方外。○問：「遺書：釋氏於『敬以直內』則有之，『義以方外』則未也。」先生笑曰：「前日童蜚卿正論此[一〇]，以爲釋氏大本與吾儒同，只是其末異。某與言：『正是大本不同。』」因檢近思録有云：「佛有一箇覺之理，可以『敬以直內』[一一]，然無『義以方外』。其『直內』者，要之其本亦不是。」「這是當時記得全處，前者記得不完也。」又曰：「只無『義以方外』，則連『敬以直內』也不是耳。」**滯固。注「或拘」** 按：以「拘」字釋「滯固」，似不襯。

怖死生　朱子曰：老氏欲保全其身意多，釋氏又全不以其身爲事，自謂别有一物不生不滅[一二]。歐公嘗言「老氏貪生，釋氏畏死」，其説亦好。**注「輪回」**　問：「輪回之説，是佛家自創否？」朱子曰：「自漢書載鬼處，已有此語模様耳。」問：「或傳范淳夫是鄧禹後身。」曰：「鄧禹亦一好人，死許多時，如何魄識乃至今爲他人！王質不敬其父母，曰：『自有物無始以來，自家是换了幾箇父母耳。』其不孝莫大於是！以父母所生之身爲寄寓，譬以舊屋破倒，即自跳入新屋。故黄蘗一僧有偈與其母云『先曾寄宿此婆家』，止以父母之身爲寄宿處。其無情義，絶滅天理可知。」**元不相連屬**　按：謂釋氏務上達，無下學，上下本不連屬。**間斷**　按：謂上下不相連。**「盡其心知其性」止「一段則無矣」**[一三]　朱子曰：「明道説『盡心知性』，語亦不完。二先生語中如此處，必是記者之失。伊川云『盡心，然後知性』，此不然，『盡』字大，『知』字零星，『性』者，吾心之實理。若不知得，却盡箇甚？惟就知上積累將去，自然盡心。人能盡其心者，只爲知其性。此句文義與『得其民，得其心也』相似，『者』字不可不仔細看。」又曰：「人之所以盡其心者，以其知其性故也。蓋盡心與存心不同，存心即操存求放之事，是學者初用力處；盡心則窮理之事，廓然貫通之謂。所謂『知性』，即窮理之事也。須是窮理，方能知性。知性之盡，則能盡其心矣。」○問：「聖門説『知性』，佛氏亦言『知命』[一四]，有以異乎？」先生笑曰：「也問得好。據公所見如何？試説看。」曰：「佛氏之説者，此一性，在心所發爲意，在目爲見，在耳爲聞，在口爲議論，在手能持，在足運奔。所謂『知性』者，知此而已。」曰：「若如此見得，只是無星之秤，無寸之尺。若在聖門，則在心所發爲意，須是誠始得；在目雖見，須是明始得；在耳雖聞，須是聰始得；在口談論及在手足之類，須是動之以禮始得。『天生烝民，有物有則。』佛氏之説，只有物無則。況孟子所説『知性』者，乃是物格之謂。」○又曰：「遺書所云『釋氏有盡心知性，無存心養性』，亦恐記者有誤。要之，釋氏只是恍惚之間見得些心性影子，却不曾仔細見得真實心性，所以都不見裏面許多道理。政使有存養之功，亦只是存養得他所見底影子，固不可謂之無所見，亦不可謂之不能養。但所見所養，非心性之真耳。」○又曰：「近看石林過庭録載，上蔡説伊川參某僧，後有得，遂反之，偷其説來做己使，是爲洛學。某嘗疑如石林之説固不足信，却不知上蔡也恁地説。但當初佛學只是説無存養底工夫，至唐六祖始教人存養工夫。當初學者亦只是説不曾就身上做工夫，至伊川方教人就身上做工夫。所以謂伊川偷佛説爲己使[一五]。」按：以此觀之，「則不可謂存養」一段則無矣，但彼所謂「存養」與吾儒異耳。**下根** 按：猶下質。

駸　按：韻會：「馬行疾也。」詩：「載驟駸駸。」**一邊倿**　按：以己與彼對言之，則彼乃一邊倿。

「**生生之謂易**」　繫辭本義：「陰生陽，陽生陰，其變無窮。」程氏鉅夫曰：「生生之謂易，剥初盡而復已生，生生不息，靡有間絶。」**生則一時生**　按：恐人物一時生。**根塵**。**注**「**心本生道**」　按：生非道理也，乃生之之道出，與心生道也同意。**負販之蟲**　按：韻會：蝜蝂，蟲名[一六]。柳文有蝜蝂傳，或云「如蝟」，當考。**石頭**　沙溪曰：漢語「拳石」爲石頭。**注**「**出離生死**」　按：言出離於死生之中也。

神僊　韻會：僊，遷也，遷入山也。

一齊　按：猶一切也。

範圍　繫辭。朱子曰：「範，如鑄金之有模範。圍，匡郭也。聖人爲之範圍，不使過於中道，所謂裁成者也。」又曰：「範是鑄金作範，圍是圍裹[一七]。」**因緣天地** 沙溪曰：六根之微，悉本乎天地而生，具因緣也。**注「實相」** 沙溪曰：猶實形也。**流遁** 按：孟子「遁辭」，注：遁，逃避也。

言有無，諸子之陋 按：朱子曰：「無者無物[一八]，却有此理。有此理則有矣。老氏乃云『物生於有，有生於無』，和理也無，便錯了。」**注「土苴」** 韻會：和糞草也，一曰糟魄，又查滓也。莊子「土苴以治天下」，一曰不直物也。

有識之死 沙溪曰：有識，謂人也。**妄見** 按：「見」字恐是形相之意。**遊魂爲變** 繫辭曰：「精氣爲物，遊魂爲變。」本義：「陰精陽氣，聚而成物，神之伸也；魂遊魄降，散而爲變，鬼之歸也。」○沙溪曰：繫辭之説雖如此，然此則似謂人之死也。或魂氣聚而不散，託物爲變，怪也。**淪胥** 詩注：淪，陷。胥，相也。相與陷於死亡。**臧獲** 方言：荆、淮、海、岱之間罵奴曰「臧」，罵婢曰「獲」。又燕之北郊，民而夫婢謂之「臧」[一九]，女而歸奴謂之「獲」。**間氣** 按：間世之氣。**稽其弊** 按：韻會：「稽，留止也。」恐是止止之意也。

【校勘記】

［一］直至晋宋間其教漸盛　「晋」原作「昔」，據朱子語類卷一百二十六改；「盛」原作「成」，據朱子語類卷一百二十六改。

［二］只是默然端坐便心静見理　此十一字，朱子語類卷一百二十六無。

［三］如是張皇　「皇」原作「王」，據朱子語類卷一百二十六改。

［四］挾宇宙　「挾」，朱子語類卷一百二十五作「扶」。

［五］宋齋丘作書序中所論也　「作」原作「化」，據朱子語類卷一百三十七改。

［六］孟子闢楊朱　「朱」原作「墨」，據朱子語類卷一百二十五改。

［七］愈是害人　「愈是」、「人」原無，據朱子語類卷二十四補。

［八］想見聲聞不相接　「聞」原作「問」，據朱子語類卷一百二十五改。

［九］晏子時已有之兼　「兼」，據朱子語類卷三十九當作「矣」。

［一〇］前日童蜚卿正論此　「童」原作「董」，據朱子語類卷一百二十六改。

［一一］可以敬以直内　「以」，朱子語類卷一百二十六作「言」。

［一二］自謂別有一物不生不滅　「不滅」上原有「不死」二字，據朱子語類卷一百二十六删。

［一三］盡其心知其性止一段則無矣　「段」原作「端」，據葉采近思録集解卷十三改。

〔一四〕佛氏亦言知命 「知命」，朱子語類卷一百二十六作「知性」。

〔一五〕所以謂伊川偷佛説爲己使 「己」原作「亡」，據朱子語類卷一百二十六改。

〔一六〕蝜蝂蟲名 「蝂」，古今韻會舉要卷十三作「蝂」。

〔一七〕圚是圚裹 「裹」原作「裹」，據朱子語類卷七十四改。

〔一八〕無者無物 「無者」之「無」原作「元」，據朱子語類卷九十八改。

〔一九〕民而夫婢謂之臧 「而夫」，方言作「男而婿」。

近思録釋義卷之十四

論聖賢相傳之統

禹之德似湯武　朱子曰：禹入聖域而不優。**注「不識不知」**大雅皇矣注：不作聰明，以循天理。

「仲尼」止「儘雄辨」「巖巖」，詩注：「積石貌。」「豈第」，詩注：「豈樂弟易也。」按：「雄辨」，當作「雄辯」。**注「坱北」**按：韻會：「不測也，又無涯際貌。」賈誼賦：「坱北無垠」。

傳經爲難　朱子曰：孔子後若無箇孟子，也未有分曉。孟子後數千載，乃是得程先生兄弟發明此理[二]。今看來漢、唐以下諸儒説道理見在史策者，便直是説夢！

林希　按：宋哲宗朝人，章敦之黨，後託於曾布。

取劉璋　按：綱目獻帝紀：劉璋遣法正迎備，正至荊州，説備取益州。龐統曰：「荊州荒殘，人物殫盡，難以得志。今益州户口百萬，土沃財富，誠得以爲資，大業可成。」備曰：「以小利而失信義於天下，奈何？」統曰：「若事定之後，對以大國，何負於信！今日不取，終爲人利耳！」備以爲然，自將步卒數萬而西。劉璋隨所在供奉[二]，贈遺以鉅萬計[三]。劉備入成都，遷璋公安，自領益州牧，以諸葛亮爲軍師將軍。○朱子曰：取劉璋一事却不是，或以爲先主之謀，未必是孔明之意。「**劉表子琮**」止「**可也**」　按：綱目：或勸備攻琮，荊州可得。備曰：「劉荊州臨亡託我以孤遺[四]，倍信自濟[五]，死何面目以見荊州乎！」將其衆去，過襄陽，呼琮，琮懼，不能起。琮左右及荊州人多歸備。備過辭表墓，涕泣而去[六]。○朱子曰：劉表之後，君弱勢孤，必爲他人所取；較之取劉璋，不若得荊州之爲愈也。

其爲政。**注**「**潘延之**」　按：朱子曰：清逸潘公誌先生之墓，則此人也。**注**「**孔經父**」　按：通書注：孔文仲有祭文，序先生洪州時事。文仲似是經父字也。

徹視無間。**注**「**無少隱慝**」　按：「無間」者，無有間隙也。注所謂「隱慝」，恐誤。**言有物而行有常**　家人象傳：物謂事實。○仲溪張氏曰〔七〕：物，猶「不誠無物」之「物」。**通於禮樂**。**注**「**樂記**」**云云**　劉氏曰：禮者，天地之序。樂者，天地之和。高下散殊者，質之具，天地自然之序也；而聖人法之，則禮制行矣。周流同和者，氣之行，天地自然之和也；而聖人法之，則樂行焉〔八〕。**不可以入堯舜**。**注**「**大中至正**」　按：似非本文正意，上文「自謂之意止於「窮深極微」」。**辨而不間**。**注**「**不絶之**」　按：謂雖辨其是非，而物我無間也。注説恐非。**教人而人易從**。**注**「**教人各因其資**」　按：注説恐非。誠在言前，故人自化而易從也，且非但指學者。

窗前草不除。**注**「**驢鳴**」　問：「『與自家意思一般。』此是取其生生自得之意耶？抑於生物中欲觀天理流行處耶？」朱子曰：「此不要解。到那田地，自理會得。須看自家意思與那草底意思如何是一般？」又曰：「他也只是偶然見與自家意思相契。」問：「横渠驢鳴，是天機自動意思？」曰：「固是。但也是偶然見他如此，如謂草與自家意一般，木葉便不與自家意思一般乎？如驢鳴與自家呼喚一般，馬鳴便不與自家一般乎？」問：「程子『觀天地生物氣像』，也是如此？」曰：「他人只是偶然見如此[九]，便説出來示人。而今不成只管去守看生物氣像。」問：「『觀鷄雛可以觀仁』，此則須有意，謂是生意初發見處？」曰：「只是爲他皮殼尚薄，可觀。大鷄非不可以觀仁，但爲他皮殼麤了。」○問：「窗前草不除，觀驪鳴亦謂生意充滿，聲大且遠，有會於心否？與庭草一般，有何意思？」退溪曰：「非謂與庭草一般，亦只謂『與自家意思一般』，彼物自然函生，自然能鳴以通意，便是與自家一般般處。」

「**聞生皇子喜**」止「**見餓莩食不美**」　必大曰[一〇]：「正淳嘗云：『與人同休戚。』陸子壽曰：『此主張題目耳。』」先生問必大：「曾致思否？」對曰：「皆是均氣同體，惟在我者至公無私，故能無間斷而與之同休戚也。」曰：「固是如此，然亦只説得一截。如此説時，真是主張題目，實不曾識得。今土木何嘗有私[一一]！然與他物不相管。人則元有此心，故至公無私，便都管攝之無間斷也。」○按：群書注：聞皇子之生而喜，是喜宗子之有傳也；見民之飢而轍食[一二]，是憂兄弟顛連而無告者也。**注**「**蹶然**」　按：朱子曰：「『蹶』，動也。亦作『蹷』。」

伯淳嘗與。**注**「**吕原明**」　名希哲，正獻公公著之子。

一團　退溪曰：猶一般，但「一般」分爲各段而言，「一團」以合爲一團而言。〇按：明道謂學者曰：「顥如此，顥煞用工夫。」

雪深一尺　朱子曰：「其嚴厲如此，晚年接學者乃更平易。蓋其學已到至處，但於聖人氣象，差小從容爾[一三]。」〇明道則已從容，惜其早死，不及用也。使及用於元祐間，則不至有今日事矣。**注**「**侯師聖**」河東人，二先生舅氏，華陰先生無可之孫。伊川謂：「侯子議論，只好隔壁聽。」**注**「**朱公掞**」河南偃師人，登進士第，官至集賢院學士，卒年五十八。初受學於安定，後從二程於洛。伊川祭文曰：「篤學力行，至於没齒，志不渝於金石，行可質於神明。」**注**「**明道接人和粹，伊川師道尊嚴**」　按：伊川年譜：明道先生嘗謂：「先生曰：『異日能使人尊嚴師道者，吾弟也。若引接後學，隨人材而成就之，則余不得讓焉。』」

躬行力究　按：力究當屬知。**雖小官，有所不屑**　性理群書注：亦不屑於就以自卑，惟義之適。〇沙溪曰：如抱關擊柝之小官，猶可爲之，非吾義所安，則不屑就也。不屑，猶不潔也。

康定、嘉祐 仁宗年號。**崇文移疾** 按：橫渠爲崇文院校書，會弟天祺得罪，乃告歸，居於橫渠故居，遂移疾不起。公去朝，築室南山下，弊衣蔬食，專精治學，未始須臾息，未始頃刻不用力，亦未始須臾忘也。「**精義入神，豫而已矣**」 按：此與第二卷「精義入神，事豫吾內」其意相似。豫，即葉注「素定」之意。

「**二程**」止「**聖人**」 按：張子曰：學者不可謂小年自緩[一四]，便是四十、五十。二程從十四歲時便晚，然欲學聖人，今盡及四十未能及顏、閔之徒。伊川可如顏子，然恐未如顏子之無我。

【校勘記】

[一] 乃是得程先生兄弟發明此理 「是」，朱子語類卷九十三作「始」。

[二] 劉璋隨所在供奉 「隨所在」，資治通鑑綱目卷十四作「赦在所」。

[三] 贈遺以鉅萬計 「鉅萬」，資治通鑑綱目卷十四作「巨億」。

[四] 劉荆州臨亡託我以孤遺 「孤遺」原作「遺孤」，據資治通鑑綱目卷十三改。

[五] 倍信自濟 「倍」，資治通鑑綱目卷十三作「背」。

［六］涕泣而去　「泣而去」三字原本位於下文「不若」下，據資治通鑑綱目卷十三移至此。
［七］仲溪張氏曰　「仲」，周易大全卷十三作「中」。
［八］則樂行焉　「行」，禮記大全卷十八作「興」。
［九］他人只是偶然見如此　「人」，朱子語類卷九十六作「也」。
［一〇］必大曰　「必大」原作「朱子」，據朱子語類卷九十六改。
［一一］今土木何嘗有私　「私」原作「思」，據朱子語類卷九十六改。
［一二］見民之飢而輟食　「輟」，宜作「撤」。
［一三］差小從容爾　「小」，二程遺書附録作「少」。
［一四］學者不可謂小年自緩　「小」，性理大全卷三十九作「少」，當作「少」。

[朝鮮] 李漢膺 撰
程水龍 周 静 校點

續近思録

校點説明

李漢膺（一七七八—一八六四），字仲模，號敬庵。著有近思録葉注疑義、續近思録等。生活在朝鮮李朝後期的他認爲，由於性理學家李滉的倡行，使得「我東諸賢紹修洛閩近思之學」。幾百年來，李朝社會仰慕李滉及其所推崇的程朱之學，故李漢膺有意將南宋東南三賢朱熹、張栻、吕祖謙與本國李滉這四位學者的精要之語一〇六二條編輯成書，名之曰續近思録。

此續近思録十四卷的篇名，分别是：道體，爲學，致知，存養，力行，家道，出處，治道，治法，臨政處事，教人之道，警戒，辨别異端，總論聖賢。與朱熹、吕祖謙共輯的近思録相比，「篇目一依近思録例」，也正如李氏序文所言，此續編「又爲近思録之階梯，而以及四子、六經，退翁所謂『溯伊洛而達洙泗，無往而不可者』是矣」。可見，李朝後期學者若有意於這四位大儒，則可以此爲入門要津，便可通達聖學。

李漢膺續近思録十四卷，首爾大學奎章閣有藏，據該本字體、墨色，可知是木板本。每半葉十行行十八字，注文小字雙行同。四周雙欄，有界行，框高十九釐米，寬十六點三釐米。白口，對（二葉花紋）魚尾。版心魚尾間刻印書名卷次、頁碼。卷一卷端首行頂格題「續近思録卷之一」，越五字格題「凡九十二條」，次行低二字格題卷名「道體」，第三行頂格刻印正文。每卷每條單列，頂格刻印。

本次校點整理以奎章閣藏本爲底本，並參校朱熹、張栻、呂祖謙、李滉等人的著述，諸如朱傑人、嚴佐之、劉永翔主編的朱子全書及朱子全書外編，黄靈庚、吴戰壘主編的呂祖謙全集，李瀷李子粹語等。底本中諸如「氣」、「竆」、「九」、「切」、「軆」、「旁」等俗字、異體字、版别字之類，校點時徑改作通行的繁體字，文中不再一一注明。對於本次校點整理的不當之處，懇請諸位賢達不吝賜教。

程水龍、周静

續近思録徵引書目[一]

朱子大全

朱子語類

論語集注

詩集傳

大學或問

中庸或問

家禮

南軒先生文集

退溪先生文集

退溪先生言行録

【校勘記】

［一］續近思録徵引書目 「徵引書目」四字原無，校點時增。

續近思録序文[一]

子朱子承周、程、張四夫子統緒，推廣辨明之時，則有若張南軒、吕東萊兩先生莬爲道義契，相與講討切磨之，其所以相助相長之者大矣。朱子殁後三百有二載，而退陶李子生於東方，講明朱子之學，以斯道爲己任。今天下淪没，道學弁髦，而獨我東諸賢紹修洛閩近思之學，實退陶倡之也。朱子嘗與東萊選周、程、張書爲近思録，曰：「四子，六經之階梯；近思録，四子之階梯。」其迹甚美，而大有功於後學也。瀷也生最晚，追慕退陶以及朱、張、吕，而其書浩博，茫不知下手。於是，乃敢採掇四子集要語，篇目一依近思録例，名曰續近思録，僭矣，無所逃罪。然後之學者有意於四子者，由是而尋焉，則庶乎得其門而入也。然則斯又爲近思録之階梯，而以及四子、六經。退翁所謂「溯伊洛而達洙泗，無往而不可者」，是矣。但才學不逮，且極耄荒，抄纂之際極費心力，而疏脱之過烏得免也！是可懼也已。時强圉大荒落南吕上浣真城李漢膺謹識。

【校勘記】

[一] 續近思録序文　此標題原無，校點時增。

續近思録卷之一 凡九十二條

道體

晦庵先生曰：太極只是一箇「理」字。

陰陽只是一氣。陽消處便是陰[一]，不是陽退了，又别有箇陰生。

陰剥陽[二]，每日剥三十分之一，一月方剥盡而成坤。坤初六，陽已萌了。每日長三十分之一，一月方成一陽[三]。故冬至爲復，不是直至冬至一陽方生也。

天之形雖包乎地之外，而其氣實透乎地之中；地雖在天之中，然其中實虚，容得天許多氣。

天地别無句當，只是以生物爲心。

「復見天地之心」，何處不是天地之心，但當品物蕃新叢雜難盡。惟是萬物未生[四]，泠泠静静；而一陽既動，生物之心闖然而見，雖在積陰之中，自掩藏不得也。

濂溪與伊川説「復」字差不同。濂溪就回來處説[五]，伊川正就動處説。如「元亨利貞」，濂溪就「利貞」上説，伊川就「元」字頭説，道理只一般[六]。

此身只是箇軀殼[七]，内外無非天地陰陽之氣。

鬼神只是氣。屈伸往來者，氣也。天地間無非氣，人之氣與天地之氣相接，無間斷，人自不見。人心才動，必達於氣，便與這屈伸往來者相感通。

元亨，誠之通，動也。利貞，誠之復，静也。元者，動之端也，本乎静。貞者，静之質也，著乎動。一動一静，循環無窮。而貞也者，萬物之所以成終而成始者也。故人雖不能不動，而立人極者必主乎静，則其著乎動也[八]，無不中節而不失其本然之静。

天命之性，不可形容，不須贊歎，只得將他骨子實頭處説出來，乃於言性爲有功，故某只以「仁義禮智」四字言之，最爲端的。

論性，要須先識得性是箇甚麽樣物事。「性即理也」，仁義禮智而已矣。然四者有何形狀？只有此理，便做得許多事出來，所以能惻隱、羞惡、辭讓、是非。譬如論藥性寒熱，亦無討形狀處〔九〕。只服了後，却做得寒、做得熱，便是性。今人往往指有知覺者爲性，只説得箇心。

性不是卓然一物可見者。窮理格物，性在其中〔一〇〕，不須求，故聖人罕言性。

性譬之水，本皆清也。以浄器盛之則清，以污器盛之則濁〔一一〕。本然之清未嘗不在，但既污濁〔一二〕，猝難得便清。故「雖愚必明，雖柔必剛」〔一三〕，也煞用氣力。

問：「形而上、下」，如何以形言？曰：此言最的當。設若以有形、無形言之，便是物與理相間斷了。所以明道謂「截得分明」者〔一四〕，只是上下之間分別得一箇界止分明。器亦道，道亦器，有分別而不相離也。

只是眼前切近起居、飲食、君臣、父子、兄弟、夫婦、朋友處，便是這道理。只就近處行到熟處，見得自高。聖人説「下學上達」，即這箇到熟處自見精微[一五]。聖人與凡庸之分，只争箇熟與不熟[一六]。

天只有箇春夏秋冬，人只有箇仁義禮智，此四者便是那四者。

或問仁[一七]。曰：理難見，氣易見。但就氣上看，便見如元亨利貞是也。元亨利貞也難看，且看春夏秋冬。春時，盡是温厚之氣，仁便是這般氣像。夏秋冬雖不同，皆是春生之氣行乎其中[一八]。若曉得此理，便見得克己復禮。私欲盡去，純是温和沖粹之氣，乃天地生物之心也。

看「仁」字，當并「義」、「禮」、「智」字看，然後界限分明，見得端的。又曰：仁，是箇温和底意思；義，是箇慘烈剛斷意思；禮，是箇宣著發揮意思；智，是箇收斂無痕迹意思。性中有此四者，而聖門却只以求仁爲急，緣仁是四者之先。若常存得温厚意思在這裏，到宣著發揮時，便自然會宣著發揮；到剛斷時，便自然會剛斷；到收斂時，便自然會收斂。又曰：「仁」爲四德之首，而智則能成終而成始[一九]。仁智交際之間，乃萬化之機軸。此理循環不窮，吻合無間，故不貞則無以爲元也。

孟子説「仁，人心」，此語最親切。心自是仁之物事，存得此心，不患他不仁。

程子「穀種」之喻甚善。有這種在這裏，何患不生[二〇]？

問：先生答湖、湘學者書，以「愛」字言仁，如何？曰：緣上蔡説得「覺」字太重，有似説禪。龜山説「萬物與我爲一」，説亦太寬。問：此是仁之體否？曰：此不是仁之體，是仁之量[二一]。仁者固覺，謂覺爲仁，不可。仁者固與物爲一，謂萬物爲一爲仁，亦不可。又問：知覺亦有生意？曰：固是。但只將知覺説來却冷了。

性猶太極也，心猶陰陽也。太極只在陰陽之中，非能離陰陽也。然太極自是太極[二二]，陰陽自是陰陽。惟性與心亦然，「一而二[二三]，二而一」。

盡心説曰：天大無外，而性禀其全。故人之本心，其體廓然，亦無限量。惟其梏於形氣之私，滯於聞見之小，是以有所蔽而不盡。人能即事即物窮究其理，至於一日會貫通徹而無所遺焉，則有以全其本心廓然之體。而吾之所以爲性，與天之所以爲天，皆不外此而一以貫之矣。

心者，氣之精爽。純一不雜之精，虛明洞徹之爽。

惟心無對。

知主別識[二四]，意主營爲。知近性，近體；意近情，近用。

須知未動爲性，已動爲情，心則貫乎動静而無不在焉[二五]。知言曰：「性立天下之有，情效天下之動，心妙性情之德。」此言甚精密。

答張敬夫曰：近復體察，見得此理須以心爲主而論之[二六]，則性情之德、中和之妙，皆有條而不紊。蓋人之一身，知覺運用，莫非心之所爲。心者，所以主於身，無動静語默之間者也。方其静也，事物未至，思慮未萌，而一性渾然，道義全具，其所謂中，乃心之所以爲體而寂然不動者也[二七]。及其動也，事物交至，思慮萌焉，則七情迭用，各有攸主，其所謂和，乃心之所以爲用而感而遂通者也。然性之静也而不能不動，情之動也而必有節焉，是則心之所以寂然感通、周流貫徹而體用未始相離者也。然人有是心而或不仁，則無以著此心之妙；人雖欲仁而或不敬，則無以致求仁之功。蓋心主乎一身而無動静語默之間，是以君子之於敬，亦無動静語默不用其力焉[二八]。未發之前，是敬也固已主乎存養之實；已發之際，是敬也又常行於省察之間。方其存也，思慮未萌而知覺不昧，是則静中之動，復所以「見天地之心」也；及其察也，事物紛糾而品節不差，是則動中之静，艮之所以「不獲其身，不見其人」也。有以主乎静中之動，是以寂而未嘗不感；有以察乎動中之静，是以感而未嘗不寂。寂而常感，感而常寂，此心之所以周流貫徹而無一息之不仁。

與湖南諸公曰：中庸未發已發之義，前此認得此心流行之體。又因程子「凡言心者皆指已發而言」，遂目心爲已發，性爲未發。然觀程子之書，多所不合。按文集、遺書諸説，似皆以思慮未萌、事物未至之時，爲喜怒哀樂之未發。當此之時，即是此心「寂然不動」之體，而天命之性當體具焉。以其無過不及，不偏不倚，故謂之中。及其「感而遂通天下之故」，則喜怒哀樂之情發焉[二九]，而心之用可見。以其無不中節，無所乖戾，故謂之和。此則人心之正，而性情之德然也。然未發之前，不可尋覓；已發之後，不容安排。但平日莊敬涵養之功至，而無人欲之私以亂之，則其未發也鏡明水止，而其發也無不中節矣。此是日用本領工夫。至於隨事精察[三〇]，即物推明，亦必以是爲本。而於已發之際觀之，則其具於未發之前者，固可默識。故程子之答蘇季明，反覆論辨，極於詳密，而卒之不過以敬爲言。又曰「敬而無失，即所以中」，又曰「人道莫如敬，未有致知而不在敬者」，又曰「涵養須用敬，進學則在致知」，蓋爲此也。向來講論思索，直以心爲已發，而日用工夫亦只以察識端倪爲最初下手處。以故闕却平日涵養一段工夫，使人胸中擾擾，無深潛純一之味。而其發之言語事爲之間，亦嘗急迫浮露，無復雍容深厚之風。蓋所見一差，其害乃至於此，不可以不審也。程子所謂「凡言心者皆指已發而言」，此却指心體流行而言，非謂事物思慮之交也，然與中庸本文不合，故以爲未當而復正之。固不可執其已改之言而盡疑諸説之誤，又不可遂以爲未當而不究其所指之殊也。周子曰「無極而太極」，程子又曰「人生而靜以上不容説，纔説性時，便已不是性矣」。蓋聖賢論性，無不因心而發，若欲專言之，則是所謂無極而不容言者，亦無體段之可名矣。高存之曰：中庸所謂未發指喜怒哀樂言，夫人豈有終日喜怒哀樂者？蓋未發之時爲多，而喜怒哀樂可言未發，不可言不發。若以中而言，中者天命之性，天命不已，豈有未發之時？蓋萬古流行，而太極本然之妙萬古常寂也，可言不發，不可言未發。中庸正指喜怒哀樂未發時爲天命本體，故「未發」一語實聖門指示見性之訣；靜坐觀未發氣象，又程門指示初學者攝情歸性之訣。又曰：凡朱夫子以上所見，大略歷三轉而始定。

胡子知言曰：心無死生。先生曰：心無死生，幾於釋氏輪回之説矣。天地生物，人得其秀而最靈，所謂心者，乃虚靈知覺之性，猶耳目之有見聞耳。在天地，則通古今而無成壞；在人物，則隨形氣而有始終。知其理一而分殊，則亦何必爲是心無死生之説，以駭學者之聽哉！

以理言之，則天地之理至實，而無一息之妄，故自古至今，無一理之不實。而一物之中，自始至終，皆實理之所爲也。以心言之，則聖人之心亦至實，而無一息之妄，故從生至死，無一事之不實。而一事之中，自始至終，皆實心之所爲也。

南軒先生答吴晦叔曰：太極所以形性之妙也。性不能不動，太極所以明動静之妙也[三一]。極乃樞極之義，聖人於易特命「太極」二字[三二]，蓋示人以根柢，其義微矣。若只曰性而不曰太極，則只去未發上認之，不見功用；曰太極，則性之妙可覩矣。體用一源，顯微無間，其太極之藴歟！

答朱元晦曰：在中之義。程子曰：喜怒哀樂未發，只是中也。蓋未發之時，此理亭亭當當，渾然在中。發而中節，即其在中之理，形乎事事物物之間而無不方也[三三]；非是方其發時，别爲一物以主張之於内也。

近玩味未發已發於日用間〔三四〕，甚覺顯涣，周子誠通誠復之説極有理也。伯逢書來，亦説善不足以名之之説。大抵知言中如此説〔三五〕，只要形容人生以上事却似有病。故程子云：「天命之謂性，以上更不容説〔三六〕，才説性時便已不是性。只是説得繼之者善也〔三七〕。」斯言最爲盡之。蓋性之淵源，惟善可得而名之耳。

答胡廣仲曰：鄙意以爲，民受天地之中以生，均有是性也，而陷溺之；陷溺之，則不能有之。君子能存其良心〔三八〕，故天性昭明，未發之中卓然著見。涵養乎此，則工夫日益深厚，所謂存心養性之妙。然其見也，是心體流行之發見矣〔三九〕，不是有時而心，有時而性也。

西銘政爲學者私勝之流昧夫天理之本然，故推明理一以極其用，而其分之殊自不可亂。故分立而推理一，以止私勝之流，爲仁之方也〔四〇〕。

仁道難名，惟公近之，然不可以公爲仁。又曰「公而以人體之故爲仁」，此意指仁之體極爲深切，愛終恐只是情。蓋公天下而無物我之私焉，則其愛無不溥矣。如此看乃可。

自性之有動謂之情，而心則貫乎動静而主乎性情者也。程子謂既發則可謂之情，不可謂之心者。蓋就發上説，只當謂之情，而心之所以爲之主者，固無乎不在矣。

本一而已矣，二本是無本也。儒者之言曰「立愛惟親」，又曰「立愛自親始」。曰「立」云者，則可見其大本矣。

愛固不可名仁，然體夫所以愛者，則固求仁之要也。此孔子答樊遲問以愛人之意。

復卦下面一畫，乃是至静而動不窮焉[四一]，所以爲天地心也。

仁其體也，以其有節而不可過，故謂之禮。禮運「人者天地之心」之言，其論禮本仁而言也[四二]。

仁説曰：人之性，仁、義、禮、智四德具焉。其愛之理則仁也，宜之理則義也，讓之理則禮也，知之理則智也。是四者雖未形見，而其理固根於此，則體實具於此矣。性之中只有此四者，萬善皆管乎此焉。而所謂愛之理者，是天地生物之心，而其所由生者也。故仁爲四德之長，而又可以兼包焉。惟性之中有此四者，故其發見於情，則爲惻隱、羞惡、辭讓、是非之端。所謂惻隱者，亦未嘗不貫通焉，此性情之所以爲體用，而心之道則主乎性情者也。人惟己私蔽焉〔四三〕，以失其性之理而爲不仁。是以爲仁莫要乎克己，己私既克，則廓然大公，而其愛之理素具於性者無所蔽矣。愛之理無蔽，則與天地萬物血脉貫通，而其用無不周矣。故指愛以名仁則迷其體，而愛之理則仁也；指公以爲仁則失其真，而公者人之所能仁也。夫静而仁、義、禮、智之體具，動而惻隱、羞惡、辭讓、是非之端達，其名義位置固不容相奪倫，而惟仁者爲能推之而得其宜，是義之所存者也；惟仁者爲能恭讓而有節，是禮之所存者也；惟仁者爲能知覺而不昧，是智之所存者也。此可見其能兼而貫通者矣。是以孟子於仁，統言之曰「仁，人心也」，亦猶在易乾坤四德而統言乾元、坤元也。然則學者其可不以求仁爲要，而爲仁其可不以克己爲道乎！

遺書中所謂「道外無物，物外無道」，「即父子而父子在所親，即君臣而君臣在所敬」是也，如何離得？

大抵天命之全體流形無間[四四]，貫乎古今，通乎萬物者也。衆人自昧之，而是理也何嘗有間斷？聖人盡之，而非有所增益也。未應不是先，已應不是後，立則具立，達則具達，蓋公天下之理，非有我之得私。此仁之道所以爲大，而命之理所以爲微也。

困乎齊銘曰：嗚呼困乎！性命之微，言之實難。孰探其源？匪言之艱。天高地下，而人其心。在躬者神，統乎高深。其端伊邇，曷睍以視。當落其華，而究斯理。嗚呼！信其爲困乎也已！

東萊先生曰：心猶帝，性猶天。本然者謂之性，主宰者謂之心。工夫須從心上做，故曰「盡其心者知其性」。

「德」是實有之理，是箇體段。

性本善，但氣質有偏，故才與情亦流而偏耳。

與朱元晦曰：仁説所謂「愛之理」[四五]，蓋猶曰動之端，生之道云耳，固非直以愛命仁也。然學者隨語生解，却恐意思多侵過用。上舉其用而遺其體，立言者雖未有此病，而異時學者或不免此病矣。

中庸、太極所疑[四六]，所諭「渾然無所不具之中，精粗本末，賓主内外，蓋有不可以毫髮差者」，誠爲至論。

周子仁義中正主静之説，前書所言「仁義中正」，皆主乎此，非謂「中正仁義」皆静之用而别有塊然之静也。人生而静，天之性也，乃中正仁義之體，而萬物之一源也。中則無不正矣，必并言之，曰「中正」。仁則無不義矣，必并言之，曰「仁義」。亦猶「元」可以包四德，而與「亨」、「利」、「貞」俱列；「仁」可以包四端，而與義、禮、智同稱。此所謂合之不渾，離之不散者也。

又曰：無聲無臭，而造化之樞紐、品彙之根柢系焉者。太極即造化之樞紐、品彙之根柢也，恐多「系焉」兩字。

「終日乾乾，反覆道也。」乾乾，不息也。乾道反覆，如環之無端，故無息也。

「先天而天不違，後天而奉天時[四七]。」蓋聖人與天無間，譬如朋友忘形行路之際，或我在前而彼隨之，或彼在前而我隨之，并無形迹也，不必分解如何謂之先天，如何謂之後天。

以動而生陽爲繼之者善，静而生陰爲成之者性，恐有分截之病。

答「太極立則陽動陰静」之問。曰：太極本無未立之時[四八]，「立」之一字語恐未瑩。

「中則無不正」、「仁則無不義」，此語甚善，但專指「中」與「仁」爲静，却似未安。竊詳本文云「聖人定之以中正仁義，而主静」，是静者，用之源，而中正仁義之主也。

後章云：「太極之妙，陰中有陽，陽中有陰，動静相涵，仁義不偏，未有截然不相入而各爲一物者也。」此語甚善。

自其天地之位而以「中」言之，自其萬物之育而以「和」言之，區別固未有害也。深觀其所從來，則天地之所以位，萬物之所以育，蓋有不可析者。子思曰：「致中和，天地位焉，萬物育焉。」龜山曰：「中，故天地位焉。和，故萬物育焉。」參觀二者之論，則氣象自可見矣。

問：子在川上。程子指此逝者爲道體，龜山以不逝者爲道體。答曰：龜山之論，疑未完粹。「維天之命，於穆不已」，貞也，所謂道體也。若曰知逝者如斯，則知有不逝者異乎此。是猶曰「不已」者如斯，則知有貞者異乎此。其可乎？

「仁」字之義，指其用則「愛」，指其理則「公」，指其端則「覺」[四九]。學者於此，可以知仁。若直以愛覺爲仁，則不識仁之體[五〇]。孟子曰「仁，人心也」，此則仁之體也。程子以爲性，非與孟子不同。程子之言，非指仁之體，特言仁屬乎性。

退溪先生曰：「太極之有動静」，太極自動静也。「天命之流行」，天命之自流行也。豈復有使之者歟？蓋理氣合而命物，其神用自如此耳，不可謂天命流行處別有使之者也。

交感當以二氣言，不當以理字兼言。

心有善惡之説，大錯。性即理，固有善無惡。心合理氣，似未免有惡。然極其初而論之，心亦有善無惡，何者？心之未發，氣未用事，惟理而已，安有惡乎？

「道一而已」，聖賢所指而言者或異。一貫之道，舉全體大用而言也；率性之道，指人物所循而言之也。曾子之言聖人之忠恕，故直以是爲道。子思之言學者之忠恕，故云「違道不遠」。然則所謂道者，何待乎他求哉？即忠恕而盡其理，則忠恕即道；即仁義禮智而盡其理，則仁義禮智即道。今以忠恕則云未盡於道，以仁義禮智則難名於道，乃欲别求他物以爲道，則非淺陋所及也。

「無極而太極」，或人所謂無窮極之説。朱子已嘗非之，今何可更襲其謬乎？然極之爲義，非但極至之謂，須兼標準之義，正立而四方之所取正者看，方洽盡無遺意耳。

答鄭子中曰：心爲太極，即所謂人極者也。此理無物我，無内外，無分段，無方體。方其静也，渾然全具，是謂一本，固無在心在物之分，及其動而應事接物，事事物物之理即吾心本具之理。但心爲主宰，各隨其則而應之，豈待自吾心推出而後爲事物之理？來諭在心在事，只是一理者得矣。

稟氣之惡亦性之理也，此語似可駭。然程子以性比於水，清而安流，遇其泥滓而污濁，不可不謂之水。然則稟氣之惡，雖非性之本，然豈不可謂性之理耶？

理顯而氣順則善，氣揜而理隱則惡。

情之發，或主於氣，或主於理。氣之發，七情是也；理之發，四端是也。安有二致而然耶？四端理發而氣隨之，七情氣發而理乘之。

問：既謂之七情四端，又謂之人心道心者，何也？曰：人心，七情是也；道心，四端是也。非謂兩箇道理。

「情意」二字，先儒以性發、心發分別言之。既已明白無可疑，朱子又就二者相爲用處説，更分明以情是自然發出，故謂之性發；意是主張如此，故謂之心發。

夫四端，情也，七情亦情也。均是情也，何以有四、七之異名也？來諭所謂「所就而言之者不同」是也。蓋理之與氣，本相須以爲體，相待以爲用，固未有無理之氣，亦未有無氣之理，然而所就而言之不同，則亦不容無別。從古聖賢有論及二者，何嘗必滚合爲一説而不別言之耶？且以「性」之一字言之，子思所謂天命之性，孟子所謂性善之性，此二「性」字，就二氣賦與之中[五一]，而指此理源頭本然處言之？若理氣不相離之，故而兼氣爲説，則無以見性之本善故也。至於程、張諸子之出，然後不得已有「氣質之性」之論，亦非求多而立異也。所指而言者在乎禀生之後，則又不得純以本然之性稱之也[五二]。故愚嘗妄以爲，情之有四端七情之分，猶性之有「本然」、「氣禀」之異也[五三]。然則其於性也，既可以理氣分言之，至於情，獨不可以理氣分言之乎？且來諭既云子思、孟子所就而言之者不同，又以四端爲剔發出來[五四]，而反以四端七情爲無異指，不幾於自相矛盾乎？一則理爲主，故就理言；一則氣爲主，故就氣言耳。四端非無氣而但云理之發，七情非無理而但云氣之發。今必欲執一而廢一，無乃偏乎？蓋渾淪而言，則七情兼理氣，不待多言而明矣。若以七情對四端而各以其分言之，七情之於氣，猶四端之於理也，其發各有血脉，其名皆有所指，可隨其所指而分言之耳。古人以人乘馬出入，比理乘氣而行正好。蓋人非馬不出入，馬非人失軌道，人馬相須不相離。人或泛指而言其行，則人馬皆在其中，四七渾淪而言者是也。或指言人行，則不須并言馬。而馬行在其中，四端是也。或言馬行，則不須并言人，而人行在其中，七情是也。公見某分别而言四七，則每引渾淪言者以攻之，是見人說人行馬行，而力言人馬一也，不可分說也。見某以氣發言七情，則力言理發，是見人說馬行而必曰人行也。見某以理發言四端，則又力言氣發，是見人說人行而必曰馬行也。此正朱子所謂迷藏之戲相似。

問「理」字之義。先生曰：若從先儒造舟行水、造車行陸之說，仔細思量則餘皆可推也。夫舟當行水，車當行陸，此理也。舟而行陸，車而行水，則非其理也。君當仁，臣當敬，父當慈，子當孝，此理也。君而不仁，臣而不敬，父而不慈，子而不孝，則非理也。凡天下所當行者，理也；所不當行者，非理也。以此而推之，則理之實處可知也。又曰：事有大小，而理無大小。放之無外者，此理也；斂之無内者，亦此理也。無方所無形體，隨處充足，各具一極，未見有欠剩處。

問：鳶飛魚躍與有事勿正、勿忘、勿助之義同者，何也？先生曰：鳶飛魚躍，狀化育流行，上下昭著，莫非此理之用，天惟無欲。故理氣流行，自然無一息間斷。人亦必有所事而無期待助長之病，則本體呈露，妙用顯行，亦無一息之間，其象乃如此。

答黄仲舉曰：人心備體用、該寂感、貫動静，故其未感於物也，寂然不動，萬理咸具，而心之全體無不存；事物之來，感而遂通，品物不差，而心之大用無不行。静，則寂而未發之謂也；動，則感而已發之謂也。人之所以參三而立極者，不出此兩端而已。故來諭所謂未接物前不起不滅之時，所謂虚靈之地炯然不昧，所謂喜怒哀樂之未感思慮云爲之未擾，皆屬之寂然。而静即所謂未發也，所謂纔思時，所謂思索時，所謂窮格時，所謂思慮紛糾時，所謂事物應酬時，皆屬之感通而動，即所謂已發也。其所謂至静之中有動之端者，亦非謂已動也，只是有動之理云耳，故此當屬之未發也。未發則爲戒慎恐懼之地，已發則爲體察精察之時，而所謂唤醒與提起照管之功，則通貫乎未發已發之間，而不容間斷者，即所謂敬也。

定性書乃極言以外物爲外之非，而必内外兩忘然後可以定性，何也？物雖萬殊，理則一也。惟其理之一，故性無内外之分。君子之心所以能廓然而大公者，以能全其性而無内外也；所以能物來而順應者，以一循其理而無彼此也。苟徒知物之爲外，而不知理無彼此，是分理與事爲二致，固不可。若只認爲非外而不以理爲準，則是中無主而物卒奪之，亦不可。惟君子知性之無内外，而應物一於理，故雖日接外物，而物不能爲吾害，澄然無事而性定矣。故卒章曰：「能於怒時遽忘其怒，而觀理之是非。遽忘其怒，忘外物之謂也；觀理是非，一循理之謂也。」

辱示金公書，論天命圖誤處，只當圖其賦與之目，不宜并及其修爲之方，且引太極圖爲説。然此圖與太極圖理推類例雖同，而名義界分則有不同者，蓋彼以太極爲名，此以天命爲名。名以太極者，占造化自然之地分意思；名以天命者，有人物所受之職分道理。占自然地分者，固不當參以修爲之事。故孔子之論太極，亦至於吉凶生大業而止，即濂溪作圖之意也。有所受職分者，苟無修爲之事，則天命不行矣。故子思之言天命，自率性修道存養省察以至於中和之極功而後已，即此圖所本之意也。況圖中因氣稟之偏正而明人物之貴賤，若只存賦與而闕修爲，是有體而無用。君有命而臣廢職，何以見人之貴於物乎？金君既知太極之無不在，寧不知人物之生洋洋乎？日用間者，亦莫非天命之流行乎？惟是物不能推而人能推耳。故伊尹曰「顧諟天之明命」，顧此命也。孟子曰「夭壽不貳，修身以俟死，所以立命也」，立此命也。孔子曰「窮理盡性，以至於命」，至此命也。如此，然後方不廢人貴於物之理，烏可謂不當預於圖中耶？

心無體用辨曰：以寂感爲體用，本於大易；以動静爲體用，本於戴記；以未發、已發爲體用，本於子思；以性情爲體用，本於孟子：皆心之體用也。蓋人之一心雖彌六合，而亘古今，貫幽明，徹萬微，而其要不出乎此二字。故程朱以來諸儒所以論道論心，莫不以此爲主。講論卞釋，惟恐不明，而陳北溪心説尤極言之，何嘗有人説心無體用耶？今蓮老之言曰：「心固有體用，而探其本則無體用也。」某聞程子曰：「心一而已，有指體而言者，有指用而言者。」今既指其有體用者爲心，則説心已無餘矣，又安有無體用之心爲之本而在心之前耶？

答白士偉曰：水爲天地所由生之説，公何疑之？邵子所謂「一陽初動處，萬物未生時。玄酒味方淡，大音聲正希」者，公如何看耶？此雖指一年冬至而言，一元子會第一初頭獨無此妙處乎？若謂之無此妙，不可言此理；謂之有此妙處，則不審此時已先有天地乎？抑未有天地而先有水也？既云萬物未生，則安有所謂天地而先於水乎？孔子所謂「天一生水」者，指此而言。故曰天地亦由此而生也。

自其真實無妄而言，則天下莫實於理；自其無聲無臭而言，則天下莫虚於理。只「無極而太極」一句可見。

理動則氣隨而生，氣動則理隨而顯。濂溪云「太極動而生陽」，是言理動而氣生也。易言「復見天地之心」，是言氣動而理顯，故可見也。凡言心者，皆兼理氣看。二者皆屬造化而非二致，故延平以「復見天地之心」爲「動而生陽」。

理虛，故無對，而無加、無損。

理之與氣，本不相離，而亦不相離。不分而言，則混爲一物，而不知其不相離也；不合而言，則判然二物，而不知其不相離也。

陰陽之生五行，譬諸人，猶父母之生五子也。子之氣雖曰即是父母之氣，然子既各有其身，則其實五子各一其氣，亦各一其性而已。

孔子曰：「易有太極，是生兩儀。」若曰理氣本一物，則太極即是兩儀，安有能生者乎？周子曰：「太極動而生陽，静而生陰。」又曰：「無極之真，二五之精，妙合而凝。曰真曰精，以其二物，故曰妙合而凝[五五]。」如其一物，寧有妙合而凝者乎？明道曰：「形而上爲道，形而下爲器，須著如此說。器亦道，道亦器。」理氣果是一物，孔子何必以形而上下分道器？明道何必曰「須著如此說」乎？明道以其不可離器而索道，故曰「器亦道」，非謂器即是道也。以其不能外道而有器，故曰「道亦器」，非謂道即是器也。

朱子答劉叔文曰：「理氣決是二物。」又曰：「性雖其方在氣中，然氣自氣，性自性，亦自不相夾雜。不當以氣之精者爲性，性之粗者爲氣也。」朱子平日未嘗有二者爲一物之云，至於此書，則直謂之理氣決是二物。

費、隱，子思、朱子既以道言，皆是形而上之理也。以散之廣且多言，則謂之費；以其無形象可見言，則謂之隱，非有二也。若以形而下者爲費，則是分道爲二，而認其一端以器當之，其可乎？

凡陰陽往來消息，莫不有漸，至而伸反而屈皆然也。故凡人死之鬼，其初不至遽亡，其亡有漸。古者事死如事生，事亡如事存。非謂無其理，而姑說此以慰孝子之心，理正如此故也。火既滅，爐中猶有薰氣，久而方盡；夏月日既落，餘炎猶在，至夜陰盛而方歇，皆一理也。但無久而恒存，亦無將既屈之氣爲方伸之氣。

以其本然之性[五六]，謂之良心；本有之善，謂之本心；純一無僞而已，謂之赤子心；純一無僞而能通達萬變，謂之大人心。

心統性情。圖説曰：中圖者，就氣稟中指出本然之性，不雜乎氣稟而爲言，子思所謂天命之性、孟子所謂性善之性、程子所謂即理之性、張子所謂天地之性是也。其言性既如此，故其發而爲情，亦皆指其善者而言，如子思所謂中節之情、孟子所謂四端之情、程子所謂何得而不善名之之情、朱子所謂從性流出元無不善之情是也。其下圖者，以理與氣合而言之，孔子所謂相近之性、程子所謂「性即氣，氣即性」之性、張子所謂氣質之性、朱子所謂「雖在氣中，氣自氣、性自性，不相夾雜之性」是也。其言性既如此，故其發而爲情，亦以理氣之相須或相害處言。如四端之情，理發而氣隨之，自純善無惡，必理發未遂，而揜於氣，然後流爲不善。七者之情，氣發而理乘之，亦無有不善。若氣發不中，而滅其理，則放而爲惡也。夫如是，故程夫子之言曰：「論性不論氣不備，論氣不論性不明，二之則不是。」然則孟子、子思所以只指理言者，非不備也。以其并氣而言，則無以見性之本善故耳，此中圖之意也。要之，兼理氣統性情者，心也，而性發爲情之際，乃一心之幾微，萬化之樞要，善惡之所由分也。學者誠能一於持敬，不昧理欲，而尤致謹於此。未發而存養之功深，已發而省察之習熟，真積力久不已焉，則所謂精一執中之聖學，存體應用之心法，皆可不待外求而得之於此矣。

【校勘記】

［一］陽消處便是陰　「陽消處便是陰」，朱子語類卷六十五作「陽之退便是陰之生」。

［二］陰剥陽　「陽」，朱子語類卷七十一無。

［三］一月方成一陽　「方」下，朱子語類七十一有「長得」。

［四］惟是萬物未生　「是」下，朱子語類卷七十一有「一陽初復」四字。

［五］濂溪就回來處説　「濂溪」下，朱子語類卷七十一有「就坤上説」四字。

［六］濂溪就利貞上説伊川就元字頭説道理只一般　兩「説」字下，朱子語類卷七十一均有「復」字；「道理」上，朱子語類卷七十一有「然濂溪伊川之説」七字。

［七］此身只是箇軀殼　「此身只是箇軀殼」，朱子語類卷三作「見一身只是箇軀殼在這裏」。

［八］則其著乎動也　「則」上，晦庵先生朱文公文集卷六十七有「惟主乎静」四字。

［九］譬如論藥性寒熱亦無討形狀處　「寒熱」，朱子語類卷四作「性寒性熱之類」；「亦」上，朱子

語類卷四有「藥上」二字；「討」下，朱子語類卷四有「這」字。

〔一〇〕窮理格物性在其中　「窮理」上，朱子語類卷五有「只是」二字；「性」下，朱子語類卷五有「自」字。

〔一一〕以污器盛之則濁　「以」上，朱子語類卷四有「以不凈之器盛之則臭」九字。

〔一二〕但既污濁　「污」，朱子語類卷四作「臭」。

〔一三〕雖柔必剛　「剛」，朱子語類卷四作「强」。

〔一四〕所以明道謂截得分明者　「明道」二字，朱子語類卷七十五無。

〔一五〕即這箇到熟處自見精微　「即這箇到熟處」，朱子語類卷十八作「即這箇便是道理別更那有道理只是這個熟處」。

〔一六〕只争箇熟與不熟　「争」，朱子語類卷十八作「是」。

〔一七〕或問仁　「仁」，朱子語類卷六作「論語言仁處」。

〔一八〕皆是春生之氣行乎其中　「春生」，朱子語類卷六作「陽春生育」。

〔一九〕而智則能成終而成始　「成終而成始」，朱子語類卷六作「成始而成終」。

〔二〇〕有這種在這裏何患不生　「有這種在這裏何患不生」，朱子語類卷五十九作「若有這種種在這裏何患生理不存」。

〔二一〕是仁之量　「是」上，朱子語類卷六有「却」字。
〔二二〕然太極自是太極　「然」下，朱子語類卷六作「至論」二字。
〔二三〕一而二　「一而二」上，朱子語類卷六有「所謂」二字。
〔二四〕知主別識　「主」，朱子語類作「則主於」。按：下句中「主」亦如是。
〔二五〕心則貫乎動静而無不在焉　「焉」下，晦庵先生朱文公文集卷四十一有「則知三者之説矣」七字。
〔二六〕近復體察見得此理須以心爲主而論之　「近」，晦庵先生朱文公文集卷三十二作「因」；「見得」，晦庵先生朱文公文集卷三十二作「得見」。
〔二七〕乃心之所以爲體而寂然不動者也　「乃」上，晦庵先生朱文公文集卷三十二有「是」字。按：下句「乃」上亦如是。
〔二八〕亦無動静語默不用其力焉　「默」下，晦庵先生朱文公文集卷三十二有「而」字。
〔二九〕則喜怒哀樂之情發焉　「情」，晦庵先生朱文公文集卷六十四作「性」。
〔三〇〕至於隨事精察　「精」，晦庵先生朱文公文集卷六十四作「省」。
〔三一〕太極所以明動静之妙也　「妙」，南軒先生文集卷十九作「藴」。
〔三二〕聖人於易特命太極二字　「命」，南軒先生文集卷十九作「名」。

〔三三〕形乎事事物物之間而無不方也　「方」，南軒先生文集卷二十作「完」。

〔三四〕近玩味未發已發於日用間　「未發已發」，南軒先生文集卷十九作「已發未發」。

〔三五〕大抵知言中如此説　「大抵」下，南軒先生文集卷十九有「當時」二字。

〔三六〕以上更不容説　「以」上，南軒先生文集卷十九有「人生而静」四字。

〔三七〕只是説得繼之者善也　「只」上，南軒先生文集卷十九有「凡人説性」四字。

〔三八〕君子能存其良心　「君」上，南軒先生文集卷二十七有「惟」字。

〔三九〕是心體流行之發見矣　「之」，南軒先生文集卷二十七作「上」。

〔四〇〕以止私勝之流爲仁之方也　「勝」，南軒先生文集卷二十二作「欲」；「爲」，南軒先生文集卷二十二無。

〔四一〕乃是至静而動不窮焉　「乃是」下，南軒先生文集卷三十有「乾體其動以天且動乎至静之中爲動而能静之義所以爲天地心乎」二十七字。

〔四二〕其論禮本仁而言也　「言」下，南軒先生文集卷三十有「之」字。

〔四三〕人惟己私蔽焉　「焉」，南軒先生文集卷十八作「之」。

〔四四〕大抵天命之全體流形無間　「大抵」，南軒先生文集卷二十五作「夫」。

〔四五〕仁説所謂愛之理　「説」下，東萊吕太史别集卷七有「及往來議論婁嘗玩繹」九字。

〔四六〕中庸太極所疑　「所疑」下，東萊呂太史別集卷七有「重蒙一一鐫誨不勝感激」十字。

〔四七〕先天而天不違後天而奉天時　「不」，當從東萊呂太史別集卷十二作「弗」。

〔四八〕太極本無未立之時　「本」，東萊呂太史別集卷十六無。

〔四九〕指其用則愛指其理則公指其端則覺　三箇「則」字下，東萊呂太史別集卷十六均有「曰」字。

〔五〇〕則不識仁之體　「體」下，東萊呂太史別集卷十六有「此所以非之」五字。

〔五一〕就二氣賦與之中　「就二氣」，退溪先生文集内集作「將非就理氣」。

〔五二〕則又不得純以本然之性稱之也　「性」下，退溪先生文集内集有「混」字。

〔五三〕猶性之有本然氣稟之異也　「然」，退溪先生文集内集作「性」。

〔五四〕又以四端爲剔發出來　「發」，退溪先生文集内集作「撥」。

〔五五〕曰真曰精以其二物故曰妙合而凝　「曰真曰精以其二物故曰妙合而凝」，李子粹語卷一無。

〔五六〕以其本然之性　「性」，李子粹語卷一作「善」。

續近思録卷之二 凡百二十二條

爲學

晦庵先生曰：孔子只十五歲時，便斷然以聖人爲志。

近看孟子見人便道性善，稱堯舜，此是第一義。若於此看得透，信得及，直下便是聖賢，更無一毫人欲之私做得病痛。若信不及，孟子又説箇第二節功夫，只引成覸、顔淵、公明儀三段説話，教人如此發憤，勇猛向前，日用之間不得存留一毫人欲之私在這裏，此外更無别法。若於此有箇奮迅興起處，方有田地可下工夫，不然，即是畫脂鏤冰，無真實得力處。

書不記，熟讀可記；義不精，細思可精。惟有志不立，直是無著力處。只如今，貪利禄而不貪道義，要作貴人而不要作好人，皆是志不立之病。直是反覆思量[一]，究見病痛起處，勇猛奮發[二]，不復作此等人。一躍躍出，見得聖賢所説千言萬語，都無一字不是實語，方始立得此志。

就此積累工夫，迤邐向上去，大有事在。

古人於小學，自能言便有教，一歲有一歲工夫。今都蹉過了，只據而今地頭，便立定脚跟做去，栽種後來根株，填補前日欠缺。

學者不於富貴貧賤上立得定，則是入門便差了。又曰：吾輩於貨色兩關打不透，更無話可説。

「義利」二字，乃儒者第一義。

學者須要有廉隅牆壁，方能擔負得大事。如子路，世間病痛都没了。

聖賢之心，正大光明，洞然四達，故能春生秋殺，過化存神，而莫知爲之者。學者須識得此氣象而求之，庶無差失。若如世俗常情，支離巧曲，瞻前顧後之不暇，又安能有此等氣象耶？

孔子曰：「不得中行而與之，必也狂狷乎！」看來這道理須是剛硬，立得脚住，方有所成。孔子晚年方得曾子，曾子得子思，子思得孟子，都如此剛果決烈[三]。若慈善柔弱的，終不濟事。況當世衰道微之時，尤用硬着脊梁，無所屈撓[四]，於世間禍福得喪，一不足以動其心，方靠得[五]。然其工夫只在自反常直，仰不愧，俯不怍[六]，則自然如此，不在他求也。

世間萬事，須臾變滅，皆不足置胸中，惟有窮理修身爲究竟法。

今學者之病，最是先學作文干禄，使心不寧静，不暇深究義理。故於古今之學，義理之間，不復能察其界限分别之際，而無以知輕重取舍之所宜。所以誦數雖博，文詞雖工，而秖重爲此心之害。要須反此，然後可以議爲學之方。

郭德元告行，先生曰：「人若於日用間閒言語省説一兩句，閒人客省見得一兩人，也好[七]。渾身在鬧場中，如何讀得書？逐日無事[八]，有見成飯喫，用半日静坐，半日讀書，如此一二年，何患不進！」

學者做工夫，當忘寢食，做一上，使得些入處，自後方滋味接續。浮浮沉沉，半上落下，不濟得事。又曰：這箇物事要得不難，如飢之欲食，渴之欲飲，如救火，如追亡，似此年歲間看得透，活潑潑地在這裏流轉，方是。

萬事須是有精神方做得。又曰：須磨厲精神去理會天下事，非燕安暇豫之可得。又曰：人氣須是剛，方做得事。如天地之氣剛，故不論甚物事皆透過。

學問須是大進一番，方始有益。若能於一處大處攻得破，見那許多零碎，只是這一箇道理，說得快活[九]。「曾點、漆雕開已見大意」，只緣他大處看得分曉。今且道他那大底是甚物事？

答呂子約曰：日用工夫，要見一大頭腦分明[一〇]，便於操舍之間有用力處。如實有一物，把住放行在自家手裏，不是慢說求其放心，實却茫茫無把捉處。

爲學只在「明明德」一句。君子存之，存此而已；小人去之，去此而已。一念竦然，自覺其非，便是明之之端。

古人説「學有緝熙于光明」，此句最好。蓋心地本自光明，只被利欲昏了。要令其光明處轉光明，緝將去[一一]。

爲學工夫不在日用之外，檢身則動静語默，居家則事親事長，窮理則讀書講義，大抵只要分别一箇是非而去彼取此耳，無他玄妙之可言也。論其至近至易，即今便可用力；論其至急至切，即今便當用力。

只從今日爲始，隨時提撕[一二]，隨處收拾，隨時體究，隨事討論，則日積月累[一三]，自然純熟，自然光明。

學者工夫，惟在居敬、窮理二事。能窮理，則居敬工夫日益進；能居敬，則窮理工夫日益密。兩項都不相離，才見成兩處，便不得。

「敬以直内，義以方外」八箇字，一生用之不窮。

知與行常相須，如目無足不行，足無目不見。論先後，知爲先；論輕重，行爲重。

如今工夫，須是一刀兩段，所謂「一棒一條痕，一摑一掌血」，使之歷歷分明開去，莫要含糊。

學貴時習。須是心心念念在上，無一事不學，無一時不學，無一處不學。

無事則專一嚴整，求自己之放心；讀書則虛心觀理[一四]，求聖賢之本意。

聖賢之言，常要在眼頭過[一五]，口頭轉，心頭運。

學者只是不爲己，故日間此心安頓在義理上少，在閒事上多[一六]，於義理却生，於閒事却熟。

學者最怕因循。

爲學正如撑上水船，一篙不可放緩。

學者須是耐煩耐辛苦。

這道理若不拚生棄死去理會[一七]，終不解得。

人多言爲事所奪，有妨講學，此爲不能使船，嫌溪曲者也。遇富貴，就富貴上做工夫；遇貧賤，就貧賤上做工夫。兵法一言甚佳：「因其勢而利導之」。

爲學之道，更無他法，但能熟讀精思，久久自有見處。尊所聞，行所知，久久自有至處。

嚴立功程，寬著意思，久之，自當有味，不可求欲速之功。

學問之道無他，莫論事之大小，理之淺深，但到目前，即與理會到底。

爲學須是切實爲己，則安静篤實，承載得許多道理。若輕揚淺露〔一八〕，縱使探討得説得去，也承載不住。

近來學者，多是以自家合做底事報與人知。如有飯，不將來自喫，只要鋪攤在門前，要人知我家裏有許多飯。打疊得此意盡，方有進。

學問之道，不敢自是，虚以受人，則自有得。

聖賢言語儘多了，前輩説得分曉了。學者只將己來聽命於他，切己去做，依古人説的行出來，便是我底。何必别生意見，硬自立説？此最學者大病，不可不深戒。

務内求者以博觀爲外馳，務博觀者以内求爲狹隘，墮於一偏，此學者之大病。

吾儒講學，欲上不得罪於聖賢，中不誤一己〔一九〕，下不爲害於將來。

人須打疊了心下閒思雜慮，如心中紛擾，雖求得道理也没頓處。須打疊了後，得一件方是一件，兩件方是兩件。

人固有終身爲善而自欺者，須是要打疊得盡。蓋意誠而後心可正，過得這一關後方可進。

向見前輩有志於學而性涉猶豫者，其内省甚深，下問甚切，然不肯沛然用力於日用間，是以終身抱不決之疑［二〇］，此爲可戒而不可爲法也。

大凡人心，若勤緊收拾，莫令放縱逐物，安有不得其正者？若真箇捉得緊，雖半月見驗可也。

若不用戒謹恐懼，而此理常流通者，天與聖人耳［二一］。聖人不勉而中，不思而得，從容中道，亦只是此心常存，理常明，故能如此。賢人所以異於聖人，衆人所以異於賢人，亦只争這些子境界存與不存而已。

古人之學所貴於存心者，蓋將推此以窮天下之理；今之所謂識心者，乃欲恃此而外天下之理。是以古人知益崇而禮益卑，今人則論益高而其狂妄恣睢也愈甚，得失亦可見矣。

爲學之道莫先於窮理，窮理之要必在於讀書，讀書之法莫貴於循序而致精，而致精之本又在於居敬而持志，此不易之理。

道體之全，渾然一致，而精粗本末、内外賓主之分，燦然於其中，有不可以毫釐差者。此聖賢之言，所以或離或合，或異或同，乃所以爲道體之全也。今徒知所謂渾然者之爲大而樂言之，而不知所謂燦然者之未始相離也。是以信同疑異，善合惡離，其論每陷於一偏，卒爲無星之秤，無寸之尺而已。豈不誤哉！

一箇大公至正之路，甚分明，不肯行，却尋得一線路，與自家私意合，便稱是道理，今人每每如此。

據某看，學問之道，只在眼前日用底便是，初無深遠玄妙。又曰：只是這箇道理見得，是自家合當做底便做將去，不當做底斷不可做，只是如此。

先生疾革，訓門人曰：爲學之要，惟事事審求其是，決去其非，積習久之，心與理一，自然所發皆無私曲。聖人應萬事，天地生萬物，直而已矣。

南軒先生曰：學莫强於立志，莫進於善思，而莫害於自畫，莫病於自足，而莫罪於自棄。

因學者徇名忘實，而遂謂學之不必講，似因噎而廢食耳[二二]。大抵學者當以聖賢爲準，而所進則當循行序，亦如致遠者以漸而至也。

學者當以立志爲先，不爲異端訹，不爲文彩眩，不爲利禄汩，而後庶幾可以言讀書矣。聖賢之書，大要教人使不迷失本心者也。

二先生所以教人者[二三]，不越於居敬、窮理[二四]。蓋居敬有力，則其所窮者益精；窮理寖明，則其所居者益有地，二者蓋相發也[二五]。

上達不可言加功。聖人教人以下學之事，下學工夫寖密，則所謂上達者愈深，非下學之外又别爲上達之工也。致知力行皆是下學。惟收拾豪氣，無忽卑近，深厚縝密，以進窮理居敬之工也[二六]。

大抵讀經書，須平心易氣涵泳其間，若意稍過當，亦自失却正理。要切處乃在持敬。

古人所以從事於學者，其果何爲而然哉？天之生斯人也，則有常性；人之立乎天地之間也，則有常事。在身有一身之事，在家有一家之事，在國有一國之事。其事也，非人之所能爲也，性之所有也。不勝其事則不有其性[二七]，不有其性爲不克若天矣[二八]。克體其性而不悖其事[二九]，所以順乎天也。然則舍講學其能之哉！凡天下之事，皆人之所當爲。君臣、父子、兄弟、夫婦、朋友之際，人事之大者也，以至於視聽言動、周旋食息，至纖至悉，何莫非事者？一事之不貫，則天性以之陷溺也。然則講學其可不汲汲乎[三〇]！雖然，事有其理而著於吾心。心也者，萬事之宗也。惟人放其良心，故事失其統紀。學也者，所以收其放而存其良也。

聖門實學，循循有序，有始有卒。五峰所謂「此事是終身事，天地日月長久，斷之以勇猛精進，持之以漸漬薰陶，故能有常而日新」，誠至言哉！

升高自卑，陟遐自邇。善學者，志必在乎聖人，而行無忽於卑近，不爲驚怪怳惚之見，而不舍乎深潛縝密之功。伊洛先覺謂學聖人當以顔子爲準的，誠明訓也。

博與雜相似而不同，不可不察也。

浩然之氣正在集義〔三一〕，當慊餒處驗之。集義以敬爲主。孟子此段雖不説著「敬」字，勿忘、勿助長，是乃敬之道也。

游誠之誠長進，但向來相聚，見其病多在「矜」之一字。亦嘗力告之，若不痛於此下工，則思慮雖親切，亦終必失之耳。

今世學者，慕高遠而忽卑近之病爲多。

學者，學乎孔子者也。論語之書，孔子之言行莫詳焉，而當終身盡心者，宜莫先乎此也。聖人之道至矣，而自始學則教之以爲子爲弟之職，其品章條貫，不過於聲氣容色之間，灑掃應對進退之事。此雖爲人事之始，然所謂天道之至者[三二]，初亦不外乎是，聖人無隱乎爾也。故自始學則有致知力行之地，而極其終則有非思慮之所能及者，亦貴於行著習察，盡其道而已矣。孔子曰：「學而不思則罔，思而不學則殆。」蓋欲學者於此二端兼致其力[三三]，始則據其所知而行之，行之力則知益進，知之深則行愈達。是以知常在先，而行未嘗不隨之也。知有精粗，必由粗以及精；行有始終，必自始以及終。内外交正，本末不遺，條理如此，而後可以言無弊。然則聲氣容色之間，灑掃應對進退之事，乃致知力行之原也，其可舍是而他求哉！

中庸曰：「苟不至德，至道不凝焉。」道至於凝，則斯能有之矣。惟至德可以凝道。古之人禮儀三百，威儀三千，君臣、父子、兄弟、夫婦、朋友之際，灑掃應對、獻酬交酢，以至於坐立寢食之間，無一而不在德焉。至纖至悉也，所以成其天理而已[三四]。蓋毫釐之間不至，則毫釐之間天理不在。故學而時習之，無時而不習也，念念不忘天理也。此所以至德以凝道也。及其久也，融然無間，涣然和順，内外、精粗、上下、本末，功用一貫，無餘力矣。名吾軒曰「時習」。夫習之間斷者[三五]，心過有以害之也。心過既難防[三六]，一萌于中，雖非視聽所及，而吾時習之功已斷絶矣，察之緩則滋長矣。惟人安於故常，以爲微而忽焉，而不知此豈可使之熟也哉！今日一念之差而不痛以求改，則明日兹念重生矣。積而熟，時習之功銷矣[三七]，是以君子懼焉。萌于心必覺[三八]，覺則痛懲而絶之，如分桐葉然，不可復續。如此則過境自疏，時習之功專，以至於至德以凝道，此顔子之不貳[三九]，一絶不復生也。名吾室曰「不貳」。

博與約實相須，非博無以致其約，非約無以居其博，故約我以禮必先博我以文。蓋天下之事衆矣，非一二而窮之，則無以極其理之著。然所謂窮理者，貴乎能有諸己而已。在己者之偏在意者之私，亦不一矣，非反而自克，則無以會其理之歸。博文而約禮，聖人之所以教人，學者之所當從事焉者，亦無越乎此矣。

中庸論誠之之道，其目有五：曰學、曰問、曰思、曰辨、曰行。而五者皆貴於不措。蓋聖學與天地并，高明博厚而悠久無疆也。學者竭終身之力，勉勉不已，猶懼不及，而況於若存若亡、暫作復撤[四〇]，其何益乎？弗措之義大矣！雖然，入德有門户，得其門而入，然後有進也。夫子之言曰：「弟子入則孝，出則悌，謹而信，泛愛衆而親仁，行有餘力則以學文。」所謂入孝出悌，所謂謹而信，所謂泛愛親仁者，學之不措乎[四一]？學然後知不足，其間精微曲折，未易盡也，其亦問之不措乎？思之未至，終不爲己物，盍思之不措乎？思之有疑，盍亦辨之不措乎？思而得，辨而明，又盍行之而不措乎？是五者同體以相成相資而互相發也。真積力久，所見益深，所履益固，所以不措者益有不可以已，高明博厚，端可馴而至矣。

某讀書，但覺言語多所未安[四二]，尤不敢輕易立辭。中庸末章自「衣錦尚絅」而下，反覆引詩，明慎獨始終之道。區區朝夕從事於斯，而未之有進耳。

顧齋銘曰：人之立身，言行爲大。惟言易出，惟行易怠。伊昔君子，聿思其艱。嚴其樞機，立是防閑。於其有言，即顧厥爲[四三]。毫釐之浮，即爲自欺。克謹于出，内而不外。確乎其言，惟實是對。於其操行，即顧厥言。須臾不踐[四四]，即爲已愆。履薄臨深，戰兢自持。確乎其行，惟實是依。表裏交正，動静迭資。若唱而和，若影而隨。伊昔君子，胡不慥慥。勉哉勿渝，是敬是保。

東萊先生曰：爲學須識義、利、遜、悌、廉、恥六箇字，於此守之，不失爲善。人於此行之而著[四五]，習矣而察，便是精義妙道。

以立志爲先，以持敬爲本。

爲學，斷自四事起：飲食、衣服、居處、言語。

閨室，此最是爲學切要處，中庸、大學只是此道。

孟子説曰：「羿之教人射」止「學者亦必以規矩」。大抵小而技藝，大而學問，須有一箇準的規模，射匠皆然，未有無準的規模而能成就者。今之學者，何嘗有準的規模？欲求準的規模，在學孔子而已。且如三尺童子學射，方能執弓矢，須便以中的自期。今人不敢望孔子，安能爲學？百工皆有規模，今之學者反無規模，始不知始，終不知終，不知成就，亦不知不成就。此爲爲學大病〔四六〕。惟是有準的，自然無狹小之患；有規模，自然無汗漫之患。兩者兼備，爲學思過半矣。

古人爲學，十分之中，九分是動容周旋、灑掃應對，一分在誦説。今之學者，專在誦説〔四七〕，入耳出口，了無涵畜工夫，所謂「道聽塗説〔四八〕，德之棄也」。

「學然後知不足，教然後知困。知不足[四九]，然後能自反也；知困，然後能自强也。」人皆病學者自以爲是，但恐其未嘗學耳，使其果用力於學，則必將自進之不足，而何敢自是哉？又曰：不能自反、自强，皆非真知者也。若疾痛之在吾身，然後爲真知。蓋未至聖人，安能無欠闕？人須深思欠闕在甚處，然後從而進之，苟泛然以爲吾有所未足，夫何益哉？

「以能問於不能」，此是曾子見得顔子如此。若顔子自以能而問不能，以多而問寡，以有爲無，以實爲虚，不校其犯，則是矯僞不情，爲顔子者，蓋亦小矣。夫子絶四，是弟子見得夫子如此。若夫子自以爲當絶四者，夫子亦小矣。

不作無益害有益。應物涉事，步步皆實體驗[五〇]。常以法語格言洗滌[五一]。然此猶是暫時排遣，要須實下存養克治體察工夫。真知所止，乃有可據依，自進進不已也。

「敬而無失」，此言甚好。但體此理，便見得中，便見得易「鳶飛」、「魚躍」皆在。

初學惟以朴實篤信爲主。

良心起處須要接續。

學者之病[五二]，在於諱過而自足。使其不諱過，不自足，則其成德夫豈易量！

學者不可有成心。成心亡[五三]，然後知所疑矣。小疑必小進，大疑必大進。蓋疑者，不安於故而進於新者也。

學者最不可悠悠。

今人讀書，全不作有用看。且如人二三十年讀聖賢書[五四]，及一朝遇事，便與閭巷人無異。或有老成人之語[五五]，便能終身服行。豈老成之言過於六經哉？只緣讀書不作有用看故也。

初學須是去整齊收斂上做工夫。

人之於學，避其所難，姑爲其易者，斯自棄矣。夫學必至於大道，以聖賢自期[五六]，而猶有不至者焉。

大概以收斂操存、公平體察爲主。

大抵爲學不必求之事外，或未可動，不必求作意。

進德修業所以言於九三，何也？蓋九三「乾乾」[五七]，危懼不安之地也。人惟不安，然後能進。苟自以爲安，無進益之理[五八]。

九二德施既普[五九]，猶曰「學以聚之，問以辨之，寬以居之，仁以行之」者，蓋健而無息之謂。乾若以德施既普[六〇]，不復學問居行，是有息也。有息，非乾也。

致知力行，本交相發工夫，初不可偏。學者若有實心，則講貫玩索，固爲進德之要。其間亦有一等後生，推求言句工夫常多，點檢日用工夫常少。雖便略見彷彿，然終非實有諸己也。

深思力踐，體衣錦尚絅之義，卑以自牧，馴致充實光大之地。

退溪先生答鄭子中曰：程子曰：「學貴於習，習能專一時方好。」又曰：「整齊嚴肅，則心便一，一則自無非僻之干。」然其習之之方當如顏子，非禮勿視聽言動。曾子動容貌、正顏色、出辭氣處做工夫，則庶有據依而易爲力。至於眞積力久而有得焉，然後三月不違仁及一以貫之之旨可得而議。

夫士之所病無立志耳，苟志之誠篤，何患於學之不至，而道之難聞耶？

苟能持進鋭退速之戒，不已其功，久久成習，質變而仁熟，庶幾得見人生一大歡喜事。

此事乃終身事業，雖到顏、曾地位，猶不可言已了，况其下者乎！

此道理無間内外，凡致謹於外，乃所以涵養其中也，故孔門未嘗言心學，而心學在其中。

自今以往，誠能痛湔舊習。凡看書窮理，出言制行，以至日用百爲，最先除去麤浮氣象，一以莊敬涵養爲本，沉潛研索爲學，見得此道理真，不可須臾離處，將此身心親切體認得以優游涵泳於其間。庶積漸悠久之餘，忽然有融釋脱灑處，便是真消息也。方有可據以爲造道積德之地，然此前頭更有無限行程階級爲終身工夫，非謂止此無究竟法也。

大抵人之爲學，勿論有事無事、有意無意，惟當敬以爲主，而動静不失。則當其思慮未萌也，心體虚明，本領深純。及其思慮已發也，義理昭著，物欲退聽，紛擾之患漸減，分數積而至於有成，此爲要法。

答金士純曰：「向理、用功、振勵、自新」八箇字自好，某以爲莫要於敬義夾持思學相資也。

答柳而見曰：隨時隨處量力加功，常以義理澆灌栽培，勿令廢墜，則如延平所謂「此箇道理時常在心目之間」者，庶幾於吾身親見之矣。

以忠信不欺爲主本，須熟讀論語主忠信章，大學誠意章，潛心玩味，涵泳體驗，久久自當知之。九容九思上做工，乃是收放心之法。

爲學只在勤苦篤實無間斷，則志日强而業日廣矣。切勿倚靠他人，亦勿等待後日。若曰「今姑悠悠，必待他日往陶山而後爲學」，則其立心已差，他日雖往陶山，亦不能爲學矣。

常人之學所以每至於無成者，只緣一覺其難，遂撤而不爲[六二]。若能不疑、不撤，毋以欲速而過於迫切，毋以多悔而至於撓奪，講究踐履，久久漸熟，則自當見意味浹洽，眼目明快。

答柳希范曰：聖門論學，無非徹上徹下語也。而其答樊遲之問仁曰：「居處恭，執事敬，與人忠，雖之夷狄不可棄。」又答其問曰：「先事後得，非崇德歟。攻其惡，無攻人之惡，非修慝歟。一朝之忿，忘其身以及其親，非惑歟。」此兩條尤爲深切懇到，推而極之，有無窮意味，亦有無限事業。

讀論語得静味甚善，但聖門教人之法，多在孝悌忠信之類。而就言動、周旋、應接處用工，不專在於静處也。

隨時隨事不廢持守體察之功，而苟得餘暇近書册，須尋取所當用力處，義理、趣味澆灌心胸，玩適游泳。日復一日，久久漸熟，則自當有得力之時矣。

中庸「博學之」以下至「雖柔必强」，真是子思喫緊爲人處，在晚學尤爲當病之藥。

答宋寡尤曰：朱子書得見否？如欲爲學，莫切於此。

僕早年妄嘗有意而昧其方，徒以刻苦過甚，得羸瘁之疾，一向放倒，而猶幸未死之前得收身返本，尋繹舊書，則時與意會。信古人所謂「欣然忘食」者，不我欺者也。

向來所講大乖，多墮於渺茫汗漫之域。近讀晦庵書，窺得親切意味，方知其誤。蓋此理洋洋於日用者，只在作止語默之間，彝倫應接之際，平實明白，細微曲折，無時無處無不顯在目前，而妙入無眹。初學舍此而遽從事於高遠而欲得之哉！

答李仲久論晦庵書節要曰：來諭云義理之精深，事爲之酬酢。切於吾身與吾心者，所當先取，而其間或有不緊而見收，云此固然矣。而必欲盡如此説，恐未免又墮一偏之病也。夫義理固有精深處，其獨無粗淺處乎？事爲固有緊酬酢，其無有閒酬酢乎？是數者，其關於吾身與吾心者，固切而當先矣。若在人與在物者，其以爲不切而當遺之乎？吾儒之學與異端不同，正在此處。惟孔門諸子識得此意，故論語所記有精深處，有粗淺處；有緊酬酢處，有閒酬酢處；有切於吾身心者，有在人在物而不切於吾身心者。試略數之，如冉子之請粟，康子之饋藥，伯玉使人，原壤夷俟，封人請見，孺悲欲見，互鄉見，師冕見。若此之類，謂之非精深可也，謂之閒酬酢可也，謂之不切於身心似亦可也。然何莫非道之一端也。苟極其至而言之，則所謂精深者、緊切者，皆不外此。故或問於龜山曰：「論語二十篇，何者爲要切？」龜山曰：「皆要切。」正爲此爾。

爲學只在用功密切，讀書精熟，玩味之深，積久之餘，自當漸見門户，正當端緒分明。

人之爲學，趨向正當、立志堅確爲貴。不爲澆俗所移奪，刻苦工夫〔六二〕，久而不輟，何患無成？

君子之學，爲己而已。所謂「爲己」者，即張敬夫所謂「無所爲而然」也。如深山茂林之中，有一蘭草，終日薰香，而不自知。其爲芳[六三]，正合於君子爲己之義。

人有飾智矯情、掠虚造僞以得名者，其陷於禍敗，固所自取。其有實積而華發，形大而聲宏，德充而譽溢者，名之所歸，謗亦隨之。或因而不免焉，斯可盡以爲其人之罪乎？古之人有云：「苟欲避名，無爲善之路。」今人之於人，顯斥其爲善，公排其向學，曰：「惡近名也，戒召患也。」至於爲善而自怠，向學而中廢者，其自諉亦然。舉俗靡靡，日趍於頽壞。嗚呼！孰謂治病之劑，而反爲迷人之毒乎？

士之論義理，如農夫之説桑麻，匠石之議繩墨，亦各其常事也。從而尤農夫曰[六四]：「是僭擬爲神農也。」尤匠石曰：「是妄擬爲公輸子也。」夫神農、公輸，誠不可易及矣，舍是又安從學農、工耶？

聖學十圖劄曰：孔子曰：「學而不思則罔，思而不學則殆。」學也者，習其事而真踐履之謂。蓋聖門之學，不求諸心，則昏而無得，故必思以通其微。不習其事，則危而不安，故必學以踐其實。思與學，交相發而互相益也。伏願聖明深燭此理，先須立志，以爲「舜何人也，予何人也，有爲者亦若是」，奮然用力於二者之功。而持敬者，又所以兼思學、貫動静、合内外、一顯微之道也。其爲之之法，必也存此心於齊莊静一之中，窮此理於學問思辨之際。不覩不聞之前，所以戒懼者，愈嚴愈敬；隱微幽獨之處，所以省察者，愈精愈密。就一圖而思，則當專一於此圖，而如不知有他圖；就一事而習，則當專一於此事，而如不知有他事。朝焉夕焉而有常，今日明日而相續。或細繹玩味於夜氣清明之時，或體驗栽培於日用酬酢之際。其初猶未免掣肘矛盾之患[六五]，亦時有極辛苦不快活之病，此乃古人所謂將大進之幾，亦爲好消息之端，切毋因此而自沮，尤當自信而益勵。至於積真之多，用力之久，自然心與理相涵，而不覺其融會貫通；習與事相熟，而漸見其坦泰安履。畏敬不離乎日用，而中和位育之功可致；德行不外乎彝倫，而天人合一之妙斯得矣。

讀書以四書五經爲本原，以小學、家禮爲門户，務爲躬行心得、明體適用之學，當知内外、本末、輕重、緩急之序，常自激昂，莫令墜墮。

【校勘記】

[一] 直是反覆思量　「是」，晦庵先生朱文公文集卷七十四作「須」。

［二］勇猛奮發　「發」，晦庵先生朱文公文集卷七十四作「躍」。

［三］都如此剛果決烈　「都」，朱子語類卷五十二作「此諸聖賢都是」；「剛果決烈」下，朱子語類卷五十二有「方能傳得這個道理」八字。

［四］無所屈撓　「撓」下，朱子語類卷五十二有「方得」二字。

［五］一不足以動其心方靠得　「一不足以動其心方靠得」，朱子語類卷五十二作「利害方敵得去」。

［六］仰不愧俯不怍　「愧」下，朱子語類卷五十二有「天」字；「怍」下，朱子語類卷五十二有「人」字。

［七］也好　「好」，朱子語類卷一百一十六作「濟事」。

［八］逐日無事　「逐」上，朱子語類卷一百一十六有「人若」二字。

［九］説得快活　「説」，朱子語類卷八作「方」。

［一〇］日用工夫要見一大頭腦分明　「日用工夫」，晦庵先生朱文公文集卷四十八作「示喻日用工夫如此甚善」；「要見」，晦庵先生朱文公文集卷四十八作「然亦且要見得」。

［一一］要令其光明處轉光明緝將去　「要」上，朱子語類卷十二有「今所以爲學者」六字；「緝將去」，朱子語類卷十二作「所以下緝熙字」。

〔一二〕隨時提撕　「時」，晦庵先生朱文公文集卷六十作「處」。

〔一三〕則日積月累　「則」上，晦庵先生朱文公文集卷六十有「但使一日之間整頓得三五次理會得三五事」十八字。

〔一四〕讀書則虚心觀理　「觀」，晦庵先生朱文公文集卷四十八作「玩」。

〔一五〕常要在眼頭過　「常要在」，朱子語類卷十作「須常將來」。

〔一六〕故日間此心安頓在義理上少在閒事上多　「少」上，朱子語類卷八有「時」字；「在閒事上多」，朱子語類卷八作「安頓在閑事上時多」。

〔一七〕這道理若不拚生棄死去理會　「不」下，朱子語類卷一百一有「是」字；「棄」，朱子語類卷一百一作「盡」。

〔一八〕若輕揚淺露　「淺露」下，朱子語類卷八有「如何探討得道理」七字。

〔一九〕吾儒講學欲上不得罪於聖賢中不誤己　「儒」，朱子語類卷一百七作「儕」；「欲」上，朱子語類卷一百七有「正」字；「誤」下，當據朱子語類卷一百七補「於」字。

〔二〇〕是以終身抱不決之疑　「是以」，晦庵先生朱文公文集卷三十五作「以是」。

〔二一〕天與聖人耳　「天」，朱子語類卷一百一十七作「惟天地」。

〔二二〕似因噎而廢食耳　「似」上，南軒先生文集卷十九有「大」字。

〔二三〕二先生所以教人者　「人」，南軒先生文集卷二十六作「學」。
〔二四〕不越於居敬窮理　「理」下，南軒先生文集卷二十六有「二事取其書反復觀之則可以見」十三字。
〔二五〕二者蓋相發也　「蓋」下，南軒先生文集卷二十六有「互」字。
〔二六〕以進窮理居敬之工也　「工」下，南軒先生文集卷二十六有「則所望」三字。
〔二七〕不勝其事則不有其性　「不勝其事」之「不」，南軒先生文集卷九作「弗」；「則不有其性」之「不」，南軒先生文集卷九作「弗」。按：下句中兩「不」字亦皆作「弗」。
〔二八〕不有其性爲不克若天矣　「不有其性爲不」之「性」下，南軒先生文集卷九有「則」字。
〔二九〕克體其性而不悖其事　「體」，南軒先生文集卷九作「保」。
〔三〇〕然則講學其可不汲汲乎　「乎」下，南軒先生文集卷九有「學所以明萬事而奉天職也」十一字。
〔三一〕浩然之氣正在集義　「浩然之氣正在集義」，南軒先生文集卷二十五作「垂諭浩然之氣工夫正在集義」。
〔三二〕然所謂天道之至者　「至」下，南軒先生文集卷十四有「賾」字。
〔三三〕蓋欲學者於此二端兼致其力　「蓋」上，南軒先生文集卷十四有「歷考聖賢之意」六字；

「欲」上，南軒先生文集卷十四有「使」字。
〔三四〕所以成其天理而已　「以」，南軒先生文集卷十三作「謂」。
〔三五〕夫習之間斷者　「之」下，南軒先生文集卷十三有「有」字。
〔三六〕心過既難防　「既」，南軒先生文集卷十三作「尤」。
〔三七〕時習之功銷矣　「矣」下，南軒先生文集卷十三有「不兩立也」四字。
〔三八〕萌于心必覺　「心」，南軒先生文集卷十三作「中」。
〔三九〕此顔子之不貳　「此」，南軒先生文集卷十三無。
〔四〇〕而況於若存若亡暫作復撤　「撤」，南軒先生文集卷十一作「輟」。
〔四一〕所謂謹而信所謂泛愛親仁者學之不措乎　「不」，南軒先生文集卷十一作「弗」。按：本節以下各句「不措」之「不」皆作「弗」。
〔四二〕某讀書但覺言語多所未安　「某讀書但覺言語」，南軒先生文集卷二十二作「某日間亦得暇讀書但覺向來語言」。
〔四三〕即顧厥爲　「即」，南軒先生文集卷三十六作「則」。按：本节下句中「即」字皆如是。
〔四四〕須臾不踐　「不」，南軒先生文集卷三十六作「弗」。
〔四五〕人於此行之而著　「此」下，麗澤論説集録卷九有「上」字。

［四六］此爲爲學大病　「此爲」之「爲」，麗澤論説集録卷七作「最」。
［四七］專在誦説　「專」，麗澤論説集録卷五作「全」。
［四八］道聽塗説　「道」原作「塗」，據麗澤論説集録卷五改。
［四九］知不足　「知」上原有「知」字，據麗澤論説集録卷五删。下文「知困」後亦衍「知」字。
［五〇］應物涉事步步皆實體驗　「應」上，東萊吕太史外集卷五有「今既」二字；「實」，東萊吕太史外集卷五作「是」。
［五一］常以法語格言洗滌　「格言」下，東萊吕太史外集卷五有「時時」二字。
［五二］學者之病　「病」，麗澤論説集録卷十作「患」。
［五三］成心亡　「成」上，麗澤論説集録卷十有「學者不進則已欲進之則不可有成心有成心則不可與進乎道矣故成心存則自處以不疑」三十六字。
［五四］且如人二三十年讀聖賢書　「賢」，麗澤論説集録卷十作「人」。
［五五］或有老成人之語　「有」下，麗澤論説集録卷十有「一聽」二字。
［五六］以聖賢自期　「賢」，麗澤論説集録卷十作「人」。
［五七］蓋九三乾乾　「乾乾」下，東萊吕太史別集卷十二有「夕惕」二字。
［五八］無進益之理　「無」上，東萊吕太史別集卷十二有「決」字。

〔五九〕九二德施既普　「九二」下，東萊呂太史別集卷十二有「見龍在田」四字；「既普」下，東萊呂太史別集卷十二有「自常情論之豈復更待學問而」十二字。

〔六〇〕乾若以德施既普　「既普」下，東萊呂太史別集卷十二有「爲足」二字。

〔六一〕遂撤而不爲　「撤」，李子粹語卷一作「輟」。按：本节下句之「撤」亦如是。

〔六二〕刻苦工夫　「工夫」，李子粹語卷一作「用工」。

〔六三〕其爲芳　「芳」，李子粹語卷一作「香」。

〔六四〕從而尤農夫曰　「從」上，李子粹語卷一有「子」字。

〔六五〕其初猶未免掣肘矛盾之患　「免」下，退溪先生文集有「或有」二字。

續近思録卷之三凡百六十二條

致知

晦庵先生曰：儒者之學，大略以窮理爲先。

窮理以虚心静慮爲本，入德處全在格物致知。

窮理且令有切己工夫[一]。若只泛窮天下萬物之理，不務切己，即遺書所謂「遊騎無所歸」矣。

格物是零細説，致知是全體説。

致知格物，只是一事。格物以理言，致知以心言。

窮理，如性中有箇仁義禮智，其發爲惻隱、羞惡、辭讓、是非。只是這四者，世間萬事萬物，皆不出此[二]。

延平先生之教，以爲「爲學之初，且當常存此心，勿爲他事所勝。凡遇一事，即就此事反覆推尋以究其理[三]，待其融釋脱落而後已[四]。如此既久，積累之多，胸中自當有灑然處」[五]。痛理會一番，如血戰相似，然後涵養將去。未能識得，涵養箇甚！

逐事上自有一箇道理。易曰：「探賾索隱。」賾是紛亂時[六]，隱是隱奥也，全在探索上。紛亂他自紛亂[七]，我若有一定之見，安能紛亂得我？

見得人情事幾未甚分明，此乃平日意思不甚沉静，故心地不虚不明，而爲事物所亂。要當深察此病而亟反之。

答王子合曰：所諭思慮不一，胸次凝滯。此學者之通患，然難驟革。莫若移此心以窮理，使向於彼者專，則繫於此者不解而自釋矣。

心熟後，自然見理。熟則心精微。不見理，只是心麤。

大學是聖門最初用工處，格物又是大學最初用工處。

大學不曰窮理，只説格物，要人就事物上理會實處窮究。

有是物必有是理，理無形而難知，物有迹而易見。

器遠問致知格物〔八〕。曰：眼前凡所應接底都是物，都有箇極至之理〔九〕，便要知得到。若知不到，便都没分明；若知得到，決定著恁地做，更無第二、第三著。止緣人見道理不破，便恁地苟簡〔一〇〕，都不做得第一義。問：如何是第一義〔一一〕？曰：如「爲人君，止於仁」之類，決定著恁地，不恁地便不得。若事事窮得盡道理，事事占得第一義，甚麽樣剛方正大〔一二〕。且如爲學，決定是要做聖賢，這是第一義，便漸漸有進步處。若道自家做不得，且隨分依稀做些子，這是見不破。

見得義當爲，却説不做也無害；見得利不可做，却説做也無害，便是物未格、知未致。見得義當爲決爲之，利不可做決是不做，心下自肯自信，便是物格知至。

十事格得九事通透，即一事未通透，不妨；一事只格得九分，一分不通透，最不可。

或問：格物致知之學，與世之所謂博物洽聞者奚以異？曰：此以反身窮理爲主，而必究其本末是非之極摯；彼以徇外誇多爲務，而不覈其表裏真妄之實。然必究其極，是以知愈博而心愈明；不覈其實，是以識愈多而心愈窒。此正爲己爲人之分，不可不察也。

讀書是格物一事。

須是存心與讀書爲一事方得。

人要讀書，須是先收拾身心，令安静，然後開卷，方有所益。

讀書之法，在循序而漸進，熟讀而精思。又曰：字求其訓，句索其旨。未得於前，則不敢求於後；未通乎此，則不敢志乎彼。又曰：先須熟讀，使其言皆若出於吾之口，繼以精思，使其意皆若出於吾之心。

端莊静坐，如對聖賢，則心定而義理易究，不可貪多務廣，涉獵鹵莽。

今人讀書，務廣而不求精，是以刻苦者迫切而無從容之樂，平易者泛濫而無精約之功。兩者之病雖殊，其受病之源一而已。

以我觀書，處處得益；以書博我，釋卷而茫然。

讀書須將本文熟讀，且咀嚼其味。若有理會不得處，然後將注解看，方有益。

讀書須開豁胸次，令磊落明快，才責效便有憂愁意思，須是胸中寬閒始得。

看文字專一，便是治心養性之法[一三]。

凡看書麤則心麤，看書細則心細。

大抵思索義理到紛亂窒塞處，須是一切掃去，放教胸中空蕩蕩地了却，舉起一看，便自覺得有下落處。此説向見李先生曾説來，今日方真實驗得如此，非虛語也。

看文字，須如猛將用兵，直是鏖戰一陣；如酷吏治獄，直是推勘到底，決不恕他[一四]。

讀書須讀到不忍舍處，方見得真味。

文字可汲汲看，悠悠不得。急看，方接得前面意思[一五]。放慢便不相接矣[一六]。

某所以讀書自覺得力者，只是不先立論。看來，惟是聰明底人難讀書，難理會道理。緣他先自有許多一副當，聖賢意思自是難入。

讀書若有所見，未必便是，不可便執着，且放在一邊[一七]。若執著一見，此心便被此見遮蔽了[一八]。

讀書遺忘，此士友之通患，無藥可醫。只有少讀深思，令其意味浹洽，當自見功耳。

一學者苦讀書不記。先生曰：只是貪多，故記不得。福州陳定之極魯鈍[一九]，每讀書只讀五十字，必二三百遍方熟[二〇]。積習讀去，後來却無書不讀[二一]。

昔陳烈先生苦無記性。一日，讀孟子「學問之道無他，求其放心而已矣」，忽悟曰：「我心不曾收得，如何記得書！」遂閉門静坐，不讀書百餘日，以收放心。却去讀書，遂一覽無遺。

天下之物莫不有理，而其精藴則已具聖賢之書[三]，故必由是而求之。然欲簡而易知、約而易守，則莫若大學、論語、中庸、孟子也。

不先乎大學，無以提綱挈領而盡論、孟之精微；不參之論、孟，無以融會貫通而極中庸之歸趣。然不會其極於中庸，則又何以建立大本，經綸大經，而讀天下之書，論天下之事哉！

若理會得此四書，何書不可讀！何理不可究！何事不可處！

上古之書莫尊於易，中古以後書莫大於春秋，然此兩書皆未易看。

大學「在明明德」一句，須常常提醒在這裏，他日長進處在這裏。

論、孟工夫少，得效多。六經工夫多，得效少。

致知、誠意，是學者兩關。致知乃夢與覺之關，誠意乃善與惡之關。此大學一篇樞紐，乃生死路頭，人所以異於禽獸處。又曰：誠意是人鬼關。

中庸未易讀，其説雖無所不包，然其用力之端，只在明善謹獨。所謂明善，又不過思慮應接之間，辨其孰爲公私邪正而已。此窮理之實也，若於此草草放過，則亦無所用其存養之力矣。

詩之爲經，人事洽於下，天道備於上，而無一理之不具。

讀詩之法，只是熟讀涵泳[二三]，自然和氣從胸中流出，妙不容言。不待安排措置，務自立説，只恁虛心平讀[二四]，意思自足。上蔡云：「學詩，須先得六義體面[二五]，而諷詠以得之。」此是讀詩要法。

詩只是恁地説話[二六]，一章説了，次章又從而歎詠之，雖别無義，而意味深長，不可於名物上尋義理。後人往往見其意只如此平淡，添上義理[二七]。如一源清水，多將物事窒塞了他[二八]。

尚書貫通猶是第二義，直須見得二帝、三王之心，而通其所可通，無强通其所難通。

「欽」之一字[二九]，書中開卷第一義也。讀者深味而有得焉，則一經之全體不外是矣。

高宗舊學於甘盤六經，至此方言學字。

學禮先看儀禮，儀禮是全書，其他皆是講説。

儀禮是經，禮記是解[三〇]。如儀禮有冠禮，禮記便有冠儀[三一]；儀禮有昏禮，禮記便有昏義。

儀禮載其事，禮記明其理。

禮儀便是儀禮中士冠禮、諸侯冠禮之類。大節，有三百條。威儀，如始加，再加，三加，又如「坐如尸，立如齊」之類，皆是其中小節，有三千條。

周禮一書，廣大精密，周家之法度在焉。

易之爲書，文字之祖，義理之宗。

易有兩義：一是變易，是流行底；一是交易，是對待底。

伏羲畫八卦，只此數畫，該盡天下萬物之理。學者於言上會得者淺，於象上會得者深。

伏羲畫卦，只有奇偶之畫，何嘗有許多説話！文王作繇辭〔三二〕，周公作爻辭，亦是爲卜筮説〔三三〕，到孔子方説從義理去。

某説語、孟極詳，易説却大略。譬之此燭籠，添一條骨子，便障了一路明。蓋著不得詳説也。

太極爲理之原圖，書爲數之祖。

春秋只是直載當時之事，要見當時治亂、興衰、是非，於一字上定褒貶。

春秋大旨，可見者，誅亂臣，討賊子，内中國，外夷狄，貴王賤霸而已[三四]。未必如先儒所言，字字有義也。

看春秋且須看得一部左傳，首尾意思通貫，方能略見聖人筆削與當時事之大意。

問三傳優劣。先生曰：左氏曾見國史，考事頗精，只是不知大義[三五]。公羊、穀梁考事甚疏，然義理却精[三六]，往往不曾見國史。

孝經只前面一段是曾子問於孔子者，後面皆是後人綴緝而成。

須看孔、孟、程、張四家文字，方始講究得著實。其他諸子，不能無過差。

修身大法，小學書備矣。義理精微，近思録詳之。

近思録好看。四子，六經之階梯；近思録，四子之階梯。

其解經只是順聖賢語意，看其血脉貫通處，爲之解釋，不敢自以己意説道理。

解經不可做文字[三七]，惟合解釋得文義通，則理自明，意自足。今多去上做文字，只説一片道理[三八]，經意都差過了。

某於論、孟，四十餘年理會，中間逐字稱等，不教偏些子，學者宜仔細看[三九]。

或問看史。曰：「亦草率不得[四〇]。須當看人物是如何，治體是如何，國勢是如何，皆當仔細。」上蔡説明道看史[四一]：「逐行看過，不蹉一字。」

王近思問曰：平時無事，是非之辨似不能惑。事至而應，則陷於非者十七八。雖隨即追悔，後來之失又只如故。其道何由？曰：此是本心陷溺之久，義理浸灌未透之病。且宜讀書窮理，常不間斷，則物欲之心自不能勝，而本心之義理安且固矣。

學問，不考古固不得，若一向去採摭故事，零碎湊合[四二]，也無益。孟子慨然以天下自任，曰：「當今之世，舍我其誰！」説到制度處[四三]，曰：「諸侯之禮，吾未之學，嘗聞其略也。」要之，後世若有聖賢出來，如儀禮等書，也不應便行得。只就中定其尊卑隆殺之數，使人可以通行，這便是禮；爲之去其淫哇鄙俚之辭[四四]，使不失中和歡悦之意，這便是樂。

作詩間以數句適懷亦不妨，但不用多作，蓋便是陷溺爾。當其不應事時，平淡自攝，豈不勝思量詩句[四五]？至如真味發溢，又却與尋常好吟者不同。

博雜極害事。范淳夫一生作此等工夫，想見將聖賢之言，都只忙中草草看過，抄節一番便了，原不曾仔細玩味。所以從二先生許久，見處全不精明，豈可不戒哉？

今日正要清源正本，以察事變之幾微，豈可一向汩没於故紙堆中，使精神昏蔽，失後忘前，而可以謂之學乎？

心不耐閒，亦是大病。此乃平時記憶討論慣却心路，古人所以深戒玩物喪志，正爲此也。

洪慶將歸，先生召入與語，曰：「如今下工夫[四六]，且須端莊存養，獨觀昭曠之原，不須全費工夫[四七]，鑽紙上語。待存養得此中昭明洞達，自覺無許多窒礙。恁時方取文字來看，則自然有意味，道理透徹，遇事自迎刃而解[四八]。此等語不欲對諸人説，恐他不肯去看文字，又不實了，且教他看文字撞來撞去，將來自有撞著處。凡看文字，非是要理會文字，正要理會自家性分上事也。」

謂陳安卿曰：「吾友僻在遠方，無師友講明，不接四方賢士，不知遠方事情，又不知古今人事之變。」「只知『尊德性』[四九]，而無『道問學』許多工夫。恐只是占便宜自家之學[五〇]，出門動步便有礙。時變日新而無窮，安知他日之事，非吾輩之責乎？學不足以應變，應得只成杜撰。不合義理，則平日工夫依舊是錯。今須遊學四方，事事去理會，這道理方周遍浹洽。」「自古無不曉事情底聖賢，無不通變底聖賢，無關門獨坐底聖賢。若只就一處上窺見天理[五一]，便要去通那萬事，如何可得[五二]？萃百物，然後觀化工之神；聚衆材，然後知作室之用。於一事一義上，欲窺聖人之用心，非上智不能也，須撒開心胸去理會。他人未做工夫的，不敢向他説。如吾友於己分上已自見得，若不説與公，又可惜了。」

南軒先生曰：余嘗愛漢儒之言曰：「明於天地之性者不可惑以神怪，知萬物之情者不可罔以非類。」斯言必有所授，非漢之儒者所能自言也。

答朱元晦曰：孔子觀上世之化，曰：「大哉知乎！雖堯舜之民比屋可封，亦能由之而已[五三]。」知者，聖凡之分也，豈可易云乎哉？自孟子而下，大學不明，只爲無知之者。知之而行，則比如皎月當空，脚踏實地，步步皆應；未知而行者，如闇中摸索，雖或中，而不中者亦多矣。

或謂人患不知道，知則無不能行。此語誠未完。知有精粗，行有淺深。然知常在先，固有知之而未能行者矣，未有不知而能行者也。語所謂「知及之，仁不能守之」，是知而不能行者也。所謂「知之者不如好之者，好之者不如樂之者」，是不知則無由能好而樂也。

講學不可以不精也，毫釐之差，則其弊有不可勝言者。故夫專於考索，則有遺本溺心之患；而騖於高遠，則有躐等憑虛之憂，二者皆其弊也。

致知力行，須要自近[五四]，步步踏實地，乃有所進。

如云「知無先後」，此乃釋氏之意。聖人教人以下學之事，守得定，則天理寖明，自然漸漸開拓。若强欲驟開拓，則將窮大而失其居，無地以崇德矣。

所謂稍作意主張，便爲舊説所蔽，此豈獨讀易爲然，凡書皆爾；豈獨説書爲然，凡事皆爾。道理平鋪放着，只被人起意自礙了。然此非是要他不思量，蓋只爲正有害於思耳。

學者潛心孔孟，必得其門而入，愚以爲莫先於義利之辨。蓋聖學無所爲而然也。無所爲而然者，命之所以不已，性之所以不偏，而教之所以無窮也。凡有所爲而然者，皆人欲之私，而非天理之所存。此義利之分也。學者當立志以爲先，持敬以爲本，而精察於動静之間，毫釐之差，審其霄壤之判，則有以用吾力矣。學然後灼然有見於義利之下[五五]，將日救過不暇，由是而不舍，則趨益深，理益明，而不可以已也。

答吴晦叔曰：所謂知之在先，此固不可易之論。但一箇「知」字，用處不同，蓋有輕重也。

如云「知是事」，則用得輕[五六]，「匹夫匹婦皆可以與知」之類是也；如說「知之事」，則用得重，「知至至之」是也[五七]。在未識大體者，且當據所與知者爲之，則漸有進步處。工夫若到，則知至矣。

詳觀所論，不喜分析，窮理不應如此。理有會有通，會而爲一，通則有萬理[五八]。釐分縷析，各有攸當，而後所謂一貫者，非溟涬臆度矣。此學所以貴乎窮理，而吾儒所以殊夫異端也。

格物之說，格之爲言至也，理不遁乎物，至極其理，所以致其知也。今乃云「物格則純乎我，是格去夫物，而已獨立」，此非異端之見而何？

甚矣，學之難言也！毫釐之差，則流於詖淫邪遁之域。世固有不取異端之說者，然不知其說，乃自陷於異端之中而不自知，此則學之不講之過也。故大學之道，以格物致知爲先。格物以致知，則天理可識，而不爲人欲所亂。不然，雖如異端談高說妙，自謂作用自在，知學者觀之，皆爲人欲而已。

經乃天下之常經，所謂堯舜之道也。經正則庶民曉然趨於正道，邪説不能入矣。自唐以來韓、歐輩攻異端者非不多[五九]，而卒不能屈之者，以諸君子猶未能進夫反經之學也。

二先生遺書。學者要當以篤信爲本[六〇]，謂聖賢之道由是可以學而至，味而求之，存而體之，涵泳敦篤，斯須勿舍，以終其身而後已。是則先生所以望於後人之意也。

人之有是身也，則易以私，私則失其正理矣。西銘之作，懼夫私勝之流也，故推明其理之一以視人。理則一，其分森然，自不可易。惟識夫理一，乃見其分之殊，明其分殊，則所謂理之一者斯周流而無弊矣。此仁義之道所以相須也。學者存此意，涵泳體察，求仁之要也。

大學傳曰：「如切如磋者，道學也；如琢如磨者，自修也。」道學，猶言致知也；而自修，則力行也。致知力行，互相發也。蓋致知以達其行，而力行以精其知，工深力久，天理可得以明，氣質可得以化也。

大學格物之説，抑嘗聞之。格，至也；格物，至極其理也。此正學者下工夫處。雖然，格物有道，其惟敬乎！是以古人之教，有小學，有大學。自灑掃應對而上，使之循循而進，而所謂格物致知者，可以由是而進焉[六一]。故格物者，乃大學之始也。

論語仁説，學者多將「仁」字做活絡揣度，了無干涉。如未嘗下「博學篤志」、「切問近思」工夫，便欲做「仁在其中矣」想象。此等極害事，故編程子之説，與同志講之，庶幾不錯路頭。

孟子論王政，其於學曰：「謹庠序之教，申之以孝悌之義。」蓋孝悌者天下之順德也。人而興於孝悌，則萬善類長，人道之所由立也。然則士之進學，亦何遠求哉？莫不有父母兄弟。古之人自冬温夏凊、昏定晨省以爲孝，自徐行後長以爲悌，行著習察，存養擴充，以至於盡性至命，其端初不遠，貴乎勿舍而已。

中庸一篇，聖賢之淵源也，體用隱顯，成己成物備矣。雖然，學者欲事乎此[六二]，則必知所從入而後可以馴致焉。其所入奈何？子思以「不睹不聞」之訓著于篇首，又於篇終發明尚絅之義。其曰「君子之所不可及者，其惟人之所不見乎」[六三]，而推極夫篤恭之效。其示來世，可謂深切著明矣。學者於此亦知所用其力哉，有以用其力，則於是書反覆紬繹，將日新而無窮。不然，比諸枵腹而觀他人之食之美也，亦奚以益哉？

所謂易者何哉？聖人之言曰：「乾坤成列，而易立乎其中。」此豈獨謂此數卷書乎？其必有所謂矣。而此數卷中[六四]，所以述其藴也。言有盡，藴無窮，故學者必於言意之表識易，而後易可讀也。

所謂「一陰一陽之謂道」，凡人所行，何嘗須臾離此？此則固然。然要當知其所以不離也[六五]，此則正要用工夫，主敬窮理是已。孟子只去事親從兄上指示，最的[六六]。

春秋即事而明天理，窮理之要也。極密觀此書，取其大義數十斷爲定論，而詳味其抑揚與奪輕重之宜，則有以權萬變矣。

答胡季履曰：觀史工夫，要當考其治亂興亡之所以然[六七]，察其人之是非邪正，至於幾微節目，與夫疑似取舍之間，尤當三復也。若以博聞助，文辭抑末矣。此間士子輩觀通鑑，嘗令先將逐代大節目會聚始末而觀之，頗有意味。

讀史之法，要當考其興亡治亂之故[六八]，與夫一時人才立朝行己之得失，必有權度，則不差也。欲權度之在我，其惟求之六經乎？

諭及日閱致堂史論，甚善。秦漢以來，道學不明[六九]，士之見於事業者固多可憾，然其間豈無嘉言善行與一事之得者乎？要當以致遠自期，而於人則一善之不廢，是擴弘恕之方，而爲聚德之要也。

東萊先生曰：學問以致知爲先[七〇]，知不至，則行必不力。

讀書無疑，但是不曾理會。

大學固是以致知爲本，然人之根性有利鈍，未能致知，要須有箇棲泊處，「敬」之一字即是。

學者最當於致知處用工，如「哭死而哀，非爲生；經德不回，非干禄；言語必信，非正行」。夫言語必信[七一]，初不是異事。自今觀之，正行之人，亦是好人。要之，才説正行，便不是正，此蓋從病源說。

善未易明，理未易察，吾儕所當兢兢者。

孟子說曰：人皆說仁義便是利，然不必如此說。只看孟子言，「未有仁而遺其親者也，未有義而後其君者也」。以仁義爲天下，何利之足言！當時舉天下皆没於利，看孟子此章，剖判如此明白，指示如此端的，蕩掃如此潔净，警責如此親切。當時之病固大，孟子之藥劑量亦大矣。

論語說曰：便指孝悌爲仁，則不可。然孝悌所以爲仁也，體愛親敬長之心，存主而擴充之，仁其可知矣。又曰：「爲仁」，見學者用力處。

中庸如「天命之謂性」，須是實見解[七二]。

詩說曰：詩者，人之性情而已。必先得詩人之心，然後玩之[七三]。詩三百，大要近人情而已。看詩且須諷詠[七四]，此最治心之法。

聖賢千言萬句，會其有極，歸其有極，皆在乎致知。致知是見得此理，於視聽言動、起居食息、父子夫婦之間，深察其所以然，識其所當然[七五]，便當敬以守之。

讀易，當觀其生生不窮處。

讀易，須於常時平讀過處反覆深體，見得句句是實，不可一字放過。如此讀易，雖日讀一句，其益多矣。若泛泛而讀，雖多亦奚以爲！

漢興，言易者六家，獨費氏傳古文易，而不立於學官。劉向以中古文易經校施、孟、梁丘經，或脱去「无咎」、「悔亡」，惟費氏經與古文同，然則真孔氏遺書也。東京馬融、鄭玄皆爲費氏學，其書始盛行。今學官所立王弼易，雖宗莊、老，其書固鄭氏書也。費氏易，在漢諸家中最近古，最見排擯。千載之後，巋然獨存，豈非天哉！自康成、輔嗣合彖、象、文言於經，學者遂不見古本。近世嵩山晁氏編古周易，將以復於其舊。而其刊補離合之際，覽者或以爲未安。某謹因晁氏書，參考傳記，復爲十二篇。篇目卷帙，一以古易爲斷。其説具音訓。

與張敬夫曰：於大畜之所謂「畜德」，明道之所謂「喪志」，毫釐之間，不敢不致察也。學欲切而思欲近。吾夫子作春秋，蓋以深切自命；而傳經者亦謂撥亂世，反之正，莫近春秋。君子將用力切近之地，置是經，其何從！然則，春秋所謂切近者，豈無所在耶！通古今爲一時，合彼己爲一體，前和後應，彼動此隨，然後知吾夫子之筆削，本非爲他人設。苟尚有絲髮之蔽，判然爲二物矣[七六]。

看史，其大要有六：擇善、警戒、閫範、治體、議論、處事。

大抵史有二體：編年之體，始於左氏；紀傳之體，始於司馬遷。其後如班、范、陳壽之徒，紀傳之體常不絶。至於編年之體，則未有續之者。温公作通鑑，正欲續左氏。左氏之傳終云：「智伯貪而愎，故韓、魏反而喪之。」左氏終於此，故通鑑始於此。然編年與紀傳互有得失：論一時之事，紀傳不如編年；論一人之得失，編年不如紀傳。要之，二者皆不可廢。

讀史不可隨其成敗以爲是非，又不可輕立意見易出議論，須揆之以理，體之以身，平心熟看，參會積累，經歷諳練，然後時勢事情漸可識别。

退溪先生曰：朱門大居敬而貴窮理爲學問第一義。

朱子曰「第一項須著十分工夫了，第二項只費得八九分工夫」云云。非惟讀書爲然，研窮義理亦然。

答趙起伯曰：物格而知至，須因其端接續用工。勿憚煩勞，勿責近效，積久功熟，自然有脱。然貫通處至此，則所謂事事物物似有其理，而不知其所以然之妙者，不待尋求而自神悟心解無許多障礙矣。然其窮格不可向幽深隱僻處求，大而君臣父子，細而日用事物，皆就坦然明白平實處求其是，處當然處求得精微之藴，又推類旁通，則其所以然之妙只於此中得之。

窮理多端，不可拘一法［七七］。所窮之事，或值盤錯肯綮，非力索可通；或吾性偶暗於此，難强以燭破。且當置此一事，别就他事上窮得。如是窮來窮去，積累深熟，自然心地漸明，義理之實漸著目前。時復拈起向之窮不得底細意紬繹，與已窮得之道理參驗照勘，不知不覺地并前未窮底，一時相發悟解，是乃窮理之活法，非爲窮不得而遂置之也。若延平説「待一事融釋脱落而後循序少進」者，即是窮理恒規當如是，其意味尤爲淵永。

論人物長短，其本於忠愛而辨别是非。則自古聖賢論當世人物長短，自不爲少。故程子論格物之學，亦以是爲言。

「常習舊學，則於方讀書有妨」者，此爲欲速之心所使〔七八〕。欲速，故不惟不暇温故，而方讀之書亦不暇精熟。意緒匆匆，常若有所迫逐，本欲廣讀書，而鹵莽遺忘〔七九〕，與初不讀一書無異。觀今日學者，每坐此病。

答黄仲舉曰：朱先生書得留意甚善，蓋此書亦非無雄辯巨論使人鼓舞處，只緣其平實紆餘，其用如布帛，其聲如廟瑟，其味如大羹，無侈麗震耀之辭以眩人喝人，故人皆不喜讀。今乃能遜志抑首於絶絃之瑶琴，味衆人之所不味，其過人遠矣，而其所得詎有涯耶？

學貴窮理。理有未明，則或讀書，或遇事，無所往而不礙。

古今人學問道術之所以差者，只爲理字難知故耳。所謂理字難知者，非略知之爲難，真知妙解到十分處爲難耳。若能窮究衆理到得十分透徹，洞見得此箇物事，至虚而至實，至無而至有，動而無動，静而無静，潔潔浄浄地，一毫添不得，一毫減不得，能爲陰陽五行、萬物萬事之本，而不囿於陰陽五行、萬物萬事之中，安有雜氣而認爲一體、看作一物耶？

講學而惡分析，務合爲一説。古人謂之鶻圇吞棗。其病不少。

苟於聖賢之言，同於己者，則取之；不同於己者〔八〇〕，則或强之以爲同，或斥之以爲非。雖使當時舉天下之人無能與我抗其是非〔八一〕，千萬世之下，安知不有聖賢者出，指出我瑕隙，覷破我隱病乎？此君子之所以汲汲然遜志察言，服義從善，而不敢爲一時蘄勝一人計也。

體用當隨處活看，不可硬定説。

當因其所可知以漸求其不可知之妙，恐不當援其近似者，附會以證師門之差説也。

看書勿至勞心，切忌多看，但隨意而悦其味。窮理須就日用平易明白處，看破教熟，優游涵泳於其所知[八二]。

看書須痛加窮究，令其有滿腹疑難處，則必有欲相見質問，而恨不得相見之心。所謂「憤」也。積此憤懷，而及其相見之後，欲將向來疑難處質問。心雖甚切，而不能形於言，至於三五日之久，心與口尚不相應。所謂「悱」也。學者必有如此「憤悱」之心，然後能受教而可長進也。

學者用工，莫切於身心，故大學言心。教者論道，莫切於性理，故中庸言性。朱子序大學而論「性」者，大學之「正心」，實爲因性善而復性初故也。序中庸而論「心」者，中庸之「説性」[八三]，本以發心藴而明心法故也。

養德性而立根本，在乎小學；廣規模而達榦支，在乎大學。充之以三書、五經，博之以諸子百家。正學不外於是，而正道其在於斯。

聖學不過四書。士之志學者，舍是書何以哉？但今人非不讀之，而只以決科爲業，於身心上了不關。陷溺既久，難以啓發。若朱書既無其弊，而讀之令人易以感發興起，故積習既久，然後回看四書，則聖賢之語，節節有味[八四]，於身心上方有受用處。

小學則如修正基址而備其材木也，大學則如大厦千萬間結構於基址也。此外雖講他書，而其工夫皆爲大厦千萬間修粧所入矣。

好把小學一部書反覆温繹，令其文義首尾貫通浹洽，一一分明，歷落於胸中，然後方始於其道理有悟解處。

答金而精曰：大學規模節目，有許多用工夫處。益見前古聖賢爲人開曉深切著明，如此警發多矣。今得示諭，知有得於夜坐沉思之際，以此觀之，無燈未必非反爲有益也。

讀論語跨涉兩年，不無久於一書之病，然久非所病，或恐久而無得，則爲病耳。

論語大旨，或以爲操存涵養。北溪、陽村則皆以人爲言[八五]。雖皆大概近似，然此書乃出於一時門人雜記聖門師弟問答言行之類[八六]，裒集爲之。其妙道精義，頭緒多端，何可以一二字判斷得下耶？言仁處，求仁之理；言義處，求義之理；言孝悌忠信處，求孝悌忠信之道。逐處研窮，逐事踐履，積久漸熟，以至於融通發見，則所謂大要大旨者，不待求索而自得矣。

易乃理數淵源之書，誠不可不讀。但不如語、孟、中庸之切於學者日用工夫[八七]。故先正或以爲非學之急。其實，莫急於窮理盡性之學也。

所謂讀易之法，先正其心者，此又一大件不易言處。

儀禮，經傳猶有所未備，不可偏信而斷事。世間雜書亦不可不看，以相參驗去就也[八八]。

周禮，恐其太繁密，難施行也。

答金士純論史職曰：據事直書，而褒貶寓其中。自春秋聖筆外，諸爲史當守此法。其間遇有善惡明著記載無漏，而或須有當抑揚褒貶處，則又不必盡不爲褒貶也。

先生自言十九歲時，初得性理大全首尾二卷。試讀之，不覺心悦而眼開，熟玩蓋久，漸見意味，似得其門路矣。

先生自言，吾得心經而後知心學之淵源，心法之精微。故平生信此書如神明，敬此書如嚴父。

通鑑一書爲格致之資，讀之尤善。

【校勘記】

［一］窮理且令有切己工夫「窮理且」，朱子語類卷十八作「且窮實理」。

［二］世間萬事萬物皆不出此「世」上，朱子語類卷九有「任是」二字；「此」下，朱子語類卷九有「四者之内」四字。

［三］即就此事反覆推尋以究其理「即就」，朱子語類卷十八作「即當且就」；「理」，朱子語類卷十八作「機」。

［四］待其融釋脱落而後已「待其」，朱子語類卷十八作「待此一事」；「而後已」，朱子語類卷十

八作「然後別窮一事」。

［五］如此既久積累之多胸中自當有灑然處　「如此既久積累之多胸中自當有灑然處」，朱子語類卷十八作「久之自當有灑然處」。

［六］賾是紛亂時　「賾」下，朱子語類卷一百一十八有「處不是奥」四字。

［七］紛亂他自紛亂　「他」上，朱子語類卷一百一十八有「是」字。

［八］器遠問致知格物　「致知格物」，朱子語類卷十五作「致知者推致事物之理還當就甚麽樣事推致其理」。

［九］都有箇極至之理　「都」上，朱子語類卷十五有「事事」二字。

［一〇］便恁地苟簡　「簡」下，朱子語類卷十五有「且恁地做也得」六字。

［一一］問如何是第一義　「問」上，朱子語類卷十五有「曹」字。

［一二］甚麽樣剛方正大　「甚」上，朱子語類卷十五有「做」字。

［一三］看文字專一便是治心養性之法　「看文字專一」，朱子語類卷八十一作「若能沉潛專一看得文字」；「便」上，朱子語類卷八十一有「只此」二字。

［一四］決不恕他　「決不恕他」，朱子語類卷十作「決是不恕他方得」。

［一五］方接得前面意思　「意思」，朱子語類卷一百一十五作「看了底」。

［一六］放慢便不相接矣　「放慢」，朱子語類卷一百一十五作「若放慢則與前面意思」。
［一七］且放在一邊　「邊」下，朱子語類卷十一有「益更讀書以來新見」八字。
［一八］此心便被此見遮蔽了　「此」上，朱子語類卷十一有「則」字。
［一九］福州陳定之極魯鈍　「定」，當據朱子語類卷八十作「正」。
［二〇］必二三百遍方熟　「必二三百遍方熟」，朱子語類卷八十作「必三二百遍而後能熟」。
［二一］後來却無書不讀　「無書不讀」，朱子語類卷八十作「赴賢良」。
［二二］而其精蘊則已具聖賢之書　「具」下，晦庵先生朱文公文集卷五十九有「於」字。
［二三］只是熟讀涵泳　「泳」，朱子語類卷八十作「味」。按：本節末句「諷詠」之「詠」語類作「味」。
［二四］只恁虛心平讀　「虛心平讀」，朱子語類卷八十作「平讀着」。
［二五］須先得六義體面　「得」，朱子語類卷八十作「識得」。
［二六］詩只是恁地説話　「只」上，朱子語類卷一百一十七有「本」字。
［二七］後人往往見其意只如此平淡添上義理　「意」，朱子語類卷一百一十七作「言」；「添」上，朱子語類卷一百一十七有「只管」二字；「理」下，有「却窒塞了他」五字。
［二八］多將物事窒塞了他　「多將物事窒塞了他」，朱子語類卷一百一十七作「只管將物事堆積在

上便壅隘了」。

［二九］欽之一字　「欽之一字」，晦庵先生朱文公文集卷六十五作「且又首以欽之一字爲言」。

［三〇］禮記是解　「解」下，朱子語類卷八十五有「儀禮」二字。

［三一］禮記便有冠儀　「儀」，朱子語類卷八十作「義」。

［三二］文王作繇辭　「文王」下，朱子語類卷六十五有「重卦作」三字。

［三三］亦是爲卜筮説　「卜筮説」，朱子語類卷六十六作「占筮設」。

［三四］貴王賤霸而已　「霸」，朱子語類卷八十三作「伯」，二字通。

［三五］只是不知大義　「大義」下，朱子語類卷八十三有「專去小處理會往往不曾講學」十二字。

［三六］然義理却精　「精」下，朱子語類卷八十三有「二人乃是經生傳得許多説話」十二字。

［三七］解經不可做文字　「可」，朱子語類卷一百三作「必」。

［三八］只説一片道理　「只」上，朱子語類卷一百三有「少間説來説去」六字；「説」下，朱子語類卷一百三有「得他自」三字。

［三九］學者宜仔細看　「學者」下，朱子語類卷十九有「將注處」三字。

［四〇］亦草率不得　「亦」下，朱子語類卷九十四有「自是」二字。

［四一］上蔡説明道看史　「看」，朱子語類卷九十四作「讀」。

〔四二〕零碎湊合　「合」下，朱子語類卷八十六有「説出來」。
〔四三〕説到制度處　「説到」，朱子語類卷八十六作「到説」。
〔四四〕爲之去其淫哇鄙俚之辭　「淫哇」，朱子語類卷八十六作「哇淫」。
〔四五〕豈不勝思量詩句　「勝」下，朱子語類卷一百四十有「如」字。
〔四六〕曰如今下工夫　「曰」上，朱子語類一百一十五有「出前卷子示」五字；「下」上，朱子語類一百一十五有「要」字。
〔四七〕不須全費工夫　「全」，朱子語類一百一十五作「枉」。
〔四八〕遇事自迎刃而解　「自」，朱子語類一百一十五作「時自然」；「解」下，朱子語類一百一十五有「皆無許多病痛」六字。
〔四九〕只知尊德性　「只知尊德性」，朱子語類一百一十七作「却只偏在尊德性上去揀那便宜多底占了」。
〔五〇〕恐只是占便宜自家之學　「家」，朱子語類一百一十七作「了」。
〔五一〕若只就一處上窺見天理　「若只就一處上」，朱子語類一百一十七作「今公只就一線上」；「天理」下，朱子語類一百一十七有「便説天理只恁地了」。
〔五二〕如何可得　「如何可得」，朱子語類一百一十七作「不知如何得」。

［五三］亦能由之而已　「能」下，南軒先生文集卷三十有「使之」二字。
［五四］須要自近　「須要」，南軒先生文集卷二十七作「要須」。
［五五］學然後灼然有見於義利之卞　「學然後」，南軒先生文集卷十四無；「卞」，南軒先生文集卷十四作「辯」，二字通。
［五六］如云知是事則用得輕　「知」下，南軒先生文集卷十九有「有」字。
［五七］知至至之是也　「是」上，南軒先生文集卷十九有「之知」二字。
［五八］通則有萬理　「理」，南軒先生文集卷二十無。
［五九］自唐以來韓歐輩攻異端者非不多　「自唐以來」，南軒先生文集卷三十作「只如自唐以來名士如」。
［六〇］學者要當以篤信爲本　「學者」下，南軒先生文集卷三十三有「得是書」三字。
［六一］可以由是而進焉　「進」，南軒先生文集卷二十六作「施」。
［六二］學者欲事乎此　「事」上，南軒先生文集卷三十三有「從」。
［六三］其曰君子之所不可及者其惟人之所不見乎　「其」，南軒先生文集卷三十三作「且」。
［六四］而此數卷中　「中」，南軒先生文集卷十九作「之書」。
［六五］然要當知其所以不離也　「然」下，南軒先生文集卷二十七有「在學者未應如此説」八字。

［六六］最的　「的」下，南軒先生文集卷二十七有「當」字。
［六七］要當考其治亂興亡之所以然　「亡」，南軒先生文集卷二十五作「壞」。
［六八］要當考其興亡治亂之故　「亡」，南軒先生文集卷二十五作「壞」。
［六九］道學不明　「道學」，南軒先生文集卷二十五作「學道」。
［七〇］學問以致知爲先　「先」，東萊吕太史集別集卷十作「本」。
［七一］夫言語必信　「言語」下，麗澤論説集録卷七有「自當」二字。
［七二］須是實見解　「解」下，麗澤論説集録卷五有「得無益」三字。
［七三］然後玩之　「之」下，麗澤論説集録卷三有「易入」二字。
［七四］看詩且須諷詠　「諷詠」，麗澤論説集録卷三作「詠諷」。
［七五］識其所當然　「當」，麗澤論説集録卷五作「以」。
［七六］判然爲二物矣　「然」下，東萊吕太史別集卷十三有「已」字。
［七七］不可拘一法　「不可拘一法」五字，李子粹語卷二無。
［七八］此爲欲速之心所使　「使」下，李子粹語卷二有「故以此爲患也」六字。
［七九］本欲廣讀書而鹵莽遺忘　「讀」下，李子粹語卷二有「諸」字；「忘」下，李子粹語卷二有「厥終」二字。

〔八〇〕則取之不同於己者　「則取之不同於己者」八字，李子粹語卷二無。
〔八一〕雖使當時舉天下之人無能與我抗其是非　「非」下，李子粹語卷二有「者」字。
〔八二〕優游涵泳於其所知　「所」下，李子粹語卷二有「已」字。
〔八三〕中庸之説性　「性」字原無，據李退溪李子粹語卷二補。
〔八四〕節節有味　「有」上，李子粹語卷二有「將」字。
〔八五〕北溪陽村則皆以人爲言　「人」，李子粹語卷二無。
〔八六〕然此書乃出於一時門人雜記聖門師弟問答言行之類　「弟」下，李子粹語卷二有「子」字。
〔八七〕但不如語孟中庸之切於學者日用工夫　「中」，李子粹語卷二無；「庸」下，李子粹語卷二有「學」字。
〔八八〕以相參驗去就也　「就」，李子粹語卷二作「取」。

續近思録卷之四 凡百三十七條

存養

晦庵先生曰：學者喫緊是理會這一箇心，那紙上説底全靠不得。

若不先得箇本領，雖理會得許多骨董，只是添得許多雜亂，只是添得許多驕吝。

人心纔覺便在，更不待求。

心只是一箇心，非是以一箇心治一箇心。所謂存，所謂收，只是喚醒。學者工夫只在喚醒上。

須是猛省。頻頻提起[二]，久之自熟。

他本自光明廣大，只著些子力去照管他便是[二]。不要苦着力，着力則反不是。

問「操則存」。曰：心不是死物。操存者，只於應事接物之時，事事中理，便是存處；應事不是，便是心不在。若只兀然守在這裏，驀有事來操底便散了，却是「舍則亡」也。

此心自不用大段拘束，他只争箇醒與不醒耳。人若醒時，耳目聰明，應事接物，自然無差錯處。若被私欲引去，一似睡著相似，只與他喚醒，才醒便無事。又曰：只要此心常自整頓，醒醒了了，即未發時不昏昧，已發時不放縱耳。

「居處恭，執事敬，與人忠」，便是存心之法。如説話覺得不是，便莫説；做事覺得不是，便莫做。只此是存心之法。

周先生只説「一者，無欲也」。這話頭高，急難湊泊[三]。故伊川只説箇「敬」字[四]，庶幾執捉得定，有下手處。

敬只是此心自做主宰處。又曰：敬只是箇畏字。又曰：敬非别是一事，常唤醒此心便是，人每日只鶻鶻突突過了。

又曰：敬只是内無妄思，外無妄動。

敬齋箴曰：正其衣冠，尊其瞻視。潛心以居，對越上帝。足容必重，手容必恭。擇地而蹈，折旋蟻封。出門如賓，承事如祭。戰戰兢兢，罔敢或易。守口如瓶，防意如城。洞洞屬屬，罔敢或輕。不東以西，不南以北。當事而存，靡他其適。勿貳以二，勿參以三。惟心惟一〔五〕，萬變是監。從事於斯，是曰持敬。動静不違〔六〕，表裏交正。須臾有間，私欲萬端。不火而熱，不冰而寒。毫釐有差，天壤易處。三綱既淪，九法亦斁。於乎小子，念哉敬哉。墨卿司戒，敢告靈臺。

持敬之説，不必多言。但熟味「整齊嚴肅」、「嚴威儼恪」、「動容貌，整思慮」、「正衣冠，尊瞻視」此等數語，而實加工焉，則所謂直内，所謂主一，自然不費安排，而身心肅然，表裏如一矣。

身心收斂，則自然和樂。不是别有箇和樂，才整肅，自和樂。

問：敬易間斷，如何？曰：覺得間斷，便已接續，習得熟，自然打成一片。

今之言敬者，只是説若是敬，便如烈火，有不可犯之色。事物來，便劈成兩畔去，何至如此纏繞！

答呂子約曰：所論主一主事之不同，恐亦未然。主一只是專一，蓋無事則湛然安定而不鶩於動，有事則隨事應變而不及乎他。是所謂主事者，乃所以爲主一者也。若有所係戀，却是私意。雖是專一不舍，然既有係戀，則必有事已過而心未忘，身在此而心在彼者。此其支離畔援，與主一無適非但不同，直是相反。今比而論之，亦可謂不察矣。

容貌辭色之間[七]，正學者持養用力之地。

九容九思便是涵養。

一學者苦敬而矜持，先生曰：只爲將此「敬」字別作一物，而又以一心守之，故有此病。若知敬只是自心自省，當體便是，則自無此病矣。

道著「敬」，已多了一字。但略略收拾來，便在這裏。

吴伯英問持敬之義。曰：且放下了持敬，更須向前進一步。問：如何是進步處？曰：心中若無一事時，便是敬。

明道教人静坐，李先生亦教人静坐。蓋精神不定，則道無湊泊處。看來須是静坐[八]。

静坐無閒雜思慮，則養得來便條暢。又曰：若見得道理分曉，自無閒雜思慮。人所以思慮紛擾，只緣未見道理耳。「天下何思何慮」，是無閒思慮也。又曰：人心無不思慮之理。若當思而思，自不當苦苦排抑，反成不静。又曰：静坐時[九]，正要體察思繹道理，只此便是涵養。又曰：思慮不可過苦，但虚心游意，時時玩索，久之，當自見縫罅意味。

應事得力，則心地静；心地静，應事分外得力。

專務静坐，又恐墮落那一邊去。只是虚著此心，隨動隨静，無時無處不致其戒謹恐懼之力，則自然主宰分明，義理昭著矣。然著「戒謹恐懼」四字，已是壓得重了。要之，只略綽提撕，令自省覺，便是[一〇]。

戒懼是防之於未然以全其體，謹獨是察之於將然以審其幾。

存養是静工夫，省察是動工夫。

李先生説，人心中大段惡念却易制伏，只是那不大段計利害、乍往乍來底念慮，繼續不斷，難爲驅除。今看來是如此。高存之曰：惡念易除，雜念難除。惡念盡是誠意，雜念盡是正心。

問：不緊要底思慮，不知何以制之？曰：只覺得不當思慮底，便莫要思，久久純熟，自然無此等思慮矣。

李伯誠曰：打坐時意味也好。先生曰：坐時固是好，須是臨事接物時長如坐時方可。

纔著箇要静底意思，便是添了多少思慮。

無事静坐，有事應酬，隨時隨處無非自己身心運用，但常自提撕不與俱往，便是工夫。事物之來，豈以漠然不應爲是耶？

或勞先生人事之繁，先生曰：凡事只得耐煩做將去，才起厭心便不得。

楊道夫曰：羅先生教學者静坐中看喜怒哀樂，未發作何氣象[一一]。李先生以爲此意不惟於進學有力，兼亦是養心之要。而遺書有云：「既思，則是已發。」與前所舉有礙否[一二]？黄直卿曰：此問亦切。但程先生剖析毫釐，體用明白；羅先生探索本原，洞見道體。二者皆有大功於世。善觀之，則亦「并行而不相悖」矣。況羅先生於静坐觀之，乃思慮未萌[一三]，虛靈不昧，自有以見其氣象，則初無害於未發。蘇季明以「求」字爲問，則求非思慮不可，此伊川所以力辨其差也。先生曰：公雖如此分解羅先生説，終恐做病。如明道亦説静坐可以爲學，謝上蔡亦言多著静不妨。此説終是少偏[一四]。才偏，便做病。道理自有動時，自有静時。學者只是「敬以直內，義以方外」。見得世間無處不是道理，雖至微至小處，亦有道理，便以道理處之。不可專要去静處求。所以伊川謂「只用敬，不用静」，便説得平。也是他經歷多，故見得恁地[一五]。若以世之大段紛擾人觀之，會静得，固好；講學，則不可有毫髮之偏。

呂與叔謂養氣可以爲養心之助，程先生大以爲不然。某初疑之，近方信[一六]。才養氣心便在氣上[一七]，却不是養心了，此所以爲不可也。

問「夜氣」。曰：病根只在放其良心上。蓋心既放，氣必昏，氣既昏，則心愈亡。兩箇互相牽動，所謂「牿之反覆」。如下文「操則存，舍則亡」，却是用功緊切處，是箇生死路頭。

心一放時，便是斧斤之伐，牛羊之牧。一收斂在此，便是日夜之息，雨露之潤。

持其志，氣自清明。

持志比存心字較緊，只持其志，便内外肅然。

凡人多動作，多笑語，做力所不及底事，皆是暴其氣。須事事節約，莫教過當，便是養氣之道。

人須是有蓋世之氣。

人自從生來受天地許多氣，自是浩然。只緣見道理没分曉，漸漸衰颯了。若見得真是真非，要説一直説去，要做一直做去，這氣自浩然。又曰：浩然之氣，孔子有兩句説盡了，曰：「内省不疚，夫何憂何懼？」

持養之久則氣漸和，氣和則温柔婉順，望之者意消忿解，而無招咈取怒之患矣。體察之久則理漸明，理明則諷導詳款，聽之者心喻慮移，而無起争見却之患矣。更須參觀物理，深察人情，體之以身，揆之以時，則無偏蔽之失也。要於事物上驗學力，若有窒礙齟齬，即深求病源所在而鋤去之。

心存時少，亡時多。存養得熟後，臨事省察不費力。

「求放心」，不須注解，只日用十二時中常切照管，不令放出，久久自見功效，義理自明，持守自固，不費氣力也。

心纔係於物，便爲所動。所以係於物者有三事：未來，先有箇期待之心；或事已應過，又留在心下不能忘；或正應事時，意有偏重。

范氏云「害其所以養心者，不在於大」，此語尤痛切。

須是教義理心重於物欲。

學者常用提醒此心，使如日之方升，諸邪自息。

心既常惺惺，而以規矩繩墨檢之，此内外相養之道也。

答林德久曰：所論敬爲求仁之要，甚善[一八]。所謂「心無私欲即是仁之全體」，亦是也。但須識得此意便有本來生意融融洩洩氣象[一九]，乃爲得之耳。

答林擇之曰：「『滿腔子是惻隱之心』，此是就人身上指出此理充塞處，最爲親切。若於此見得，即萬物一體，更無内外之别。若見不得，却去腔子外尋覓，則莽莽蕩蕩，愈無交涉矣。陳經正云『我見天地萬物皆我之性，不復知我身之爲我』，伊川先生曰『他人食飽，公無餒乎』，正是説破此病也。

心不可識[二〇]，然静而有以存之，動而有以察之，則其體用亦昭然矣。近世之言識心者則異於是，蓋其静也初無持養之功，其動也又無體驗之實，但於流行發見之處認得頃刻間正當底意思，便以爲本心之妙不過如是，擎拳作弄，做來大事看[二一]，不知此只是心之用耳。此事一過，此用便息。豈有只據此頃刻間意思，便能使天下事事物物無不各得其當之理耶！

或問：求放心，愈求愈昏亂，如何？曰：即求者便是賢心也。才覺其失，覺處即心，何更求爲？自此更求，自然愈失。此用力甚不多，只要常知提醒耳[二二]。醒則自然光明，不可把捉[二三]。

問：心不能自把捉，奈何？曰：心便能把捉自家，自家如何把捉得他，惟有義理涵養耳。

問「静中有物」。曰：只知覺便是。伊川却云：「纔知覺[二四]，便是動。」恐説得太過[二五]。若云知箇甚底，覺箇甚底，如知寒覺煖，便是知覺一箇物事。今不曾知覺甚事[二六]，但有知覺在，何妨其爲静？

究觀聖門教學，循循有序，無有合下先求頓悟之理。但要持守省察，漸久漸熟，自然貫通，即自有安穩受用處。

或問：心之體與天地同其大，心之用與天地流通[二七]？先生曰：又不可一向去無形迹處尋，更宜於日用事物、經書指意、史傳得失上做工夫，即精粗表裏，融會貫通。

胡季隨曰：學者須常令胸中通透灑落。先生曰：通透灑落，如何令得？纔有一毫令之之心，則終身只是作意助長，欺己欺人，永不能到得灑然地位矣。此是見識分明、涵養純熟之效，須從真實積累功用中來。

南軒先生曰：太極動而二氣形，二氣形而萬物化生[二八]。惟人全天地之性，故有所主宰，而爲人之心所以異乎庶物者獨在於此也。是以君子貴於存之，存之則在此，不存則孰知其極哉？存之則有物，不存則果何所有哉？主一無適，敬之方也。無適則一，主一則敬矣。存之之道曷要於此乎！誠能從事焉，真積力久，則有所存者將洋洋乎察乎上下而不可掩[二九]，功用無窮，變化日生，可得以全矣[三〇]。

古人衣冠容止之間，不是要作意矜持，只是循他天則合如是，爲尋常因循怠弛，故須著勉强自持。外之不肅，而謂能敬於内，可乎？

敬者，所以持是心而勿失也，故曰「主一之謂敬」，又曰「無適之謂一」。噫！其必識夫所謂一而後有以用力也。且吾視也、聽也、言也、手足之運動也，曷爲然乎？知心之不離乎是，則其可斯須而不敬乎？吾飢而食也，渴而飲也，朝作而夕息也，夏葛而冬裘也，孰使之乎？知心之不外乎是，則其可斯須而不敬矣乎？蓋心生生而不窮者道也，敬則生矣，生則烏可已也；怠則放矣，放則死矣。是以君子畏天命，不敢荒寧，懼其一失而同於庶物也。

大抵讀書[三一]，要切處乃在持敬。若專一，工夫積累多，自然體察有力。只靠言語上苦思，未是也。

所論敬之説，謂用力誠不可怠隋，而向晦宴息亦須隨時。某以爲向晦入宴息乃敬也，知向晦宴息之爲非怠隋，乃可論敬之理矣。

近思之功，主一之謂敬，無適之謂一，持守誠莫要乎此。

義理固須玩索[三二]，然求之過當，反害於心。涵泳栽培，日以深厚，則玩索處自然有力也。

所論讀書平易則簡略放過，稍思則似做時文，固如此省察[三三]。但所貴於平易者，謂平心易氣，優游玩味其旨，非簡略放過也。

某數年來務欲收拾[三四]，於本原處下工夫，覺得應事接物時差帖帖地，但氣習露見處未免有之。一向鞭辟，不敢少放過，久久庶幾得力耳。

寄呂伯恭曰：存養省察之功固當并進，然存養是本。覺向來工夫不進，蓋爲存養處不深厚，方於閒暇不敢不勉。伯恭愛弊精神於閒文字中，徒損[三五]，何益！如編文海，何補於治道？何補於後學？徒使精力困於繙閱，亦可憐。今病既退，當專意存養，此非特養病之方也[三六]。

一二年來，頗專於「敬」字上勉力，愈覺周子主静之意爲有味。程子謂喜怒哀樂未發之前，更怎生求，只平日涵養，便是此意，須深體之。

從古聖賢論下學處，莫不以正衣冠、肅容貌爲先。蓋必如此，然後得所存而不流於邪僻[三七]。易所謂「閑邪存其誠」，程氏所謂「制之於外，以養其中」者[三八]，此也。

「出入」二字，更須仔細理會。程子曰「心本無出入」，以操舍而言。「逐物是欲」，蓋因其亡[三九]，故誘於物而欲隨之。欲雖萌於心，然逐物而出[四〇]，則是欲耳，不可謂心也。至於心之存物來順應[四一]，理在於此，又豈得謂之出乎？

程子教人以敬，即周子主静之意。

伊洛老先生所謂「主一無適」，真是學者指南，深切著明者也。故某欲其操舍之間[四二]，居無越思，事靡他及，乃是實下手處，此正爲摸捉也。若於此用力，自然漸覺近裏趨約，意味日别，見則爲實見，得則爲實得。

近日學者論「仁」字，只多是要見「仁」字意味[四三]，縱使逼真，亦終非實得。論語中聖人所言，只欲人下工夫，升高自卑，陟遐自邇，循序積習，自有所至。存養體察，固當并進。存養是本，工夫固不越於敬，敬固在主一。此事惟用力者方知其難。

三省四勿，皆持養省察之功兼焉。大要持養是本，省察所以成其持養之功者也。

有所向，則爲欲；多欲，則百慮紛紜。其心外馳，尚何所存乎？

要須察夫静而涵動之所本，動而見静之所存[四四]，動静相須，體用不離，而後爲無滲漏也。

程子教人居敬，必以動容貌、整思慮爲先。蓋動容貌、整思慮，則其心一，所以敬也。今但欲存心，而不如此用工[四五]，則心亦烏得以存？其所謂存者，不過强制其思慮，非敬之理也。

居敬集義，工夫并進，相須而相成也。若只要能敬，不知集義，則所謂敬者亦塊然無所爲而已，烏得心體周流哉？集義積習。事事物物莫不有義，而著乎人心，正要一事一件上集[四六]。

人人固有秉彝，若不栽培涵泳，如何會有得？古今教人自灑掃、應對、進退、禮樂、射御之類[四七]，皆是栽培涵泳之道[四八]。若不下工，坐待有得而後存養，是枵腹不食而求飽也。

主一齋銘曰：人之心，一何危。紛百慮，走千歧。惟君子，克自持。正衣冠，攝威儀。澹以整，儼若思。主乎一，復何之。事物來，審其幾。應以專，匪可移。理在我，寧彼隨。積之久，昭厥微。静不偏，動靡違。嗟勉哉，自邇卑。惟勿替，日在兹。

東萊先生曰：善學者之於心，治其亂，收其放；明其蔽，安其危；守之必嚴，執之必定。少怠而縱之，則存者亡矣。

某索居獨學[四九]，殊少講貫之益。日用間視向來稍不甚廢惰，收斂持養，雖未免有斷續，却無蘄獲計功之病。每取聖賢書，平心玩誦，雖未甚得味，然漸覺少向來揣摩之失。

答潘叔度曰：日用間不須著意，要坐即坐，要立即立，凡事如常，便是完養。若有意完養，則是添一重公案矣。覺有忿戾始須銷平，覺有凝滯始須開豁，病至則服藥，不必預安排也。

又曰：來喻操存，固所當用力處，要須與體察之功并進乃善。

切須凡事一切放下，專意恬養，常令胸次欣欣如春木之向榮，則血氣不患不滋長，體力不患不平復也。

胸次須常樂易寬平，乃與本體不相背違爾。

大抵不問在朝在野，職分之内不可惰媮，職分之外不可侵越，自然日用省力也。

「敬」之一字，固難形容。古人所謂「心莊則體舒，心肅則容敬」，此兩語當深體也。

九二，學聚問辨。而又曰：寬而居之，何也？蓋到此地位，正須涵養此理，迫則失之矣。

静多於動，踐履多於發用，涵養多於講説，讀經多於讀史。如此[五〇]，然後能可久可大。

答朱元晦曰：「主一無適」，誠要切工夫。但整頓收斂，則易入於著力；從容涵泳，又多墮於悠悠。勿忘勿助[五一]，信乎其難也！

喜事則方寸不凝定，故擇義不精，衛生不謹。

禮樂不可斯須去身，只是存養。

内植根本，乃萬事之元。

退溪先生答許美叔曰：謂存養屬行者，爲是不知則固難行，然豈可因此而謂誠意正心爲屬知？又豈可謂兼知行耶？

不就容貌、辭氣、動作、衣冠上做持敬工夫，亦無把捉心神處。

某老病如許，不敢廢書册，其於收斂凝聚之功，自覺無地以頓着，無根以滋養。既深慨往日之空過，而猶不能無望於桑榆之萬一也。

程子每以坐忘爲坐馳，而答蘇季明未發之問，反覆論辯，而卒之不過以敬爲言。朱子之論中和亦曰：未發之前不可尋覓，已發之後不容安排。惟平日莊敬涵養之功至，而無人欲之僞以亂之，則其未發也，鏡明水止，而其發也，無不中節矣。今以此語觀來喻，其尋覓安排亦已甚矣，無乃有乖於莊敬涵養而積久有得者耶！

每事皆有欲速之意，於沉深悠遠氣象似欠切望，常自點檢思矯也。

把捉即存養之謂，非不善也。若未得活法，則反爲揠苗助長之患。觀顔子四勿，曾子三貴，從視聽言動、容貌辭氣上做工夫。所謂制於外，所以養其中也。故程子曰：「只整齊嚴肅則心便一，一則自無非僻之干。」朱子亦曰：「持敬之要，只是整衣冠。一思慮，莊整嚴肅，不敢欺，不敢慢，則便身心肅然，表裏如一矣。」

人之持心最難，嘗自驗之，一步之間，心在一步亦難。

李德弘問：小子每欲閒静獨居，不欲與人相接，無乃偏僻耶？曰：果似偏僻，然於學者不能無補。余初時亦有此病，不無所益。

初學最好警省，初間固多間斷之時，然不已其功，則漸漸輕至於久，則常存而不放矣。

嘗論持敬工夫，先生曰：如某者朝暮之頃，或有神清氣定底時節，儼然肅然，心體不待把捉而自存，四肢不待羈束而自有恭謹意，以爲古人氣像好時必是如此，但不能持久耳。

所論主一無適、酬酢萬變之義，甚善。其引朱子隨物隨應，此心元不曾有這物事，及方氏中虚而有主宰語，尤爲的確。

程子所謂「九思各專其一」，是就一事上心無二用之理耳。若遇衆事交至之時，或左或右，一彼一此，豈可雜然而思旋？思旋應只是心之主宰，卓然在此，爲衆事之綱，則當下所應之事，幾微畢見，四體默喻，曲折無漏矣。所以能然者，蓋人心虚靈不測，萬理本具，未感之前，知覺不昧，苟養之有素，固不待件件著意，而有旁照泛應之妙。

朱先生答何叔京曰：持敬尤須就視聽言動、容貌辭氣上做工夫。蓋人心無形，出入不定，須就規矩繩墨上守定，便自内外帖然。誠能莊整齊肅，則放僻邪侈，決知其無所容矣。此日用工夫至要約處。於此驗之，則知内外未始相離，而所謂「莊整齊肅」者，正所以存其心也。某竊謂四先生言敬之中，程子整齊嚴肅一段即朱子此書之意所從出，始學之所當先莫切於此。

答金敦叙曰：平居無事是涵養地頭，外儼若思，中心主一，惺惺時也。一念之萌，但遏其邪而存其理耳，一切排遣不得。蓋無事時固當静而存養，然如有所當思而思，能主一無走作，是乃靜中之動，恐無害於存心也。

道之流行於日用之間，無所適而不在，故無一席無理之地，何地而可輟工夫；無頃刻之或停，故無一息無理之時，何時而不用工夫。故子思子曰：「道也者，不可須臾離也。」曰：「莫見乎隱，莫顯乎微，故君子愼其獨也。」此一動一靜，隨處隨時，存養省察，交致其功之法也。果能如是，則不違地頭而無毫髮之差，不失時分而無須臾之間，二者并進，作聖之要，其在斯乎！

初學如何便能無把捉意思，而得力於動處耶？但切不可太著意，緊捉只於非著意、非不著意間，加時習之，功至於久而熟，則漸見動靜如一，意味正，不可以朝夕期速效也。

不可不豫者事也，而有期待之心則不可；不可不應者物也，而存留不忘則不可。聖門之學、心法之要正在於此。蓋人徒見心爲物漬之害，遂謂事物爲心害，故厭事而求忘，惡動而耽靜，以上蔡之賢猶不免此。明道引孟子養氣之説，轉作養心之法以教之，此敬義夾持，直上達天德，最緊切用工處。苟能從事於此，而眞積力久，一朝而有得焉。則心之於事物，未來而不迎，方來而畢照。既應而不留，本體湛然，如明鏡止水，雖日接萬事而心中未嘗有一物，尚安有心害哉！

答南時甫曰：謹獨爲日用親切工夫，此固爲確論。又須得此理流行，無物不有，無時不然，故吾之用工，亦當無時無處而不用其力焉。蓋謂酬酢既常戒謹，而於獨處尤當加謹耳，非謂可忽於彼而只謹於此也。

大學言誠意功效，至於心廣體胖，若可以無放矣，其言正心處又有四不正、三不在。斯皆放心之病，其可不求以自正乎！既言意誠心正，若可以無放僻之憂矣。至言修齊處又有五辟、二莫知之戒，以此見求放心不可輕言也。

來不迎，去不追。比如一家主人翁，鎮常在家裏做主，幹當家事。

知「尊德性」，則必不忍褻天明、慢人紀，而爲下流之事；知「收放心」，則必勉於持敬、存誠，防微、慎獨，而窒其欲、守其身矣。

專一則有不待思而能隨事中節。

寂然不動，心之體也；感而遂通，心之用也。静而嚴肅，敬之體也；動而整齊，敬之用也。

思慮紛擾，古今學者之通患。今欲捄此，固莫如程子「惟是止於事」之語。故大學知止而后有定、静、安之效。雖則然矣，徒守此一語，亦不濟事。乃知朱門大「居敬」而貴「窮理」爲學問第一義。程子亦曰：「習能專一時，方好。」此語尤有味。

日用之間，一言一動得宜，則無害浩氣。纔有一慊，則與天地不相似，便是有害於浩氣之養。雖造孟子不動心底地位，其初必自此些子地，始下工夫。

勿太没溺，以妨進修工夫；勿太忽遽，以害悠遠氣象。

須一切掃去雜念，日間只宜虚心平氣，讀書應事，厚以義理，浸灌培養[五二]，久久自當於理趣得力，物欲之生[五三]，自輕自少，君子中正和樂底氣象，漸可馴致。苟不如此，徒切切思過，屑屑計功，則與長戚戚者相去不遠。

古人爲學，雖曰勤苦，一則曰制於外，所以養其中也；一則曰發禁躁妄，内斯静專。今不務此，而先要制縛此心，故易生病。

心氣之患，正緣察理未透而鑿空以强探，操心昧方而揠苗以助長，不覺勞心極力以至此。治藥之方，第一須先將世間窮通、得失、榮辱、利害，一切置之度外，不以累於靈臺。如是，而凡日用之間，少酬酢，節嗜欲，虚閒恬愉以銷遣。至如圖書花草之玩、溪山魚鳥之樂，苟可以娱意適情者，不厭其常接。使心氣常在順境中，無咈亂以生嗔恚。是爲要法。

山不止，則不能以生物；水不止，則不能以鑑物；人心不静，則又何以該萬理而宰萬事哉！

小塘詩曰：露草夭夭繞水涯，小塘清活浄無沙，雲飛鳥過元相管，只怕時時燕蹴波。李葛庵

玄逸曰：此詩有私欲浄盡、静存動察、物來順應底氣象。

比來深體[五四]，得見此理無時不然、無物不有處[五五]，真是如此。所謂千百萬億不爲多[五六]，無聲無臭不爲少，朱先生真不我欺。其在燕閒静一之中，自覺得明快灑落，猶若可保。然而，忽有一等閒事物來到面前，應接之頃[五七]，少失點檢，忽已隨手消泯。此無他，不熟故也。在傍邊看覷，不能真入其中，以爲己物故也。

静存齋箴曰：皇降吾衷，本真而静。云胡末渝，斲喪其性。外物膠擾，日以心競。情熾欲蕩，百慮千歧。顛冥不止，老洫堪悲。不求其本，曷能存之。其本伊何，主静爲則。觀天之道，元自貞發。察地之用，闢是翕力。反躬艮背，驗其一理。外無妄接，肅如軍壘。内無妄念，湛如止水。靡有將迎，恒存戒懼。一體淵微，萬理森具。迨其應用，游刃庶務。由定而明，曲當時措。各止其止，動亦静爾。非若老、佛，静耽動鄙。墮落一偏，滅常淪法。嗟維此義，聖賢遺躅。孔云定静，孟論夜氣。周程益闡，楊羅深味。至于延平，以詔考亭。考亭始入，由此門庭。遂大用敬，集厥大成。在我後學，寧不遵式。静以立本，静貫本末。交致其功，久乃有得。直諒吾友，力於古學。有契于此，揭之齋額。執此明彼，匪遺其一。同我蘭臭，惠我麗澤。我用作箴，于胥勖兮。

問：立心以定其本，居敬以持其志。先生引朱子之訓曰：立心必須高出事物之表，而居敬則常存於事物之中。令此敬與事物皆不相違，言也須敬，動也須敬，坐也須敬，頃刻去他不得。此立志居敬之説，最緊切於學者。

敬是入道之門，必以誠，然後不至於間斷。

先生答李德弘論敬書，因寫一通，揭之于壁，曰：我雖教人如此，而反諸吾身，猶未能自盡其書。曰：程夫子所謂敬者亦不過曰正衣冠、一思慮，莊整齊肅，是以動言。然而靜時衣冠豈可不正？容止事物豈可不莊整齊肅乎？曰一思慮，曰不欺不慢，是以靜言。然而動時此心尤不可不主於一本源之地，又豈容有一毫欺慢乎？故朱子又嘗曰「心體通有無、貫動靜」，故工夫亦通有無、貫動靜，方無透漏，正謂此也。

【校勘記】

［一］頻頻提起　「頻頻」上，朱子語類卷十二有「只是」二字。

［二］只著些子力去照管他便是　「只」上，朱子語類卷十二有「自家」二字；「照管」上，朱子語類

卷十二有「提省」二字；「是」，朱子語類卷十二作「了」。

〔三〕這話頭高急難湊泊　「這」上，朱子語類卷十二有「然」字；「急」上，朱子語類卷十二有「卒」字。

〔四〕故伊川只説箇敬字　「字」下，朱子語類卷十二有「教人只就這敬字上崖去」十字。

〔五〕惟心惟一　「心」，晦庵先生朱文公文集卷八十五作「精」。

〔六〕動静不違　「不」，晦庵先生朱文公文集卷八十五作「無」。

〔七〕容貌辭色之間　「色」，晦庵先生朱文公文集卷六十七作「氣」。

〔八〕看來須是静坐　「看來須是静坐」，朱子語類卷十二作「又云須是静坐方能收斂」。

〔九〕静坐時　「静坐」，朱子語類卷十二作「當静坐涵養」。

〔一〇〕便是　「是」下，晦庵先生朱文公文集卷六十有「工夫也」三字。

〔一一〕羅先生教學者静坐中看喜怒哀樂未發作何氣象　「樂」下，朱子語類卷一百二有「未發謂之中」五字。

〔一二〕與前所舉有礙否　「與前所舉有礙否」，朱子語類卷一百二作「昔嘗疑其與前所舉有礙細思亦甚緊要不可以不考」。

〔一三〕乃思慮未萌　「乃」下，朱子語類卷一百二有「其」字。

〔一四〕此説終是少偏　「少」，朱子語類卷一百二作「小」。

〔一五〕故見得恁地　「恁地」下，朱子語類卷一百二有「正而不偏」四字。

〔一六〕某初疑之近方信　「初」下，朱子語類卷九十七有「亦」字；「近」下，朱子語類卷九十七有「春來」二字。

〔一七〕才養氣心便在氣上　「才養氣心便在氣上」，朱子語類卷九十七作「心死在養氣上氣雖得其養」。

〔一八〕甚善　「甚」上，晦庵先生朱文公文集卷六十一有「此論」二字。

〔一九〕但須識得此意便有本來生意融融洩洩氣象　「此意」之「意」，晦庵先生朱文公文集卷六十一作「處」。

〔二〇〕心不可識　「心不可識」，晦庵先生朱文公文集作「心固不可不識」。

〔二一〕擎拳作弄做來大事看　「拳」，晦庵先生朱文公文集卷五十六作「夯」；「做」下，晦庵先生朱文公文集卷五十六有「天」字。

〔二二〕只要常知提醒耳　「只要」上，朱子語類卷五十九有「但」字；「醒」，朱子語類卷五十九作「惺」。

〔二三〕醒則自然光明不可把捉　「醒」，朱子語類卷五十九作「惺」；「可」，朱子語類卷五十九作「假」。

〔二四〕纔知覺　「纔」下，朱子語類卷九十六有「説」字。

〔二五〕恐説得太過　「恐」，朱子語類卷九十六作「此恐伊川」。

〔二六〕今不曾知覺甚事　「不」，朱子語類卷九十六作「未」。

〔二七〕心之用與天地流通　「心之用」，朱子語類卷九作「而其用」。

〔二八〕二氣形而萬物化生　「生」下，南軒先生文集卷十一有「人與俱本乎此者也」八字。

〔二九〕則有所存者將洋洋乎察乎上下而不可掩　「則有」之「有」，南軒先生文集卷十一作「其」。

〔三〇〕可得以全矣　「可」上，南軒先生文集卷十一有「性」字。

〔三一〕大抵讀書　「書」，南軒先生文集卷十九作「經書」。

〔三二〕義理固須玩索　「義理」，南軒先生文集卷二十五作「理義」。

〔三三〕固如此省察　「固」下，南軒先生文集卷十九有「當」字。

〔三四〕某數年來務欲收拾　「拾」，南軒先生文集卷二十三作「斂」。

〔三五〕徒損　「徒」下，南軒先生文集卷二十四有「自」字。

〔三六〕此非特養病之方也　「特」下，南軒先生文集卷二十四有「是」字。

〔三七〕然後得所存而不流於邪僻　「然後」下，晦庵先生朱文公文集卷三十三有「心」字。

〔三八〕以養其中者　「以」上，晦庵先生朱文公文集卷三十三有「所」字。

〔三九〕蓋因其亡　「亡」，南軒先生文集卷二十六作「舍亡」。

〔四〇〕然逐物而出　「然」下，南軒先生文集卷二十六有「其」字。

〔四一〕至於心之存物來順應　「至於」，南軒先生文集卷二十六作「至於是」。

〔四二〕故某欲其操舍之間　「其」下，南軒先生文集卷二十七有「於」字；「之間」下，南軒先生文集卷二十七有「體察」二字。

〔四三〕只多是要見仁字意味　「只多是要見仁字意味」，南軒先生文集卷二十七作「多只是要見得仁字意思」。

〔四四〕夫静而涵動之所本動而見静之所存　「夫静而涵動之所本動而見静之所存」，晦庵先生朱文公文集卷三十二作「要須察夫動以見静之所存静以涵動之所本」。

〔四五〕而不如此用工　「而」下，南軒先生文集卷三十有「以此爲外既」五字。

〔四六〕正要一事一件上集　「集」上，南軒先生文集卷三十二宋本有「積」字。

〔四七〕古今教人自灑掃應對進退禮樂射御之類　「今」，南軒先生文集卷三十二作「人」。

〔四八〕皆是栽培涵泳之道　「道」，南軒先生文集卷三十二宋本作「理」。

〔四九〕某索居獨學　「某」，東萊吕太史别集卷七作「但」。

〔五〇〕如此　「如」上，東萊吕太史外集卷五有「工夫」二字。

〔五一〕勿忘勿助　「助」下，東萊吕太史别集卷七有「長」字。

〔五二〕浸灌培養　「養」下，李子粹語卷二有「之」字。

〔五三〕物欲之生　「物」上，李子粹語卷二有「則」字。

〔五四〕比來深體　「來」下，李子粹語卷二有「閑居深思」四字。

〔五五〕得見此理無時不然無物不有處　「得見」，李子粹語卷二作「見得」。

〔五六〕所謂千百萬億不爲多　「千百」，李子粹語卷二作「百千」。

〔五七〕應接之頃　「應接」，李子粹語卷二作「接應」。

續近思録卷之五 凡五十九條

力行

晦庵先生曰：通書竭力説箇「幾」字，儘有警發人處。近則公私邪正，遠則廢興存亡，只於此處看破，便斡轉了。此是日用第一親切工夫。精粗隱顯，一時穿透，堯舜所謂「惟精惟一」，孔子所謂「克己復禮」，便是此事。

天理人欲之分，只争些子，故周先生只説「幾」字，然辨之又不可不早，故横渠每説「豫」字。

問：遇事時亦知理之是非，到做處又却爲人欲引去，做了又却悔。曰：此便是無克己工夫。須是遇事時便克下，不得苟且放過，明理以先之，勇猛以行之。

問：顔子地位，有甚非禮處？曰：只心術間微有些子非禮處，須用净盡截斷了。

問：己私有三。氣質之偏，一也；耳目口鼻之欲，二也；人我忌克之類，三也。孰是夫子所指？曰：三者皆在裏面，看下文「非禮勿視聽言動」，則耳目口鼻之欲爲多。

人只有箇天理人欲，此勝則彼退，彼勝則此退，無中立不進退之理。此譬如劉、項相拒滎陽、成皋之間，我進一步，則彼退一步。初學要牢劄定脚，逐旋捱將去，此心莫退，終須有勝時，勝時甚氣象！

做事只要靠著心，但恐己私未克時，此心亦有時錯認了。

克己別無巧法，譬如孤軍猝遇强敵，只是盡力舍生向前而已。

義利之間，誠有難擇，但意所疑以爲近利者，即便舍去可也。向後看得親切，却看舊事，只有見未盡舍。未盡者，不解有過當也。

學者須是做工夫，且如見一事不可做，忽然又要去做，是如何？又如好事初心要做，又却終不肯，是如何？蓋人心本善，方其見善欲爲之時，此是真心發見之端，然纔發便被氣稟物欲蔽固了。此須自去體察，最是一件大工夫。

人做不是底事，心却不安，此是良心。但被私欲蔽固，雖有端倪，無力争得出。須是大段著力與他戰，不可輸與他。知得此事不好，立定脚跟，硬地行從好路去，待得熟時，私欲自住不得。濂溪曰：「果而確，無難焉。」

或問：氣質之偏如何救得？曰：才説偏了，又著一箇物事去救他偏，越見不平正了，越討頭不見。要緊只是看教大底道理分明，偏處自見得。如暗室求物，把火來便照見。若只管去摸索，費盡心力，只是摸索不見。若見得大底道理分明，有病痛處也不知不覺自會變，不消得費力。

人性偏急，發不中節者，當於平日言語動作間以緩持之。持之久，則所發自有條理。

克伐怨欲，須從根上除治。

懲忿如摧山，窒慾如填壑。又云：懲忿如救火，窒慾如防水。

自家猶不能快自家意，如何要他人盡快我意！

大丈夫當容人，勿爲人所容。

「養心莫善於寡欲」，不是不好底欲，不好底欲不當言寡，只是眼前事，才多欲便將本心都紛雜了。如讀書要讀這一件，又要讀那一件，又要學寫字，又要做詩人，只有一箇心，如何分做許多去？到得合用處却不得力。

古人終日只在禮中，欲少，自由亦不可得。

損者三樂，惟宴樂最可畏，所謂宴安鴆毒也。

某平生不會懶，雖甚病，一心只要向前做事〔二〕，自是懶不得。今人所以懶，未必是真箇怯弱，自是先有畏縮之心[二]，才見一事，便料其難而不爲，所以習成怯弱而不能有爲也。

南軒先生曰：物欲之防，先覺所謹。蓋人心甚危，氣習難化，誠當兢業乎此。然隨感隨起[三]，將滅於東而生於西，紛擾之不暇。惟端本澄源，養之有素，則可以致消弛之力[四]。舊見謝上蔡謂透得名利關，便是少歇處[五]，疑斯言太快。透得名利關亦易事耳，如何便謂之少歇處？年大經事[六]，始知真透得誠未易。世有自謂能擺脱名利者，是亦未免被他礙著耳。前人之言不苟然類如此，要用力，乃知之耳。

某邇來思慮，只覺向來所講之偏，惕然内懼，不敢不勉。蓋諸君子往往因有所見，便自處高執之固，後來精義更不可入，故未免有病。

嘑爾而不受，蹴爾而不屑，此其羞惡之心也。人之困窮，其欲未肆，故其端尚在，至於爲萬鍾所動，則有所不復顧者矣。曰「萬鍾於我何加焉？」人能深味此言而得其旨，則亦可見外物之不足畏矣。

何以爲大且貴，人心是已；小且賤，則血氣是已？血氣亦禀於天，非可賤也，而心則爲之宰者也。不得其宰，則倍天遁情，流爲一物，斯爲可賤矣。人惟不知天理之存，故憧憧然獨以養其口腹爲事，自農工商賈之競乎利，以至公卿大夫士之競乎禄仕，皆然也。良心日喪，人道幾息，而不自知，此豈不類於場師之舍梧檟而從事於樲棘，治疾者養其一指而失其肩背者與！雖然，失其大者，則役於血氣，而爲人欲先立乎其大者，則本諸天命而皆至理。一飲一食之間，亦莫不有則焉。此人之所以誠身而通乎天地者也，然則可不謹其源哉！

病後，雖痛絶飲[七]，但向來酒積在腹間，才飲一兩杯，便覺隱隱地，遂禁絶不復飲。蓋亦賢者之決也[八]，以此益覺精力勝前耳。

頃見相識間有好爲調護審細之論，退而察之，其實畏怯。名曰憂國，恐只是爲身耳，故臨利害則氣懾志喪，而縈於寵利，則不已焉。知人之難，恐不可不察也。蓋直前妄發，爲不是[九]，然於所當然而不然，又别爲説，不免爲奸而已[一〇]。

天理人欲不兩立也，操舍存亡之機，其間不能毫髮[一一]。所謂非禮者，非天之理故也。學者於視聽言動之間[一二]，隨吾所見，覺其爲非禮，則克之無愛焉。由粗以及精，由著以及微，則所謂非禮，蓋將有不可勝克者。克之之至，則天理純全，而視聽言動一循其則矣。

答胡季隨曰：承諭夸勝之爲害，可見省察之功，正當用力自克也。克之之道，要須深思夸勝之意何自而生，於本源上用功銷磨乃善。若只待其發見而遏止，將見滅於東而生於西也[一三]。

克齋銘曰：惟人之生，父乾母坤。允受此中，天命即存[一四]。血氣之萌，物欲斯誘。日削月朘，意鮮能久。越其云爲，匪我之自。營營四馳，擾擾萬事。聖有謨訓，克己是宜。其克伊何？本乎致知。其致伊何？格物是期。動静以察，晨夕以思。良知固有，匪緣事物。卓然獨見，我心皦日。物格知止[一五]，萬理可窮。請事克己，日新其功。莫險於人欲，我其平之；莫危於人心，我其安之。我視我聽，勿蔽勿流；我言我動，是出是由。涵濡泳游，不競不絿。允蹈彝則，靡息厥修。逮夫既克，曰人而天。悠久無疆，匪然而然。爲仁之功，於斯其至。我稽古人，其惟顔氏。於穆聖學，具有始終。循循不舍，與天同功。請先致知，以事克己。仁遠乎哉？勉旃吾子。

東萊先生與朱元晦曰："喜合惡離之病，砭治尤切。玩味來誨[一六]，有尚未諭者，復列于别紙。所以喋喋煩瀆者，政欲明辨審問，懼有毫髮之差，初非世俗立彼我較勝負者也。

所謂無事者，非棄事也，但視之如早起晏寢，飢食渴飲，終日爲之，而未嘗爲也。大抵胸次常令安平和豫，則事至應之自皆中節。心廣體胖，百疾俱除，蓋養生養心同一法也。荀子言："喜事至則和而理，憂事至則静而理。"理者，有條理而不亂之謂。

大凡人之爲學，最當於矯揉氣質上做工夫。如懦者當强，急者當緩，視其偏而用力焉。

培養克治，殊不可緩。私意之根，若尚有眇忽未去，異日遇事接物，助發滋養，便張王不可剪截。其害非特一身也。要須著省察，令毫髪不留乃善。

公私之辨，尤須精察。

屯"初九，盤桓"。蓋初以剛明之才，乃能與時消息，自制其剛，盤桓而不敢騁，此正所謂"自勝之强」也。惟剛然後能盤桓，孰謂以剛爲戒乎！

要須實下存養、克治、體察工夫，真知所止，乃有可據依，自進進不能已也。

答張敬夫曰：私意克治不盡，自納敗闕，令在傍者得以指點[一七]，故不知所倚耳。

從前病痛，良以嗜欲粗薄，故却欠克治經歷之功；思慮稍少，故却欠操存澄定之力。積畜未厚而發用太遽，涵養不足而談説有餘。

謹思明辨，最爲急務。自昔所見少差，流弊無窮者，往往皆高明之士也。

近思爲學，必須於平日氣禀資質上驗之。如滯固者疏通，顧慮者坦蕩，智巧者易直。苟未如此轉變，要是未得力耳。

要須公平觀理而撤户牖之小，嚴敬持身而戒防範之踰，周密而非發於避就，精察而不安於小成。凡此病痛，皆吾儕彼此素所共點檢者耳[一八]。義理無窮，才智有限，非全放下，終難湊泊。

須是尋病源處克將去。若强要勝他，克得一件一件來。就自己偏處，尋源下工夫[一九]。克，只是消磨令盡。

朱子曰：向見伯恭説少時性氣粗暴，嫌飲食不如意，便打破家事。後日久病[二〇]，只將一册論語早晚閒看，至躬自厚而薄責於人[二一]，忽然覺悟意思一時平了，遂終身無暴怒。此可謂變化氣質法[二二]。

退溪先生曰：飲食男女，至理所寓而大欲存焉。君子之勝人欲而復天理由此，小人之滅天理而窮人欲亦由此。故治心修身，以是爲切要也。

「不遷怒，不貳過」，其地位甚高，初學卒難著脚，不如非禮勿視、聽、言、動上著力也。

怒與哀尤患難制者，亦不過稟得此氣偏重而然。此謝氏所以有克己，須從性偏難克處克將去之論也。

凡看文義與講究道理，必先虛心退步，勿以私見爲主。不論古人今人，惟從是處乃得其真實洽好處。苟或反是，深恐自誤誤人，必多切願留意。

孝爲百行之原，一行有虧，則孝不得爲純孝矣。仁爲萬善之長，一善不備，則仁不得爲全仁矣。詩曰：靡不有初，鮮克有終。

真剛真勇，不在於逞氣强説，而在於改過不吝，聞義即服也。

舜之告禹以精一，孔子之告顔以四勿，固治病之大藥。然能用此藥者，禹與顔子耳，不在舜與孔，故曰：「爲仁由己，而由人乎哉！」

不患不知其病，正患所以治病者，奪於外事，而不得專精致一耳。

一時之悔過自新非難，而能終始不變，卓然立脚於頹波之中[一三]，爲難。

答南時甫曰：恍惚前後存之極難者，僕正自墮於其中，何能爲公謀耶？然公既知私意私欲之爲害，但當隨時隨事力加克治之功，勿忘勿助，敬義夾持，無少間斷，此最緊切工夫。

答朴子進曰：既云少無俱馳之心，只安所遇之位，是已到大學定静安地頭。孟子先立其大而小不能奪處，何故更有出入之患及失言、苟且等病耶？得非涵養省察，未免兩疏，雖有俱馳與不安所遇之失，不自覺知而云爾耶。今欲治此病，但以來諭所舉致知未盡、居敬不力者而反之，則實體可見，而心能作主矣。

答趙士敬曰：示諭以忿懥爲切己病痛，若非實下體察克復之功，何能自知之審至此耶？知過固難，改過不吝爲尤難，只在自家能振勵勇爲，他人何得有與於其間哉！

某之於制慾如敗軍之將，憤回溪之垂翅，堅壁清野，枕戈嘗膽，厲兵誓師而敵自不至；其或遇敵，或多設方略，不與交鋒而坐銷西羌之變；或不得已，至於用兵，則當鑿城怒牛，一舉而掃蕩燕寇，斫樹發弩，頃刻而蹙死窮龐可也。如公則自負萬人敵之氣，多多益辦之量，居四散四戰之地，日與勍敵相遇，將反驕卒、反惰師，律不嚴或與蕩狎，雖幸而克之，得一夕安寢，起視四境，而秦兵又至矣。更迭無已，兵安得不疲？氣安得不餒？至此則其爲謀必出於下策，以爲當持和戰并用之説，或發士王畿以赴戍申之役，或運米枋頭以濟符丕之飢，則吾恐超乘之勇。蓋未可恃而隸楚之兵，已入於郢都矣，故爲公計，莫若濟河焚舟、破釜甑、燒廬舍、持三日糧，示士卒無還心，乃可以成功也。

義理無窮，故爲學亦無窮。人心易染，故省察當益急[一二四]。

古人雖貴悔過自責，然不可太爲刻切煎迫。如此，則反爲悔咎所累，胸中積畜羞吝之心。延平所謂「積下一團私意」者，正謂此也。

【校勘記】

[一] 一心只要向前做事 「一心只要」，朱子語類一百二十作「然亦一心欲」。

[二] 自是先有畏縮之心 「縮」，朱子語類一百二十作「事」。

〔三〕然隨感隨起　「隨感隨起」，南軒先生文集卷二十六作「隨起隨遏」。

〔四〕則可以致消弛之力　「弛」，南軒先生文集卷二十六作「弭」。

〔五〕便是少歇處　「少」，南軒先生文集卷二十六作「小」。按：下句中的「少」亦如是。

〔六〕年大經事　「經」，南軒先生文集卷二十六作「更」。

〔七〕病後雖痛絶飲　「病後」上，南軒先生文集卷二十三有「自甲午」三字；「絶」，南軒先生文集卷二十三作「節」。

〔八〕蓋亦賢者之決也　「亦」下，南軒先生文集卷二十三有「效」字。

〔九〕爲不是　「爲」上，南軒先生文集卷二十五有「固」字。

〔一〇〕又別爲説不免爲奸而已　「別爲」之「爲」下，南軒先生文集卷二十五有「之」；「不免」上，南軒先生文集卷二十五有「終恐」二字。

〔一一〕其間不能毫髮　「能」下，南軒先生文集卷十八有「以」字。

〔一二〕學者於視聽言動之間　「學者」下，南軒先生文集卷十八有「所當」二字。

〔一三〕將見滅於東而生於西也　「也」下，南軒先生文集卷二十五有「正惟勉之」四字。

〔一四〕天命即存　「即」，南軒先生文集卷三十六作「則」。

〔一五〕物格知止　「止」，南軒先生文集卷三十六作「至」。

［一六］玩味來誨　「玩」上，東萊呂太史別集卷七有「數日」二字。
［一七］令在傍者得以指點　「傍」，東萊呂太史別集卷七作「旁」，二字通。
［一八］皆吾儕彼此素所共點檢者耳　「素所」，東萊呂太史別集卷十作「所素」。
［一九］尋源下工夫　「源」下，麗澤論説集録卷十有「流」。
［二〇］後日久病　「日」，晦庵先生朱文公文集卷五十四作「因」。
［二一］至躬自厚而薄責於人　「至躬自厚而薄責於人」九字，晦庵先生朱文公文集卷五十四無。
［二二］此可謂變化氣質法　「謂」，晦庵先生朱文公文集卷五十四作「爲」。
［二三］卓然立脚於頽波之中　「中」下，李子粹語卷二有「者」字。
［二四］故省察當益急　「察」，李子粹語卷二作「改」。

續近思録卷之六 凡七十一條

家道

晦庵先生曰：道之在天下，其實原於天命之性，而行於君臣、父子、兄弟、夫婦、朋友之間。父子、兄弟爲天屬，而以人合者居其三焉：夫婦者，天屬之所由以續者也；君臣者，天屬之所賴以全者也；朋友者，天屬之所賴以正者也。是則所以綱紀天道，建立人極，不可一日而偏廢。

答陳膚仲曰：承以家務叢委妨於學問爲憂，此固無可奈何，然只此便是用工實地。但每事看得道理，不令容易放過，更於其間見得平日病痛，痛加剪除，則爲學之道何以加此？若起一脱去之心，生一排遣之念，則事理却成兩截，讀書亦無用處矣。

答胡伯逢曰：男女居室，人事之至近，而道行乎其間。此君子之道所以費而隱也。然幽暗之中、衽席之上，人或褻而慢之，則天命有所不行矣。此君子之道所以造端乎夫婦之微密，而語其極則察乎天地之高深也。然非知幾、慎獨之君子，其孰能體之？易首於乾、坤而中於咸、恒，禮謹大昏，而詩以二南爲正始之道，其以此與？知言亦曰「道存乎飲食男女之事，而溺其流者不知其精」，又曰「接而知有禮焉，交而知有道焉，惟敬者能守而不失耳」，亦此意也。

夫婦情意密而易於陷溺，不於此致謹，則私欲行於狎玩之地，自欺於人不知之境。倘知造端之重，隱微之際戒謹恐懼，則是工夫從裏面做出，以之事父兄、處朋友，皆易爲力而有功矣。

孔明擇婦，正得醜女，奉身調度，人所不堪。彼其正大之氣、經綸之蘊固已得於天資，然竊意其志慮之所以日益精明，威望之所以日益隆重者，則寡欲養心之助爲多。

陰陽和而後雨澤降，如夫婦和而後家道成。故爲夫婦者，當黽勉而同心，不宜至於有怒。

「幾諫」，只是漸漸細密諫，不要峻暴硬要闌截。

父子相隱，天理人情之至也。

問：父母之於子，有無窮憐愛，欲其聰明成立。此之謂誠心耶？曰：父母愛其子，正也。愛之無窮而必欲其如何，則非矣。此天理人欲之間，正當審決。

父母有愛其子弟之心者[一]，當爲求明師良友，使之究義理之指歸，而習孝悌馴謹之行[二]，以誠其身而已。禄爵之不至，名譽之不聞，非所憂也。

兄弟之恩，異形同氣，死生苦樂，無適而不相須。

兄弟設有不幸鬥狠於内，然有外侮則同心禦之矣。雖有良朋，豈能有所助乎？富辰曰：「兄弟雖有所忿，不廢懿親。」

籩豆簠簋之器，乃古人所用，故當時祭享皆用之。今則燕器代祭器，常饌代俎肉，楮錢代幣帛，是亦以平生所用，是謂「從宜」也。

祭祀須用宗子法。

兄弟異居，廟初不異，只合兄祭，而弟與執事，或以物助之爲宜。若相去遠者[三]，則兄家設主，弟不立主，只於祭時旋設位，以紙牓標記，逐位祭畢焚之。如此似亦得禮之變。又曰：禮文品物亦當小損[四]，或但一獻無祝可也。

凡祭，主於愛敬之誠而已。貧則稱家之有無，疾則量觔骨而行之，財力可及者則當如儀。

朔朝家廟用酒果，望日用茶[五]。重午、中元、九日之類，皆名俗節。大祭，每位用四味，請出木主。俗節，只就家廟[六]，止二味。朔朝俗節[七]，酒止一上，斟一杯。

答曾光祖曰：家間頃年居喪，於四時正祭不敢舉，而俗節薦享則以墨衰行之。蓋正祭，三獻受胙，非居喪所可行。而俗節則惟普同一獻，不讀祝，不受胙也。遷主禮經所説不一，亦無端的儀禮，竊恐當以大祥前一日祭當遷之主[八]，告而遷之，然後次日撤几筵，奉新主入廟，似亦稍合人情也。又曰：祔與薦，自是兩事，卒哭而祔，且從温公之説。蓋是告祖父以將遷他廟，告新死者以將入祖廟之意，已祭則主復於寢也。至三年喪畢，則又祫祭而遷祖父之主入他廟，奉新主入祖廟也。

喪禮須從儀禮爲正。

按喪禮，「凡喪，父在，父爲主」，則父存，子無主喪之禮也[九]。又曰：父没，兄弟同居，各主其喪。注云：各爲妻子之喪爲主也。則是凡妻之喪，夫自爲主也，以子爲喪主未安[一〇]。

先生閒居，未明而起，深衣幅巾方履，拜於家廟以及先聖。退坐書室，几案必正，書籍器用必整。其飲食也，羹食行列有定位，匙箸舉措有定所。倦而休也，瞑目端坐；休而起也，整步徐行。中夜而寢，既寢而悟，則擁衾而坐，或至達旦。其色莊，其言厲，其行舒而恭，其坐端而直，威儀容止之則，自少至老，祈寒盛暑，造次顛沛，未嘗有須臾之離也。

南軒先生曰：事親之心，至親至切，古人所謂起敬起孝，更須深體而用力焉[一一]。

若夫家庭間事，於己見有阻礙，其間曲折萬端，乃是進修深切處，大要反求吾身而已。侍傍雜務，子職所當任[一二]，豈容少有厭煩忽細之意？惟主敬以立本，而事事必察焉，爲學之要也[一三]。

答朱元晦曰：所定祭禮，考究精詳，須自今歲冬至行之乃安。但其間未免有疑[一四]。古者不墓祭，非有所略也。神主在廟，而體魄之藏而祭也[一五]。於義何居[一六]，知其理之不可行，而强爲之[一七]，是以僞事其先也。此所疑一也。祭不可疏也，而亦不可數也。古之人豈或忘其親哉？或黷焉則失其理故也[一八]。時祭之外，冬至祭始祖，立春祭先祖，季秋祭禰，義則精矣。元日履端之祭亦當然也。而所謂歲祭節祀者，亦有可議者乎。若中元[一九]，則甚無謂也。此端出於釋氏之説，何爲循俗至此也？此所疑二也。

禮書中不當去冠禮，事甚當。此事乃人道之始，所係甚重，所謂「冠禮廢，天下無成人」。惟留念，幸甚[二〇]。

元晦寄來祭儀頗詳，但墓祭一段鄙意終不安。尋常到山間，只是頓顙哭，灑掃而已，時祭只用二分二至，有此不同耳。家間方謀家廟[二二]，異時廟成定祭禮，庶幾正當[二三]。

聞喪事謹朝夕之奠，不用異教，甚善。此乃以禮事其親，若心知其非而徇於流俗之儀[二三]，則爲欺僞，不敬莫大焉。

跋范文正公帖曰：公生二歲而孤，隨其母育於長山朱氏。既第，始歸姓范氏。雖以義還本宗，而待朱氏備極恩義，既貴，則用南郊恩贈朱氏父。其親愛篤厚之意發於自然[二四]，與待其本宗何異！其於天理人情可謂得其厚矣。

東萊先生曰：處家之道，導之以禮義，示之以禮法，養之以恩義，雖肅遜悌之風，可以維持百年而不息。苟或未然，則聚族既衆，群居終日，當慮者豈止一事哉？

柔色以温之，此孝子和柔顔色以温父母。子以柔色來，父母安得不豫？

「起敬起孝」，蓋我之心無間斷，隨遇隨起[二五]，雖父母不從吾諫，至於怒，至於撻之流血，起敬起孝常自若也。起非起止之起，只是遏捺不住。

雖八珍之味，嗟來而與，則何甘[二六]？疏食菜羹，進之以禮，顔色和悦，則食之者自覺甘味[二七]。此所謂「慈以旨甘」。

「下氣怡色柔聲」，此六字非特事父母當然，凡處己待人能體此六字，則見孔子鄉黨氣象。

「事父母幾諫」，所謂幾諫者[二八]，不待過之已形，略有萌芽發見，便去救正。

「三年無改於父之道」，不死其親也。凡門風家法[二九]，種種皆父之舊，不暇改也。至於事之害理傷人[三〇]，則父在固將諫而改之。苟以父没之故，而見其害人而不敢改[三一]，是以存没二其心，豈所謂「無改於父之道」哉？孝子事死如事生，見父之事有害義者，汲汲更改[三二]，常如「下氣幾諫，號泣隨之」之時，是亦「無改於父之道」也。

凡紙上課册長進甚多[33]，只是非紙上可寫之課册長進者少。如事親從兄，處家處衆，皆非紙上可紀。此學者正當日夕點檢，以求長進門路。

管攝天下人心，收宗族，厚風俗，使人不忘本，須是明譜系，收世族，立宗子法。宗子法壞，則人不自知來處，以至流轉四方，往往親未絶不相識。

日晨，先詣家廟燒香，然後於尊長處問安。

朔、望，長少晨詣家廟瞻拜，設酒茶時果[34]。惟正月朔，薦蘭及湯餅。

薦新以朔望，時祭用二分二至。前期五日，修補屋宇，檢視祭料、祭具。前一日[35]，灑掃祭所，滌灌陳設祭具。具祭饌果六品，醢醬蔬共六品，麵食、果食、魚、肉、羹、飯共六品[36]。豐儉以家之有無、歲之豐歉爲之節。今歲每祭以陸貫足爲率。是日，與祭者并沐浴致齊，男子會于書堂。

規矩：子弟未冠執事狠慢[三七]，已冠頽廢先業，并行檟楚。執事狠慢，謂祭祀時醉酒，高聲諠笑、鬥争、久待不至之類。頽廢先業，謂不孝、不忠、不廉、不潔之類。凡可以破壞門户者，皆爲不孝。凡出仕，不問官職大小，蠹國害民者，皆爲不忠。凡法令所載贜罪，皆爲不廉。凡法令所載濫罪，皆爲不潔。

子弟出入，婢僕增減，并禀尊長。

門内若有可愧，外雖奮振，終亦無力。

觀起之早晏，可以卜人家之興替[三八]。書曰：「夙夜浚明有家。」

朱元晦祭儀配祭一段，其説固有從來。配以元妃，而繼室則别享，固欲省并侑之瀆。然奉祀者或繼室所出，乃廢元妃之配，無乃以私而廢公，以卑而廢尊乎！

居喪，弔慰妻家，與親戚，恐可往，外人則不可也。若祥祭後居禫制時，則雖外人亦須往。

禫本祭名，非服制也。

退溪先生曰：士大夫祭三代，乃時王之制，固當遵守，而其祭四代，亦大賢義起之禮也，非有所不可行者。今世孝敬好禮之家，往往謹而行之，國家之所不禁也，豈不美哉？

答李剛而問朱子答王近思甘旨有闕之問，別無方法，別無意思之説。曰：蓋聖賢看得義理至大至重處極明，無疑不容毫髮有所回撓遷奪。故甘旨之闕，雖人子之心所甚憂者[三九]，亦不以是而別生意思，別求方法，以要必得之也。無他，知此爲極重，則彼不得不輕故也。今人每以榮養藉口，而受無禮之禄食。若充類而言之，與乞墦間而充甘旨，自以爲孝，殆無以異。故君子雖急於奉養，不以是變所守也。

古人所以爲學者，必本於孝悌忠信，以次而及於天下萬事，盡性知命之極。蓋其大體無所不包，而其最先最急者，尤在於家庭唯諾之際，故曰「本立而道生」。今以幹蠱之故，至妨於爲學之功，無乃與古所云者有異乎？然則其所以承幹者，得無緩於義理而急於營爲[四〇]，故馴至於此耶？請無改其名而改其所從事之實。自承順懽奉之餘，一切惟盡義理之所在，則向所營爲者[四一]，未必不在其中矣。

事親節目，無非天衷所在、至理所寓。量古今之宜，至誠温謹，以漸而行之，安有上拂親意而下爲一家之驚怪乎？但末俗頑弊人家，子弟鮮有行之者，一朝卒然。每親調膳，或未爲親意所安，則亦當隨宜斟量以漸成慣，要在自盡其心而無忤親意可也。

窮而買田，非甚害理。計直高下之際，一有利己剋人之心，便是舜、蹠所由分。於此克須緊著精采，以「義利」二字剖判，才免爲小人，即是君子不必以不買爲高也。然此等事留心之久，易陷於污賤之域，切宜常自激昂，庶不墮落也。

屢空之歎，吾輩常事，又因連饑，重以喪祭之事，勢應至此稱貸，非便窮裏所同患。然朱子云「窮須是忍，忍到熟時自好」，此言當深味也。

答金慎仲曰：兄弟間贈遺過重，所處之宜，似當以「父母有賜辭不得，藏而待乏」之義處之。然若我誠空匱[四二]，兄推衍溢以周之，膠守「藏待」之説而不用，於兄之心安乎？最不可有矯情太苦之行。

私忌遇尊賓[四三]，而設素食，爲未安[四四]，然忌有隆殺，尊客亦有等級。自非極尊之賓，恐皆當設素爲禮。極尊，謂下士於公卿之類，非以齒德論也。

答琴聞遠曰：示諭居家父子兄弟間逐日行禮，意思甚好。昔徐仲車先生具袍笏行定省之禮，今世吏判安先生每日見伯氏，必拜惟謹。古今篤行君子[四五]，固多行之，不獨小學之禮當然也。

禮所謂「嚴威儼恪」，乃臨下之容，以之事親，則是局於氣質之過。嚴無愛敬之實，以融化之斯乃孝，思之罪人，何足與議於道哉？

答李平叔曰：似聞公有琴瑟不調之歎，因何而有此？竊觀世有此患者，其變多端。然以大義言之，在夫反躬自厚，黽勉善處，以不失夫婦之道，則大倫不至於斁毁，而身不陷於無所不薄之地，何可以情意不適之故，而或待若路人，或視如讎仇，牉合歸於側目[四六]，衽席隔於千里，使家道無造端之處，萬福無毓慶之原乎？無諸己而後非諸人，請以某所嘗經者告之。某曾再娶，而一值不幸之甚，然而於此處，心不敢自薄，黽勉善處者，數十年[四七]。其間極有心煩慮亂、不堪撓憫者，然豈可徇情而慢大倫，以貽偏親之憂乎？公宜深思於此，終無改圖，何以爲學問耶？

按：平叔得書，感悟夫婦如初。及先生卒，平叔夫人服心喪三年。

答金而精曰：顏子在陋巷，甘旨或闕，豈無慨然之憂！然則無枉己求禄以爲孝之理，故只付之無可奈何[四八]，惟日孳孳於博約之事。雖云亞聖之資，當其未得也，豈盡無疑？豈無辛苦工夫？惟其有疑不置，忍辛不撤[四九]，真積力久而竭其才，故其樂自生焉，與甘旨之憂并行而不相礙也。

問：兄弟有過，可相言之乎[五〇]？曰：此是最難處[五一]，但當致吾誠意，使之感悟，然後始得無害於義。若誠意不孚，而徒以言語正責之，則不至於相疏者幾希。孔子曰「兄弟怡怡」[五二]，良以此也。

與子寯曰：蒙兒尚居宿於内。禮：男子十歲[五三]，出就外傅，居宿於外。今此兒已十三四歲，而不出外[五四]，可乎？年十五，不可每呼幼名，别紙書去，依此命之并解釋詩義而教之。大抵此道之於人倫日用，如飲食裘葛，不可須臾無。欲子孫之佳，人之至願，而固多徇情愛而忽訓勑，是猶不耘苗而望禾熟，寧有是理？聞巫女頗出入[五五]，此事甚害家法。自我慈氏以來，全不崇信，吾常禁絶，不許出入，非但欲遵古訓，亦不敢壞家法，安可不知此意而輕變乎？

與安道孫曰：夫婦雖至親至密，而亦至正至謹之地，故曰「君子之道，造端乎夫婦」。世人都忘禮敬，遽相狎昵，遂致侮慢凌蔑者[五六]，皆生於不相賓敬之故。欲正其家，當謹其始。

又曰：今聞乳婢棄三四朔兒當上京云此無異於殺之也。近思録論此事云殺人子以活己子，甚不可。今此事正類此，京家必有乳婢矣，五六朔間兼飼相濟，以待八九月間上送，則此兒亦似可以粥物活命。如此則可以兩活，無乃大可乎？若不能然，寧使挈其兒而去，兼飼兩兒猶可也，直令棄去，仁人所不忍。

與完姪曰：開窗事，汝何聽之藐藐？凡爲子孫，當謹守家法。先世或全無開；或置窗，則小且高，不與外通。望三世各家皆然。大抵閨門之間，日用周旋、飲食言笑，豈可與裸股肱、不裹頭奴人相對無障蔽？今全爲牧牛馬、檢奴輩等事，而不顧禮法之爲重乎？

先生撰先府君行狀曰：府君少與弟參判公俱有異質，篤志好古，耽經史，不以家事屑意。嘗訓子曰：「吾於書，食與俱噍，寢與俱夢，坐與俱坐，行與俱行，未嘗頃刻而忘于懷。汝輩乃如是悠悠，何能有望於成就哉！」娶朴氏，夫人謹於事姑，誠於奉先，勤儉以治內，其待下嚴而有惠，織絍饋食，夙夜無敢少懈。先君中進士，明年病没。時伯兄僅授室，自餘幼穉滿前。夫人痛念多男而早寡，將不克持門户，益修稼牆蠶桑之務。及諸子漸長，則又拔貧資給就學於遠邇，每加訓戒，不惟文藝是事，尤以持身謹行爲重。遇物設比，因事爲教，未嘗不丁寧警切曰：「世常訾寡婦之子不教，汝輩非百倍其功，何以免此譏乎？」後見二子登仕，則又不以榮進爲喜，而常以世患爲憂。喻義理，曉事情，識慮類君子。然含章而無外事，恒守静撝而已。

先生早喪，先子先夫人窮居，其應舉決科，實爲便養計也。適坐舅罪，不許臨民之官。未幾，大夫人下世，先生每懷養義風樹之感，門人語及養親之事，必蹙然被罪人。

鷄鳴盥嗽，衣帶必飭，以省大夫人。怡聲下氣，婉容婾色[五七]，無或少失[五八]。至於昏定亦如之。枕席之設，衣衾之斂，必身親之[五九]，未嘗委諸侍兒。

先生五兄澄每至宅，則出門奉迎，必序坐一席，怡愉恭謹之容粹盎於外，望之令人生孝悌之心。

訓誨子孫，必先以孝經、小學等書。略通文義，然後及於四書，循循有序，未嘗躐等焉。子孫有過，則不爲峻責，警誨循復，俾自感悟，雖婢僕亦未嘗遽加嗔駡。閨門内外，怡愉肅穆，不動聲色，而萬事自理焉。

先生嘗謂學者曰：吾東方喪紀廢毁，世俗於送葬祥祭，必設酒以待客，甚無謂也，君輩講究處是之道。

【校勘記】

[一]父母有愛其子弟之心者　「父母」，晦庵先生朱文公文集卷七十四作「故今勸諭縣之父兄」。

[二]而習孝悌馴謹之行　「習」下，晦庵先生朱文公文集卷七十四有「爲」字。

〔三〕若相去遠者　「若相去遠者」，晦庵先生朱文公文集卷六十二作「向見説前輩有如此而相去遠者」。
〔四〕禮文品物亦當小損　「小損」，晦庵先生朱文公文集卷六十二作「少損於長子」。
〔五〕朔朝家廟用酒果望日用茶　「朝」，朱子語類卷九十作「旦」；「日」，朱子語類卷九十作「旦」。
〔六〕只就家廟　「只」上，朱子語類卷九十有「小祭」二字。
〔七〕朔朝俗節　「朝」，朱子語類卷九十作「旦」。
〔八〕亦無端的儀禮竊恐當以大祥前一日祭當遷之主　「儀禮」，晦庵先生朱文公文集卷六十一作「禮制」；「竊」下，晦庵先生朱文公文集卷六十一有「意」字。
〔九〕則父存子無主喪之禮也　「存」，晦庵先生朱文公文集卷四十三作「在」。
〔一〇〕以子爲喪主未安　「喪主」下，晦庵先生朱文公文集卷四十三有「似」字。
〔一一〕古人所謂起敬起孝更須深體而用力焉　「所」，南軒先生文集卷十九無；「更」上，南軒先生文集卷十九有「起字」二字。
〔一二〕子職所當任　「子」，南軒先生文集卷二十五作「於」。
〔一三〕爲學之要也　「爲」，南軒先生文集卷二十五宋本作「此」。
〔一四〕但其間未免有疑　「疑」下，南軒先生文集卷二十有「更共酌之」四字。

［一五］而體魄之藏而祭也　「而」下，南軒先生文集卷二十有「墓以藏體魄」五字。
［一六］於義何居　「居」下，南軒集卷二十有「而烏乎饗乎若」六字。
［一七］而强爲之　「而」下，南軒先生文集卷二十有「徇私情以」四字。
［一八］或黷焉則失其理故也　「或」上，南軒先生文集卷二十有「以爲神之之義」六字。
［一九］若中元　「若」下，南軒先生文集卷二十有「夫其間如」四字。
［二〇］惟留念幸甚　「惟留念幸甚」，南軒先生文集卷二十四作「惟早留意幸幸」。
［二一］家間方謀家廟　「謀」下，南軒先生文集卷二十五有「建」字。
［二二］庶幾正當　「正當」下，南軒先生文集卷二十五有「伯恭所考」四字。
［二三］若心知其非而徇於流俗之儀　「儀」，南軒先生文集卷二十六作「議」。
［二四］其親愛篤厚之意發於自然　「篤厚」，南軒先生文集卷三十四作「惇篤」。
［二五］隨遇隨起　「遇」，麗澤論説集録卷五作「遏」。
［二六］則何甘　「則」下，麗澤論説集録卷五有「食之」二字。
［二七］則食之者自覺甘味　「味」，麗澤論説集録卷五作「美」。
［二八］所謂幾諫者　「謂」下，麗澤論説集録卷六有「父母」二字。
［二九］凡門風家法　「凡」下，麗澤論説集録卷六有「出入起居」四字。

〔三〇〕至於事之害理傷人　「人」，麗澤論説集録卷六作「義」。

〔三一〕而見其害人而不敢改　「人」，麗澤論説集録卷六作「義」。

〔三二〕汲汲更改　「更改」，麗澤論説集録卷六作「改更」。

〔三三〕凡紙上課册長進甚多　「凡」，東萊吕太史别集卷十作「几」。

〔三四〕設酒茶時果　「茶時果」，東萊集别集卷一作「三杯茶三盞隔夜别研茶時果三品」。

〔三五〕前一日　「前」下，東萊吕太史别集卷一有「期」。

〔三六〕麪食果食魚肉羹飯共六品　「果」，東萊吕太史别集卷一作「米」。

〔三七〕子弟未冠執事狠慢　「子弟」下，東萊吕太史集别集卷一有「不奉家廟」四字。

〔三八〕可以卜人家之興替　「替」原作「瞽」，據麗澤論説集卷十改。

〔三九〕雖人子之心所甚憂者　「甚」，李子粹語卷三作「深」。

〔四〇〕得無緩於義理而急於營爲　「營」，李子粹語卷三作「榮」。

〔四一〕則向所營爲者　「則」下，李子粹語卷三有「其」字；「營」，李子粹語卷三作「榮」。

〔四二〕若我誠空匱　「誠」，李子粹語卷三無。

〔四三〕私忌遇尊賓　「賓」下，李子粹語卷三有「客」字。

〔四四〕爲未安　「爲」上，李子粹語卷三有「本」字。

［四五］古今篤行君子　「行」下，李子粹語卷三有「質美之」三字。

［四六］胖合歸於側目　「胖合」，李子粹語卷三作「胖體」；「側」，李子粹語卷三作「反」。

［四七］數十年　「數」上，李子粹語卷三有「殆」字。

［四八］故只付之無可奈何　「付」，李子粹語卷三作「附」。

［四九］忍辛不撤　「撤」，李子粹語卷三作「輟」。

［五〇］可相言之乎　「乎」，李子粹語卷三作「否」。

［五一］此是最難處　「處」下，李子粹語卷三有「事」字。

［五二］孔子曰兄弟怡怡　「孔」上，李子粹語卷三有「故」字。

［五三］男子十歲　「歲」，李子粹語卷三作「年」。

［五四］而不出外　「而不」，李子粹語卷三作「尚未」。

［五五］聞巫女頗出入　「頗」，李子粹語卷三無。

［五六］遂致侮慢凌蔑者　「者」上，李子粹語卷三有「無所不至」四字。

［五七］婉容媮色　「媮」，李子粹語卷三作「愉」，二字通。

［五八］無或少失　「少」，李子粹語卷三作「小」。

［五九］必身親之　「親」下，李子粹語卷三有「爲」字。

續近思録卷之七

凡四十九條

出處

晦庵先生曰：士大夫出處辭受[一]，非獨其身之事而已。其所處之得失，乃關風俗之盛衰，故尤不可以不審。

「進以禮」，揖讓辭遜；「退以義」，果決斷割。

觀聖人出處，須看他至誠懇切處，及灑然無累處。

人有些狂狷，方可望聖人。思狂狷[二]，以狂狷尚可爲，若鄉愿，則無説矣。今之人，纔説這人不識時之類，便有些好處[三]；纔説這人圓熟識體之類，便無可觀矣。

科舉之習，前賢所不免，但循理安命，不追時好，則心地恬愉，自無怵迫之累。

非是科舉累人，自是人累科舉。讀聖賢書，據吾所見而爲文以應之，得失利害置之度外，雖終日應舉，亦不累人。

以科舉爲爲親，而不爲爲己之學，只是無志。以舉業爲妨實學，不知曾妨飲食否，只是無志也。

纔出門去事君，這身便不是自家底了。貪生怕死，何所不至？

君子量而後入，不入而後量。

近臣以謇諤爲體，遠臣以廉退恬静爲體。

今人只爲不見天理本原，而有汲汲以就功名之心，故議論見識往往卑陋，多方遷就，下梢頭只成就一箇私意，更有甚好處？

不合而去，則雖吾道不得施於時，而猶在是，異時猶可有爲。不合而苟焉以就之，不惟吾道不得行於今[四]，亦無可望於後矣。

風俗不好，直道而行便有窒礙，然在吾人分上，只論得一箇是與不是，此外利害得喪，不足言也。

凡是名利之地，退步便安穩，只管向前便危險[五]，事勢定是如此。

今人遇小小利害，便生趨避計較之心。古人刀鉅在前，鼎鑊在後，視之如無物者，只緣見得這道理，不見那刀鉅鼎鑊。

人若著些利害，便不免開口告人，却與不學之人何異？向見李先生説：「若大端排遣不去[六]，只思古人所遭患難，有大不可堪者，持以自比，則亦可以少安矣。」始者甚卑其説，以爲何至如此，後來臨事，却覺有得力處，不可忽也。

患難之際，正當有以自處，不至大段爲彼所動，乃見學力。

問「既明且哲，以保其身」。曰：明哲只是見得道理分明，順理而行，自然災害不及其身，非趨利避害、偷以全軀之謂也。今人以邪心看了，先占取便宜，必至於孔光之徒而後已。如楊子雲説「明哲煌煌，旁燭無疆。遜於不虞，以保天命」，便是占便宜説話，所以一生被這幾句誤。古人到舍生取義處，不如此説。

今人多道東漢名節無補於事。某謂三代而下，惟東漢人才，大義根於心，利害死生不變其操[七]。未説公卿大臣，且如當時郡守懲治宦官親戚[八]，雖前者既爲所治，而來者復蹈其迹，誅殛竄戮，項背相望，略無所創。今士大夫顧惜畏懼，何望其如此！平居暇日，琢磨淬勵，緩急之際，尚不免於退縮。況游談聚譏，習爲軟熟，卒然有警，何以得其仗節死義乎[九]？大抵不顧義理，只計較利害，皆奴婢之態耳。

先生當孝宗初年，嘗兩進絶和議、抑佞倖之戒。言既不行，雖擢用狎至，不敢就。出處之義，凛然有不可易。提點江西刑獄，促奏事，有要之於路，以「正心誠意」爲上所厭聞，戒以勿言者。先生曰：「吾平生所學，止此四字，敢回互而欺吾君乎？」先生在孝宗朝，凡陛對者三，上對事者一，皆忠誠懇惻，至今讀者猶爲涕下。孝宗亦開懷容納，然所言皆痛詆大臣近習，主眷愈厚而疾者愈深，是以一日不能安其身於朝廷之上。先生平居惓惓，無一念不在於國，聞時政之闕失，則戚然有不豫之色，語及國勢之未振，則感慨以至泣下。然謹難進之禮，則一官之拜，必抗章而力辭；厲易退之節，則一言不合，必奉身而亟去。其事君也，不貶道以求售；其愛民也，不循俗以自安。故與世動輒齟齬，自筮仕以至屬纊，五十年間，歷仕四朝，仕於外者僅九考，立於朝者四十日而已。

南軒先生曰：「君臣之義，要須自盡，積其誠意，庶幾感通。是非間若有一絲毫未盡[一〇]，則誠意已分，烏能有動？孟氏敬王之義，所當深體也。」

龜山宣化一出，某未能無疑。以聖門論之，恐自處太高，磨而不磷，涅而不淄，在聖人乃言。其餘高弟如閔子騫，蓋有汶上之言矣。

子房蓋有儒者氣象，五代之後未易得也[一一]。終始爲韓，而漢之爵禄不足以羈縻之，此其出處大致也。

祈請竟出疆，顛倒叛悖[一二]，極有可憂。某月初求去，蓋會慶在近，不忍見犬使之至也[一三]。

某丐祠，乃不獲命，一味惶恐。黽勉于此且三年矣。事理自當退閒[一四]，此請若尚未遂，當更力言耳。

論朱元晦出處，亦似未安。周之則可受，謂不使饑餓於我土地[一五]，只是來相周，故可受。今乃受加之官寵，豈有安坐于家而坐享之理？元晦辭不敢當合義[一六]。不須得如此添加耳[一七]。

竊聞除書，復長道山，進退去就之義，必有以處之[一八]。詩曰：「戰戰兢兢，如臨深淵，如履薄冰。」此古人所以周旋乎義理，動中節奏爲未失也[一九]。

蓋自三代而降，在上者以爵禄而驕士，在下者以慕爵禄而求君，故上日以亢，下日以委靡。人君能降心以求隱逸[二〇]，則是不敢以爵禄驕其士，反有求乎士之意，則於克己養德，所助固不細矣。况風俗委靡之中，見時君所尊禮延納者乃在於廉退隱約之士[二一]，豈不足以遏其紛競之風而息僥倖之意[二二]，於風俗所助又不輕矣。

東萊先生曰：大凡人出處之際，須胸中有素。方其未出之時，人君欲見而不可得，及其言不用、道不行，引身而退，人君欲留而不可得。如是，然後可以任道之重輕，保社稷之安危。

孟子去齊，尹士語人曰云云。尹士之問，如疾雷奮電，迅激如此。而孟子之對，渾厚和緩，如在春風和氣中。二人氣象自判，然學者欲講究事君之道，須是平時開廓，心中能容人乃可。

凡出處進退之際，實消長否泰之端。倘誠意交孚，元氣可復，則固當身任天下之重。先後本末，自有次第，不必循匹夫之小量，避世俗之小嫌。苟或未然，則道不可輕用，物不可苟合，宜明去就之義，以感悟上心，風示天下，使後進有矜式，於吾道固非小補也。

與朱元晦曰：吾丈平昔惓惓君民未嘗少忘[一三]，幡然一起，既可以欽承朝家美意[一四]，又可以澤及一方，使世少見儒者之效，所係自不輕也。苟懇辭不已，紛紛者便以長往不來見處，甚者將有厭薄當世之譏，使上之人貪賢樂善之意由此少怠，亦可惜也。

退溪先生答奇明彦曰：古之君子明於進退之分，少失官守，則必奉身而亟去。彼其愛君之情必有所大不忍者，不以此而廢其去者，豈不以致身之地？義有所不行，則必退其身，然後可以循其義。當此之時，雖有大不忍之情，不得不屈於義所揜也。

竊觀來諭意在欲退，而某之言兩持出處之説，其無乃見，斥爲世俗常情。以某所見，豈不知勸公高翔遐舉一往不返，以應古人隱居求志之義，可出於常情之表，爲甚快樂也？顧嘗聞之朱先生與門人論程子不請俸之事，其意若曰：「今人若有科目入仕者，不得不以常調處之。」今公既失堅卧於初，又非病廢於後，而入仕由科目，則爲公謀忠者，安得一切以出世之事奉勸乎？

求仕不必由科目，古人已有其説。家貧親老爲禄仕，聖人亦所屑爲也[一五]。但今之由他歧入仕者，國家待之太有區別，其人自處亦殊爲猥雜，終歸於名節掃地者滔滔焉，甚可惜也！

程子論司馬温公、吕申公出處不同處，來諭以爲晦庵、南軒出處亦然者，亦善世臣，雖與他人不同，諫不用，言不聽，則亦安得不去，但其去之之決不得如他人之輕且易也。

答南時甫曰：孔明不當出之論，僕之左見有異。孔明命世之才，身存漢存，身死猶延十年之後而乃亡，使萬世之下明大義如日月，其出豈可謂誤耶？惟四皓但知深溺之辱爲可避[二六]，不知虐后横戚之請爲可耻，雖有定國本之功，其枉尋直尺[二七]，亦已甚矣。况初既染迹如此，後若産、禄之計得成，而四人不死，則杜牧所謂「四皓安劉是滅劉」者，安所逃其鈇鉞哉？

進退之誼，古人處此時，固當如此。某虚名欺世以致上誤，罪未加而恩太濫，又出於力辭之餘，若隱然冒耻而進受，管子所憂「四維不張」之患，由某而作，故不敢以私計處之。

答鄭子中曰：君子之言行，豈視時世而有所變易？然其行於世也，凡吾之顯晦語默，不可不隨時消息以善身也。故朱子之剛立不屈，晚年所以應世者，與乾道、淳熙間所爲大不同，非志變也，時不得不然也。

明彦之不就翰試，去不欲來，豈不是甚好？果能如錢若水、文文山，尤可尚矣。惟公欲速一念亦是大病，切不可以爲親爲辭而不痛斷其根株也。

曹植高抗之士，本不欲屈首風塵中。李恒從事學問之人，非偏以不仕爲高。二人心迹本不同也。是以在先王朝，雖皆嘗應命而至，植則才入對即遁去還山，恒受命出守數年而後歸，豈復有再作扶曳之行，屑屑往來之理乎？古之帝王於此等人，來則喜而延之，不來則嘉而獎之，未嘗疑其有不滿於我而生猜阻於其間，玆又太平之世盛德之事也。

今世實有恬退之人，既得其名，尤當謹守其實，庶或可也。或既以恬退受恩於家，又以寵利進用於朝，則壟斷之譏必歸於此人。況臣本非求名利，因病自廢，初非廉謹，安有恬退？

先生言於明廟曰：臣自少講聞事君之道，豈不知不俟駕、不俟屨之爲恭哉？其所以固守一隅，處群非積疑之中而不知變者，正畏其進，大有乖於事君之義也。何謂義？事之宜也。然則諱愚竊位可謂宜乎？病廢尸禄可謂宜乎？虚名欺世可謂宜乎？知非冒進可謂宜乎？不職不退可謂宜乎？持此五不宜以立本朝，其於爲臣之義何如也？故臣不敢進，祇欲成就一「義」字而已。人反以義不當稽命責之，亦異乎臣之所聞矣。

先生言於宣廟曰：臣去年入都，遭變罔極，攀號之餘，賤疾遽劇。禮判除受，不能供職於匪躬之地。義既不展，則獨有退身一義灼然明甚。是以山陵在前，不能留待，乘遞職無官之隙而率爾徑歸。雖以臣之昧職，亦極知未盡於臣子之常分。然臣伏覩杜氏通典「奔赴君喪」條〔二八〕，有「先聞先還，後聞後還」之語。則外臣奔赴者，似未必皆待葬畢而後歸也。若臣者尸居病坊，負罪負恩猶不去，其罪愈大。當此之際，爲臣計者，舍先歸後歸之例外，更無地可以變通而兩全，則臣之妄歸，其亦理極義變，而詬論煩興，或以爲好名，或以爲佯病，或比於山禽，或斥爲異端。是則臣以爲臣失道獲罪時賢大矣，更將何道可以當聖眷而爲時用乎！

昔孫公傅從馬公仲求見程先生書，馬公與之書而知孫之將不苟於去就。未幾，孫公以義去職而卒爲名臣。今人何獨不及於古人哉！

「富貴易得，名節難保。」「末俗易高，險道難進。」難易之間，正當明著眼，審著脚，庶不負平生所學也。

濂溪、明道仕州縣，即孔子「可以仕」之意。伊川止晚年一出[二九]，是「人君不致敬盡禮，則不足以致之」義[三〇]。

先生嘗曰：我之進退，前後似異。前則聞命輒往，後則有徵必辭，雖往亦不敢留。蓋位卑則責輕，猶可一出；官尊則任大，豈宜輕進？昔有人除大官則輒往，曰：「上恩至重，何可退也？」余意則似不然。若不顧出處之義，而徒以君寵爲重，則是君使臣、臣事君，不以禮義而以爵禄也，其可乎？

上之初即位，英明穎悟，人皆望盛德之成就。先生或啓于經席，或上疏章，勉以聖學，上優容而已。先生本執謙退，又見言不採用，歸意益決，乃集先賢所作圖，補以己意，爲聖學十圖以進。先生曰：吾之報國止此而已。

【校勘記】

[一] 士大夫出處辭受　「士大夫出處辭受」，晦庵先生朱文公文集卷二十五作「且士大夫之辭受出處」。

〔二〕人有些狂狷方可望聖人思狂狷　「人有些狂狷方可望聖人思狂狷」，朱子語類卷四十三作「聖人不得中行而與之必求狂狷者」。

〔三〕便有些好處　「便」下，朱子語類卷四十三有「須」字。

〔四〕不惟吾道不得行於今　「不惟吾道」，晦庵先生朱文公文集卷二十五作「則吾道不惟」。

〔五〕退步便安穩只管向前便危險　「退步便安穩」，朱子語類卷一百三十八作「自家退以待之便自安穩」；「只管」上，朱子語類卷一百三十八有「纔要」二字。

〔六〕若大端排遣不去　「端」，晦庵先生朱文公文集卷四十五作「段」。

〔七〕大義根於心利害死生不變其操　「心」上，朱子語類卷三十五有「其」字；「利」上，朱子語類卷三十五有「不顧」二字；「操」，朱子語類卷三十五作「節」；「操」下，朱子語類卷三十五上有「自是可保」四字。

〔八〕且如當時郡守懲治宦官親戚　「親戚」，朱子語類卷三十五作「之親黨」。

〔九〕何以得其仗節死義乎　「仗」，朱子語類卷三十五作「伏」。

〔一〇〕是非間若有一絲毫未盡　「是非」，南軒先生文集卷二十一作「其」，文集卷二十一宋本作「是」。

〔一一〕五代之後未易得也　「五」，南軒先生文集卷十六作「三」。

［一二］顛倒叛悖　「叛」，南軒先生文集卷二十五作「絆」。

［一三］不忍見犬使之至也　「犬」，南軒先生文集卷二十二作「大」。

［一四］事理自當退閒　「事」上，南軒先生文集卷二十三有「又況」二字；「退閒」，南軒先生文集卷二十三作「閑退」。

［一五］謂不使饑餓於我土地　「我」，南軒先生文集卷二十五無。

［一六］元晦辭不敢當合義　「當」下，南軒先生文集卷二十五有「爲」字。

［一七］不須得如此添加耳　「不須得如此添加耳」，南軒先生文集卷二十五作「但當時説一二不同志者使之宛轉求遂己之請却似不消得如此添加耳」。

［一八］進退去就之義必有以處之　「進退去就之義必有以處之」，南軒先生文集卷二十六作「固爲吾道慶然而進退去就之義高明所素講今日必有以處之而亦士類之所屬望也」。

［一九］此古人所以周旋乎義理動中節奏爲未失也　「義理」，南軒先生文集卷二十六作「理義」；「爲未」，南軒先生文集卷二十六作「而不」。

［二〇］人君能降心以求隱逸　「君」下，南軒先生文集卷十七有「而」字；「隱」，南軒先生文集卷十七作「遺」。

［二一］見時君所尊禮延納者乃在於廉退隱約之士　「見」上，南軒先生文集卷十七有「而」字；

[二二]豈不足以遏其紛競之風而息僥倖之意　「紛」，南軒先生文集卷十七作「奔」；「息」下，南軒先生文集卷十七有「其」字。
[二三]吾丈平昔惓惓君民未嘗少忘　「未」上，東萊呂太史別集卷八有「志念」二字。
[二四]既可以欽承朝家美意　「欽承」，東萊呂太史別集卷八作「承領」。
[二五]聖人亦所屑爲也　「人」，李子粹語卷三作「賢」。
[二六]惟四皓但知深溺之辱爲可避　「深」，李子粹語卷三作「溲」。
[二七]其枉尋直尺　「其」下，李子粹語卷三有「爲」字。
[二八]然臣伏覩杜氏通典奔赴君喪條　「覩」，李子粹語卷三作「觀」。
[二九]伊川止晚年一出　「止」，李子粹語卷三作「至」。
[三〇]則不足以致之義　「義」上，李子粹語卷三有「之」字。

續近思録卷之八 凡四十五條

治道

晦庵先生曰：存祗懼之心以畏天，擴寬宏之度以盡下；不敢自是而欲人必己同，不循偏見而謂衆無足取；不甘受佞人而外敬正士，不狃於近利而昧於遠猷。

天無私覆，地無私載，日月無私照。王者奉三「無私」以勞天下，則廓然大公[一]，而天下之人莫不心悦而誠服。

先生言於孝宗曰：天下之事千變萬化，其端無窮而無一不本於人主之心[二]。人主以眇然之身，居深宮之中，其心之邪正，若不可得以窺[三]，而其符驗之著於外者，常若十目所視、十手所指而不可揜。是以古先聖王兢兢業業持守此心，雖在紛華波蕩之中、幽獨得肆之地[四]，而所以精之一之、克之復之，如對神明，如臨淵谷，未嘗敢有須臾之怠。然猶恐其隱微之間或有差失而不自知也，是以建師保之官以自開明，列諫諍之職以自規正。而凡其飲食酒漿、衣服次舍、器用財賄，與夫宦官宫妾之政，無一不領於冢宰之官，使其左右前後，一動一静，無不制以有司之法，而無纖芥之隙、瞬息之頃，得以隱其毫髮之私。此先王之治所以由内及外，自微至著，精粹純白，無所瑕翳，而其流風餘烈猶可以爲後世法程也[五]。

四海之廣，兆民之衆[六]，人各有意，欲行其私。而善爲治者，乃能總攝而整齊之，各循其理[七]，而莫敢不如吾志之所欲者，則以先有紀綱以持之於上[八]，而後有風俗以驅之於下也。何謂紀綱？辨賢否以定上下之分，核功罪以公賞罰之施也。何謂風俗？使人皆知善之可慕而必爲，皆知不善之可羞而必去也。

天下之紀綱不能以自立[九]，必人主之心術公平正大，無偏黨反側之私，然後紀綱有所係而立。君心不能以自正，必親賢臣，遠小人，講明義理之歸，閉塞私邪之路，然後可得而正。

人主當務聰明之實，不可求聰明之名。信任大臣，日與圖事，反覆辨論，以求至當之歸，此聰明之實也。偏聽左右，輕信其言[一〇]，此聰明之名也。

成湯當放桀之初，便説：「惟皇上帝，降衷于下民。若有恒性，克綏厥猷惟后。」武王伐紂時，便説：「惟天地，萬物父母；惟人，萬物之靈。亶聰明，作元后。元后作民父母。」傅説告高宗，便説：「明王奉若天道，樹后王君公〔一二〕，承以大夫師長，不惟逸豫，惟以亂民。惟天聰明，惟聖時憲。」見古聖賢朝夕只見那天在眼前。

天下萬事有大根本，而每事之中又各有切要處。所謂大根本者，固無出於人主之心術。而所謂切要處，如任賢相，杜私門，則立政之要也；擇良吏，輕賦役，則養民之要也；公選將帥，不由近習，則治軍之要也；樂聞警戒，不喜導諛，則聽言用人之要也。然未有大本不立而可以與此者，此古之欲平天下者，所以汲汲於正心誠意以立其本也。若徒言正心而不識事物之要，或精覈事情而特昧根本之歸，則是腐儒迂闊之論，俗士功利之談，皆不足與論當世之務矣。

人君能守法度，不縱逸樂，則心正身修，義理昭著，而於人之賢否，孰爲可任，孰爲可去，事之是非，孰爲可疑，孰爲不可疑，皆有以審其幾微，絶其蔽惑。故方寸之間光輝明白，而於天下事，孰爲道義之正而不可違，孰爲民心之公而不可咈，皆有以處之，不失其理，而毫髮私意不入於其間矣。

古先聖王所以立師傅之官，設賓友之位，置諫諍之職，凡所以先後從臾，左右維持，惟恐此心頃刻之間或失其正而已。

須是自閨門衽席之微，積累到薰蒸洋溢，天下無一民一物不被其化，然後可以行周官之法度，不然則爲王莽矣。

婦人與奄人常相倚而爲奸，不可不并以爲戒。歐陽公嘗言，宦者之禍甚於女寵。其言尤爲深切，有國家者可不戒哉？

賈誼作保傅，其言曰：天下之命係於太子，太子之善在於蚤諭教與選左右。教得而左右正，則太子正；太子正，則天下定矣。天下之至言，萬事不可易之定論也。

欲圖大者，當謹於微。欲正人主之心術，未有不以嚴恭寅畏爲先務，聲色貨利爲至戒，然後乃可爲者。

天下之事，非艱難多事之可憂，而宴安酖毒之可畏。政使功成治定，無一事之可爲，尚當朝兢夕惕，居安慮危，而不可以少怠。

天下國家之大務，莫大於恤民，而恤民之實在省賦，省賦之實在治軍。財者，人之所同好也，而我欲專其利，則民有不得其所者矣〔一二〕。大抵有國有家，所以生起禍亂，皆是從這裏來。

自古國家傾覆之由，何嘗不起於盜賊；盜賊竊發之端，何嘗不生於饑餓。赤眉、黄巾、葛榮、黄巢之徒，其已事可見也。

仗節死義之士〔一三〕，當平居無事之時，誠若無所用者。然古之人君所以必汲汲以求之者，蓋以如此之人臨患難而能外死生，則其在平世必能輕爵禄；臨患難而能盡忠節，則其在平世必能不詭隨。平日無事之時得而用之，則君心正於上，風俗美於下，足以逆折奸萌，潛消禍本，自然不至真有仗節死義之事也。惟其平日自恃安寧，便謂此等人才必無所用，而專取一種無道理、無學識、重爵禄、輕名義之人，以爲不務矯激而尊寵之，是以紀綱必壞，風俗日偷，非常之禍伏於冥冥之中，而一朝發於意慮之所不及〔一四〕，平日所用之人交臂降叛，而無一人可同患難，然後前日擯棄流落之人，始復不幸而著其忠義之節。以天寶之亂觀之，其將相貴戚近幸之臣，皆已頓顙賊庭，而起兵討賊，卒至於殺身滅族而不悔，如巡、遠、杲卿之流，則遠方下邑，人主不識其面目之人也。使明皇早得巡等而用之，豈不能銷患於未萌？巡等早見用於明皇，又何至爲仗節死義之舉哉？

人主以論相爲職，宰相以正君爲職。苟論相者，求其適己，而不求其正己，取其可愛，而不取其可畏，則人主失其職矣。當正君者，不以獻可替否爲事，而以趨和承意爲能，不以經世宰物爲心，而以容身固寵爲衡，則宰相失其職矣。

做宰相，只要辨一片心、一雙眼。眼明則能識得賢不肖，心公則能進退賢不肖。

天地之間，有自然之理，凡陽必剛，剛必明，明則易知；凡陰必柔，柔必暗，暗則難測。故聖人作易，以陽爲君子，陰爲小人。竊推易説以觀天下之人，凡其光明正大，疏暢洞達，如青天白日，如高山大川，如雷霆之爲威、雨露之爲澤，如龍虎之爲猛、麟鳳之爲祥，磊磊落落，無纖芥可疑者，必君子也。而其依阿淟涊，回互隱伏，糾結如蛇蚓，瑣細如蟣蝨，如鬼蜮狐蠱，如盗賊咀呪[一五]，閃倏狡獪，不可方物者，必小人也。君子、小人之分既定於内，則其形於外者，雖言談舉止之微，無不發見，而况於事業文章之際，尤所謂燦然者。彼小人者，雖曰難知，亦豈得而逃哉！

朝廷要無黨，須分別得君子、小人分明。若其不分黑白，不辨是非，而猥云無黨，是大亂之道也。

問：論治便當識體？曰：然。如作州縣，便合治告訐、除盜賊、勸農桑、抑末作；如立朝廷，便須開言路、通下情、消朋黨；如爲大吏，便須求賢才、去贓吏、除暴斂、均力役。這都是定格局合如此做。如爲天子近臣，合當謇諤正直，又却恬退寡默。及至處鄉里，合當閉門自守，躬恬退之節，又却向要做事，便都傷了大體。

答廖子晦曰：爲政以寬爲本者，謂其大體規模意思如此耳。古人察理精密，持身整肅，無偷惰戲豫之時，故其政不待作威而自嚴，但其意則以愛人爲本耳。及其施之於政事，更須有綱紀文章、關防禁約，截然而不可犯。然後吾之所謂寬者得以隨事及人，而無頽弊不舉之處；人之蒙惠於我者亦得以通達明白，實受其賜，而無間隔欺蔽之患。聖人説政以寬爲本，而今反欲其嚴，正如古樂以和爲主，而周子反欲其淡。蓋今之所謂寬者，乃縱弛，所謂和者，乃哇淫，非古之所謂寬與和，故必以是矯之，乃得其平耳。如其不然，則雖有愛人之心，而事無統紀，緩急先後、可否與奪之權皆不在己，於是奸豪得志而善良之民反不被其澤矣。

南軒先生曰：學者要須先明王霸之辨[一六]，而後可論治體。王霸之辨，莫明於孟子。大抵王者之政，皆無所爲而爲之，霸者則莫非有爲而然也。無所爲者，天理之公也；有所爲者，人欲之私也[一七]。夫惟王者之政，其心本乎天理，列紀於萬事[一八]，仁立義行，而無偏廢不舉之處[一九]。此古人之所以制治保邦，而垂裕乎無疆者。後世未嘗真知王道，顧曰儒生之説迂闊而難行，蓋亦未之思矣。

題李光論馮澥劄子曰：竊惟國家王安石壞祖宗法度以行其私意[二〇]，奸凶相承，馴兆大釁，至靖康初元，國勢益汲汲矣，而馮澥輩猶敢封植邪説、庇護死黨如此。傳曰：爲國見惡，如農夫之務去草焉，芟夷藴崇之，絶其根本，勿使能植則善者，信矣。正誤國之罪，推原安石，所謂芟其根本者，紹興詔書有曰：「荆舒禍本，可不懲乎！」大哉王言也！

大抵今日人才之病，其號爲安静者一切不爲，而其欲爲者則又先懷利心，往往貽害。要是儒者之政，一一務實。

近世議論，「謀其身則以枉尺直尋爲可以濟事〔一一〕，謀人國則以忘親苟免爲合於時變」。世間號爲賢者，政墮在此中，況其他哉！此風方熾，正道湮微，率獸食人，甚可懼也。吾曹當相與講明聖學〔一二〕，學明於下，庶幾有正人心、承三聖事業耳。

跋温公黼座銘曰：壅蔽者，天下之大患也。古之明王所以致治者，亦去此而已矣。其道莫先於虚己，莫要於任賢。虚己則壅蔽消於内，任賢則壅蔽撤於外，内外無蔽，而下情畢通，泰治所由興也。

東萊先生曰：臣所以眷眷，願陛下留意於聖學也〔一三〕。陛下所當留意者，夫豈鉛槧傳注之間哉！宅心制事，祗畏兢業，順帝之則，是聖學也；親賢遠佞，陟降廢置，好惡不偏，是聖學也；規模審定，圖始慮終，不躁不撓，是聖學也。陛下誠留意此學，日就月將，緝熙光明，實理所在。陛下當自知之而自信之矣。本領既得〔一四〕，萬事有統，若綱在綱，若農有畔。非若乍作乍輟，漫無操約者之爲也。

又曰：臣竊惟皇帝陛下臨御以來，惟紹復大業是志，惟計安宇内是圖。而志勤道遠，遷延至于今日者，亦由陛下聖躬獨勞，而無群臣之助也。陛下初豈樂於獨勞哉！良以群臣不能仰助，遂謂天下之事既知之矣，天下之人既見之矣，所以慨然堅持獨運萬機之意也[二五]。臣願陛下虚心屈己，以來天下之善；居尊執要，以總萬事之成。勿以圖任或誤而謂人多可疑，勿以聰明獨高而謂智足偏察，勿詳於小而迷遠大之計[二六]，勿忽於近而忘壅蔽之萌。誠意篤而遠邇各竭其忠，體統正而内外各得其職，則二帝、三王之治不能加矣[二七]。

寬大則豪傑得以展盡，忠厚則群衆不忍欺誣，禮遜興則潛消跋扈飛揚之心，節義明則坐長捐軀殉國之氣。然則圖回事功[二八]，亦未有舍根本而能立者也。

與朱元晦曰：向見治道書如欲仿井田之意[二九]，而科條州縣財賦之類，竊謂此固爲治之具，然施之當有次第。今日先務，恐當啓迪主心，使有尊德樂道之誠，衆建正人以爲輔助，待上下孚信[三〇]，然後爲治之具以次而舉可也。

大抵講論治道，不當言主意難移，當思臣道未盡；不當言邪説難勝，但當思正學未明。伯益論來四夷，儆以怠荒；召公論格遠人，首以謹德。仲尼爲魯慮，亦緩顓臾而急蕭牆。聖賢之言，自有次第如此。

賈誼一書，肆言不忌。前此數十年，必抵誹謗之辟；後此數十年，亦伏不敬之誅矣[三一]。文帝雖未盡用，不斥不慍，待之有加。非徒謂容納爲帝王盛德[三二]，實以言路通塞，乃人主切身利害也。侈心私念[三三]，闕政舛令出於我，而恬不自覺者，夫豈一端！亂萌禍機，群情衆論隱慝擁閼，而不得上聞者，亦何可勝數哉！待言者之飭正宣達，不啻疹之待砭、躄之待杖也。容養獎納，此自吾切身利害，其遂其悖，彼皆言者事，吾何爲預之哉！

論治之説，本末誠當備舉，但言之亦恐須有序。如孟子先以見牛啓發齊王之良心，至語意浹洽之後，乃條五畒、百畒之説。若未孚信之時，遽及施行古先制度，則或逆疑其迂，而吾説格而不得入。

學者問：張釋之爲廷尉，天下無冤民。于定國爲廷尉，民自以爲不冤。二者何以異？答曰：以史氏之辭觀之[三四]，則民自以爲不冤者，勝於天下無冤民。蓋天下無冤民者，所斷皆當其罪，罪人未必皆心服也。然以實考之，則定國實不勝釋之。

退溪先生曰：大學一書，以修身爲本，乃端本清源以爲出治之地而已，故治國本於孝悌、慈以及於仁讓忠恕之屬，平天下亦本於三者。眷眷於審好惡、外財用、謹用人、辨義理之類，中以先慎乎德統之，而貫之以絜矩之道。蓋不如是，則本源之地爲私爲僻，利欲蔽痼，德不崇而矩不方，仁賢伏而媢疾昌，雖有禮樂刑政，誰與而行諸？故言此而遺彼，亦如夫子「道千乘之國」云云。龜山以爲此特論其所存而已，苟無是心，雖有政不行之意同也。

私者，一心之蟊賊而萬惡之根本也。自古國家治日常少，亂日常多，馴致於滅身亡國者，盡是人君不能去一「私」字故也。是以古之聖賢兢兢業業，如臨深淵，如履薄冰，未嘗自謂吾學已至，不陷於私邪也。故大學既説格致誠正，而於修齊猶以偏僻爲戒，治平亦以一人貪戾以利爲利戒之。顔淵克復，不遷不貳，三月不違仁，而後問爲邦，則寧復有一毫之私，孔子猶以放遠戒之。箕子爲武王陳洪範，先言敬用五事，而後極讚皇極之道，則若無憂於私邪矣，然猶曰「無偏無陂」云云，然後會極歸極可得而言。以此而觀之，雖聖人地位常懔懔爲戒，況未至於聖人宜如何哉？

聖學十圖劄曰：人主一心，萬機所由，百責所萃。衆欲互攻，群邪迭鑽，一有怠忽，而放縱繼之，則如山之崩，如海之蕩，誰得而禦之？古之聖帝明王有憂於此，是以兢兢業業，小心畏慎，日復一日，猶以爲未也。立師傅之官，列諫諍之職，前有疑，後有丞，左有輔，右有弼。在輿有旅賁之規，位宁有官師之典，倚几有訓誦之諫，居寢有暬御之箴，臨事有瞽史之導，宴居有工師之誦，以至盤盂几杖、刀劍户牖，凡目之所寓、身之所處，無不有銘有戒。其所以維持此心，防範此身者，若是其至矣。故德日新而業日廣，無纖過而有鴻號矣。後世人主，受天命而履天位，其責任之至重至大爲如何，而所以自治之具，一無如此之嚴也。則其僩然自聖，傲然自肆於王公之上、億兆之戴，終歸於壞亂殄滅，亦何足怪哉！故于斯之時，爲人臣而欲引君當道者，固無所不用其心焉。若張九齡之進金鑑録，宋璟之陳無逸圖，李德裕之獻丹扆六箴，真德秀之上豳風七月圖之類，其愛君憂國拳拳之深衷，陳善納誨懇懇之至意，人君可不深念而敬服也哉！

戊辰六條疏其三曰：「敦聖學，以立治本。」臣聞：帝王之學，心法之要，淵源於大舜之命禹。其言曰：「人心惟危，道心惟微，惟精惟一，允執厥中。」夫以天下相傳，而丁寧告戒，不過如此者，豈不以學問成德，爲治之大法也[三五]？精一執中，爲學之大本也[三六]？以大法而立大本，則天下之政治皆自此而出。其後列聖相承，至孔氏而其法大備，大學之格、致、誠、正，中庸之明、善、誠、身，是也。今從事於此二書，而爲真知實踐之學，比如大明中天，開眼可覩；如周道當前，舉足可履。則道成德立而爲治之本，於是乎在，取人之則，果不外身，群賢彙征，績用咸熙，措世於隆平，納民於仁壽，有不難矣！

先生言于宣廟曰：古人云「憂治世而危明主」，蓋明主有絶人之資，治世無可憂之防。有絶人之資，則以獨智馭世而有輕忽群下之意；無可憂之防，則人主必生驕侈之心，此誠可慮也。又曰：臣前日圖上乾卦「飛龍在天」之象，又有「亢龍有悔」之言。龍之爲物，以雲而神其變化，澤被萬物。人主不肯與下同心同德，則如龍之無雲，雖欲神變，得乎？夫太平極則必有生亂之漸，若少放其心，或有高亢之意，或有偏私之狃，則如挽舟逆水，而一放手也，舟忽下流，風波傾覆在於頃刻，豈非大可懼哉？然必學問工夫不廢頃刻，然後可勝私意。勝私工夫昭在聖賢遺書「克己復禮」等訓是也。

自古人君初政，求賢納諫，正人進用〔三七〕，捄過糾違，引君當道，故凡人主所欲，隨事争執。人主不得自用，而嚴憚厭苦之心生矣。於是奸人乘隙而逢迎之，人主之心以爲，若用此人，則吾所欲爲〔三八〕，無不如意。自此，遂與小人合，而正人君子無著手處。然後小人得志〔三九〕，招朋引類，無所不爲。方今初政，似無可憂，諫臣之言，屈意從之，無大過矣。然此特一時勉强而已，久而奸人俟隙投間。

聖心一移，則安保其如今日之勉强乎？如此則邪正分黨，奸人必勝，與初政大相反者多矣。

聖明以此爲大監戒，保護善類而勿使小人陷之，則此宗社生民之福也。

古之人君，視民如傷，若保赤子。父母愛子之心無所不至，如遇其疾病、飢寒，則哀傷惻怛，不啻在己。提抱拊摩〔四〇〕，誠求不遠。飲食而飼哺之，藥物而救療之，如此而或至於死，猶不敢怨天，而自傷其救療之未盡，蓋其深愛至痛之情所當然也〔四一〕。安有爲民父母而行政，於其疾病之極、飢寒之迫，則若不聞知，既絶其口食，又廢其藥物，托辭於他事之重，忍所不忍，驅催蹙迫，以納於水火之中。

【校勘記】

［一］則廓然大公　「則」下，晦庵先生朱文公文集卷十二有「兼臨博愛」四字。

［二］其端無窮而無一不本於人主之心　「心」下，晦庵先生朱文公文集卷十一有「者此自然之理也」七字。

［三］若不可得以窺　「窺」下，晦庵先生朱文公文集卷十一有「者」字。

［四］雖在紛華波蕩之中幽獨得肆之地　「蕩」，晦庵先生朱文公文集卷十一作「動」。

［五］無所瑕翳而其流風餘烈猶可以爲後世法程也　「所」，晦庵先生朱文公文集卷十一作「少」；「流」，晦庵先生朱文公文集卷十一作「遺」。

［六］兆民之衆　「之」，晦庵先生朱文公文集卷十二作「至」。

［七］各循其理　「各」上，晦庵先生朱文公文集卷十二有「使之」二字。

［八］則以先有紀綱以持之於上　「紀綱」，晦庵先生朱文公文集卷十二作「綱紀」。按：下句「何謂紀綱」亦如是。

［九］天下之紀綱不能以自立　「天下之紀綱」，晦庵先生朱文公文集卷十一作「然而綱紀」。按：本節下句「紀綱」亦作「綱紀」。

［一〇］輕信其言　「言」下，晦庵先生朱文公文集卷十四有「每事從中批出處分」八字。

〔一一〕樹后王君公　「樹」，朱子語類卷七十九作「建邦設都」。
〔一二〕則民有不得其所者矣　「所」下，朱子語類卷十六有「好」字。
〔一三〕仗節死義之士　「仗」，晦庵先生朱文公文集卷十一作「夫伏」。按：本節中「仗」字，晦庵先生朱文公文集卷十一均作「伏」。
〔一四〕而一朝發於意慮之所不及　「朝」，晦庵先生朱文公文集卷十一作「旦」。
〔一五〕如盗賊咀呪　「咀呪」，晦庵先生朱文公文集卷七十五作「詛祝」。
〔一六〕學者要須先明王霸之辨　「霸」，南軒先生文集卷十六作「伯」，二字通。按：本節「王霸」之「霸」亦如是。
〔一七〕有所爲者人欲之私也　「人欲」下，南軒先生文集卷十六有「利」字。
〔一八〕列紀於萬事　「列紀」，南軒先生文集卷十六作「施」。
〔一九〕而無偏廢不舉之處　「廢」，南軒先生文集卷十六作「弊」。
〔二〇〕竊惟國家王安石壞祖宗法度以行其私意　「國家」下，南軒先生文集卷三十三有「自」字。
〔二一〕謀其身則以枉尺直尋爲可以濟事　「枉尺直尋」，南軒先生文集卷二十一作「枉尋直尺」。
〔二二〕吾曹當相與講明聖學　「當」上，南軒先生文集卷二十一有「但」字。
〔二三〕臣所以眷眷願陛下留意於聖學也　「眷眷」，東萊呂太史文集卷三作「拳拳」；「陛下」下，東萊呂太史文集卷三有「深求於三者之外而」八字。

〔二四〕本領既得　「領」，東萊呂太史文集卷三作「原」。

〔二五〕所以慨然堅持獨運萬機之意也　「堅持」，東萊呂太史文集卷三作「益堅」。

〔二六〕勿詳於小而迷遠大之計　「迷」，東萊呂太史文集卷三作「遺」。

〔二七〕則二帝三王之治不能加矣　「加」下，東萊呂太史文集卷三有「豪末於此」四字。

〔二八〕然則圖回事功　「回」，東萊呂太史文集一本作「維」。

〔二九〕向見治道書如欲仿井田之意　「書」下，東萊呂太史別集卷七有「尺其間」三字。

〔三〇〕待上下孚信　「孚信」下，東萊呂太史別集卷七有「之後」二字。

〔三一〕亦伏不敬之誅矣　「亦伏不敬之誅矣」，東萊呂太史文集卷五作「亦伏非所宜言大不敬之誅矣」。

〔三二〕非徒謂容納爲帝王盛德　「非」上，東萊呂太史文集卷五有「帝」字；「帝王」下，東萊呂太史文集卷五有「之」字。

〔三三〕侈心私念　「私」，東萊呂太史文集卷五作「邪」。

〔三四〕以史氏之辭觀之　「觀」，東萊呂太史別集卷十六作「論」。

〔三五〕爲治之大法也　「法」，退溪先生文集内集作「本」。

〔三六〕爲學之大本也　「本」，退溪先生文集内集作「法」。
〔三七〕正人進用　「進」，李子粹語卷三作「見」。
〔三八〕則吾所欲爲　「爲」，李子粹語卷三無。
〔三九〕然後小人得志　「小人」，李子粹語卷三作「奸臣」。
〔四〇〕提抱拊摩　「拊」，李子粹語卷三作「撫」，二字爲古今字。
〔四一〕蓋其深愛至痛之情所當然也　「愛」，李子粹語卷三作「哀」。

續近思録卷之九

凡二十五條

治法

晦庵先生曰：周禮天官兼嬪御、宦官、飲食之人，皆總之。則其於飲食男女之欲，所以制其君而成其德者至矣，豈復有後世宦官之弊？古者宰相之任如此。

宰相擇長官，長官却擇其寮。今詮曹注擬小官，煩劇而又不能擇賢。每道只令監司差除，亦好。

某做時，且精選一箇吏部尚書，使盡搜羅天下人才。諸部官長得自辟屬官，却要過中書。朝官次第闕人[一]，却令侍從以下各舉一人二人。只舉一二人，彼亦不敢以大段非才者進。

朝廷只當擇監司、太守，自餘職幕縣官，容他各辟所知，方可責成。天下須是放開做[二]，使恢恢有餘地乃可。

每路只須置一刺史，正其名曰按察使，令舉刺州縣官吏，其下各置判官數員以佐之，如轉運、刑獄、農田之類，而刺史總之[三]。稍重諸判官之權[四]，判官有事欲奏聞，則刺史爲之發奏。刺史不肯發，許判官徑申御史臺[五]，以分刺史之權。豈不簡徑省事，而無煩擾耗蠹之弊乎？

學校之政，不患法制之不立，而患義理之不足以悦其心。夫義理不足以悦其心，而區區於法制之末以防之，是猶決湍水注之千仞之壑，而徐翳蕭葦以捍其衝流，必不勝矣。

今科舉之弊極矣，鄉舉里選之法是第一義，今不能行，只就科舉法中與之區處。

其嘗欲作一科舉法，以易、書、詩爲一類，三禮爲一類，春秋三傳爲一類，每科舉後便曉示。後舉於某經某史命題，使人心有所定止，專心看一經一史，不過數舉，則經史皆通。經義須變其虛浮之格，只直述大意，臨場以論策取藝。

今科舉所取文字，多是輕浮，不明白著實。最可憂者[六]，不是説秀才做文字不好，這事大關世變，東晋之末，其文一切含糊，是非都没理會。

孟子論王道，以制民産爲先。今井地之制未能遽講。莫若令逐州逐縣各具民田一畝[七]，歲入幾何，輸税幾何，非泛科率又幾何，州縣一歲所收金穀總計幾何，諸色支費總計幾何，有餘者歸之何許，不足者何所取之。俟其畢集，然後選忠孝通練之士數人，類會考究而大均節之。有餘者取，不足者與，務使州縣貧富不至甚相懸，則民力之慘舒亦不至大相絶矣。

今日民困，正緣屯兵費重，只有屯田可減民力。

先生爲治，所至必以興學校、明教化爲先。中進士第，主泉州同安簿，莅職勤敏，纖悉必親。職兼學事，選邑秀民充子弟員，訪求名士以爲表率，日與講説聖賢修己治人之道。後差發遣南康軍事，懇惻愛民，如己隱憂，興利除害，惟恐不及。至奸豪侵擾細民、撓法害政者，懲之不少貸，由是豪强斂戢，里閭安静。數詣郡學，諸生質疑問難，誨誘不倦。知漳州，以習俗未知禮，採古喪葬嫁娶之儀，揭以示之，命父老解説以教子弟，禁僧尼之教，俗爲大變。

先生所居之鄉，每歲春夏之交，豪户閉糴牟利，細民發廩强奪，動相賊殺，幾至挺變。先生率鄉人置社倉以賑貸之，米價不登，人得安業。後上其法於朝，諸路推行之。

浙東大饑，命先生提舉常平茶鹽。先生拜命，即移書他郡，募米商，蠲其征，及至，客舟已輻輳。日與僚屬鉤訪民隱，至廢寢食。分畫既定，案行所部，窮山長谷，靡所不到，拊問存恤，所活不可勝計。每出皆乘單車，屏徒從，一身所需，皆自齎而行，毫不及州縣，以故所歷雖廣而人不知。那縣官吏憚其風采，倉皇驚懼，常若使者壓其境，由是所部肅然。而尤以戢盜、捕蝗、興水利爲急。

南軒先生恕齋銘曰：刑成不變，君子盡心。明動麗止，象著羲經。所存曷先，其恕之云。自盡於己，以察其情。意有所先，則不敢成[八]。見雖云獨，亦未敢輕[九]。幽隱之枉，是達是申。毫釐之疑，是析是明。俾爾寡弱，無有或困。子爾强悪[一〇]，靡訹靡遁[一一]。及得其情，又以勿喜。古人於此，恕有餘地。我銘于齋，意實在玆。嗟嗟來者，尚克念之！

某南來視事[一二]，日夜關念，固當安静爲本[一三]，然要須在我有隱然之勢，則安静之實乃可保。方考究料理，不敢苟目前也。遠方法度廢弛，惟以身率之，立信明義，庶幾萬一。

某守藩，佩「心誠求之」之訓[一四]，味「哀矜勿喜」之言，日夜黽勉悚惕之不暇。所幸綱紀粗定，人情頗相信向。邊備兵政，亦隨力葺理。保甲一事，亦頗有條理。有不率者，先之以訓督，不悛而後加之以法，邇來覺得斂縮者多也。

近緣憲曹兩臺俱闕官，不免時暫兼攝，事緒頗多[一五]，然一路滯獄苛政得以決遣蠲放，不敢不盡心也。異日漕司增鹽、諸州抑買及妄費等弊[一六]，一一列上。若非今次攝曹事，亦無由料理得也。此是一路性命所係，前日幾爲小人盡刮以獻。

東萊先生曰：仕宦須脱小規模：一、仰羨官職；二、隨人説是非；三、乘空接響，揣量測度；四、謂求知等事爲當爲之事。

「治地莫善於助，莫不善於貢。」貢法禹之所制，豈聖人肯爲害民之舉？蓋當夏之時，民力尚厚，室有餘帛，廩有餘粟，雖有荒歉，多取亦不覺，此貢法所以可行。至商、周，民力不如古，故助法可行，而貢法不可行，此亦聖人隨時制法之義也。

楊炎變租庸調爲兩税，只取一時之便，不知變壞古法，最不可者。租庸調略有三代之意。孟子言「粟米之征」，便是租；「布縷之征」，便是調；「力役之征」，便是庸。此三件自來源流如此，但古者或緩其二，或緩其一，至唐太宗都征了。

退溪先生曰：官凋俗弊至此之極，其讀書爲學果似無暇。既當此境，惟思竭心力以盡職，驗所學以益勉，如斯而已。

國之大事固在兵戎，搽兵補闕在所當急，但自去年以來，民迫飢寒無所顧藉，而國家未嘗發一令以爲救民生塗炭之命之計，而方且家搽户括，漁丁獵僧，酷吏暴胥，因緣作奸。脅驅侵督，急於星火；剥膚椎髓，靡有限極。無知小民相與怨讟，棄父母之恩，絶妻子之愛，四方蕩蕩，無處藏逃，甚非爲父母愛子之道。臣愚以爲不如及今姑停兵，籍以待年登民息而爲之，於義爲得，於事爲便。

爵賞無濫，使無功者幸得而有功者解體；赦宥無數，使爲惡者獲免而爲善者受害。尚節義，厲廉恥，以壯名教之防衛者不可疏；崇儉約，禁奢侈，以裕公私之財力者不可緩。

古者鄉大夫之職，尊之以德行道藝，而糾之以不率之刑。爲士者，亦必修於家、著於鄉，而得以賓興於國。若是者何哉？孝悌忠信，人道之大本，而家與鄉黨實其所行之地也。先王之教，以是爲重，故其立法如是。至於後世，法制雖廢，而彝倫之則固自若也，惡可不酌古今之宜而爲之勸懲也哉？

【校勘記】

［一］朝官次第闕人　「朝官次第闕人」，朱子語類卷一百一十二作「朝官未闕人時亦未得薦俟次第闕人」。

［二］天下須是放開做　「放」原作「於」，據朱子語類卷一百一十二改。

［三］如轉運刑獄農田之類而刺史總之　「轉運」、「刑獄」、「農田」下，朱子語類卷一百一十二均有「判官」二字；「而」上，朱子語類卷一百一十二有「農田專主婚田轉運專主財賦刑獄專主盜賊」十八字。

［四］稍重諸判官之權　「權」下，朱子語類卷一百一十二有「資序視通判而刺史視太守」十一字。

［五］許判官徑申御史臺　「官」下，朱子語類卷一百一十二有「自」；「臺」下，朱子語類卷一百一十二有「尚書省」。

［六］最可憂者　「最」上，朱子語類一百九有「因歎息云」四字。

［七］莫若令逐州逐縣各具民田一畝　「莫若」二字，晦庵先生朱文公文集卷二十五無。

［八］則不敢成　「不」，南軒先生文集卷三十六作「弗」。

［九］亦未敢輕　「未」，南軒先生文集卷三十六作「靡」。

［一〇］子爾强慝　「子」，南軒先生文集卷三十六作「於」。

［一一］靡訹靡遁　「訹」字原爲空白，據南軒先生文集卷三十六補。

［一二］某南來視事　「某」下，南軒先生文集卷二十二有「黽勉」二字；「視事」下，南軒先生文集卷二十二有「踰旬矣」三字。

［一三］日夜關念固當安静爲本　「念」，南軒先生文集卷二十二作「慮」；「當」下，南軒先生文集卷二十二有「以」字。

［一四］佩心誠求之之訓　「佩」下，南軒先生文集卷二十二宋本有「聖人」二字。

［一五］事緒頗多　「事」上，南軒集卷二十四有「雖」字。

［一六］異日漕司增鹽諸州抑買及妄費等弊　「買」，南軒集卷二十四作「賣」；「弊」下，南軒集卷二十四有「頗詳」二字。

續近思録卷之十 凡五十六條

臨政處事

晦庵先生曰：只有一箇「正其誼不謀其利，明其道不計其功」[一]，公平正大行將去，其濟不濟，天也。古人做得成者，不是他有智，只是偶然。其他費心費力，用智用數，牢籠計較，都不濟事。

誠以天下之事爲己任，則當自格君心之非始。欲格君心，則當自身始。

修身事君，初非兩事，不可作兩般看。

古之君子居大臣之任者，其於天下之事，知之不惑，任之有餘，則汲汲乎乘時而勇爲之[二]。知有所未明，力有所不足，則諮訪講求以進其智，拔援汲引以求其助，如救火追亡，不敢少緩。

上不敢愚其君，以爲不足與言仁義；下不敢鄙其民，以爲不足以興教化；中不敢薄其士大夫，以爲不足共成事功。屹然中立，無一毫私情之累，而惟知其職之所當爲[三]。是以志足以行道，道足以濟時，而於大臣之責可以無愧。

於天下之事有可否，則斷以至公[四]，而勿牽於内顧偏聽之私；於天下之議有從違，則開以誠心，勿悞以陽開陰闔之計。則庶乎德業盛大，表裏光明，中外遠邇心悦誠服。

人才衰少、風俗頹壞之時，士有一善，即當扶接導誘，以就其器業。

答張敬夫曰：所疑小人不可共事，固然。然堯不誅四凶，伊尹五就桀，孔子仕於季孫[五]，惟聖人有此作用，而明道或庶幾焉。觀其所在，爲政而上下響應，論新法而荆公不怒，同列異意者亦稱其賢。此等事類，非常人所及。所謂「元豐大臣，當與共事」，蓋實見其可而有是言，非傳聞之誤也。然力量未至此而欲學之，則誤矣。

天下事須論一箇是不是，後却又論其中節不中節。

天下只有一是一非，是者須還他是，非者須還他非，方是自然之平。若不分邪正，不別是非，而但欲其平，決無可平之理。此元祐之調停、元符之建中所以敗也。

爲守令，第一便是民事爲重，其次便是軍政。今人都不理會。

平易近民爲治之本。

居上克寬，蓋有政教法度，而行之以寬，非廢弛之謂也。今人説寬政，多是事事不管，某竊謂壞了這寬。

「凡天下疲癃殘疾惸獨鰥寡，吾兄弟顛連而無告者也。」君子之爲政，要主張這等人。

答陳器之曰：中之爲義，固非專爲剛柔相半之謂。當剛則剛[六]，當柔則柔，當剛柔相半則相半，亦自有中也[七]。

當官廉謹，是吾輩本分事，不待多説。然細微處亦須照管，不可忽略，因循怠惰。又云：自治既不苟，更能事上以禮，接物以誠，臨民以寬，馭吏以法，而簿書期會之間，亦無所不用其敬焉，則庶乎其少過矣。

大抵做官，須令自家常閒、吏胥常忙方得。若自家被文字叢了，討頭不見，吏胥便來作弊。

當官須有旁通曆[八]，逐日公事開項逐一記録[九]，了即句之，未了即教了[一〇]，方不廢事。

天下事所以終做不成[一一]，只是壞於懶與私而已。

賑濟之策，初且大綱，一細碎便生病。屯田亦然，且理會大處。

救荒之政，蠲除賑貸，固當汲汲於其始，而撫存休養，尤在謹之於其終。

臨事須是分毫莫放過。如某當官，或有一相識親戚之類[一二]，越用分明，不肯放過。

爲政如無大利害，不必更議更張[一三]。議更張則所更之事未成，必閧然成擾[一四]，卒未已也。

古之名將能立功名者，皆謹重周密[一五]，乃能有成。如吴漢、朱然，終日欽欽，常若對陣。須學這樣底方可。今人率負才，以英雄自待，以至恃己傲物[一六]，不能謹嚴，卒至於敗而已。要做大功名底[一七]，越要謹密，未聞麤魯闊略而能有成者。

孝宗即位，詔求直言，先生因上封事。首言：「陛下毓德之初，不過諷誦文詞。比年以來，頗有意釋、老[一八]。記誦詞藻，非所以探本原而出治道[一九]；虚無寂滅，非所以貫本末而立大中。帝王之學，必先格物致知以極夫事物之變，使義理所存，纖悉畢照，則自然意誠心正，而可以應天下之務[二〇]。」次言：「修攘在先定計，定計在罷和議。」次言：「四海利病，係斯民之休戚；斯民休戚，係守令之賢否。監司者，守令之綱；朝廷者，監司之本。欲斯民之得其所本原之地，亦在朝廷而已。今之監司，奸贓狼藉、肆虐以病民者，莫非宰執、臺諫之親戚賓客，陛下自知之耳。」

明年，復召入對，其一曰：「陛下舉措之間動涉疑貳，聽納之際未免蔽欺，由不講乎大學之道，而未嘗隨事以觀理，即理以應事。」其二言：「非戰無以復讎，非守無以制勝。」末言：「古先聖王所以制御夷狄之道，其本不在乎威强，而在乎德業；其備不在乎邊境，而在乎朝廷；其具不在乎兵食，而在乎紀綱。」

淳熙七年，詔監司、郡守，條具民間利病。先生時在南康，上疏言：立紀綱在正君心，正君心在親賢臣遠小人。今宰相、臺省、師傅、賓友、諫諍之臣皆失其職，而陛下所與親密、謀議者[二一]，不過一二近習之臣。此一二小人者，上則蠱惑陛下之心志，使陛下不信先王之大道而說於功利之卑說，不樂莊士之讜言而安於私暬之卑態；下則招集士大夫之嗜利無恥者[二二]，文武彙分，各入其門，所喜則陰爲引援，擢置清顯，所惡則密行訾毁，公肆擠排。交通貨賂，則所盜者皆陛下之財；命卿置將，則所竊者皆陛下之柄。陛下所謂宰相、師傅、賓友、諫諍之臣[二三]，反出入其門牆[二四]，承望其風旨。其幸能自立者，亦不過齪齪自守，而未嘗敢一言以斥之。其甚畏公論者，乃略能輕逐其徒黨之一二[二五]，既不能深有所傷，而終亦不敢明言，以擣其囊橐窟穴之所在[二六]。勢成威立，中外靡然向之，使陛下之威令黜陟不復出於朝廷而出於一二人之門[二七]，名爲陛下之獨斷，而實此一二人者陰執其柄。蓋其所壞，非獨陛下之紀綱[二八]，乃併與陛下所以立紀綱者而壞之。

今日近習之勢日重，士大夫之勢日輕。重者既挾其重以竊陛下之權，輕者又借力於所重〔二九〕，以爲竊位固寵之計，中外相應，更濟其私。日往月來，浸淫耗蝕，使陛下之德業日隳，紀綱日壞，邪佞充塞，貨賂公行，兵愁民怨，盜賊間作，災異數見，飢饉荐臻，群小相挺，人人皆得滿其所欲，惟有陛下了無所得，而國家顧乃獨受其弊。

除提點江西刑獄事，入奏極論天理人欲之界，云：「願陛下自今以往，一念之萌，則必謹而察之：此爲天理耶？爲人欲耶？果天理也，則敬以擴之，而不使其少有壅閼；果人欲也，則敬以克之，而不使其少有凝滯。推而至於言語動作之間，用人處事之際，無不以是裁之，則聖心洞然，中外融徹，無一毫之私欲得以介乎其間，而天下之事將惟所欲爲〔三〇〕，無不如志矣。」

又極言近習交通將帥，共爲欺蔽。此輩但當使之守門傳命，供掃除之役，不當假借崇奬〔三一〕，使得逞邪媚、作淫巧於內，以蕩上心，立門庭、招權勢於外，以累聖政。至於選任大臣，常不得剛明公正之人，而反容鄙夫之竊位者，直以一念之間未能去私邪之蔽〔三二〕，而燕私之好、便嬖之流不能盡由於法度，若用剛明公正之人以爲輔相，則恐其有以妨吾之事、害吾之人而不得肆。是以選掄之際，常先排擯此等，置之度外，而後取凡疲懦軟熟、平日不敢直言正色之人而揣摩之，又於其中得其至庸極陋、決可保其不至於有所妨者，然後舉而加之於位。是以除書未出而物色先定，姓名未顯而中外已逆知其決非天下之第一流矣。

綱紀不正於上[三三]，是以風俗頽弊於下，大率習爲軟美之態、依阿之言，以不分是非、不辨曲直爲得計。下之事上，固不敢少忤其意，上之御下，亦不敢稍拂其情。惟其私意之所在，則千塗萬轍，經營計較，必得而後已。甚者以金珠爲脯醢，以契券爲詩文，宰相可啗則啗宰相，近習可通則通近習，惟得之求，無復廉耻。一有剛毅正直、守道循理之士出乎其間，則群譏衆排，指爲「道學」[三四]，而加以矯激之罪。十數年來，以此二字禁錮天下之賢人君子，排擯詆辱，必使無所容而後已，此豈治世之事而尚復忍言之哉！

南軒先生曰：昔者子張問政[三五]，夫子首告以無倦；及季路之請益，則又終之以無倦。是知爲政始終之道，無越乎此也。夫難存而易怠者，心也。吏者一日之間所爲酬酢事物[三六]，亦不一端矣。幾微之所形，紀綱之所寓，常隱於所忽，而壞於所因循。纖毫之不謹，而萬緒之失其機；方寸之不存，而千里之受其害。又況欲動而物乘，意佚而形隨，其所差繆何可勝計！於是知聖人無倦之意矣[三七]。

觀近世再莅舊鎮者，聲名率減於前[三八]。或曰上下玩習之故，某以爲無是理，殆由在我者有忽之之心耳。前者既已得譽，及其復來，將曰此易治耳，是心一萌，則敬肆分，宜乎美惡之不同也。易曰：「德言盛，禮言恭。」此言德貴於盛，禮貴於恭也。警懼存心[三九]，益敬其事，謙虛自處，不負其有，降其辭色，惟恐不及。使匹夫匹婦之情皆得以通，而士大夫有懷皆得以吐露，至于箴規指摘，畢聞於前，而無所謂不敢者，則善政日新而無斁矣。

向來多是姑息[四〇]，壞却紀綱，近頗修正二三矣。大抵議論往往墮一偏，孟浪者即要功生事，委廢者一切放倒，爲害則均耳。

某到郡，適當紀綱解弛之餘，未克一一定頓[四一]。今條目粗定，當以身先之。財計空虛，亦頗得端倪。數月之後，民力可寬。邊防尤所寒心，方別畫[四二]，以壯中權之勢。約束邊郡，務先自治以服遠人。盜賊紛然，初無賞格，亦已明立示信，當有爲助者[四三]。自昧爽到日夕，未嘗少暇，雖差覺倦然，不敢不勉。

共甫處，某勸渠謙虚[四四]，使人得以自盡，人才大小皆有用處。而報書謂「到江上不見有人才」[四五]，某實懼此語。天下事，豈智力能辦[四六]？通都會邑，豈無可器使者？恐吾恃聰明以忽之，彼無以自見，若當大任恐有妨[四七]。

東萊先生曰：凡使人，度其可行，然後使之。若度其不可而强使之，後雖有可行者，人亦不信。且如立限令三日可辦，却只限一日，定是違限，其勢不得不展。自此以後，雖一日可到之事，亦不信矣。

蓋當官，下情最難通，又寮屬間可以展盡心腹者政未易得耳。

到官漸久，想浸諳悉，外物皆非可必，只得自盡職事，以聽其何如，勤謹寬耐，勉之足矣。

前輩嘗言：小人之性，專務苟且，明日有事，今日得休[四八]。當官不可循其私意，忽而不治。諺有之曰：「勞心不如勞力。」此實要言。

前輩嘗言：吏人不怕嚴，只怕讀。蓋當官者詳讀公案，則情僞自見，不待嚴明也。

當官者先以暴怒爲戒。事有不可，當詳處之，必無不中。若先暴怒，只自害[四九]。

處事不以聰明爲先[五〇]，而以盡心爲急；不以集事爲急，而以方便爲上。

要當遇事平心，毋先懷抑强扶弱之意[五一]，惟視理之所在而已。雖當攻擊縣道者[五二]，苟其事理直，却須右助之，則人服我之公。

財賦當催者，恐當加意督趣令整辦[五三]。尋常士大夫或誤認縱弛爲恤民[五四]，殊不知，不及時拘催，使民間拖欠積壓，異時忽遇苛刻之吏一併催辦，則民受大害也。

居官臨事，外有齟齬，必内有窒礙，蓋内外相應，毫髮不差，只有「反己」兩字，更無别法。

人以爲異之類，皆未熟之所致。但篤信行之，不要有自矜之意，久久則自不見其異矣。

在我者既無遺憾，政使或有未退聽者，蓋亦自有公論。惟覬毋廢初心，使斯民益被實惠。

司馬子微坐忘論云：「與其持巧於末，孰若戒拙於初[五五]。」此天下之要言，當官處事之大法。

退溪先生曰：觀鄰邑之政，或初得愛民之聲者，及其徵債等事，目見赤地流莩而苛刻特甚，期於剥盡。此無他，所欲蔽痼，而失初心也。國穀雖不可不徵，毋以必取，盈而加忍，人之政乃爲善也。

答黄仲舉曰：聞仁政之下不無下民，寒暑之咨多由於親舊應酬之擾所致。今若可改則速改，不可收殺，不如飄飄然歸卧錦溪爲上策耳。

與子寯曰：所送雜物，雖俸食之餘，亦不必多。若勉强過爲，則非居官者清心省事之道。

竊恐習慣如此，後日難收拾也。近見門蔭人專利一己，令人㵼憫，人心至危，可戒也。

又曰：聞不及客行之入界，汝於凡事，每不爲汲汲趁期之計，此甚不可。須十分操心，勿至生事，爲老父羞。大抵國使待之之禮極隆，何可慢忽而有不及事之累乎？

問：父兄爲邑宰，子弟從往，於義何如？曰：以國法揆之，妻子當率去，而已嫁之女不許帶行，則子弟之不去爲是。但以古事揆之，李信甫任鉛山時，延平先生時亦往來，或與夫人同往。以父從子猶可，況子弟乎？然古今異宜，而中原與本國郡縣之制大有不同。中原爲郡縣者，皆有月俸，雖仰事俯育，以及親戚猶無害也。今則無月俸之制，而以官物爲己用，則多率子弟溷煩官舍，豈合於義乎？爲子弟者，雖因覲省往來，不可留連，以貽其官弊。

先生之守豐郡吏治，一以簡靜不擾爲尚。其收賦於民也，雖甚輕略，而若民所當爲，亦無所增減，不爲違道干譽之事，故人謂先生不及於周愼齋云。蓋愼齋爲政，頗用術數顛倒一郡之民，故民翕然稱之。先生悃愊無華，一以其正待其吏民，一以誠信，不逆其欺詐也，人不知日計不足而歲計有餘矣。

乙巳秋，朝廷拒三浦倭人納款之請。時國恤相仍，民生不保，又與倭作釁，國之大憂，而在朝無能慮及於此。先生適以典翰在告通于同僚，欲入劄陳利害，同僚不從，先生力疾獨疏。

凡事若拘於他而勢難違衆，則觀其不甚害理者而或勉從之，惟内自益著工夫耳！若内無工夫而遽爲高激之事，則人亦怪之而致謗矣！凡在一家之内亦然，此人之所難處也。

【校勘記】

［一］只有一箇正其誼不謀其利明其道不計其功　「正其誼不謀其利明其道不計其功」，朱子語類卷七十二無。

［二］則汲汲乎乘時而勇爲之　「乘」，晦庵先生朱文公文集卷二十四作「及其」。

［三］而惟知其職之所當爲　「爲」下，晦庵先生朱文公文集卷二十四有「者」字。

［四］則斷以至公　「至公」，晦庵先生朱文公文集卷二十九作「公道」。

［五］孔子仕於季孫　「仕於」，晦庵先生朱文公文集卷三十一作「行乎」。

［六］當剛則剛　「當」上，晦庵先生朱文公文集卷五十八有「然」字。

［七］亦自有中也　「亦」下，晦庵先生朱文公文集卷五十八有「皆」字。

［八］當官須有旁通曆　「須」下，朱子語類卷一百一十二有「是」字。
［九］逐日公事開項逐一記録　「録」，朱子語類卷一百一十二無。
［一〇］未了即教了　「即」，朱子語類卷一百一十二作「須理會」。
［一一］天下事所以終做不成　「成」下，朱子語類卷一百九有「者」字。
［一二］或有一相識親戚之類　「類」下，朱子語類卷一百一十二有「如此」二字。
［一三］不必更議更張　「更」，朱子語類卷一百八無。
［一四］議更張則所更之事未成必鬨然成擾　「議更張則所更之事」，朱子語類卷一百八作「則所更一事」；「成」下，朱子語類卷一百八有「紛」字。
［一五］皆謹重周密　「皆」下，朱子語類卷一百三十五有「是」字。
［一六］以至恃己傲物　「己」，朱子語類卷一百三十五作「氣」。
［一七］要做大功名底　「底」下，朱子語類卷一百三十五有「人」字。
［一八］頗有意釋老　「頗有意釋老」，晦庵先生朱文公文集卷十作「又頗留意於老子釋氏之書」。
［一九］記誦詞藻非所以探本原而出治道　「詞」，晦庵先生朱文公文集卷十作「華」；「本原」，晦庵先生朱文公文集卷十作「淵源」。
［二〇］而可以應天下之務　「可以」，晦庵先生朱文公文集卷十作「所以」。

［二一］而陛下所與親密謀議者　「謀議」上，晦庵先生朱文公文集卷十一有「所與」二字。
［二二］下則招集士大夫之嗜利無耻者　「集」下，晦庵先生朱文公文集卷十一有「天下」二字。
［二三］陛下所謂宰相師傅賓友諫諍之臣　「陛」上，晦庵先生朱文公文集卷十一有「雖」字；「傅」，晦庵先生朱文公文集卷十一作「保」。
［二四］反出入其門牆　「反」上，晦庵先生朱文公文集卷十一有「或」字。
［二五］乃略能輕逐其徒黨之一二　「輕」，晦庵先生朱文公文集卷十一作「驚」。
［二六］以擣其囊橐窟穴之所在　「橐」下，晦庵先生朱文公文集卷十一有「巢」字。
［二七］使陛下之威令黜陟不復出於朝廷而出於一二人之門　「威」，晦庵先生朱文公文集卷十一作「號」。
［二八］非獨陛下之紀綱　「獨」下，晦庵先生朱文公文集卷十一有「壞」；「紀綱」下，晦庵先生朱文公文集卷十一有「而已」二字。
［二九］輕者又借力於所重　「輕者又借力於所重」，晦庵先生朱文公文集卷十三作「其輕而姦者又借力於陛下之所重」。
［三〇］而天下之事將惟所欲爲　「所欲爲」，晦庵先生朱文公文集卷十一作「陛下之所爲」。
［三一］不當假借崇獎　「獎」，晦庵先生朱文公文集卷十一作「長」。

〔三二〕直以一念之間未能去私邪之蔽　「去」上，晦庵先生朱文公文集卷十一有「撤」字。
〔三三〕綱紀不正於上　「正」，晦庵先生朱文公文集卷十一作「振」。
〔三四〕指爲道學　「道學」下，晦庵先生朱文公文集卷十一有「之人」二字。
〔三五〕昔者子張問政　「者」下，南軒先生文集卷十二有「洙泗之門」四字。
〔三六〕吏者一日之間所爲酬酢事物　「事物」下，南軒先生文集卷十二有「者」字。
〔三七〕於是知聖人無倦之意矣　「意」下，南軒先生文集卷十二有「深」字。
〔三八〕聲名率減於前　「名」，南軒先生文集卷十九作「望」。
〔三九〕警懼存心　「警懼」上，南軒先生文集卷十九有「伏惟樞密」四字。
〔四〇〕向來多是姑息　「姑息」下，南軒先生文集卷二十三有「不立」二字。
〔四一〕未克一一定頓　「克」，南軒先生文集卷二十八作「免」；「定」，南軒先生文集卷二十八作「整」。
〔四二〕方別畫　「畫」，南軒先生文集卷二十八作「爲規模」。
〔四三〕當有爲助者　「助」，南軒先生文集卷二十八作「效力」。
〔四四〕共甫處某勸渠謙虛　「共甫處某」，南軒先生文集卷二十二作「但某前書」。
〔四五〕而報書謂到江上不見有人才　「上」下，南軒先生文集卷二十二有「尤」字。

〔四六〕天下事豈智力能辨　「豈」下，南軒先生文集卷二十二有「獨」字。

〔四七〕恐有妨　「有」下，南軒先生文集卷二十二有「所」字。

〔四八〕今日得休　「得休」下，東萊吕太史别集卷六有「且休」二字。

〔四九〕只自害　「只」下，東萊吕太史别集卷六有「能」。

〔五〇〕處事不以聰明爲先　「處事」下，東萊吕太史别集卷六有「者」字。

〔五一〕毋先懷抑强扶弱之意　「毋」，東萊吕太史别集卷九作「無」。

〔五二〕雖當攻擊縣道者　「當」，東萊吕太史别集卷九作「常」。

〔五三〕恐當加意督趣令整辨　「加」原作「如」，據東萊吕太史别集卷九改。

〔五四〕尋常士大夫或誤認縱弛爲恤民　「縱弛」，東萊吕太史别集卷九作「弛縱」。

〔五五〕孰若戒拙於初　「戒拙」，東萊吕太史别集卷六作「拙戒」。

續近思録卷之十一 凡四十七條

教人之道

晦庵先生曰：後生初學，且看小學書，是做人底樣子[一]。

教道後進，須是嚴毅，然亦須有以興起開發之[二]，徒拘束之，亦不濟事。

劉元城有言：「子弟寧可終歲不讀書，不可一日近小人。」此言極有味。

後生且教他依本子[三]，認得訓詁文義分明爲急[四]。自此反覆不厭，日久月深，自然心與理熟，有得力處。今人多是躐等妄作，誑誤後生，輾轉相欺，其實都曉不得。

聖人教人爲學，非使人綴緝言語、造作文辭，但爲科名爵禄之計，須是格物致知，誠意正心，修身而推之，以至於齊家治國，可以平天下[五]，方是正當學問。

答孫仁甫曰：夫人無英氣，固安於卑陋而不足以語上；其或有之，而無以制之，則又反爲所使，而不肯遜志於學。此學者之通患也。所以古人設教，自灑掃、應對、進退之節，禮、樂、射、御、書、數之文，必皆使之抑心下首以從事於其間而不敢忽，然後可以消磨其飛揚倔强之氣，而爲入德之階。今既皆無此矣，惟有讀書一事，尚可以爲攝伏身心之助。然不循序而致謹焉，則亦未有益也。故今爲賢者計，且當就日用間致其下學之功。讀書窮理，則細立課程，耐煩著實，而勿求速解；操存持守，則隨時隨處，省覺收斂，而毋計近功。如此積累，做得三五年工夫，庶幾心意漸馴，根本粗立，而有可據之地。不然，終恐徒爲此氣所使，而不得有所就也。

與魏應仲曰：所讀經文[六]，切要反覆精詳，方能漸見旨趣。誦之宜舒緩不迫，令字字分明。更須端莊正坐，如對聖賢，則心定而義理易究。不可貪多務廣，涉獵鹵莽，纔看過了便謂已通。少有疑處[七]，即便思索，思索不通，即置小册子，逐一抄記[八]，以時省閲[九]。切不可含糊護短，恥於質問，而終身受此黯暗以自欺也。起居坐立，務要端莊，不可傾倚，恐至昏怠。出入步趨，務要凝重，不可剽輕，以害德性。以謙遜自牧，以和緩待人[一〇]。凡事切須謹飭，無故不須出入。少説閒話，恐廢光陰。勿觀雜書，恐分精力。早晚頻自點檢所習之業。每旬休日，將一旬内書温習數過，勿令心少有放逸，則自然漸近道理，講習易明矣。

與長子受之曰：早晚受業請益，隨衆例，不得怠慢。日間思索有疑，用册子隨手劄記。候見質問，不得放過。所聞誨語，歸安下處，思省要切之言，逐日劄記[一一]，不得自擅出入，與人往還。初到，問先生，有合見者見之，不合見則不必往。人來相見，亦啓禀，然後往報之，此外不得出入一步。居處須是居敬，不得倨肆怠慢。言語須要諦當，不得戲笑諠譁。凡事謹恭，不得尚氣凌人，自取耻辱。不得飲酒，荒思廢業，亦恐言語差錯，失己忤人，尤當深戒。不可言人過惡，及説人家短長是非，有來告者，亦勿酬答。交遊之間，尤當審擇，雖是同學，亦不可無親疏之辨。皆當請於先生[一二]，聽其所教。大凡敦厚忠信，能攻吾過者，益友也。其諂諛輕薄，敖慢褻狎，導人爲惡者，損友也。推此見之[一三]，亦自合見得五七分，更問以審之，則無所失矣[一四]。但恐志趣卑凡，不能克己進修[一五]，則益者不期疏而日遠，損者不期近而日親。此須痛加點檢而矯革之[一六]，不可荏苒漸習，自趨小人之域。如此，則雖有賢師長，亦無救拔自家處矣。見人嘉言善行，則敬慕而記録之；見人好文字勝己者，則借來熟看，或傳録之而資問之，思與之齊而後已。以上數條，切宜謹守，其所未及，亦可據此推廣。大抵只是「勤謹」二字，循之而上，有無限好事，吾雖未敢言，而竊爲汝願之；反之而下，有無限不好事，吾雖不欲言，而未免爲汝憂之也。

古人上下之分雖嚴，然待臣僕如子弟，待子弟如臣僕。伯玉之使，孔子與之坐。陶淵明籃輿，用其子與門人。子路之負米，子貢之埋馬，夫子之釣弋，有若之三踊於魯大夫之庭，冉有用干却齊以入其軍，而樊須雖少，能用命也。古之人執干戈衛社稷，躬耕稼陶漁之事〔一七〕。後世驕侈日甚，反以臣子之職爲耻。此風日變，不可復也。士君子知爲學者漸率其子弟〔一八〕，庶幾可少變乎！

古人小學只教之以事〔一九〕，便自養得他心不知不覺自好了。如今全失了小學工夫，要補填實難〔二〇〕，只得教人且把敬爲主，收斂身心方可。

聖人教人，大概只是説孝悌忠信、日用常行底語〔二一〕。人能就上面做將去，則心之放者自收，心之昏者自著〔二二〕。如心、性等字，到子思、孟子方説得詳。

夫子説「非禮勿視聽言動」、「出門如見大賓，使民如承大祭」、「言忠信，行篤敬」〔二三〕，孟子又說「求放心」、「存心養性」，大學又教人格致誠正[二四]，程子又發明一「敬」字[二五]。各自觀之[二六]，似乎參錯不齊，千頭萬緒，其實只一理，只就一處下工夫，則餘者皆兼攝在裏許。聖賢之道如一室，雖門户不同，從一處行來都入得[二七]，但恐不下工夫爾。

嘗問學者曰：「公今在此坐，是主静，是窮理？」久之未對。曰：「便是不曾做工夫[二八]。若不是主静，便是窮理，只有此二者。既不主静，又不窮理，便是心無所用，閒坐而已。如此做工夫，豈有長進之理？」

科舉文字固不可廢，然近年翻弄得怪鬼百出[二九]，都無誠實正當意思，一味穿穴，旁歧曲徑[三〇]，以爲新奇。此是今日莫大之弊。今欲革之，莫若取三十年前渾厚純正、明白俊偉之文，誦以爲法。此亦正人心、作士氣之一事。

先生教人，以大學、語、孟、中庸爲入道之序，而後及諸經。其於讀書也，必使之辨其音釋，正其章句，玩其詞，求其義。研精覃思，以求其所難知；平心易氣，以聽其所自得。然爲己務實、辨别義利、毋自欺、謹獨之戒，未嘗不三致意焉。

聖賢教人，只從近處做去[三一]。學者貪高慕遠，而前的反蹉過了。中庸説細處，只是謹獨、謹言、謹行；大處是武王、周公達孝，經綸天下[三二]。須是謹言謹行[三三]，從細處做起，方能充得如此大。

白鹿洞規曰：父子有親，君臣有義，夫婦有別，長幼有序，朋友有信。右五教之目。堯舜使契爲司徒，敬敷五教，即此是也。學者學此而已，而其所以學之之序，亦有五焉，其別如左。博學之，審問之，愼思之，明辨之，篤行之。右爲學之序。學、問、思、辨，四者所以窮理也。若夫篤行之事，則自修身以至於處事接物，亦各有要，其別如左。言忠信，行篤敬，懲忿窒慾，遷善改過。右修身之要。正其誼不謀其利，明其道不計其功。右處事之要。己所不欲，勿施於人。行有不得，反求諸己。右接物之要。

南軒先生答朱元晦曰：學舍已成，方敢請諸有行義士人入其中爲表率[三四]。嶺外風俗尤弊，雖未易遽正，然不敢不開端示漸，如喪祭婚姻間亦頗有肯革者。義理存乎人心[三五]，但患啓迪薰陶之未至耳。

答呂伯恭曰：學校之事，此爲政之所當先也。但欲因程文而誘之讀書，則義未正。今日一種士子，將先覺言語耳剽口誦，用爲進取之資，轉趨於薄，此極害事。若於程文之外，明義理之分[三六]，教導涵養，漸知趣向[三七]，則善也。

諭及二病，若曰荒急因循[三八]，則非悠悠之趣；若曰蹙迫寡味，則非矯揉之方。此當深思[三九]，於主一上進步也。要是常切省厲，使凝斂清肅時寢多，則當漸有向進，不可求近功也。

所謂近日之病却不在急迫，而懼失於因循，此之亦可見省察之功。然此亦只是一病，不失之此則失之彼矣。以至於閨門之間，不過於嚴毅則過於和易；交遊之際，厚者不失於玩則失於過。紛紛擾擾，滅於東而生於西。要須本原上用工，其道莫如敬[四〇]。若於「敬」字有進步，則弊當漸減矣[四一]。

東萊先生曰：孟子教人，最於初學爲切。如第一章説「利」字，自古至今，其病在此。浩然之氣，須有集義工夫，則自生矣。今人一事無愧於心，胸中覺休休，然彼亦未必俱合於義，而況集義久而熟者，安得不浩然乎！

學者氣質各有利鈍，工夫有淺深[四二]，要是不可限以一律。政須隨根性，識時節，箴之中其病，發之當其可，乃善。固有無所向望而先示以蹊徑者，亦有必待憤悱而後啓之者[四三]，全在斟酌也。

默而成之，不言而信，存乎德行。訓誘之際，願常存此意。

大抵培養孝友，根本深厚[四四]，愛既篤則慮自周，幾微萌芽，一一自見，懇惻勸導，蓋有不能已者。仲尼所謂「忠焉能勿誨乎」是也。若視之漠然不相干，或遲疑畏縮而不發，皆是於忠愛上小欠耳[四五]。

蒙彖曰：「匪我求童蒙，童蒙求我，志應。」要須詳玩「志應」二字。此無以感之，彼安得以應之？應生於感也。古之感人[四六]，雖不區區先求學者，然就不求之中自有感發之理。不然，學者之志何自而應乎？

或問：教小兒以何爲先？曰：先教以恭謹，不輕忽，不躐等，讀書乃餘事。

學規曰：凡預此集者，以孝悌、忠信爲本。其不順於父母，不友於兄弟，不睦於宗族，不誠於朋友，言行相反，文過遂非者，不在此位。

聞善相告，聞過相警，患難相恤，游居必以齒，相呼不以丈，不以爵，不以爾汝。

規約曰：凡與此學者，以講求經旨、明理躬行爲本。

凡有所疑，用册記録〔四七〕。同志異時相會，各出所習及所疑，互相商確。

大抵學者〔四八〕，用工甫及旬月，未及涘涯〔四九〕，則已逡巡退却，不復自信。久大德業，何自而成？經訓所載，若曰「念終始，典于學，厥德修，罔覺」，若曰「冥升利于不息之貞」，若曰「仁者先難而後獲」，正謂學者多端顧念者衆〔五〇〕，一意勇往者少，故每惓惓於此也。

講實學者多，則在下移俗，在上美政，隨窮達皆有益，政當同致力也。

理矣。

竊嘗思時事所以艱難，風俗所以澆薄，推其病源，皆由講學不明之故。若使講學者多其達也，自上而下，爲勢固易。雖不幸不達[五一]，善類既多，氣焰必大，亦可薰蒸上騰，而有轉移之理矣。

退溪先生答金伯純曰：示諭向來之誤、今日之覺，不幸已往，至幸方來，惟在加之意慎，無得少爲足，深以作撤爲戒，勿爲澆俗所遷奪。積之以久，何憂於卒未得耶！苟爲不然，前日見人之行不揜言，以爲甚病者，忽反在我，是尤可懼也。

掃除百雜，一意專事於博文約禮之誨，忠信篤敬之訓。能以規矩自治，則正所以敬勝，何患於怠勝？能至於純熟，則正所以入德，何以云歸於亂德耶？

朱先生訓門人曰：須是忍辛耐苦，做得不快活底工夫，乃是好消息，久久須得力也。於此又當知毋欲速，毋憚難，毋一不得而遂撤，直要硬著脊梁。依此法做去，因勿屑屑計較，其近效亦必有時時虛閒休養意思，乃與向所謂「忍辛耐苦、不快活之功」，互相資益，不可闕一也。

答曹楗仲曰：降衷秉彝人同好善，天下英材，其誠心願學者何限？若以犯世患之故，而一切呵止之，是違帝命錫類之意，絶天下向道之路，吾之得罪於天與聖門已甚。

人之資質，有萬不同。其始學也，鋭者凌躐，鈍者滯泥；慕古者似矯，志大者似狂；習未熟者如僞，躓復奮者如欺。有始懇而終忽者，有旋廢而頻復者；有病在表者，有病在裏者。凡若此者不勝枚舉。其不能專心致志，以期於有成者，固不能無罪，然其心可尚，猶是此一邊人。其可概以欺盜而揮斥之乎？其亦在所相從而共勉也。

答趙士敬曰：暮年方窺古人之緒餘，顧心力俱弊，無望於分寸之功，益知平日年富力强者不可不思勉也。如足下常以如僕老而無及者爲戒，則日進矣。

士患志不篤，所以自樹立者不堅確耳。苟擇術審而植志固，舉世而非笑之猶不恤，況十九人乎！故慮人之譏笑而加勉，則善矣；憂人之非毀而自沮，則恐不足以爲士矣！

先生嘗曰：叔父松齋公勸學甚嚴，不假辭色。嘗背誦論語自初章至終篇，不差一字，而亦無奬許之言。余之不怠於學，皆叔父教督之力也。

訓誨後學，不厭不倦。待之如朋友，終不以師道自處，士子遠來質疑請益，則隨其淺深而教。詔之必以立志爲先，主敬窮理爲用工地頭，諄諄誘掖啓發乃已。

下學上達，固是常序。然學者習久無得，則易至中廢，不如指示本原也，故先生之接引學者頗指示源頭。

辛亥謁先生于退溪，先生終日賜教，皆以立志不篤、行不顧言諄諄戒之，皆爲己切實之言也。

李叔獻、柳而見、李景涵潑來話，叔獻謂景涵曰：始余請益，先生默然良久，曰：「持心貴在不欺，立朝當戒喜事。」余曰：「先生教人之意若是深切，此豈獨叔獻、景涵之所當服膺？吾輩亦宜勉之。」遂請景涵書二件，一件揭壁上，一件而見持去。

【校勘記】

〔一〕是做人底樣子　「是」上，朱子語類卷七有「那」字。

〔二〕然亦須有以興起開發之　「之」下，朱子語類卷十三有「方得只恁嚴」五字。

〔三〕後生且教他依本子　「後生」，晦庵續集卷一作「近日看得後生」；「且」下，晦庵續集卷一有「是」字。

〔四〕認得訓詁文義分明爲急　「詁」，晦庵續集卷一作「誥」。

〔五〕可以平天下　「平」下，晦庵先生朱文公文集卷七十四有「治」字。

〔六〕所讀經文　「文」，晦庵先生朱文公文集卷三十九作「史」。

〔七〕少有疑處　「少」，晦庵先生朱文公文集卷三十九作「小」。

〔八〕逐一抄記　「一」，晦庵先生朱文公文集卷三十九作「日」。

〔九〕以時省閱　「閱」下，晦庵先生朱文公文集卷三十九有「俟歸日逐一理會」七字。

〔一〇〕以和緩待人　「緩」，晦庵先生朱文公文集卷三十九作「敬」。

〔一一〕逐日劄記　「劄記」下，晦庵續集卷八有「歸日要看見好文字亦録取歸來」十三字。

〔一二〕皆當請於先生　「皆」上，晦庵續集卷八有「此」字。

〔一三〕推此見之　「見」，晦庵續集卷八作「求」。

［一四］則無所失矣　「則」，晦庵續集卷八作「百」。

［一五］不能克己進修　「進修」，晦庵續集卷八作「從善」。

［一六］此須痛加點檢而矯革之　「點檢」，晦庵續集卷八作「檢點」。

［一七］躬耕稼陶漁之事　「稼」下，朱子語類卷十三有「與」字；「事」下，朱子語類卷十三有「皆是也」三字。

［一八］士君子知爲學者漸率其子弟　「士君子知爲學者漸率其子弟」，朱子語類卷十三作「士君子知此爲學者言之以漸率其子弟」。

［一九］古人小學只教之以事　「只」，朱子語類卷七無。

［二〇］要補填實難　「要補填實難」，朱子語類卷七無。

［二一］大概只是説孝悌忠信日用常行底語　「語」，朱子語類卷八作「話」。

［二二］心之昏者自著　「心」，朱子語類卷八作「性」。

［二三］言忠信行篤敬　「行篤敬」下，朱子語類卷十二有「這是一副當説話」七字。

［二四］大學又教人格致誠正　「大學又教人格致誠正」，朱子語類卷十二作「大學則又有所謂格物致知正心誠意」。

［二五］程子又發明一敬字　「程子又」，朱子語類卷十二作「至程先生又專一」。

〔二六〕各自觀之　「各自觀之」，朱子語類卷十二作「若只恁看」。
〔二七〕從一處行來都入得　「從」，朱子語類卷十二作「自」；「都」，朱子語類卷十二作「便」。
〔二八〕便是不曾做工夫　「是」下，朱子語類卷一百二十一有「公」字。
〔二九〕然近年翻弄得怪鬼百出　「怪鬼」，晦庵先生朱文公文集卷四十九作「鬼怪」。
〔三〇〕旁岐曲徑　「岐」，晦庵先生朱文公文集卷四十九作「支」。
〔三一〕聖賢教人只從近處做去　「聖賢教人只從近處做去」，朱子語類卷八作「聖賢千言萬語教人且從近處做去」。
〔三二〕經綸天下　「天下」下，朱子語類卷八有「無不載」三字。
〔三三〕須是謹言謹行　「謹言謹行」，朱子語類卷八作「要謹行謹言」。
〔三四〕方敢請諸有行義士人入其中爲表率　「諸」下，南軒先生文集卷二十四有「邑」字。
〔三五〕「義理」，南軒先生文集卷二十四作「理義」。
〔三六〕明義理之分　「理」，南軒先生文集卷十九作「利」。
〔三七〕漸知趣向　「漸」上，南軒先生文集卷十九有「使」字。
〔三八〕若曰荒急因循　「急」，南軒先生文集卷二十五作「怠」。
〔三九〕此當深思　「此」下，南軒先生文集卷二十五有「正」字。

〔四〇〕其道莫如敬　「道」下，南軒先生文集卷二十五有「固」字。

〔四一〕若於敬字有進步則弊當漸減矣　「於」，南軒先生文集卷二十五作「如」；「漸」下，南軒先生文集卷二十五有「可」字。

〔四二〕工夫有淺深　「有」上，東萊吕太史別集卷八有「各」字。

〔四三〕固有無所向望而先示以蹊徑者亦有必待憤悱而後啓之者　「固有」下，東萊吕太史別集卷八有「恐其」二字；「待」下，東萊吕太史別集卷八有「其」字。

〔四四〕根本深厚　「本」，東萊吕太史別集卷九作「基」。

〔四五〕皆是於忠愛上小欠耳　「小」，東萊吕太史別集卷九作「少」。

〔四六〕古之感人　「感」，東萊吕太史別集卷十二作「教」。

〔四七〕用册記録　「用」，東萊吕太史別集卷五作「專置」。

〔四八〕大抵學者　「大抵」下，東萊吕太史別集卷十有「目前」二字。

〔四九〕未及涘涯　「及涘涯」，東萊吕太史別集卷十作「見涯涘」。

〔五〇〕正謂學者多端顧念者衆　「念」，東萊吕太史別集卷十作「慮」。

〔五一〕雖不幸不達　「不達」，東萊吕太史別集卷十作「皆窮」。

續近思録卷之十二凡七十九條

警戒

晦庵先生曰：士君子立身，一敗而萬事瓦裂，豈不可戒？

開卷便有與聖賢不相似處，豈可不自鞭策？

凡事不可著箇「且」字，鮮有不害事。

每事求自家安利處，便不是義[一]，便不可入堯舜之道。須勤勤提省，於纖微毫忽之間不得放過。

人須有廉耻，有耻則能有所不爲[二]。今有一樣人，不能安貧，其氣消屈，以至立脚不住，不知廉恥，則亦何所不至？呂舍人詩曰[三]：「逢人即有求，所以百事非。」某觀今人不能咬菜根而至於違其本心者衆矣，可不戒哉！

窮須是忍，忍到熟處，自無戚戚之念矣。

儉德極好，凡事儉則不失[四]。

向來一番，前輩少日粗有時望，晚來往往不滿人意[五]，正坐講學不精，不見聖門廣大，規模小有所立[六]，即自以爲事業止此，更不求進[七]。荆公所謂「末俗易高，險道難盡」者[八]，可念也。

吾人所處著箇「道理」二字，便是隨衆不得。

事只有箇是非，只揀是處行將去[九]，必欲回互得人人道好，豈有此理？然事之是非，久却自定。

大抵以學者而觀天下之事，以爲己事之所當然而爲之，則雖甲兵財穀、籩豆有司之事，皆爲己也。以其可以求知於世而爲之，則雖割股廬墓、弊車羸馬，亦爲人耳。善乎！張子敬夫之言曰：「爲己者，無所爲而然者也。」此其意之深切，蓋有前賢所未發者。學者以是而日自省焉，則有以察乎善利之間，而無毫釐之差矣。

改過貴勇，防患貴怯。

苟欲聞過，但當一一容受，不當復計其虛實，則事無大小，人皆樂告而無隱情矣。若切切計較，必與辨争，非「告以有過則喜」之意也[一〇]。

凡日用間，知此一病而欲去之，即此欲去之心，便是能去之藥。但當堅守，常自警覺，不必妄意推求，欲舍此拙法，別求妙解也[一一]。又曰：知得如此是病，即是不如此是藥[一二]。若更問何由得如此，則是騎驢覓驢，只成一場閒説話矣。

南軒先生曰：某每念斯道，知之爲難。知之矣，請事之功爲難。氣習之不易消也[一三]，而可長乎？人告之以有過則喜，此爲進步於仁，仲由所以爲百世師也。

省過矯偏，但覺平日以爲細故粗迹者，乃是深失銷磨，雖庶幾兢兢焉，惟恐乘間之竊發耳。

答俞郎中曰：長者爲事最忌激觸[一四]。然所謂不激觸者[一五]，平心易氣審處其理[一六]，期於中節而已。若欲遷就回互，於所當然而不然，枉尋以直尺，而曰吾所畏者激觸也，無乃墮於奸邪之域[一七]？而人欲肆，而天理滅歟[一八]。伊川先生解「遇主于巷」一爻[一九]，意極明切。後人不知，乃以己私窺聖人之意，其失大矣。

多覺向來看得偏處，始知所謂善學者求言必自近，易於近者，非知言者，其至言哉！

伯恭今次講論何如？得渠書，云兄猶有傷急不容耐處，某又恐伯恭却有太容耐處。然吾曹氣習之偏，乘間發見，誠難消化，想存養有道[二〇]，如某病痛，多兢兢之不遑，正有望於時加砭劑也[二一]。

答曾節夫曰：左右天資之美，閒處正宜進步，工夫不可悠悠，且須察自家偏處，自聲氣容色上細細檢察。向在長沙，見或者多疑左右以爲簡忽，此雖是愛憎不同，要之致得人如此看，亦是自家未盡涵養變化。

答朱元晦曰：日用間事，使人歎服者固多，但其間有於氣稟偏處，似未能盡變[二二]。蓋自他人謂爲豪氣底事，自學者論之，只是氣稟病痛。元晦所講要學顔子，却不於此等偏處下自克之功，豈不害事！願以平時以爲細故者作大病醫療，異時相見，當觀變化氣質之功。重以世衰道微，吾曹幸聞此理，不可不力勉也。

所謂虚心平氣[二三]，豈獨觀書當然？某既已承命，而因敢復以爲獻也。

子約猶未免欲速逼迫之病。任重道遠，要須弘毅爲先，循循有常，勿起求獲之意[二四]。義理固當玩索[二五]，然求之過當，反害於心。涵泳栽培，日以深厚，則玩索處自然有力也。平日病痛，所貴求以消磨矯揉之，却不可徒自悔恨，於胸中反添一病。

答劉共甫曰：靖康之變，亘古所無。夷狄腥膻中原四十餘年，三綱不明，九法盡廢，今爲何時耶？士大夫宴坐江左[二六]，而恬莫知其大變也。此無他，由不講學之故耳。今樞密以天子大臣而志乎此道[二七]，則某之喜爲如何！雖然，學之難明也久矣，毫釐之差，而千里之繆。其用極天地，而其端不違乎視聽食息之間。識其端則大體可求，明其體則妙用可充。

觀書辭多暴露恍惚之語，少沉潛篤實之意，講學不如此也。且當熟讀論語，玩味聖人所以教人與孔門弟子學乎聖人者，則自可見。

答呂伯恭曰：每思尊兄於尋常人病痛往往皆無之，此在資質固爲美，然學問不可不防有病[二八]。他人所有病痛，却不干學問事，若只坐在此上，却恐頽墮少精神。惟析夫義理之微，察於物情之細[二九]，每存正大之體，尤防己意之偏，擴而充之，則幸甚。

又曰：大抵老兄似於果斷有所未足[三〇]，時有牽滯，流於姑息之弊。雖是過於厚、傷於慈，爲君子之過，然在他人視我，則觀過可以知仁，在我自點檢[三一]，則終是偏處。仁義之道常相須，要是義不足，則仁者亦失其正矣[三二]。

東萊先生孟子説曰：「舜發於畎畝之中」，此一章謂憂患艱難，方是天大成就處。自舜至百里奚，其學問之淺深醇疵、功業之大小污隆固不同，皆自艱難中成就[三三]，此所以孟子併數之。譬如草木固是雨露發生，惟經霜雪方堅實。金若真金，愈鍛愈精，學者所以先要立志。

孟子曰「無爲其所不爲」，此一章指示人甚分明。人之爲學無他[三四]，「無爲其所不爲，無欲其所不欲」而已。二句於人修省工夫最切。君子爲學無他，充養其不爲不欲之心而已。大抵本心與私欲最要精察[三五]。方其私欲起時，裏面自有本心，自有天性，其要在就不爲不欲上充養，去做工夫。自無爲而大有爲，自無欲而大有欲，充養將去，及其至也，便可識「可欲之謂善」。

論語説曰：人之有一過，必變成二過，何也？人惟惡其過也，是以求以蓋其過。惟求以蓋其過，則非爲妄言以自飾，則必爲巧計以自蔽，故本是一過，遂成二過。

常以晝驗之妻子，以觀其行之篤與否。夜考之夢寐，以卜其志之定與未。須於此等處常常體察，最可驗學力。

人須是令聖賢格言不間斷於此心，方能有益。

自無所見，因人而有警者，不足恃。

學者平居相聚爲有益[三六]，然亦須是於朋友攸攝，攝以威儀處下工夫。不然，則至於忘形骸相爾汝，豈惟無益，所損實多。

學者須是有歆然興起之意，方能有進，如「敬修其可願」、「可欲之謂善」，不知味，如何進德？

或有言病太剛太直。先生曰：剛無病，所病者乃暴而非剛；直無病，所病者乃訐而非直。

與張敬夫曰：吾丈世道所係，居之實難，謂宜深體志未平之戒，朝夕省察，所存者果常不違乎？所感者果皆正乎？日用飲食之間果皆不踰節乎？疏密生熟，歷歷可見。於此實用力焉，工夫自無不進之理。

平時徒恃資質，工夫悠悠，殊不精切。兩年承教，可謂浹洽。於要的處或鹵莽領略，於凝滯處或遮護覆藏。爲學不進，咎實由此。

答朱元晦曰：詳觀來諭，激揚振厲，頗乏廣大温潤氣象。若立敵較勝負者，頗似未弘。如注中東坡字改爲蘇軾，不知以諸公例書名而釐正之耶？或者因辨論有所激而加峻耶？出於前説，固無害。出於後説，則因激增怒，於治心似不可不省也[三七]。

又曰：向蒙教以矯厲氣質之偏。大抵根滓未盡，氣禀偏重處，不免時時露見，政當澄之又澄耳。

每思學者所以循於偏見，安於小成，皆是用工不實[三八]。若實用工，則動静語默日用間自有去不得處，必悚然不自安也[三九]。

委曲之説，誠切近於近日學者之病[四〇]。易无妄傳云：「雖無邪心，苟不合正理，則妄也，乃邪心也。」

每見朋友間，質美寡過可進此。學者往往溺志宴安，其終異於常人者無幾，蓋嘗三歎於斯。若百事安穩，無違情咈志而可成就，則君子當滿天下矣。惟其不然，所以貴於用心剛而進學者勇也。

「含章可貞，以時發之。」大凡人出來做事，多被人疑忌，只爲先露圭角[四一]，不能含章。惟含然後可以時發[四二]。

年來自念己分工夫殊欠闕，自歲初盡罷遣習舉業者，庶幾不作無益害有益。

日來圭角突兀之病雖去，而婾惰因循之病復易生，每切自警。

講貫誦繹，乃百代爲學通法。學者緣此支離汎濫，自是人病，非法病[四三]。見此而欲廢之[四四]，正是因噎而廢食。

退溪先生曰：人惟不學，故不知其不足。不知其不足，故聞過而怒。

病中看晦庵書一過，每遇其言懇到通快喫緊爲人處，未嘗不三復省發，如針劄身，如寐得醒，益知前日爲學浮泛不親切，正如程門所謂隔靴爬痒之病。如是，何曾有絲毫得力處耶？謂「某凝定不如窮格」，此語極令人警省，深荷示及之意。但晚學鹵莽，非獨凝定不得力，窮格亦未到十分，而衰病如此，將兩無所成，是爲歎恨！

賢關亦有孟門之險，凡百務爲韜晦，惟不自失而日求益，是爲要法。

人之處我，不以聖賢地位推之，則以聖賢事業責之。若不知懼，受而自處，則其名實未副之處，不免有文飾。蓋覆以自欺而欺人，此勢所必至，吾儕一爲人所知所譽，便是不好消息。

答宋寡尤曰：喜事不静之習，立異干名之病，世人每以歸誚於向學之人。世固爲險隘矣，然細觀之[四五]，今之所謂志學之人，於學未有所得，而已先蹉入於此習者，果多有之。斯固後生之切戒，然豈懲此而欲其同流合污之行也？

又曰：「疏誕」二字不知何故奉歸於左右，初甚怪之，及細看來，諭雖不可謂實爲疏誕，然不無近似者，恐不當以爲無害而不思矯揉之方也。

人欲之險，乃有以柱天地、貫日月之氣節，一朝摧銷陷没於一妖物頰上之微渦，取辱至此，爲天下詬笑。如胡公者，其可畏如此。故朱夫子尚云寄一生於虎尾春冰，而常持雪未消草已生之戒，吾輩當何如哉？

剛雖君子之德，少過則入於暴悍强忿。竊覵君資有此根本，而每發於酒後，此非少患。曾見朱先生責蔡西山書矣，以西山清修苦節一失，則下比於郭解善惡之幾，間不容隙，可畏如此！

答鄭子中曰：宋、尹兩公皆是願見之人，當見何疑？但公方今爻象，如聘而未行之處子，何可輕自往見人耶？古人雖云「事其大夫之賢者」，今日使此説不得正，須内植其志，壁立萬仞，而所以行於世者，每以退人一步、低人一頭爲第一義。

又曰：願公無欲速，毋没榮光，常思有初無終之可耻甚於撻市，而日夕策勵，則庶幾或有望。不然，只是滚同過一世矣。其隳名辱節之間，或反有甚於隨俗出没者矣。

今之向學之人，不知求道於平常中洽好處，輒先插脚於乖異中磽崎處，竟致無望於循序入道，而反歸於索隱行怪者，甚可歎也！

答趙士敬曰：憂貧之累，決科之業，誠難擺脱，然以此而欲遂輟學問之工則誤矣。聞遠懶廢學業，想緣窮裏營生，馴致汩没而然。此亦志不篤之故。苟志之誠篤，一「窮」字豈能奪之？古人因窮而動心忍性，故業進；今人因窮而壞志逐物，故業退。此正吾輩之至戒也。

大抵朋友間，信及者，或至太執而駭俗；不信者，循俗而自棄，皆可懼也。所謂「太執駭俗」者，將非左右之不飲酒一事耶？不飲酒極是好意，但聖賢豈有爲不飲而專廢酒禮者耶？以是意入泮，不無礙行處，故聊言之。

僕於士敬臨行破戒，所以矯太過處，非欲其遂爲西晋風流也。

答鄭子中曰：左右學問誠不易，但常有急迫，期必安排扭捏之意。此延平所謂「積下一團私意」，亦孟子所謂「揠苗助長之患」，然則所由雖善，而爲心害甚重。

與安道孫曰：汝於今行，及凡赴同年宴席[四六]，凡先生所令戲事，雖不可不從，塹爲之[四七]，僅以免責而已。不可極爲淫媟鄙慢之態，以供人笑樂，與倡優輩所爲也[四八]。吾見後生輩得小小名字，自以爲平生一大事，多失常性，如狂如醉，甚可憫笑。

虚爲推奬者，既難堪當；無故憎疾者，更深可畏。

吾本無開門受徒之意。間有來者，其人不能皆曉事，或過爲推重，或自處太高，或行詭於常，或言浮其實，或妄攻人短，或輕犯世患。凡此等事，皆足以招人怨怒，連累起鬧。此某所深憂者[四九]。

徒有慕古之心[五〇]，不肯直前。行得數步，每有等待之意，不能當下體得一刻。但如此時時自顧[五一]，慨然發歎而已，雖與全不向學者有間，恐無以大相遠也。

爲己爲人本一事。爲人之言虚夸，則其自處虚夸亦可知。

已逝光陰難追，而方來工力在己。勉思自拔，毋輕流循。

自喜，則不聽人言；欲速，則不究衆理。

但知有己，不知有他人，不是小病。惟當先去此病，然後可與論此事[五二]。

德之未崇，而遽任經綸覆餗之階也；誠之未孚，而强聒不舍辱身之道也。

酒戒贈金應順曰：嗟哉，麴蘖禍人之酷！腐腸生疾，迷性失德。在我戕身，在國覆國。我嘗其毒，子阽其窖。抑之有誠，胡不共勖。剛以制之，自求多福。

激仰軒輊[五三]，固勝於委靡頹塌。然苟持此自負，而謂人之莫己若也，則必至於矜豪縱肆，不循軌度，傲物輕世。其行於世也，有無限病痛悔吝。

一投足、一開口之間，不得譽，則必得毁。得毁固可畏，得譽更可憂。古人誠後進之言曰[五四]：「今日人主前得一奬，明日宰相處得一譽，因以自失多矣。」此誠切至之論。

末路過防，不可無[五五]。但用心之少差，必陷於失身喪節之域。

守正則多礙，隨衆則失身，此爲第一難事耳！

須先以韜晦爲養德酬世之方，不然，吾學未成，而先以駭世致臵，所謂無益而有害也。

不能舍己從人，學者之大病。天下之義理無窮，豈可是己而非人？

崔應龍問：邢恕得罪於師門，而猶列於弟子，何也？先生曰：所以警後世學者也。和叔從兩程甚久，而一念之私便爲索性小人，學者可不懼哉？

【校勘記】

［一］每事求自家安利處便不是義　「事」，朱子語類卷十三作「處」；「不是義」，朱子語類卷十三作「是推此」。

［二］有恥則能有所不爲　「有恥」上，朱子語類卷十三有「人」字。

［三］吕舍人詩曰　「吕」上，朱子語類卷十三有「因舉」二字。

［四］凡事儉則不失　「不」，朱子語類卷一百二十五作「鮮」。

［五］晚來往往不滿人意　「晚來」，晦庵先生朱文公文集卷二十五作「晚年出來」。

［六］規模小有所立　「小」，晦庵先生朱文公文集卷二十五作「少」。

［七］更不求進　「更不求進」，晦庵先生朱文公文集卷二十五作「更不求長進了」。

［八］險道難盡者　「道」，晦庵先生朱文公文集卷二十五作「塗」。

［九］只揀是處行將去　「只揀是處行將去」，朱子語類卷一百一十三作「是非既定却揀一箇是處行將去」。

［一〇］非告以有過則喜之意也　「非」上，晦庵先生朱文公文集卷四十三有「恐」字。

[一一]別求妙解也　「別」，晦庵先生朱文公文集卷五十九作「而必」。

[一二]即是不如此是藥　「是」，晦庵先生朱文公文集卷五十九作「便」。

[一三]氣習之不易消也　「消」下，南軒先生文集卷二十一有「化」字。

[一四]長者爲事最忌激觸　「爲」，南軒先生文集卷二十六作「謂」。

[一五]然所謂不激觸者　「不」，南軒先生文集卷二十六無。

[一六]平心易氣審處其理　「平」上，南軒先生文集卷二十六有「要當」二字。

[一七]無乃墮於奸邪之域　「乃」下，南軒先生文集卷二十六有「終」字。

[一八]而人欲肆而天理滅歟　「而人欲肆而天理滅」，南軒先生文集卷二十六作「人欲愈肆而天理愈滅」。

[一九]伊川先生解遇主于巷一爻　「伊川」上，南軒先生文集卷二十六有「觀」字。

[二〇]想存養有道　「想」下，南軒先生文集卷二十二有「兄」字。

[二一]正有望於時加砭劑也　「於」，南軒先生文集卷二十二無。

[二二]但其間有於氣禀偏處似未能盡變　「但」下，南軒先生文集卷二十有「以鄙意觀之」五字；「變」下，南軒先生文集卷二十有「於舊」二字。

[二三]所謂虛心平氣　「氣」下，南軒先生文集卷二十有「者」字。

〔二四〕勿起求獲之意　「意」下，南軒先生文集卷二十五有「乃佳」二字。

〔二五〕義理固當玩索　「義理」，南軒先生文集卷二十五作「理義」；「當」，南軒先生文集卷二十五作「須」。

〔二六〕士大夫宴坐江左　「坐」，南軒先生文集卷十九作「安」。

〔二七〕今樞密以天子大臣而志乎此道　「以」下，南軒先生文集卷十九有「明」字。

〔二八〕然學問不可不防有病　「然」下，南軒先生文集卷二十五有「在」字。

〔二九〕察於物情之細　「察」上，南軒先生文集卷二十五有「而致」二字。

〔三〇〕大抵老兄似於果斷有所未足　「老兄」，南軒先生文集卷二十五作「覺得老兄平日」。

〔三一〕在我自點檢　「點檢」，南軒先生文集卷二十五作「檢點」。

〔三二〕要是義不足則仁者亦失其正矣　「是」，南軒先生文集卷二十五作「知」；「要是」，南軒先生文集卷二十五宋本作「若於」；「則」下，南軒先生文集卷二十五有「所謂」二字。

〔三三〕其學問之淺深醇疵功業之大小污隆固不同皆自艱難中成就　「大小」，麗澤論説集録卷七作「小大」；「自」，麗澤論説集録卷七作「是」。

〔三四〕人之爲學無他　「人之爲學」，麗澤論説集録卷七作「人之爲人學之爲學」。

〔三五〕大抵本心與私欲最要精察　「要」下，麗澤論説集録卷七有「人」字。

［三六］學者平居相聚爲有益　「爲」上，麗澤論説集録卷十有「最」字。

［三七］似不可不省也　「省」下，東萊呂太史別集卷七有「察」字。

［三八］皆是用工不實　「工」下，東萊呂太史別集卷八有「有」字。

［三九］必悚然不自安也　「自」，東萊呂太史別集卷八作「敢」。

［四〇］誠切近於近日學者之病　「切近」之「近」字，東萊呂太史別集卷八無。

［四一］只爲先露圭角　「先露」，東萊呂太史別集卷十二作「预先多露」。

［四二］惟含然後可以時發　「含」下，東萊呂太史別集卷十二有「章」字；「發」下，東萊呂太史別集卷十二有「初不是兩件事」六字。

［四三］非法病　「非」下，東萊呂太史別集卷十有「是」字。

［四四］見此而欲廢之　「欲」下，東萊呂太史別集卷第十有「盡」字。

［四五］然細觀之　「之」，李子粹語卷四無。

［四六］及凡赴同年宴席　「席」下，李子粹語卷四有「十分操持慎勿乘喜多作狂妄事」十三字。

［四七］蹔爲之　「蹔」，李子粹語卷四作「聊暂」。

［四八］與倡優輩所爲也　「與」，李子粹語卷四作「如」。

［四九］此某所深憂者　「某」，李子粹語卷四作「滉」。

〔五〇〕徒有慕古之心　「古」，李子粹語卷四作「向」。
〔五一〕但如此時時自顧　「時時」，李子粹語卷四作「時」。
〔五二〕然後可與論此事　「事」，李子粹語卷四作「學」。
〔五三〕激仰軒輊　「仰」，李子粹語卷四作「昂」。
〔五四〕古人誠後進之言曰　「誠」，李子粹語卷四作「戒」。
〔五五〕不可無　「不」上，李子粹語卷四有「誠」字。

續近思録卷之十三 凡三十七條

辨别異端

晦庵先生曰：佛、老之學，不待深辨而明。只是廢三綱五常這一事已是極大罪名，其他更不消説。

釋氏謂人死爲鬼〔一〕，鬼復爲人。如此，則天地間常是許多來來去去，更不由他造化生生〔二〕，必無是理也。

答李伯諫曰：來書云「形有死生，真性常在」。某謂性無僞冒〔三〕，不必言真，未嘗不在，不必言在。蓋所謂性，即天地所以生物之理，所謂「維天之命，於穆不已」、「大哉乾元，萬物資始」者也，曷嘗不在而豈有我之所能私乎？釋氏所云「真性」，不知其與此同乎否也？同乎此，則古人盡心以知性知天，其學固有所爲，非欲其死而常在也。苟異乎此，而欲空妄心，見真性，惟恐其死而失之，非自私自利而何？

釋氏論曰：凡佛之言[四]，其始來者，如四十二章、遺教、法華、金剛、光明之類，其所言者不過清虛緣業之論、神通變現之術而已。及其中間，爲其學者如惠遠、僧肇之流，乃始稍竊莊、列之言以相之，然尚未敢正以爲出於佛之口也。及其久而恥於假借，則遂顯然篡取其意，而文以浮屠之言。如楞嚴所謂「自聞」，即莊子之意，而圓覺所謂「四大各離，今者妄身當在何處」，即列子所謂「精神入其門，骨骸反其根，我尚何存」者。凡若此類，不可勝舉。然其説皆萃於書首，其後無以繼之，然後佛之本真乃見。如結壇誦呪、二十五輪之類，以至於大力金剛、吉盤荼鬼之屬，則其粗鄙俗惡之狀，較之首章重玄極妙之指，蓋水火之不相入矣。

至於禪者之言，則其始也，蓋亦出於晉、宋清談議論之餘習[五]，而稍務反求存養以默證之[六]，或能頗出神怪，以眩流俗而已[七]。如一花五葉之讖、隻履西歸之説[八]，雖未必實有是事，亦可見當時所尚者止於如此也。其後傳之既久，聰明才智之士或頗出於其間而自覺其陋，於是更出己意，益求前人之所不及者以陰佐之，而盡諱其怪幻鄙俚之談。於是其説一旦超然真若出乎道德性命之上，而惑之者遂以爲果非堯、舜、周、孔之所能及矣。然其虛夸詭譎之情、險巧儇浮之態，展轉相高，日以益甚，則又反不若其初清虚静默之説猶爲彼善於此也。以是觀之，則凡釋氏之本末真僞可知。

佛書本皆梵語，譯而通之，則或以數字爲中國之一字，或以一字而爲中國之數字。而今其所謂偈者，句齊字偶，了無餘欠。至於所謂二十八祖傳法之所爲者，則又頗協中國音韻，或用唐書聲律[九]。自其徒之稍詰如惠洪輩者[一〇]，則已能知其謬，而强爲説以文之。顧服衣冠、通古今[一一]，號爲士大夫，如楊大年、蘇子由者，反不悟而筆之書也[一二]。

近年以來，乃有假佛釋之似以亂孔孟之實者，其法首以讀書窮理爲大禁，常欲學者注其心於茫昧不可知之地，以僥倖恍然獨見[一三]，然後爲得。蓋亦有自謂得之者矣，而察其容貌辭氣之間，修己治人之際，乃與聖賢之學有大不相似者。

世學不明，異端蜂起，大率皆便於私意人欲之實，而可以不失道義問學之名，以故學者翕然趨之。然諺有之：「是真難滅，是假易除。」但當力行吾道，使益光明，則彼之邪説，如雪見晛耳，故不必深與之辨。

異端之學，以性自私，固爲大病。然又不察氣質情欲之偏，而率意妄行，便謂無非至理，此尤害事。近世儒者之論，亦有近似之者[一四]，不可不察也。

問：釋氏有「豁然頓悟」之説，不知倚靠得否？曰：某也曾見叢林中有言頓悟者，後來看這人只尋常[一五]。如陸子静門人，初見時，尚云有所悟[一六]；後來所爲，却更顛倒錯亂。看來所謂「豁然頓悟」者，乃是當時略有所見，覺得果是潔浄快活[一七]。稍久，却漸漸淡去了，何嘗倚靠得！

近世學者溺於佛學，本以聖賢之言爲卑近而不滿於其意，顧天理民彝有不容殄滅[一八]，則又不能盡叛吾説以歸於彼，兩者交戰於胸中而不知所定，於是因其近似之言以附會而説合之。凡吾教之以物言者，則挽而附之於己；以身言者，則引而納之於心，苟以幸其不異於彼而便於出入兩是之私。至於聖賢之本意，則雖知其不然，而有所不顧也。蓋其心自以吾之所見已高於聖賢，可以咄嗟持顧而左右之矣[一九]。又況推而高之，鑿而深之，使其精神氣象有加於前，則吾又爲有功於聖門[二〇]，何不可者？而不自知其所謂高且深者，是乃所以卑且陋也。此近世雜學之士心術隱微之大病，不但講説異同之間而已。

答陳衛道曰：嘗見龜山先生引龐居士説神通妙用、運水搬柴話，來證孟子「徐行後長」義。竊意其語未免有病，何也？蓋如釋氏説，但能搬柴運水即是神通妙用，此即來喻所謂「舉起處其中更無是非」。若儒者則須是徐行後長方是，若疾行先長即便不是。所以格物致知，便是要就此等處微細辨別，令日用間見得天理流行，而其中是非黑白各有條理，是者便是順得此理，非者便是逆著此理。胸中洞然，無纖毫疑礙，所以才能格物致知，便能誠意能正心[二二]，而天下國家可得以理，亦不是兩事也。凡古聖賢説性命，皆是就實事上説。如言盡性，便是盡得此君臣父子三綱五常之道而無餘；言養性，便是養得此道而不害。至微之理，至著之事，一以貫之，略無餘欠，非虛語也。

南軒先生答陳擇之曰：左右謂異端之惑[二三]，未必非賢士大夫。信哉，斯言也！然而今日異端之害烈於申、韓，蓋其説有若高且美，故明敏之士樂從之。惟其近似而非本，逐影而迷真，憑虛而舍實，拔本披根，自謂直指人心，而初未嘗識心也。使其果識是心，則君臣、父子、兄弟、夫婦，是乃人道之經，而本心之所存也，其忍斷棄之乎？嗟乎！天下之禍莫大於似是而非。

竊觀左右論程氏、王氏之學，有兼與而混爲一之意。此則非所敢聞也。學者審其是而已。

王氏之學皆出於私意之鑿[二三]，而其高談性命[二四]，竊取釋氏之近似者而已。夫竊取釋、老之似，而濟之以私意之鑿，故其橫流，蠹壞士心，以亂國事，學者講論明辨而不屑焉可也[二五]。今其於二程子所學，不啻霄壤之異，黑白之分，乃欲比而同之，不亦異乎？

德美書雖援引之多[二六]，愈覺汎濫。大抵是舍實理而駕虛説，忽下學而驟言上達，掃去形而下者而自以爲在形氣之表。此病恐不細，正某所謂雖闢釋氏，而不知正墮在其中者也。故無復窮理之工，無復持敬之妙，皆由是耳。

濂溪「無欲則静虛動直」之語。所謂無欲者，無私欲也。無私欲則可欲之善著，故静則虛，動則直。虛則天理之所存，直則其發見也。若異端之談無欲，則是批根拔本，泯棄人倫[二七]，淪實理於虛空之地，此何翅霄壤之異哉？

答朱元晦曰：某詳佛學所謂「存」與吾學之云「存」，「存」字雖同，其所謂存者固有公私之異[二八]。吾學操則存者，收其放而已。收其放則公理存，故於所當思而未嘗不思也，於所當爲而未嘗不爲也，莫非心之所存故也。佛學之所謂存心者，則欲其無所爲而已矣。故所當有而不之有也，所當思而不之思也〔二九〕，獨憑藉其無所爲者以爲宗，日用間將做作用。其云今日用之則〔三〇〕，眼前常見光爍爍地，是弄此爲用也〔三一〕。目前一切以爲幻妄，物則盡廢，自利自私，此其不知天故也。

東萊先生曰：釋氏以一物認一物，正是添了一物。吾儒如開著眼行，面前看見數十步，行將去。釋氏便須一步看一步，極費力也。

釋氏只管説「悟」説「空」〔三二〕，吾儒不道者，政把做尋常事看了。

情便是性，波便是水，李翺却分兩段看了〔三三〕。宜乎當時釋氏之盛，只緣吾黨無人，反爲釋氏所謾矣。

與朱元晦曰：邪説詖行，辭而闢之，誠今日任此道者之責。竊嘗謂異端之不息，由正學之不明。此盛彼衰，互相消長，莫若盡力於此。此道光明盛大，則彼之消鑠無日矣。孟子所謂「吾爲此懼，閑先聖之道」，舊説以閑爲閑習，意味甚長。楊、墨肆行，政以吾道之衰耳。

孟子深斥楊、墨，以其似仁義也。同時如唐勒、景差輩，浮詞麗語，未嘗一言與之辨，豈非與吾道判然不同，不必區區勞頰舌較勝負耶？蘇氏之於吾道[三四]，非楊、墨也，乃唐、景也，似不必深與之辨。

退溪先生心經後論曰：吳草廬之説，反覆研究，終有伊蒲塞氣味；羅整庵之論得之。

某按：陳白沙、王陽明之學皆出於象山，而以本心爲宗，皆禪學也。然白沙猶未純爲禪，而有近於吾學。至如陽明者，學術頗忒其心，强狠自用其辯，張皇震耀，使人眩惑而喪其所守，賊仁義，亂天下，未必非此人也。欲排窮理之學，則斥朱説於洪水猛獸之災；欲除煩文之弊，則以始皇焚書爲得孔子删述之意。其言若是而自謂非狂惑喪心之人，吾不信也。

問：象山之學，何故謂之異端？曰：爲佛者，滅絶天理，虧毁髮膚。今象山非有此事，只是爲一超頓悟之學，以窮理爲疲精神，不做問學工夫，正與釋氏不立文字、見性成佛何異？此象山所以異於吾道也。然儒、釋之間，判然毫釐，吾道之功淺，則定歸於釋矣。

陽明謂：「今人且習講討論，待知得真了，方做行的工夫，遂終身不行，亦遂終身不知。」此言切中末學徒事口耳之弊。然鑿爲知行合一之論〔三五〕，以見好色、聞惡臭屬知，以好好色、惡惡臭屬行，謂見聞時已自好惡了，不是見了後又立箇心去好，不是聞了後别立箇心去惡。以此爲證，似矣。然而陽明信以爲人之見善而好之，果能如見好色自能好之之誠乎？人之見不善而惡之，果能如聞惡臭自能惡之之實乎？孔子曰：「我未見好德如好色者。」又曰：「我未見惡不仁者。」蓋人之心發於形氣者，不學而自知，不勉而自能。至於義理，則不然也，不學則不知，不勉則不能。陽明乃欲引彼形氣之所爲，以明此義理知行之説，則大不可。義理之知行，合而言之，固相須并行而不可缺一；分而言之，知不可謂之行，猶行不可謂之知也，豈可合而爲一乎？陽明之見，專在於本心，怕有一毫外涉於事物，故只就本心上認知行爲一，而滚合説去。

明道先生云：「釋氏於吾儒，句句同，事事同。」然而不同雖固知其有同，然如我輩當尋不同處堅定脚跟。

辨傳習録所謂「傳中作新民之新，是自新之民」，與在新民之新不同。曰：此章首曰「大學之道在明明德」者，言己之由學以明其德也。繼之曰「在新民」者，言推己學以及民，使之亦新其德也。二者皆帶學字，意作一串說，與養之親之之意初不相涉。陽明乃敢肆然排先儒定論，妄引諸說之彷彿者，牽合附會，略無忌憚，可見其學之差而心之病矣。

篁墩心經末，專主尊德性而抑道問學一邊，其意欲救世儒尚口耳緩踐履之弊。若只如此而已，則猶之可也。復別立一說，以爲朱子早攻象山，晚自覺其非，而與象山合，乃著一書，名曰道一編，以證明其說。篁墩之學，卒陷於陸禪，不可揜矣，而中原人舉皆以頓超之說，滔滔若懷襄。吾東人稍向學者，亦多有流入之兆。朱先生平日於陸氏深憂永慨而力排之者，爲是故也。

靜坐之學，發於二程先生，而其說疑於禪。然在延平、朱子，則謂心學之本原[三六]，而非禪也。如白沙、醫閭，則爲厭事求定而入於禪。然醫閭比之白沙，又較近實而正。至於陽明，似禪非禪，亦不專主於靜，而其害正甚矣。今故録白沙、陽明於延平問答後，而終之以醫閭，以見正學之易差而不可忽也。

整庵所見，於大頭腦處錯了，其他精到處似未足，尚猶能與陽明角立，以争禪學之非，是爲整庵而已。

釋氏不知性之爲理，而以所謂精靈神識者當之。謂死而不亡[三七]，去而復來，則安有是理耶？

戊辰六條疏，其四曰：「明道術，以正人心。」臣伏見東方異端之害，佛氏爲甚，而高麗氏以至於亡國。雖以我朝之盛治，猶未能絶其根柢，往往投時而熾蔓。老莊之虚誕，或有耽尚，而侮聖蔑禮。若不幸而主上向道之心少不如初，凡此數等之人，必有雜然并進，百端攻鑽，一爲所中，則便與之俱化矣。

答柳而見曰：京師，四方之極，聲明所萃。士習學術，污舛如彼，不知是天使然耶，抑人實爲之？以今云云，揆前日尹子固問答，及魏時亮諸説，陸禪懷襄於天下乃如是，令人浩歎不已。然入燕者數多，能遇此等人、作此等話頭者亦無幾。公能遇數百諸生，發此正論，略點檢其迷，不易得也。西厓行狀云：己巳，以書狀官赴京師，時年二十八。入班，太學生數百人來觀。公問：「本朝名儒，以何人爲宗？」相顧良久曰：「王陽明、陳白沙爲宗。」公曰：「白沙見道未精，陽明亦仙學之換面者[三八]，不如薛文清之一出於正也[三九]。」有新安人吴京者，喜而前曰：「近來學術訛舛，士失趨向，公能發正論以斥之，吾道之幸也。」序班引僧、道二流序於前列。公謂諸生曰：「諸君冠章甫，顧反居彼後乎？」諸生曰：「彼有官，故也。」公招序班曰：「吾輩以冠裳之人，不可立於道、釋之後。」序班言鴻臚，却二流置後，廷中動色。

先生於異端，如淫聲美色，猶恐絶之不嚴，嘗曰：「我欲看佛經以覈其邪遁，而恐如涉水者，初欲試其淺深，而竟有没溺之憂耳。」學者但讀聖賢書，如知得盡信得及，如異端文字全然不知，亦不妨也。

撰理學通録，自朱子以至元、明道學之士，言行散在諸書者，皆裒集無遺。又録陸氏支派，使學者不惑於異端。

【校勘記】

［一］釋氏謂人死爲鬼　「釋氏」下，朱子語類卷三有「却」字。

［二］則天地間常是許多來來去去更不由他造化生生　「常」下，朱子語類卷三有「只」字；「許多」下，朱子語類卷三有「人」字；「他」，朱子語類卷三無。

［三］某謂性無僞冒　「某」，晦庵先生朱文公文集卷四十三作「熹」。

［四］凡佛之言　「言」，晦庵先生朱文公別集卷八作「書」。

[五] 蓋亦出於晋宋清談議論之餘習　「議論」，晦庵先生朱文公別集卷八作「論議」。

[六] 而稍務反求存養以默證之　「存」，晦庵先生朱文公別集卷八作「静」。

[七] 以眩流俗而已　「眩」，晦庵先生朱文公別集卷八作「衒」。

[八] 如一花五葉之讖隻履西歸之説　「一花五葉」，晦庵先生朱文公別集卷八作「一葉五花」。

[九] 或用唐書聲律　「書」，晦庵先生朱文公別集卷八作「詩」。

[一〇] 自其徒之稍詰如惠洪輩者　「徒」，晦庵先生朱文公別集卷八作「唐」；「詰」，晦庵先生朱文公別集卷八作「黠」。

[一一] 顧服衣冠通古今　「古今」，晦庵先生朱文公別集卷八作「今古」。

[一二] 反不悟而筆之書也　「之」下，晦庵先生朱文公別集卷八有「於」字。

[一三] 以僥倖恍然獨見　「僥倖」下，晦庵先生朱文公文集卷六十有「一旦」二字。

[一四] 亦有近似之者　「近似之者」，朱子語類卷十二作「流入此者」。

[一五] 後來看這人只尋常　「人」下，朱子語類卷一百一十四有「也」字。

[一六] 初見時尚云有所悟　「見」下，朱子語類卷一百一十四有「他」字；「尚」，朱子語類卷一百一十四作「常」。

[一七] 覺得果是潔浄快活　「潔浄」，朱子語類卷一百一十四作「浄潔」。

〔一八〕顧天理民彝有不容殄滅　「滅」下，晦庵先生朱文公文集卷四十四有「者」字。
〔一九〕可以咄嗟持顧而左右之矣　「持」，晦庵先生朱文公文集卷四十四作「指」。
〔二〇〕則吾又爲有功於聖門　「聖門」，晦庵先生朱文公文集卷四十四作「聖賢」。
〔二一〕便能誠意能正心　「能正心」之「能」，晦庵先生朱文公文集卷五十九無。
〔二二〕左右謂異端之惑　「惑」下，南軒先生文集卷二十五有「人」字。
〔二三〕王氏之學皆出於私意之鑿　「學」，南軒先生文集卷十九作「説」。
〔二四〕而其高談性命　「命」下，南軒先生文集卷十九有「特」字。
〔二五〕學者講論明辨而不屑焉可也　「學者」下，南軒先生文集卷十九有「當」字。
〔二六〕德美書雖援引之多　「書」上，南軒先生文集卷二十五有「來」字。
〔二七〕泯棄人倫　「人」，南軒先生文集卷二十六作「彝」。
〔二八〕其所謂存者固有公私之異　「謂」，南軒先生文集卷三十作「爲」。
〔二九〕故所當有而不之有也所當思而不之思也　「故」下、「所當思」上，南軒先生文集卷三十皆有「於」字。
〔三〇〕其云今日用之則　「今」，南軒先生文集作「令」；「則」，南軒先生文集卷三十作「間」。
〔三一〕是弄此爲用也　「用」，南軒先生文集卷三十作「作用」。按：自「其云」至「此爲用也」，南軒先生文集卷三十作注文小字。

〔三二〕釋氏只管説悟説空　「説悟説空」，麗澤論説集録卷九作「説空説悟」。

〔三三〕李翺却分兩段看了　「分」下，麗澤論説集録卷九有「作」字。

〔三四〕蘇氏之於吾道　「蘇」，東萊呂太史别集卷七作「某」。

〔三五〕然鑿爲知行合一之論　「然」下，李子粹語卷四有「强」字。

〔三六〕則謂心學之本原　「謂」，李子粹語卷四作「爲」；「原」，李子粹語卷四作「源」。

〔三七〕謂死而不亡　「亡」，李子粹語卷四作「忘」。

〔三八〕陽明亦仙學之換面者　「仙」，李子粹語卷四作「禪」。

〔三九〕不如薛文清之一出於正也　「一」，李子粹語卷四無。

續近思録卷之十四

凡八十一條

總論聖賢

按：朱夫子既繼聖賢之統，而張、呂兩先生講明之，我退溪先生又倡斯道於東方，實紹洛、閩之嫡傳，故今并著之。

問：顏子所樂何事？晦庵先生曰：人之所以不樂者，有欲，無欲便樂。

曾子之學，大抵力行之意多。

子思别無所考，只孟子所稱，如「摽使者出諸大門之外，北面再拜稽首而不受」、「事之云乎，豈曰友之云乎」之類，這是甚麽樣剛毅！

孟子説滕文公便道性善，他欲人先知得一箇本原，則爲善必力，去惡必勇。

漢儒惟董仲舒純粹，其學甚正，非諸人比。

諸葛武侯嘗言：「治世以大德，不以小惠。」而其治蜀也，官府次舍、橋梁道路，莫不繕理，而民不告勞，是亦庶乎先王之政矣。

韓退之却有些本領，非歐陽公比。原道其言雖不精，然皆實，大綱是。

退之説性，只仁義禮智信來説[二]，便是識見高處。

明道渾然天成，不犯人力；伊川工夫造極，可奪天巧。明道之言，發明理致，通透灑落，善開發人；伊川之言，即事明理，質慤精深，尤耐咀嚼。然明道之言，一見便好，久看愈好，所以賢愚皆獲其益；伊川之言，乍見未好，久看方好，故非久於玩索者不能識其味。

明道德性寬大，規模廣闊；伊川氣質剛方，文理密察。其道雖同，而造德各異。故明道嘗爲條例，司官不以爲浼；而伊川所作行狀，獨不載其事。明道猶謂青苗可且放過，而伊川乃於西監一狀較計如此。此可謂不同矣。然明道之放過，乃孔子之獵較爲兆，而伊川之一一理會，乃孟子之不見諸侯也。此亦何害其爲同耶？但明道所處是大賢以上事，學者未至而輕議之，恐失所守；伊川所處雖高，然實中人皆可跂及，學者只當以此爲法，則庶乎寡過矣。

程先生有功於後學者[二]，最是「敬」之一字有力。

「性即理也。」直自孔子後，惟伊川説盡這一句。

横渠用工最親切可畏[三]，學者用工須是如此。

氣質之説，始於程、張，極有功於聖門[四]，有補於後學[五]，前此未曾有人説到。

龜山先生倡道東南，士之遊其門者甚衆，然語其潛思力行，任重詣極，羅公一人而已[六]。延平先生從之學[七]，講誦之餘，危坐終日，以驗夫喜怒哀樂未發之前氣象爲何如，而求所謂中。若是久之[八]，而知天下之大本真有在於是。

延平先生資稟勁特，氣節豪邁，而充養完粹，無復圭角精粹之氣達於面目。色温言厲，神定氣和，語默動静端詳閒泰，自然之中若有成法。平居恂恂，於事若無甚可否，及其酬酢事變，斷以義理，則有截然不可犯者。

陳忠肅公剛方正直之操，得之天資，而其燭理之精、陳義之切[九]，則學問之功，有不可誣者。

五峰云：「學欲博，不欲雜；守欲約，不欲陋。」此天下之至言也。

敬夫見識純粹，踐行純實，使人望而敬之。

吕伯恭舊時性極偏，因病中讀論語，至「躬自厚而薄責於人」有省，遂如此好。

子壽兄弟氣象甚好，其病却是盡廢講學，而專務踐履，却於踐履之中，要人提撕省察，悟得本心。此爲病之大者。要其操持謹質，表裏不二，實有以過人[一〇]。惜乎，其自信太過，規模窄狹，不復取人之善，將流於異學而不自知耳。

直卿志堅思苦，與之處，甚有益。此道不是小事，須喫些苦方可望[一一]。

季通有精詣之識、卓絶之才，不可屈之志，不可窮之辨。

造化微妙，惟深於理者識之。吾與季通言，而未嘗厭也。

正思任道勇而用力專，又云：小學字訓甚佳，言語雖不多，却是一部大爾雅也。

先生曰：一生辛苦讀書，微細揣摩，零碎刮剔[一二]。及此暮年，略見從上聖賢所以垂世立教之意，枝枝相對，葉葉相當，無一字無下落處。

敬義齋記曰：蓋嘗讀易而得其兩言[一三]，曰「敬以直内，義以方外」，以爲爲學之要，無以易此。既而觀夫二者之功，一動一静，交相爲用，又有合乎周子太極之論。然後又知天下之理，幽明鉅細，遠近深淺，無不貫乎一者。樂而玩之，足以終吾生而不厭[一四]。

周子贊曰：道喪千載，聖遠言湮。不有先覺，孰開我人。書不盡言，圖不盡意。風月無邊，庭草交翠。

程伯子贊曰：揚休山立，玉色金聲。元氣之會，渾然天成。瑞日祥雲，和風甘雨。龍德正中，厥施斯普。

程叔子贊曰：規圓矩方，繩直準平。允矣君子，展也大成。布帛之文，菽粟之味。知德者希，孰識其貴？

張子贊曰：早悦孫、吴，晚逃佛、老。勇撤臯比，一變至道。精思力踐，妙契疾書。訂頑之訓，示我廣居。

先生自贊曰：從容乎禮法之場，沉潛乎仁義之府，是予蓋將有意焉而力莫能與也。佩先師之格言，奉前列之餘矩，惟闇然而日修，或庶幾乎斯語。

熊去非曰：周東遷而夫子出，宋南渡而文公生。

李正叔曰：先生集小學書，使學者得以先正其操履；集近思録，使學者得以先識其門庭。

黄勉齋曰：道之正統，待人而後傳，由孔子而後曾子，子思繼其微，至孟子而始著。由孟子而後，周、程、張子繼其絶，至先生而始著。又曰：繼往聖將微之緒，啓前賢未發之幾。辨前儒之得失[一五]，闢異端之訛謬，明天理，正人心，事業之大，又孰有加於此者？於乎！是殆天所以相斯文焉，篤生哲人，以大斯道之傳也！

李果齋曰：先生總裁大典，勒成一家之言。仰包邃古之載籍，下採近世之文獻，集其大成，以定萬世之法。然後斯道大明，如日中天，有目者皆可睹也。

夫子之經得先生而正[一六]，夫子之道得先生而明，起斯文於將墜，覺來裔於無窮，雖與天壤俱弊可也。

南軒先生跋希顔録曰：顔子之所至亞於聖人，孔門高弟莫得以班焉。及考魯論，師友之所稱有曰「不遷怒，不貳過」而已，有曰「以能問於不能，以多問於寡，有若無，實若虚，犯而不較」而已。自學者觀之，疑若近而易識，然而顔子之所以爲善學聖人者，實在乎此。則聖門之學，其大略亦可見矣。然則後之學者貪高慕遠，不循其本者，終何所得乎？故予願與同志之士以顔子爲準的。

通書跋曰：先生生乎千有餘載之後，超然獨得夫大易之傳，所謂太極圖，乃其綱領也。惟明動静之一源，以見化生之無窮[一七]，天命流行之體無乎不在。文理密察，本末該貫，非闡微極幽，莫能識其指歸也。然學者若之何而可以進於是哉？亦曰敬而已矣。誠能起居食息主一而不舍，則其德性之知，必有卓然不可揜於體察之際者，而先生之藴可得而窮，太極可得以識矣。

易傳所謂考迹以觀其用，察言以求其心，此語極緊要。近來諸先生説話[一八]，惟覺二程先生完全精粹，愈看愈深[一九]，不可不詳味也。

明道先生云：兩忘則澄然無事，無事則静，静則明，便完全近看。惟先生説話完全精粹[二〇]。

先正温國公反覆開陳於治亂之際，可謂深切。讀其遺稿，使人流涕。嗟乎！公愛君之心，萬世不可泯也。

文正范公德業之盛，仁義之言，使人誦歎之不已也[二一]。

諸葛忠武侯贊曰：惟忠武侯，識其大者。仗義履正，卓然不舍。方卧南陽，若將終身。三顧而起，時哉屈伸。難平者事，不昧者幾。大綱既得，萬目乃隨。我奉天討，不震不悚。惟其一心，而以時動。噫侯此心，萬世不泯。遺像有儼，瞻者起敬。

濂溪先生贊曰：於惟先生，絶學是繼。窮源太極，視我來世。

明道先生贊曰：於惟先生，會其純全。天理之揭，聖學淵源。

伊川先生贊曰：於惟先生，極其精微。俾爾立德，循循有歸。

晦庵先生作先生贊曰：擴仁義之端，至於可以彌六合；謹善利之判，至於可以析秋毫。拳拳乎其致主之功，汲汲乎其幹父之勞。仡仡乎其任道之勇，卓卓乎其立心之高。知之者，識其春風沂水之樂；不知者，以爲湖海一世之豪。彼其揚休山立之姿，既與其不可傳者死矣，觀於此者，尚有以卜其見伊、吕而失蕭、曹也耶？

東萊先生曰：大哉！聖人之道洋洋乎發育萬物，峻極于天，而繼之以禮儀三百、威儀三千。聖人之道正如是。

大與聖對言之，則有等級。若曰「大人與天地合其德，與日月合其明」，則非聖人莫能與此。

聖人之道[二二]，如處空谷之中、静室之内，苟有一動一静，無不即知。

子路、管仲孰賢？子路擇術正[二三]，管仲主功利。然須見得子路力量不同，子路只是孟子與明道特拈出來[二四]。古人論人，直是事理俱到。

從容則子房，正大則孔明。

韓愈讀墨，少作也。

伊川易都不偏。

易傳最難看，心氣稍不平，意思稍不在，便看不得[二五]，直是易得蹉過。

延平敏捷於事，雖子貢、冉有通藝於政事，不能及也[二六]。

同朱元晦至鵝湖與二陸及劉子澄諸公相聚切磋，甚覺有益。元晦英邁剛明，而工夫就實入細，殊未可量。子静亦堅實[二七]，但欠開闊耳。

張敬夫議論平正[二八]，舉措詳審，且又虚心從善，在今士大夫中極難得也。

陸子静篤實淳直，工夫甚有力，朋遊間未易多得。

晦庵先生作先生賛曰：以一身而備四時之和[二九]，以一心而涵千古之秘。推其有，足以尊主而庇民；出其餘，足以範俗而垂世[三〇]。然而狀貌不踰於中人，衣冠不詭於流俗。迎之而不見其來，隨之而莫睹其躅。矧是丹青，孰形心曲？惟嘗見之者[三一]，於此而復見之焉，則不但遺篇之可續而已也[三二]。

退溪先生答趙起伯：聖人之德本自光明，何待於克明乎之問？曰天道不已，文王純亦不已。蓋雖聖人少間或忽，則其所以明之之功不能繼之，便是作狂。故兢兢業業，無少間斷，此以「克明」二字加於帝堯、文王者然也。

題金士純屏銘曰：堯欽舜一，禹祇湯慄。翼翼文心，蕩蕩武極。周稱乾惕，孔云憤樂。曾省戰兢，顔事克復。戒懼慎獨，明誠凝道。操存事天，直義養浩。主静無欲，光風霽月。吟弄歸來，揚休山立。整齊嚴肅，主一無適。博約兩至，淵源正脉。

孟子曰：「能言拒楊、墨者，聖人之徒也。」愚亦曰：能遵考亭之道者，是亦考亭之徒也。

滄洲釋奠之禮，乃先生晚年以道統之傳有不得不自任者，故設此禮而不疑。若恒人而欲效顰，則非大愚，則大妄也。其日拜先聖，雖非釋奠之比，亦恐未可卒然爲之。此中每有意於此事，迨不敢焉！

先生講尚書，每讀蔡傳，歎詠不已。曰：「朱門傳道之人，雖稱勉齋爲第一，以集傳觀之，九峰當爲第一。」

真西山議論，雖有文章氣習〔三三〕，然其人品甚高，見理明而造詣深。朱門以後，一人而已。

問許魯齋出處。曰：丘瓊山輩，皆詆事元之非，但此時夷猶主華[三四]，天理民彝、典章文物絶滅殆盡。天之生魯齋，似非偶然。魯齋若獨善而果於忘世，則天理誰明？民彝誰正？天下其終爲左衽，而莫之救矣。以愚觀之，魯齋之爲世而出，似不害義理[三五]。

文山乞斬董宋臣，不聽，則致仕而去，若將終身。及其再出，則所謂「纓冠」之急[三六]，何暇計陳宜中耶？今欲指小節以議大節，恐未免蚍蜉撼大樹之譏也。

嘗曰：皇明學者，大抵皆有葱嶺氣味，薛文清真得聖賢宗旨[三七]。又曰：文清之學，平生用工都在「敬」字[三八]。

吾東方理學，以鄭圃隱爲祖，而以金寒暄、趙静庵爲首。但此三先生著述無徵，今不可考其所學之淺深。近見晦齋集，其所學之正，所得之深，殆近世爲最也。

某於静庵行狀，極言天資高處，而其説學力處較少；晦齋行狀，極言學力深處，而其説天資高處較輕。

禹先生從祀事。以今人欲祀四賢之論推之，先生未必在四賢之後。然從祀之典極重，吾輩見識未到，此等大事[三九]，未可以輕議。

尹先生理學淵源，無所考徵，雖爲可恨，然佔畢四佳輿地等，諸書所稱許如此，則其人必有異。故於魏天使問答説中亦舉尹公之名。

金河西晚年所見甚精，論説義理平易明白。

南冥，吾與之神交久矣。當今南州高士，獨數此一人。但念自古高尚之士，例多好奇自用。好奇則不遵常軌，自用則不聽人言。

聽松高遯，善其終始，誠末世難見之人。

先生自銘曰[四〇]：生而大癡，壯而多疾。中何嗜學，晚何叨爵。學求猶邈，爵辭愈嬰。進行之跲，退藏之貞。深慙國恩，亶畏聖言。有山嶷嶷，有水源源。婆娑初服，脱略衆訕。我懷伊阻，我佩誰玩。我思古人，實獲我心。寧知來世，不獲今兮。憂中有樂，樂中有憂。乘化歸盡，復何求兮！

奇高峰大升叙自銘後曰：先生盛德大業，卓冠吾東者。後之學者觀於先生所論著，將必有感發默契焉者，而銘中所叙，尤足以想見其微意矣。其所論著，反覆紓餘，光明俊偉，粹然一出於正。揆諸孔、孟、程、朱之言，其不合者寡矣，亦可謂建諸天地而不悖，質諸鬼神而無疑也。

鄭文峰惟一曰：先生學問，一以程、朱爲準。敬義夾持，知行并進，表裏如一，本末兼舉，洞見大原，植立大本，若論其至，吾東方一人而已。

金鶴峰誠一曰：「平易明白，先生之學也；廣大光明[四一]，先生之道也；和風景雲，先生之德也；布帛菽粟，先生之文也。莊重如山岳，静深如淵泉。」「集大成於群儒，上而繼絶緒[四二]，下而開來學，使孔、孟、程、朱之道焕然復明於世。求之東方，箕子後一人而已。」

【校勘記】

［一］只仁義禮智信來説　「只」，朱子語類卷一百三十七作「將」；「信」，朱子語類卷一百三十七無。

［二］程先生有功於後學者　「先生」下，朱子語類卷十二有「所以」二字。

［三］横渠用工最親切可畏　「切」下，朱子語類卷九十三有「直是」二字。

［四］極有功於聖門　「極」上，朱子語類卷四有「某以爲」三字。

［五］有補於後學　「學」下，朱子語類卷四有「讀之使人深有感於程張」十字。

［六］羅公一人而已　「羅」上，晦庵先生朱文公文集卷九十七有「如」字；「公」下，晦庵先生朱文公文集卷九十七有「蓋」字。

［七］延平先生從之學　「生」下，晦庵先生朱文公文集卷九十七有「既」字。

［八］若是久之　「是」下，晦庵先生朱文公文集卷九十七有「者蓋」二字。

［九］而其燭理之精陳義之切　兩「之」下，晦庵先生朱文公文集卷八十二均有「益」字。

［一〇］實有以過人　「人」下，晦庵先生朱文公文集卷三十一有「者」字。

［一一］須喫些苦方可望　「些」下，晦庵先生朱文公文集卷六十四有「辛」字。

［一二］零碎刮剔　「刮」，晦庵先生朱文公文集卷五十四作「括」。

［一三］蓋嘗讀易而得其兩言　「蓋」下，晦庵先生朱文公文集卷七十八有「熹」字。

［一四］足以終吾生而不厭　「足」上，晦庵先生朱文公文集卷七十八有「固」字。

［一五］辨前儒之得失　「前」，讀書記作「諸」。

［一六］夫子之經得先生而正　「經」，讀書記卷三十一作「統」。

［一七］惟明動静之一源以見化生之無窮　「惟」，南軒先生文集卷三十三作「推」；「化生」，南軒先生文集卷三十三作「生化」；「無」，南軒集南軒先生文集卷三十三作「不」。

［一八］近來諸先生説話　「來」下，南軒先生文集卷二十五有「讀」字。

［一九］愈看愈深　「深」，南軒先生文集卷二十五作「無窮」。

［二〇］惟先生説話完全精粹　「惟」下，南軒先生文集卷二十七有「二」。

［二一］使人誦歎之不已也　「已」，南軒先生文集卷三十四作「足」。

［二二］聖人之道　「道」，麗澤論説集録卷九作「心」。

［二三］子路擇術正　「子路」上，麗澤論説集録卷九有「固是」二字。

［二四］子路只是孟子與明道特拈出來　「是」，麗澤論説集録卷九無。

［二五］便看不得　「得」，麗澤論説集録卷九作「見」。

［二六］不能及也　「及」，東萊吕太史別集卷十五作「絶」。

〔二七〕子静亦堅實　「實」下，東萊呂太史別集卷十有「有力」二字。

〔二八〕張敬夫議論平正　「敬夫」，東萊呂太史別集卷十作「守」。

〔二九〕以一身而備四時之和　「時」，東萊呂太史文集附録卷三作「氣」。

〔三〇〕足以範俗而垂世　「範俗」，東萊呂太史文集附録卷三作「立教」。

〔三一〕惟嘗見之者　「嘗見」，東萊呂太史文集附録卷三作「覯」。

〔三二〕於此而復見之焉則不但遺篇之可續而已也　「於此而復見之焉」，東萊呂太史文集附録卷三作「有以得其天焉」；「則不但遺篇之可續而已也」，東萊呂太史文集附録卷三作「則庶或遺編之可續」。

〔三三〕雖有文章氣習　「雖」下，李子粹語卷四有「時」字。

〔三四〕但此時夷猶主華　「猶」，李子粹語卷四作「狄」。

〔三五〕似不害義理　「理」，李子粹語卷四無。

〔三六〕則所謂纓冠之急　「纓」上，當據李子粹語卷四增「被髮」二字。

〔三七〕薛文清真得聖賢宗旨　「薛」上，李子粹語卷四有「獨」字。

〔三八〕平生用工都在敬字　「字」下，李子粹語卷四有「上」字。

〔三九〕此等大事　「此」上，李子粹語卷四有「斷」字。

〔四〇〕先生自銘曰　「銘」，李子粹語卷四作「撰墓碣銘」。
〔四一〕廣大光明　「廣」，李子粹語卷四作「正」。
〔四二〕上而繼絶緒　「繼」，李子粹語卷四作「統」。

圖書在版編目(CIP)數據

星湖先生近思録疾書／（朝）李瀷撰；程水龍，張美英整理. 近思録釋義／（朝）朴履坤撰；程水龍，廖依婷校點. 續近思録／（朝）李漢膺撰；程水龍，周静校點. —上海：上海古籍出版社，2021.11
（東亞《近思録》文獻叢書）
ISBN 978-7-5732-0113-3

Ⅰ.①星… ②近… ③續… Ⅱ.①李… ②朴… ③李… ④程… ⑤張… ⑥廖… ⑦周… Ⅲ.①理學—朝鮮—古代 Ⅳ.①B312

中國版本圖書館CIP數據核字(2021)第238210號

東亞《近思録》文獻叢書

星湖先生近思録疾書	近思録釋義	續近思録
［朝鮮］李 瀷 撰	［朝鮮］朴履坤 撰	［朝鮮］李漢膺 撰
程水龍 張美英 整理	程水龍 廖依婷 校點	程水龍 周 静 校點

上海古籍出版社出版發行
（上海市閔行區號景路159弄1-5號A座5F 郵政編碼201101）
（1）網址：www.guji.com.cn
（2）E-mail：guji1@guji.com.cn
（3）易文網網址：www.ewen.co
江陰市機關印刷服務有限公司印刷
開本890×1240 1/32 印張21.125 插頁7 字數406,000
2021年11月第1版 2021年11月第1次印刷
印數：1—1,500
ISBN 978-7-5732-0113-3
B·1233 定價：98.00元
如有質量問題,請與承印公司聯繫